WILLI

1834-1896. Mobilya, kumaş, vi de Sanatlar ve Zanaatlar akımır cu yüzyılın ikinci yarısından so açmış İngiliz Endüstri tasarımcısı, el sanatçısı, şair ve ilk sosyalistler den.

Oxford'da okuduktan sonra bir süre mimarlıkla uğraşan Morris, şair olarak ilk ününü romantik bir anlatı olan *The Life and Death of Jason* ile (1867; Jason'un Yaşamı ve Ölümü) yaptı. 1868-70 arasında yayımlanan *The Earthly Paradise* (Dünyevi Cennet) klasik kaynaklara ve ortaçağ yapıtlarına dayanan şiirlerden oluşuyordu. *Story of Sigurd the Volsung and the Fall of the Niblungs* (1876, Völsung Soyundan Sigurd'un Öyküsü ve Nibelungların Çöküşü) adlı epik şiir onun en önemli yapıtı oldu.

Yaşamının bu döneminde, sanayileşmenin getirdiği toplumsal sorunlar karşısında, kendi kabuğuna çekilerek Latin ve İzlanda destanlarına eğildi. Destanların fantastik dünyasının, temelde bir eylem adamı olan Morris'i doyurduğu söylenemez. Giderek köktenci bir siyasal tavrı benimsemeye başladı. Sanatın belirli bir kesime hizmet etmesinden çok, kitlelere yönelik olması gerektiği inancından yola çıkarak sosyalizme yaklaştı ve 1876'dan başlayarak siyasal mücadeleye atıldı. Oxford'da öğretim üyesi olması için yapılan öneriyi geri çevirdi. İşçilerin kalabalık olduğu kesimlerde sanat-toplum ilişkileri üstüne dizi konferans vermeyi yeğledi.

Son dönem yapıtlarından *How I Became a Socialist* (Nasıl Sosyalist Oldum) adlı kitapta gerek ilk şirketinin, gerek 1891'de kurduğu ve kendi tasarladığı harfler ve desenlerle Chaucer'in yapıtları gibi kitaplar bastığı Kelmscott Basımevi'nin, eğer ince estetik beğeniden özveride bulunulmayacaksa, oldukça lüks bir pazara hizmet ettiğini anlatır. Oxford'da okurken Ruskin'in etkisiyle sanat ve toplum arasındaki karmaşık ilişkiye mekanik bir çözüm getirmeye kalkışmış, bunun çıkar bir yol olmadığını görünce, düşüncelerinden etkilendiği Ruskin'i de aşarak, toplumsal düzenin değiştirilmesi gerekliliğini ileri sürmüştür. Bu doğrultudaki düşüncelerini *Signs of Change* (Değişim Belirtileri) ve *News From Nowhere* (Gelecekten Anılar) adlı kitaplarında toplamıştır.

Morris, sanatta güzelliği, insanın yaptığı işten zevk duyması olarak tanımlamıştır, ona göre sanat, tüm insan yapısı çevreyi kapsar. Bu tezleriyle bugün on dokuzuncu yüzyılın en önemli kişilerinden biri sayılmaktadır.

Ayrıntı: 362
Edebiyat dizisi: 119

Gelecekten Anılar
Bir Huzur Çağı
Ütopik Bir Romanstan Bölümler
William Morris

İngilizceden çeviren
Ekin Bodur

Yayıma hazırlayan
Can Kurultay

Kitabın özgün adı
News From Nowhere
or An Epoch of Rest being some Chapters from a Utopian Romance

Penguin Books/1993
basımından çevrilmiştir

Kapak illüstrasyonu
Sevinç Altan

Kapak düzeni
Arslan Kahraman

Düzelti
Sait Kızılırmak

Baskı ve cilt
Mart Matbaacılık Sanatları Ltd. Şti. (0 212) 321 23 00 (pbx)

Birinci basım *2002*
Baskı adedi *2000*

ISBN 975-539-359-5

AYRINTI YAYINLARI
www.ayrintiyayinlari.com.tr & info@ayrintiyayinlari.com.tr
Dizdariye Çeşmesi Sk. No.: 23/1 34400 Çemberlitaş-İst. Tel.: (0 212) 518 76 19 Faks: (0 212) 516 45 77

William Morris

Gelecekten Anılar

Bir Huzur Çağı

Ütopik Bir Romanstan Bölümler

AYRINTI

E D E B İ Y A T D İ Z İ S İ

GÜLÜNESİ AŞKLAR/*Milan Kundera* — KALECİNİN PENALTI ANINDAKİ ENDİŞESİ/*Peter Handke* — YÜZBAŞI VE KADINLAR TABURU/*Mario Vargas Llosa* — BİZ/*Yevgeni Zamyatin* — KESİK BİR BAŞ/*Iris Murdoch* — YENİ TANRILAR/*Alberto Vasquez-Figueroa* — İNFAZA ÇAĞRI/*Vladimir Nabokov* — EVET AMA, BİR LOKOMOTİF BUNU YAPABİLİR Mİ BAKALIM?/*Woody Allen* — ÇALI HOROZU/*Michel Tournier* — BANYO/*Jean-Philippe Toussaint* — BALKON/*Jean Genet* — GÜNEŞ İMPARATORLUĞU/*J.G. Ballard* — BEYAZ ZENCİLER/*Ingvar Ambjörnsen* — SİYAH MADONNA/*Doris Lessing* — KAPANDA ÜÇ KAPLAN/*G. Cabrera Infante* — ZAMANIN KIYISINDAKİ KADIN/*Marge Piercy* — ANARŞİNİN KISA YAZI/*Hans Magnus Enzensberger* — FOTOĞRAF MAKİNESİ/*Jean-Philippe Toussaint* — GÜLÜN GÜNLÜĞÜ/*Ursula K. LeGuin* — HOTEL DU LAC/*Anita Brookner* — AZİZLER ve ÂLİMLER/*Terry Eagleton* — VEDA YEMEĞİ/*Michel Tournier* — ORLANDO/*Virginia Woolf* — UTANÇ BİTTİ/*Anja Meulenbelt* — YAKIN GELECEĞİN MİTOSLARI/*J. G. Ballard* — KARANLIĞIN SOL ELİ/*Ursula K. LeGuin* — AĞ/*Iris Murdoch* — WATT/*Samuel Beckett* — EKOTOPYA/*Ernest Callenbach* — GECEYİ ANLAT BANA/*Djuna Barnes* — İNSAN POSTUNA BÜRÜNMÜŞ KÖPEK/*Ingvar Ambjörnsen* — CUMA/*Michel Tournier* — AFRODİT'İN BAŞKALDIRISI/*Lawrence Durrell* — GÜNDELİK MUTLULUĞA ALIŞMA/*Anja Meulenbelt* — MURPHY/*Samuel Beckett* — MASAL MASAL İÇİNDE/*Khimaira/John Barth* — ZEN VE MOTOSİKLET BAKIM SANATI/*Robert M. Pirsig* — PARFÜMÜN DANSI/*Tom Robbins* — SINIRSIZ RÜYALAR DİYARI/*J. G. Ballard* — FRANSIZ TEĞMENİN KADINI/*John Fowles* — BEYAZ OTEL/*D.M. Thomas* — MYRA/*Gore Vidal* — DALGALAR/*Virginia Woolf* — ATLANTİK ÖTESİ/*Witold Gombrowicz* — HAYRANLIK/*Anja Meulenbelt* — FERDYDURKE/*Witold Gombrowicz* — MELEKLER ZAMANI/*Iris Murdoch* — PAULINA 1880/*Pierre Jean Jouve* — EŞEKARISI FABRİKASI/*Iain Banks* — ROCK LANETİ/*Iain Banks* — KAYIP ZAMAN/*Anja Meulenbelt* — SENİ İÇİME GÖMDÜM/*Andrew Jolly* — BAŞTAN ÇIKARICININ GÜNLÜĞÜ/*Sören Kierkegaard* — KONFIDENZ/*Ariel Dorfman* — ALTIN DAMLA/*Michel Tournier* — BİR GARİP VAKA: MATMAZEL *P./Brian O'Doherty* — NIETZSCHE AĞLADIĞINDA/*Irvin D. Yalom* — KIZILAĞAÇLAR KRALI/*Michel Tournier* — AİLEDE BİR ÖLÜM/*James Agee* — KUTSAL BÖLGE/*Carlos Fuentes* — KALPSİZ AMANDA/*Jurek Becker* — 62-Maket Seti/*Julio Cortázar* — ÇARPIŞMA/*J.G. Ballard* — ÜÇLEME-Molloy-Malone Ölüyor-Adlandırılamayan/*Samuel Beckett* — DUR BİR MOLA VER!/*Tom Robbins* — HIRSIZIN GÜNLÜĞÜ/*Jean Genet* — KÜÇÜK DEĞİŞİMLER/*Marge Piercy* — LILA/*Robert M. Pirsig* — ERGİNLİK YAŞI/*Michel Leiris* — AŞKSIZ İLİŞKİLER/*Samuel Beckett* — ESİRGEYEN GÖKYÜZÜ/*Paul Bowles* — YALANCI JAKOB/*Jurek Becker* — DİVAN/*Irvin D. Yalom* — PORNOGRAFİ/*Witold Gombrowicz* — MERCIER İLE CAMIER/*Samuel Beckett* — BİR ERKEĞE NASIL TECAVÜZ EDİLİR?/*Märta Tikkanen* — /BENDENİZ VE MARCO POLO/*Paul Griffiths* — DOĞMAMIŞ KRİSTOF/*Carlos Fuentes* — RÜYA SAKİNLERİ/*Iris Murdoch* — HİÇ İÇİN METİNLER ve Uzun Öyküler/*Samuel Beckett* — DUYGU YOLCULUĞU/*Laurence Sterne* — BETTY BLUE/*Philippe Djian* — AĞAÇKAKAN/*Tom Robbins* — ANARŞİST/*Tristan Hawkins* — BAKAKAİ/*Witold Gombrowicz* — PORTNOY'UN FERYADI/*Philip Roth* — 101/2 BÖLÜMDE DÜNYA TARİHİ/*Julian Barnes* — SUNİ TENEFFÜS/*Ricardo Piglia* — MANŞ ÖTESİ/*Julian Barnes* — ADA/*Aldous Huxley* — GÜLÜN MUCİZESİ/*Jean Genet* — MÖSYÖ/*Jean-Philippe Toussaint* — ÇİÇEKLERİN MERYEM ANASI/*Jean Genet* — BAŞUCU OĞLANI/*Alison Fell* — YARATIK/*John Fowles* — SENİ SEVMİYORUM/*Julian Barnes* — ZENCİLER/*Jean Genet* — TÜNEL/*Ernesto Sábato* — KARA PRENS/*Iris Murdoch* — KARNINDAN KONUŞANIN ÖYKÜSÜ/*Pauline Melville* — TANRI'NIN AĞZINDAN EVRENİN HİKÂYESİ/*Franco Ferrucci* — HAYATIN VE AŞKIN YASALARI/*Connie Palmen* — KAHRAMANLAR VE MEZARLAR/*Ernesto Sábato* — KAYNAK VE ÇALI/*Michel Tournier* — CENNETE BİR KOŞU/*J.G. Ballard* — DİŞİ ADAM/Joanna Russ — FLAUBERT'İN PAPAĞANI/*Julian Barnes* — ALDATMA/*Philip Roth* — KOKAİN GECELERİ/*J.G. Ballard* — ACABA NASIL?/*Samuel Beckett* — MANTISSA/*John Fowles* — KOLEKSİYONCU/*John Fowles* — BENJAMIN: DAR GEÇİTTEKİ AYDIN/*Jay Parini* — METEORLAR/*Michel Tournier* — ARKADAŞLIK/*Connie Palmen* — AŞK VESAİRE/*Julian Barnes* — SİRİUS'TAN GELEN KURBAĞA/*Tom Robbins* — BAYAN GULLIVER CÜCELER ÜLKESİNDE/*Alison Fell* — GELECEKTEN ANILAR/*William Morris*

H A Z I R L A N A N K İ T A P L A R

YOLDA/*Jack Kerouac* — BENİMLE TANIŞMADAN ÖNCE/*Julian Barnes* — İNGİLTERE İNGİLTERE'YE KARŞI/*Julian Barnes* — CEHENNEM MELEĞİ/*Ernesto Sábato*

İçindekiler

I
Tartışma ve uyku

Birlik'te,[1] diye anlatıyor bir dostumuz, bir gece, söyleşi tarzında canlı bir tartışma yapıldı. Konu, devrim sonrasında neler olacağından açıldı, sonunda söz dönüp dolaşıp, birçok arkadaşın, bütünüyle gelişmiş yeni bir toplumun geleceği hakkında görüşlerini dile getirdiği ateşli bir tartışmaya bağlandı.

Diyor ki dostumuz: Konuyu göz önüne alacak olursak, tartışma nitelikliydi. Tartışmayı başlatanlar, kalabalık toplantılara ve toplantı sonrası tartışmalara alışkın kişilerdi. Birbirlerinin görüşlerini dinlemeseler de (zaten onlardan bunu beklemek saflık olurdu), hiç değilse ilgi çekici bir konu üzerinde konuşulurken bildik kibar topluluklarda her zaman yapıldığı üzere hep bir ağızdan konuşmaya çalışmadılar. Başta tartışmanın dışında kalanlar ise partideki altı hizbi temsil eden altı kişiydi; bunlardan dördünün iddialı olmakla beraber birbirlerinden tamamiyle farklı anarşizan fikirleri vardı.[2]

Bu kişilerden birisi, (ki dostumuz kendisini oldukça iyi tanıyormuş) tartışmanın başlarında hemen hemen hiç konuşmadı fakat sonunda kendini kaptırdı ve bas bas bağırıp geri kalan herkesi ahmaklıkla itham ederek konuşmasını bitirdi. Bunun sonucunda bir patırtı çıktı ve hemen ardından da havaya sessizlik hâkim oldu. Yukarıda söz edilen hizipçi de sessizlikten istifade ederek, herkese gayet dostça iyi geceler diledi ve uygarlığın, tıpkı alışkanlıklarımız gibi bizlere zorla kabul ettirdiği toplu taşıma araçlarını kullanarak batı banliyölerinden birindeki evinin yolunu tuttu.

Telaşlı ve mutsuz insan kalabalığının nefesiyle hamam gibi ısınmış olan metroda[3] otururken o da herkes gibi bunalıp ter döktü ve bir yandan da az önceki tartışmada dilinin ucuna gelen ancak söylemeyi unuttuğu o kusursuz ve ikna edici sözleri kendi kendine sinir olarak kafasında çevirdi durdu. Ama bu ruh haline öyle alışkındı ki bu durum fazla uzun sürmedi ve kontrolünü kaybettiği için (ki buna da alışkındı) kendine duyduğu tiksintiden kaynaklanan anlık bir huzursuzluğun sonunda kendini, tartışmanın özü üzerine düşüncelere dalmış bir halde buldu. Fakat hâlâ memnuniyetsiz ve mutsuzdu. "Ne olurdu tek bir gününü olsun görebilseydim," dedi kendi kendine, "ne olurdu görebilseydim!"

Kelimeler dudaklarından döküldüğü sırada metro, Thames kıyısında, çirkin bir asma köprünün az ilerisindeki evinden[4] beş dakikalık yürüyüş mesafesinde bulunan istasyonda durdu. İstasyondan çıktı, hâlâ memnuniyetsiz ve mutsuzdu, bir yandan da mırıldanıyordu: "Ne olurdu görebilseydim! Ne olurdu görebilseydim!" Tam nehre doğru yürümeye başlamıştı ki (diyor hikâyeyi anlatan dostumuz) tüm memnuniyetsizlik ve sıkıntı sanki bir anda ruhundan uçup gitti.

Kış başlarına özgü güzel bir geceydi. Havanın keskin soğuğu, sıcak salonun ve leş gibi kokan metronun ardından insana ferahlatıcı geliyordu. Son günlerde bir-iki derece kuzeybatıya yönelen rüzgâr gökyüzünü tüm bulutlardan arındırmıştı, kalan ufak bir parçayı da o esnada gökkubbenin derinliklerine sürüklemekteydi. Ay, hilâl halinde göğün ortasındaydı ve evinin yolunu tutan dostumuzun gözüne, yaşlı bir karaağacın dallarında asılı kalmış görüntüsü iliştiğinde, yaşadığı hırpani Londra banliyösünde değil de hoş bir köydeymiş gibi hissediyordu kendini; hatta sanki bildiği tüm köylük yerlerden daha da hoştu burası.

Nehrin kenarına indi, biraz durdu, alçak duvarın üstünden ay ışığının altında kabarmış nehre baktı; sular kıvrılarak ve ışıl ışıl parlayarak Chiswick Eyot'a doğru akıyordu. Aşağıdaki çirkin köprü dikkatini çekmedi, bakmak da aklına gelmemişti hani, yalnızca bir an için (diye anlatıyor dostumuz) nehrin kıyısındaki sokak lambalarının gözünden kaçtığını fark etti. Sonra evine yöneldi ve içeri girdi. Kapıyı kapattığında, belli belirsiz bir umut ışığı dışında, zihninde hiçbir iz kalmamıştı; ne tartışmayı aydınlatan muazzam mantık ve öngörüye, ne de tartışmanın kendisine dair hiçbir şey kalmamıştı. Bu belli belirsiz umut ışığı da, sanki günlerce sürecek bir huzur ve sükûnete, temiz, yürek ferahlatıcı bir iyimserlik vaat eden tatlı bir duyguya dönüşmüştü.

Bu ruh haliyle kendini yatağa attı ve âdeti olduğu üzere iki dakika içinde uykuya daldı, fakat (alışkanlığının tersine) çok geçmeden uyanıverdi. Uykusu ağır olan kimseleri bile zaman zaman yakalayan, insanın bütün algılarının sonuna kadar açıldığı garip bir uyanıklık haliydi bu. Böyle durumlarda kafamız fena halde karışmışsa da tüm zihinsel yeteneklerimizin anormal bir şekilde keskinleştiğini hissederiz; kendimizi içine düşürdüğümüz bütün rezilce durumlar, hayatımız boyunca yaşadığımız bütün utanç ve kayıplar bu keskinleşmiş zihinsel bakışın ışığına doğru adeta hücum eder.

Bu şekilde yatıyordu ki (diyor dostumuz) bir süre sonra bu durumdan neredeyse zevk almaya başladı; yaptığı aptallıklar manzumesi onu eğlendiriyor, içinden çıkılmaz olduğu su götürmez durumlar zihninde eğlenceli bir hikâyeye dönüşüyordu.

Saatin biri vurduğunu duydu, ardından ikiyi, ardından üçü; sonra tekrar uykuya daldı. Dostumuz, söylediğine göre bir kez daha uyanmış ve devamında öylesine ilginç maceralar geçmiş ki başından, bugün tüm olup bitenlerin yoldaşlarımıza ve hatta tüm halka anlatılması gerektiğini düşünüyor, sonuç olarak da şimdi anlatmayı öneriyor. Ama diyor ki; bu maceraları ilk ağızdan benim sanki kendi başımdan geçmiş gibi anlatmam daha iyi olurmuş. Böylesi benim için de daha kolay ve daha doğal olur çünkü (sizlere anlatmakta olduğum) bu yoldaşımın hislerini ve tutkularını şu dünyada herkesten daha iyi anladığımı düşünüyorum.

II
Erken saatte bir deniz banyosu

Uyandığımda, pijamalarımı fırlatıp atmış olduğumu fark ettim; buna şaşırmadım çünkü hava sıcaktı ve pırıl pırıl bir güneş vardı. Yataktan fırladığım gibi elimi yüzümü yıkayıp hemen giyindim. Fakat uzun uzun uyumuş da uyku mahmurluğunu üstümden atamamışım gibi, yarı uyanık ve sersemlemiş bir haldeydim. Doğrusunu söylemek gerekirse, odamda olduğuma dair hiçbir kuşku taşımadığım için gerçekten de odamda mıyım değil miyim dikkat bile etmedim.

Elbiselerimi giyince içerisi bana öyle sıcak geldi ki odadan ve evden dışarı canımı zor attım. İlk hissettiğim taze havanın verdiği nefis bir rahatlama ve hoş bir ürpertiydi; ikincisi ise aklımı başıma topladığımda yaşadığım uçsuz bucaksız şaşkınlıktı: Dün gece yattığımda mevsim kışken, şu anda, nehir kenarındaki ağaçlar şahidimdir, mevsim yazdı. Haziranın ilk günlerine özgü güzel, aydınlık bir sabahtı. Neyse ki Thames olduğu yerde, güneşin altında ışıl ışıl akıyordu ve suları dün gece ay ışığının altında seyrettiğim zamanki gibi kabarıktı.

Sıkıntımı hâlâ üzerimden atamamıştım ve her nerede idiysem, bunun bilincinde olduğum pek söylenemezdi. Bu yüzdendir ki Thames'in tanıdık görüntüsüne karşın kafam karışmıştı. Üstüne üstlük başım dönüyor ve kendimi çok tuhaf hissediyordum. Nasıl olduysa, insanların sandal kiralayıp nehrin ortasında yüzdüğünü hatırladım ve öyle yapabileceğimi düşündüm. "Henüz çok erken olmalı," dedim kendi kendime ama herhalde Biffin'in orada birilerini bulabilirim. Biffin'e gitmeme hatta yönelmeme bile gerek kalmadan tam da evimin önünde bir iskele olduğunu fark ettim; aslında kapı komşumun kendisi için bir iskele yaptırdığı yerdeydi, ama o iskeleye de pek benzemiyordu hani. İskeleye doğru gittim; palamarla sıkıca bağlı bir sürü sandalın arasında sağlam görünüşlü bir kayığın içinde küreklerinin üzerine uzanmış bir adam gördüm. Bu kayık kesinlikle yüzmeye gidenler için hazırlanmış olmalıydı. Adam başıyla selam verdi ve "günaydın" dedi. Beni bekliyormuş gibi göründüğü için bir şey söylemeden kayığa atladım ve ben kıyafetlerimi çıkarırken o da kürek çekmeye başladı. İlerlerken eğilip suya baktım ve kendimi tutamayarak:

"Su bu sabah ne kadar da berrak," dedim.

"Öyle mi?" dedi adam, "fark etmemişim. Bilirsiniz, kabarma her zaman suyu biraz bulandırır."

"Hı hı," dedim, "oysa benim bildiğim, sular çekildiğinde bile nehir çamurludur hep."

Adam cevap vermedi ama şaşırmış görünüyordu. O anda dikkatini akıntıya kapılıp gitmemeye verdiği için ve ben de hazır üstümü çıkarmışken lakırdıyı fazla uzatmadan suya atladım. Su yüzüne tekrar çıktığımda haliyle akıntı yönüne döndüm ve gözlerim ister istemez köprüyü aradı. Gördüğüm şey beni öylesine şaşkına çevirdi ki yüzmeyi unuttum ve tekrar suyun dibine battım. Tekrar çıktığımda kayıkçıma bazı sorular sormam gerektiğini düşünerek kayığa doğru yüzdüm. Nehrin içinde kıpışık gözle az buçuk gördüğüm şey gerçekten hayrete düşürücüydü. Üstelik bu sefer uyku mahmurluğundan ve baş dönmesinden tamamen uyanmış ve kafamı toplamış durumdaydım.

Ben kayıkçının suya indirdiği merdivene tırmanırken, o da çıkmama yardım etmek için elini uzattı. Kayığımız akıntıya kapılmış, Chiswick'e doğru hızla sürüklenmeye başlamıştı ki kayıkçı küreklere asıldı. Kayığı diğer tarafa çevirerek:

"Az yüzdünüz komşum, ama belki de yaptığınız yolculuktan sonra suyu soğuk buldunuz. Sizi hemen kıyıya mı bırakayım yoksa kahvaltıdan önce Putney tarafını da görmek ister misiniz?" dedi.

Konuşması, Hammersmith'li bir kayıkçıdan bekleyebileceğim tarzdan öylesine uzaktı ki uzun uzun yüzüne baktım ve "Lütfen burada biraz duralım, azıcık etrafıma bakmak istiyorum," diye yanıtladım.

"Peki," dedi, "burası da güzellikte Barn Elms'den aşağı kalmaz; sabahın bu saatinde her yer güzel olur. İyi ki erkenden kalkmışsınız, saat henüz beş."

Nehrin kıyısında gördüklerim kadar, aklımı başıma toplayıp kendisini uzun uzadıya inceleme fırsatı bulduğumdan beri kayıkçı da beni şaşkına çeviriyordu.

Yakışıklı, genç bir delikanlıydı ve gözlerinde o an benim için yeni olan ama kısa sürede tanıdık gelmeye başlayan o alışılmışın dışındaki hoş ve dostane bakış vardı. Saçları koyu renkti, buğday tenli, adaleli ve güçlüydü; besbelli kaslarını sürekli çalıştırıyordu, ama görünüşü kaba saba olmaktan bütünüyle uzaktı ve son derece temizdi. Giysisi günümüzün çalışma kıyafetlerinden hiçbirine benzemiyordu; daha çok on dördüncü yüzyıla ait bir tabloda rastlayabileceğiniz bir kıyafete benzetilebilirdi: Koyu mavi, basit ama kaliteli kumaştan yapılmış giysinin üzerinde tek bir leke bile yoktu. Belindeki kahverengi deri kemerin Şam işi tokası, çok güzel işlenmiş çeliktendi. Kısacası daha çok eğlence olsun diye kayıkçılık yapan mert ve zarif bir beyefendiye benziyordu, ki ben de sonunda böyle olduğuna kanaat getirdim.

Sohbeti benim açmam gerektiğini düşündüm. Surrey kıyısında, suya indirilmiş kalas platformlar ve karaya bakan uçlarındaki makaralar dikkatimi çekti ve o tarafı işaret ederek, "O şeylerle ne yapıyorlar burada? Eğer Tay kıyısında olsaydık somon ağları derdim ama..." dedim.

"Tabii," dedi gülerek, "tabii ki bu işe yarıyorlar. Somon balığının olduğu yerde somon ağlarının olması gayet normal, ister Tay olsun, ister Thames. Ama tabii her zaman kullanılmıyorlar, her Allahın günü somon yemek istemeyiz."

Az kalsın, "Peki ya bu Thames mi?" diyecektim ki merakımı bastırdım ve köprüye tekrar bir göz atmak için şaşkın bakışlarımı doğu tarafına çevirdim. Londra nehrinin kıyılarına baktığımda, tam da beklediğim gibi beni hayrete düşürecek birçok şey gördüm. Nehrin üstünde bir köprü ve kıyılarında evler olmasına rağmen hepsi bir gecede nasıl da değişmişti! Duman kusan bacalarıyla sabun imalathaneleri yok oluvermişti, makine atölyeleri yok olmuştu, kurşun dökümhaneleri yok olmuştu ve batı rüzgârı Thorneycroft'tan çekiç ve perçin sesleri getirmiyordu! Bir de köprü! Ne Floransa'daki Ponte Vecchio ne de bir başkası ancak hayallerimde görebileceğim yaldızlı elyazmalarından fırlamış gibi duran bu köprünün yanına yanaşabilirdi. Bu taş kemerli köprü muazzam güçlüydü ve sağlam olduğu kadar zarifti de; aynı zamanda günlük nehir trafiğinin akışını aksatmayacak kadar da yüksekti. Köprünün korkuluklarının üzerinde tuhaf ama hoş küçük binalar gözüküyordu. Baraka veya dükkân olduğunu düşündüğüm bu yapılar, boyalı ve yaldızlı helezonik kubbelerle, rüzgârgülleriyle süslenmişti. Taş, hava koşullarından biraz etkilenmişti fakat Londra'daki bir yılını geçirmiş tüm yapılarda görmeye alışık olduğum kurum ve pislikten eser yoktu üzerinde. Kısacası, köprü bence bir harikaydı.

Kayıkçı benim heyecan dolu şaşkın bakışlarımı fark etti ve hislerime tercüman olarak:

"Evet, çok güzel bir köprü, değil mi? Nehrin üst tarafındaki çok daha küçük köprüler bile zarafette onunla yarışamaz; vakar ve azamette de nehrin aşağısındakilere taş çıkarır," dedi.

Kendimi neredeyse istençdışı, şöyle söylerken buldum: "Kaç yıllık bir köprü bu?"

"Ah, çok eski değil" dedi, "2003'te yapılmış, ya da o tarihte kullanıma açılmış.[5] Eskiden dümdüz keresteden bir köprü varmış bunun yerinde."

Tarihi duyunca dilim kilit vurulmuş gibi tutuldu. Açıklanamaz bir şeyler olduğunu tahmin ediyor ve biraz daha konuşursam sorgular, sualler ve yalan yanlış cevaplarla dolu bir oyuna bulaşacağımı hissediyordum. Bu yüzden de ilgisiz görünmeye ve kıyı şeridini gayet olağan bir şeymiş gibi seyretmeye çalıştım. Yine de köprüye ve biraz ilerisine dek; eskiden sabun imalathanesinin bulunduğu yere kadar diyebiliriz, şu görüntülerle karşılaştım: Nehrin her iki kıyısında biraz geride, alçak ve çok büyük olmayan sevimli evler sıralanmıştı; çoğu kırmızı tuğladan yapılmıştı, çatıları kiremitti; her şeyden önce rahat gözüküyorlardı, sanki, nasıl desem, içlerinde yaşayan insanların hayatı bu evleri canlı ve içten kılıyordu. Önlerinde suyun kenarına kadar uzanan bir bahçe vardı. Bahçeden gür çiçekler fışkırıyor, çiçeklerden çıkan nefis yaz kokusu, rüzgârla anaforlanan sular üzerine dalga dalga yayılıyordu. Evlerin arkasında, çoğu çınar olmak üzere görkemli ağaçların yükseldiğini görebiliyordum. Suyun kıyısındaki ağaçlar öylesine sıktı ki, manzara, orman kıyısındaki bir göl kenarı gibi Putney'e kadar uzanıp gidiyormuş hissi veriyordu. Kendi kendime konuşur gibi dudaklarımın arasından şu sözler döküldü:

"Neyse, en azından evlerin Barn Elms tarafında olmadıklarına sevinebilirim."

Kelimeler ağzımdan çıktığı anda, boşboğazlığımdan utandım. Sanırım yol arkadaşım bıyık altından gülüyordu; ben de kafamın karıştığını fark ettirmemek için, "Lütfen beni kıyıya geri götürün, kahvaltı yapmak istiyorum," dedim.

'Olur,' anlamında başını salladı, ani bir hareketle kayığı çevirdi ve hemencecik iskeleye dönüverdik. Kayıktan atladı ve ben de arkasından kıyıya çıktım. Beklediğini görmek beni şaşırtmadı, vatandaşa sunulan hizmetlerin kaçınılmaz sonucunu bekler gibiydi. Elimi yeleğimin cebine sokarak, "Ne kadar?" diye sordum. Bir beyefendiye para teklif ediyor olmaktan ötürü kıvranıyordum aslında.

Kafası karışmış gibiydi ve "Ne ne kadar? Korkarım ne demek istediğinizi anlayamadım. Sudaki kabarmayı soruyorsanız şu an tam da değişmek üzere," dedi.

Kızardım ve kekeleyerek, "Lütfen sorduğum için gücenmeyin, hatırınızı da kırmış olmak istemem ama size ne kadar ödemeliyim? Gördüğünüz gibi buralı değilim ve ne âdetlerinizi ne de paranızı biliyorum." Ve böylelikle yabancı ülkelere giden insanların yaptığı gibi cebimden bir tomar para çıkardım. İşte tam bu sırada gümüş paraların oksitlenip kararmış olduğunu fark ettim.

Kafası karışmış gözüküyorduysa da hatırı kırılmış gibi bir hali yoktu, hatta gümüş paralara daha çok merak diyeceğiniz bir bakışla bakıyordu. Kendi kendime, "Her şeyden önce bir kayıkçı o, ne kadar almaya cüret edebileceğini düşünüyor. O kadar da hoş bir insana benziyor ki ona biraz fazla parayı çok görmüyorum. Bu arada, acaba onu bir iki günlüğüne rehberlik yapması için tutamaz mıyım? Pek de akıllı biri," diye düşünüyordum.

O sırada yeni arkadaşım düşünceli düşünceli:

"Sanırım ne demek istediğinizi anladım. Size bir hizmette bulunduğumu düşünüyor ve kendinizi özel bir hizmette bulunmadığı sürece hiçbir komşunuza vermeyeceğiniz bir şey vermek durumunda hissediyorsunuz bana karşı. Bu tarz şeyleri duymuştum. Kusura bakmayın ama bu tip âdetler bize çok karışık ve dolambaçlı geliyor ve bu işlerin nasıl yapıldığını bilemiyoruz. Gördüğünüz gibi kayıkçılık, insanlara nehirde gezinti yaptırmak benim işim; bunu herkes için yaparım. Sonuç olarak, bu bağlamda hediye almam çok garip kaçar. Diğer taraftan, eğer birisi bana bir şey verirse başkası da vermek isteyebilir, sonra da bir başkası ve bu böyle sürüp gider. Lütfen bu kadar çok dostluk anısını nereye sığdıracağımı bilemeyeceğimi söylersem kabalık ettiğimi düşünmeyin."

Yüksek perdeden neşeli bir kahkaha koyverdi, yaptığı iş karşılığında para almak çok da komik bir şeymiş gibi. İtiraf etmeliyim ki oldukça normal gözükse de adamın deli olduğundan şüphe etmeye başlamıştım. Ayrıca hızlı bir akıntının o kadar yakınındaydık ki iyi bir yüzücü olduğuma şükrediyordum. Ama kayıkçı, pek de deli birisi gibi gözükmeyerek konuşmasına devam etti:

"Madeni paralarınıza gelince oldukça ilginçler, ama fazla eski olduklarını sanmam, Victoria döneminden kalma gözüküyorlar; belki onları ihtiyacı olan bir müzeye verebilirsiniz. Bizimkinde yeterince sikke var, hem de çok daha eskilerden. Üstelik bazıları çok güzel, halbuki bu on dokuzuncu yüzyıl paraları pek çirkin, değil mi ama? Edward III'ten kalma öyle güzel bir parçamız var ki, üzerine kralın bir gemideki resmi işlenmiş, geminin küpeştesi de zambak ve leopar desenleriyle süslenmiş; ustalıkla çalışılmış bir parça. Aslında," dedi sırıtarak, "ben şahsen altın ve diğer saf metalleri işlemekten hoşlanırım, örneğin gördüğünüz bu toka eskiden yapmış olduğum bir parçadır."

Aklından şüphe ettiğim için biraz utandığımı belli ediyordum belli ki. Bu yüzden kısa kesti ve nazik bir sesle:

"Kusura bakmayın sıktım sizi. Dobra dobra konuşmak gerekirse yabancı olduğunuz her halinizden anlaşılıyor ve İngiltere'ye hiç benzemeyen bir yerden geliyor olmalısınız. Fakat burası hakkında sizi çok fazla bilgiyle bunaltmanın da anlamı yok, en iyisi siz kendiniz azar azar keşfedin. Ayrıca sizin için yeni olan bu dünyayı tanıtma şerefini, ilk rastladığınız kişi olduğum için bendenize verirseniz çok memnun olurum. Ki bu da sizin lütfunuz olur, çünkü herkes en az benim kadar iyi rehberlik edebilir size."

Colney Hatch'ten[6] kaçmış gibi bir hali yoktu ve eğer gerçekten deliyse de onu kolaylıkla başımdan savabileceğimi düşünerek:

"Çok naziksiniz, ama kabul etmem güç olur eğer..." az kalsın 'eğer ödeme yapmama izin vermezseniz' diyecektim ki, yeni arkadaşımın Colney Hatch yönünü tekrar uyandırmaktan korktum ve cümlemi değiştirerek, "sizi işinizden ya da eğlencenizden alıkoymak istemem," dedim.

"Yoo," dedi, "bu konuda endişe etmeniz yersiz çünkü bu sayede benim yerime geçmek isteyen bir dostuma iyilikte bulunmuş olacağım. Arkadaşım Yorkshire'lı bir dokumacıdır, ancak gözü son zamanlarda dokumacılık ve matematikten başka bir şey görmedi ve sizin de takdir edebileceğiniz gibi ikisi de hareketsiz işler; çok yakın arkadaşım olduğu için kendisine hareketli bir iş bulmam için ilk bana geldi. Eğer bana tahammül edebileceğinizi düşünüyorsanız, lütfen size rehberlik etmeme izin verin."

Hemen ardından da, "doğrusunu söylemek gerekirse, nehrin üst kısmında yaşayan birkaç iyi dostuma hasat zamanı yanlarına gideceğime dair söz vermiştim ama herhalde en az bir hafta sonra müsait olurlar. Ayrıca siz de benimle gelebilirsiniz; hem çok hoş insanlarla tanışmış olursunuz hem de Oxfordshire yolu hakkında fikir edinirsiniz. Kırsal kesimi görmek istiyorsanız eğer, bundan iyi fırsat bulamazsınız," diye ekledi.

Bu işin sonu her nereye varacaksa varsın, kendimi ona teşekkür etmeye mecbur hissettim ve o da :

"İyi öyleyse, kararımızı verdik. Arkadaşımı çağırayım, o da sizin gibi Misafirhane'de kalıyor. Hâlâ uyanmadıysa sayenizde bu güzel yaz sabahını kaçırmamış olur," dedi.

Böylelikle kemerinden ufak, gümüş bir düdük çıkararak keskin ama hoş bir şekilde birkaç kez öttürdü. Ardından da benim eski evimin yerinde bulunan binadan (ki o da bundan böyle benim evim olacaktı) başka bir delikanlı sallana sallana yanımıza geldi. Kayıkçı dostumuzun aksine bu genç, ne iyi görünüşlü ne de güçlü kuvvetliydi. Saçları açık kumral, yüzü solgun ve toplucaydı. Fakat yüz ifadesi tıpkı arkadaşınınki gibi mutlu ve arkadaş canlısıydı. Gülümseyerek bize doğru gelirken, kayıkçı hakkındaki Colney Hatch teorimi bir kenara atmam gerektiğine karar verdim çünkü iki deli bir akıllının yanında asla bunların davrandığı gibi davranmazdı. Daha renkli olmakla beraber, giysisi arkadaşıyla aynı modeldi. Ceketi açık yeşildi, üzerine sırmayla bir bahar dalı işlenmişti ve kemeri de işlenmiş gümüştendi.

Bana kibarca iyi günler dileyip arkadaşını neşeyle selamladı ve:

"E, Dick, bu sabah neler oldu? Kendi işime mi bakacağım,yoksa seninkine mi? Dün gece rüyamda seninle nehrin üst tarafında balık tutmaya gittiğimizi gördüm."

"Pekâlâ, Bob" dedi benim kayıkçı, "benim yerime bakacaksın; eğer olur da iş ağır gelirse bu yakınlarda oturan George Brightling var, o da iş arıyor, ona haber verebilirsin. Gördüğün gibi yanımda beni kendisine rehber seçerek hoşça vakit geçirtmeye niyetli bir yabancı var, senin de tahmin edebileceğin gibi bu şansı kaçırmak istemem; sen de bir an önce kayığı devralsan iyi olur. Ama her halükârda seni bu yeni işinden hemen ayırmayacağım çünkü birkaç gün içinde tarlaya çalışmaya gidiyorum."

Yeni gelen neşeyle ellerini ovuşturdu ve bana dönerek samimi bir sesle:

"Komşum, Dick de siz de şanslısınız ve benim gibi sizler de güzel bir gün geçireceksiniz. Ama şimdi benimle gelip bir şeyler yeseniz iyi olur yoksa korkarım neşenizden dolayı unutacaksınız yemeği. Dün gece Misafirhane'ye ben yattıktan sonra mı geldiniz?"

Evet anlamında başımı salladım, uzun uzadıya açıklamaya çalışmanın hiçbir faydası olmayacaktı ve açıkçası artık ben de kendimden şüphe etmeye başlamıştım. Böylece hep beraber Misafirhane'ye yöneldik.

III
Misafirhanede kahvaltı

Size daha önce de söylediğim gibi bu bina eski evimin yerinde duruyordu. Neye benzediğine bakmak için diğerlerinin biraz arkasında kaldım.

Yan cephelerinde sivri tepeli pencereleri olan yüksekçe bir binaydı. Bize bakan cephedeki taş süslemeli uzun pencereler yere hayli yakındı. Kırmızı tuğlaları ve kurşun çatısıyla çok hoş bir yapıydı. Pencerelerin üstünde, pişirilmiş kilden ustalıkla yapılmış kabartma figürler vardı. Daha önce hiçbir modern yapıtta böyle bir kudrete, böyle bir açık seçikliğe rastlamamıştım. Kabartmalardaki figürleri hemen tanıdım; tanımanın da ötesinde, çok iyi bildiğim figürlerdi bunlar.

Tabii tüm bu izlenimleri yalnızca bir dakika içinde edinebildim;

çünkü akabinde içeri girdik ve zemini çini kaplı, tavanı ahşap bir salonun ortasında durduk. Bu salonun nehre bakan penceresi yoktu; ancak odalara açılan tarafta kemerler vardı ve kemerlerden birinin ardından bir parça bahçe gözüküyordu. Kemerlerin üstündeki yüksekçe bir duvar ise, dışarıdaki kabartmalardakilere benzer figürlerin yer aldığı (fresk olduğunu düşündüğüm) iç açıcı resimlerle bezenmişti. Bu binada bulunan her şey güzeldi ve malzeme bakımından da son derece sağlamdı. Ayrıca, çok geniş olmadığı halde (Crosby Hall'den[7] biraz daha küçük olmalıydı) insan burada mimarinin ustaca uygulandığı yerlerde tattığı türden ferahlatıcı bir özgürlük ve boşluk duygusu tadıyor, kaygılarından arınıyordu.

Misafirhanenin yemek salonu olduğu hemen anlaşılan bu hoş mekânda üç genç kadın sağa sola koşuşturuyordu. Bu olaylı sabahta gördüğüm ilk karşı cins mensupları oldukları için onları doğal olarak büyük bir dikkatle inceledim ve en az bahçeler, mimari ve erkekler kadar güzel olduklarına karar verdim. Elbiselerine gelince, ister istemez fark ettim. Büzgülü kumaşlarla hafifçe örtünmüşlerdi; tuhafiyeci dükkanındaki binbir malzemeye boğmamışlardı kendilerini ve şunu söylemeliyim ki kadın gibi giyinmişlerdi; kıyafetleri, günümüz kadınları gibi koltuk döşemelerini andırmıyordu. Kısacası elbiseleri, klasik ilkçağ kıyafetleriyle on dördüncü yüzyıl giysilerinin daha sade biçimleri arası, ancak ikisinin de taklidi olmayan bir şeydi. Kumaşları da mevsime uygun bir şekilde hafif ve canlıydı. Kadınların kendilerine gelince, insan onlardan gözünü alamıyordu, son derece nazik ve güler yüzlüydüler; vücutları biçimli ve adaleliydi, güçlü kuvvetliydiler. Hepsi, sağlıklı görünüşlü kadınlardı. Üçü de alımlıydı ama içlerinden biri özellikle çekici ve düzgün hatlıydı. Bir anda, yapmacık bir utangaçlığın zerresini göstermeksizin şen şakrak yanımıza geldiler ve uzak bir yolculuktan dönmüş bir dostlarıymışım edasıyla üçü birden elimi sıktılar. Yine de göz ucuyla giysilerime baktıkları gözümden kaçmadı, çünkü üstümde hâlâ dün geceden kalma kıyafetler vardı. Zaten ben en iyi giysilerimle bile şık olmayı becerememişimdir.

Dokumacı Robert bir şeyler söyledi ve onlar da bizi ağırlamak için koşuşturmaya başladılar. Az sonra yanımıza gelerek ellerimizden tuttular ve bizi salonun en hoş köşesine, kahvaltımızı hazırlattıkları masaya buyur ettiler. Bizler masada yerlerimizi alırken kadınlardan biri de az önce sözünü ettiğim odalara koştu ve hemen sonra elinde kocaman bir gül demetiyle geri döndü. Güller, Hammersmith'de yetiştirilenlerden gerek ebat gerekse kalite bakımından oldukça farklıydı ve daha çok eski bir köy bahçesinin ürünü gibi gözüküyorlardı. Oradan da mutfağa koşarak elinde özenle işlenmiş bir vazoyla geri döndü ve gülleri içine koyarak vazoyu sofranın ortasına yerleştirdi. Diğer iki kadından birisi ise -o da bir yere koşmuştu- içi çilek dolu bir lahana yaprağıyla geri döndü. Çileklerden bazıları ham sayılırdı ve kadın, onları masanın üzerine yerleştirirken, "Buyrun bakalım. Sabah kalkmadan önce aklımdaydı aslında, Dick, senin kayığına binen yabancıya bakarken unutmuşum gitmiş. Anlayacağınız kuşlar benden önce davranmış. Bu yüzden de bu sabah Hammersmith'in her yerinde bulabileceğiniz güzellikteki çileklerden pek toplayamadım."

Robert sevgiyle kadının kafasını okşadı ve kahvaltımızı yapmaya koyulduk. Oldukça sadeydi kahvaltımız, ama son derece özenli hazırlanmış ve zarafetle sofraya konmuştu. Birbirinden güzel pek çok çeşit ekmek vardı. Benim zevkime en çok hitap eden büyük, sert, koyu renkli, şekerli çiftlik somunundan tutun da Torino'da yediğime benzer galetaya kadar her tür ekmek mevcuttu.

Daha ilk lokmamı ağzıma koymadan, Oxford Üniversitesi'nin toplantı salonunda görsek, kürsü diyeceğimiz bir masanın arkasında altın kaplama, oyma bir yazıt çarptı gözüme. İçinde geçen tanıdık bir isim beni okumaya itti. Şöyle yazıyordu:

> KONUKLAR VE KOMŞULAR, BUGÜN BU SALONUN BULUNDUĞU YERDE BİR ZAMANLAR HAMMERSMİTHLİ SOSYALİSTLERİN TOPLANTI SALONU BULUNUYORDU. ANILARINA KADEH KALDIRIN! MAYIS 1962.

Bu kelimeleri okurken neler hissettiğimi anlatmam oldukça zor olur. Sanırım ne kadar duygulanmış olduğum yüzümden de okunuyordu çünkü dostlarım merakla bana bakmaya başladılar ve havaya bir süre sessizlik hâkim oldu.

Hemen ardından, hiç de kayıkçı kadar davranış kurallarından haberdar olmayan dokumacı biraz münasebetsizce:

"Konuk, size nasıl hitap edeceğimizi bilemiyoruz, acaba isminizi sormamda bir mahzur var mı?" dedi.

"Aslında," dedim, "benim de bu konuda bazı şüphelerim var. Bu yüzden bana Konuk deseniz de, William deseniz de olur."

Dick bana bakarak başıyla kibarca tasdik etti fakat dokumacının yüzünden bir an endişe bulutları geçti ve:

"Sormamın bir sakıncası yoksa bana nereden geldiğinizi söyler misiniz? Merakımı bağışlayın; ama haklı sebeplerim var; edebi sebepler" dedi.

Dick, masanın altından bariz bir şekilde tekme atıyordu; ancak berikinin pek öyle mahcup olmuş gibi bir hali yoktu ve biraz da hevesle bekledi cevap vermemi. Bana gelince, az daha "Hammersmith" diye ağzımdan kaçırıverecektim ki, kendi kendime bunun bizi nasıl bir kargaşaya sürükleyeceğini hatırlattım. Bu yüzden de durumla bağlantılı ve içinde biraz da gerçek payı bulunan bir yalan uydurmak için bir süre düşündükten sonra:

"Öyle uzun bir süre Avrupa'dan uzak kaldım ki, şimdi her şey bana garip gözüküyor fakat doğma büyüme Epping Ormanı'nın kenarındaki Walthamstow ve Woodford'luyum," dedim.

"Oldukça güzel bir yer," diye sözümü kesti Dick, "1955'te yapılan büyük bina yıkımından bu yana ağaçlar tekrar büyümeye vakit buldu ve gerçekten de çok hoş bir yer oldu."[8]

Zaptedilemez dokumacımız: "Sevgili komşum, ormanın bir süre önceki halini bildiğinize göre, acaba bana on dokuzuncu yüzyılda oradaki ağaçların hepsinin tepesinin budanmış olduğu söylentisinde ne kadar gerçek payı olduğunu söyleyebilir misiniz?" dedi.

Bu soru tam da arkeolojik doğabilim yönüme sesleniyordu. İçinde bulunduğum yeri ve zamanı düşünmeksizin tuzağa düştüm ve başladım anlatmaya. Bu sırada kızlardan birisi, güzel olanı, yerlere lavanta parçaları ve başka güzel kokulu otlar saçıyordu; dinlemek için yanımıza yaklaştı ve elini omzuma koyarak tam arkamda durdu. Elinde benim vaktiyle balsam diye adlandırdığım bitkiden de bir parça vardı ve tatlı, güçlü kokusu aklıma Woodford'daki mutfak-bahçede geçen çocukluk yıllarımı ve çiçek tarhının arka tarafındaki duvarın üstünde göze çarpan kocaman, mavi mürdüm eriklerini getirdi. Böyle bir durum da herkesin başına gelebileceği gibi bir anda anılarımı canlandırdı.

Anlatmaya koyuldum: "Ben küçükken ve daha sonrasında, Kraliçe Elizabeth'in kır evinin bir bölümünü ve High Beech[9] tarafını saymazsak ormanın hemen tamamını budanmış gürgenlerle karışık çoban püskülü fundalıkları oluşturuyordu. Londra Belediyesi, yirmi beş yıl kadar önce bu işi devraldığında eski yurttaşlık haklarının bir parçası sayılan kesme ve budama işleri sona erdirildi ve ağaçların serbestçe büyümesine izin verildi. Ancak uzun yıllar boyunca orayı hiç görmedim, yalnızca bir keresinde biz dernek üyeleri High Beech'e piknik yapmaya gittiğimizde görmüştüm. Yeniden düzenlendiğini görmek beni çok şaşırtmıştı, sonraki gün de zevk yoksunu bazı kimselerin oraya bahçe düzenlemesi yapacağını öğrendik. Yapılaşmanın durdurulması ve ağaçların yeniden büyümesi hakkında söyledikleriniz çok güzel haberler, ama biliyorsunuz ki..."

Tam bu noktada Dick'in söylediği tarihi hatırladım ve kafam bir hayli karışarak konuşmamı yarıda kestim. Hevesli dokumacı şaşkınlığımı fark etmedi ama sanki davranış kurallarını ihlal ettiğinin bilincindeymişçesine aceleyle: " Fakat bir dakika, siz kaç yaşındasınız ki?" dedi.

Robert'in tavrı sanki tuhaflığına verilip hoş görülebilirmiş gibi Dick de güzel kız da kahkahalarla gülmeye başladılar. Dick, kahkahalarının arasından:

"Ağır ol, Bob, konukları sorguya çekmenin âlemi yok. Bildiklerin arttıkça terbiyen bozuluyor. Şu eski aptal romanlardaki patavatsızları anımsatıyorsun bana; yararlı bilgiye ulaşmak için her türlü davranış kuralını ayaklar altına almaya hazır karakterler vardır ya. Aslını istersen, matematikle ve o eski, aptal ekonomi politik kitaplarıyla kafanı o kadar bulandırmışsın ki, sanırım davranış kurallarını unutmaya başlamışsın. Gerçekten de açık havada çalışma vaktin gelmiş senin, beynindeki örümcek ağlarını ancak öyle temizleyebilirsin," dedi.

Dokumacı neşeyle güldü sadece, kız da yanına giderek hafifçe yanağına vurdu ve: "Zavallıcık, ne yapsın doğuştan böyle..." dedi.

Bana gelince, azıcık kafam karışmıştı. Yine de biraz topluluğun hatırı için, biraz da kaygısız mutluluklarının ve neşeli tabiatlarının verdiği memnuniyetle ben de güldüm. Robert özür dilemeye hazırlandığı sırada ben önce davranıp:

"Fakat komşularım," dedim (lafı hemen kapmıştım), "sorularınıza cevap vermenin elimden geldiği sürece benim için hiçbir sakıncası yok. Bu yüzden istediğiniz kadar sorabilirsiniz, cevaplamak benim için bir zevktir. İstiyorsanız size çocukluğumdaki Epping Ormanı'nı anlatabilirim. Yaşıma gelince, kibar bir bayan da olmadığıma göre neden söylemeyeyim? Elli altıyı eskittim bile."

Davranış kurallarıyla ilgili konferansa rağmen, dokumacı uzunca bir 'vay be' koyuverdi. Onun bu naifliği diğerlerinin öyle hoşuna gitmişti ki hepsinin neşeleri yüzlerinden okunuyordu. Yine de terbiyeleri kahkaha atmalarına müsaade etmiyordu. Bense şaşkına dönmüş bir halde diğerlerinin yüzüne bakıyordum. Sonunda dayanamayıp:

"Lütfen bana da anlatın, yanlış bir şey mi söyledim? Sizlerden bir şeyler öğrenmek istediğimi biliyorsunuz. Gülmekten çekinmeyin, yeter ki bana da söyleyin," dedim.

Gerçekten de güldüler. Ben de yine yukarıda saydığım sebeplerden ötürü onlara katıldım. En sonunda güzel kadın:

"Vah vah, çok da kaba zavallıcık! Ne düşündüğünü ben size söyleyeyim. Yaşınıza göre çok yaşlı gösterdiğinizi ima ediyor. Ama bunda şaşılacak bir şey yok çünkü hem yolculuk yapıyormuşsunuz hem de bize benzemeyen ülkelermiş gittiğiniz yerler. Mutsuz insanların arasında yaşayan çabuk yaşlanırmış derler. Şüphesiz doğru bir söz. Aynı zamanda İngiltere'nin güneyine güzelliği muhafaza etmek için iyi bir yer de derler." dedi, sonra kızardı ve, "Sizce ben kaç yaşındayım?" diye sordu.

"Hımm," dedim, "bana bir kadının her zaman gösterdiği yaşta olduğu öğretildi. Sözlerimi hakaret ya da iltifat olarak almayın ama bana kalırsa yirmi yaşında gösteriyorsunuz."

Neşeyle güldü ve, "Erkeklerden iltifat bekleme yaşım çoktan geçtiği için size gerçeği söyleyebilirim. Sizin anlayacağınız, ben tam kırk iki yaşındayım."

Uzun uzun yüzüne bakmam ahenkli bir kahkaha koparmasına yetti, oysa bir süre daha inceleyebilirdim çünkü yüzünde tek bir çizgi bile yoktu, cildi fildişi gibi pürüzsüz, yanakları dolgun ve yuvarlak, dudakları getirdiği güller kadar kırmızı ve iş yapmak için sıvadığı güzel kolları da bilekten omuza kadar sıkı ve adaleliydi. Benim seksen yaşında olduğumu düşünmüş olmasına rağmen bakışlarım karşısında biraz kızardı ve ben de konuyu dağıtmak için:

"İşte, gördüğünüz gibi eski özdeyişin doğruluğu bir kez daha kanıtlandı. Böyle kaba bir tahminde bulunmam için beni kışkırtmanıza izin vermemeliydim," dedim.

Kadın tekrar güldü ve, "İşte böyle, genç ve yaşlı baylar, şimdi işime dönmeliyim. Az sonra burada işimiz başımızdan aşkın olacak, ben de bir an önce işimi bitirmek istiyorum. Dün başladığım oldukça eski bir kitabı okumaya devam etmek istiyorum. Bu yüzden şimdilik hoşça kalın," dedi.

Bize el salladı ve (Scott'un dediği gibi)[10] masamızdan güneşin bir parçasını alıp götürerek salondan çıktı gitti.

Kadın giderken Dick, "Evet konuk, siz de bu arkadaşımıza bir iki soru sormak istemez misiniz? Şimdi sıra sizin," dedi.

"Sorularınızı yanıtlamaktan mutluluk duyarım," dedi dokumacı.

"Eğer size bir şeyler soracak olursam bayım," dedim "sorularım pek de haşin olmayacaktır. Dokumacı olduğunuzu duydum. Bu zanaat hakkında size bir şeyler sormak isterim çünkü ben de bu konuyla ilgileniyorum; daha doğrusu bir zamanlar ilgileniyordum."

"Vallahi," dedi "bu konuda size pek bir faydam dokunacağını sanmam. Ben sadece çok basit dokumacılık işleri yapıyorum ve Dick'in aksine kötü bir zanaatkârımdır. Dokumacılığın yanısıra makine baskısı ve dizgisinden de biraz anlarım. Ama daha ince işlerde pek işe yaramam. Zaten, kitap basma salgınının dinmesiyle birlikte makine baskısı da yok olmaya yüz tuttu. Bu yüzden, zevk aldığım diğer şeylere yönelmek durumunda kaldım ve matematik çalışmaya başladım. Ayrıca bir de barış döneminin gayri resmi tarihi üzerine, esas olarak on dokuzuncu yüzyılın sonunu anlatan bir kitap yazıyorum. Nasıl desem, öncelikle ülkenin, savaş başlamadan önceki halini tasvir etmek adına yapıyorum bunu. Epping Ormanı'yla ilgili tüm o soruları da size bu maksatla sormuştum. İtiraf edeyim anlattıklarınız çok ilginç olmalarına rağmen daha çok kafamı karıştırdı. Ama umarım daha sonra, dostumuz Dick burada yokken biraz daha sohbet etme şansımız olur. Biliyorum, yavan işlerle uğraştığımı düşünüyor Dick, ve elim işe yatkın olmadığı için beni küçümsüyor. Günümüzün gerçeği bu. On dokuzuncu yüzyıl edebiyatından okuduğum kadarıyla (ki bayağı bir okudum) bu durumun, o zamanların budalalığına karşı bir intikam olduğunu düşünüyorum. O zamanlar ellerini kullanabilen herkesi küçümserlermiş. Fakat, Dick eski dostum, *ne quid nimis.*[11] Abartma!"

"Hadi oradan," dedi Dick, "neyi abartmışım? Dünyanın en hoşgörülü adamı ben değil miyim? Beni matematik öğrenmeye zorlamadığın ya da şu yeni estetik bilimine beni de bulaştırmaya kalkmadığın ve bana kendi altınım, çeliğim, üfleme borum ve minik çekicimle biraz uygulamalı estetik yapma fırsatı verdiğin sürece halimden şikayet ettiğimi duydun mu? Buyrun bakalım! İşte zavallı konuğum, sizi sorguya çekecek biri daha geliyor. Bob, konuğumuzu savunmamda bana yardımcı ol sen de."

"Hey Boffin,"[12] diye seslendi ve ardından, "illâ istiyorsan işte buradayız."

Omzumun üstünden baktım ve yemek salonuna düşen güneş ışığının altında parıl parıl parlayan bir şey gördüm. Bunun üzerine arkama döndüm ve taş döşemenin üstünde salına salına yürüyen gösterişli bir adam gördüm. Adamın ceketi sırma işlemelerle kaplanmıştı ve o haliyle şıklık sınırlarını fazlasıyla aşıyordu; öyle ki altın bir zırh kuşanmışçasına güneşi geri yansıtıyordu. Uzun boylu, koyu renk saçlı ve son derece yakışıklıydı. Yüz ifadesi nezakette diğerlerinden hiç de aşağı kalmamakla birlikte yüce güzelliğin hem kadınlara hem de erkeklere bahşettiği o mağrur edayla hareket ediyordu. Güler yüzle yanımıza gelerek masamıza oturdu. Bacaklarını esnetip kolunu sandalyeye dayadı. Hareketlerinde, uzun boylu ve yapılı kimselerde doğal görünen ağırlık ve zarafet göze çarpıyordu. Yaşı kemale ermişti fakat kendisine yeni bir oyuncak alınan bir çocuk kadar mutlu görünüyordu. Bana zarifçe eğilerek selam verdi ve:

"Gördüğüm kadarıyla Annie'nin biraz önce bahsettiği, bizlerin ya da yaşam biçimlerimizi bilmeyen uzak bir ülkeden gelen konuk siz olmalısınız. Bu yüzden, herhalde birkaç soruma cevap vermekten kaçınmazsınız, çünkü..."

Burada Dick sözünü kesti: "Lütfen yapma Boffin! Şimdilik biraz müsaade et. Konuğun rahat ve mutlu olmasını istiyorsundur eminim. Peki, çevresindeki yeni âdetler ve insanlarla kafası henüz allak bullakken, bir yandan da her türlü soruyu yanıtlamakla boğuşursa konuğumuz nasıl rahat ve mutlu olabilir? Yo yo, onu, soruları kendisinin soracağı ve cevaplarını alacağı bir yere götüreceğim; onu Bloomsbury'deki büyük büyükbabama götüreceğim. Eminim senin de buna bir itirazın yoktur. Bu yüzden de çene çalacağına James Allen'ın yerine gidip benim için bir araba getirirsen çok daha iyi olur çünkü onu kendim götürmeyi düşünüyorum. Lütfen Jim'e söyler misin, yaşlı, Boz Yele'yi göndersin, kaçıkları atlı arabalardan daha iyi kullanırım bilirsiniz. Hadi bakalım eski dostum, üzülme. Konuğumuzla sohbet etmek için nasıl olsa bol bol zamanın olacak," dedi.

Dick'in yüzüne uzun uzun baktım. Bu kadar vakur görünüşlü bir şahsiyetle kaba saba olmasa da, böyle senli benli konuşmasına şaşırmıştım; çünkü bu Bay Boffin'in Dickens'ın eserinden dolayı çok iyi bilinen ismine rağmen bu tuhaf insanların hiç değilse senatörleri filan olduğunu düşünüyordum. Oysa o ayağa kalktı ve: "Pekâla yaşlı kayıkçı, nasıl istersen, bugün çok meşgul olduğum günlerimden biri değil ve her ne kadar (bu sırada eğilip bana bir selam lütfederek) bu bilgili konukla konuşma zevkime son verilmiş olsa da senin değerli akrabanla en kısa zamanda görüşmesi gerektiğine katılıyorum. Hem belki kendi soruları cevaplandırıldıktan sonra *benim* sorularımı daha kolay yanıtlayabilir," dedi.

Böylece arkasını dönerek yemek salonundan çıktı.

Gittiğinde, "Bay Boffin'in ne iş yaptığını sorsam ayıp olur mu? Bu arada ismi de bana Dickens okuyarak geçirdiğim onca güzel zamanı anımsatıyor," dedim.

Dick güldü, "Evet evet," dedi. "Bize de. Alıntıyı fark ettiğinizi görüyorum. Gerçek adı tabii ki Boffin değil; Henry Johnson'dır. Kısmen çöpçü olduğundan kısmen de bu kadar gösterişli giyindiğinden ve üzerine bir ortaçağ baronu kadar çok altın taktığından dolayı biz ona şakadan Boffin diyoruz. Taksın takıştırsın tabii, hoşuna gittiği sürece ne zararı var? Anlarsınız işte, biz onun çok yakın arkadaşı olduğumuz için ona böyle takılıyoruz."

Bu sözlerden sonra bir süre çenemi tuttum ama Dick konuşmasını sürdürdü:

"Fevkalade bir insandır, onu sevmeden edemezsiniz ancak bir zaafı var; tüm zamanını gerici romanlar yazarak geçiriyor ve kendi deyimiyle yerel renkleri yerinde kullanmış olmakla gurur duyuyor. Sizin de; insanların mutsuz olduğu ve sonuç olarak bir hikâyeciye ilginç gelen, dünyanın unutulmuş bir köşesinden geldiğinizi düşündüğü için sizden biraz bilgi alabileceğini düşünüyor. Bu konuda sizinle hiç çekinmeden konuşacaktır. Yalnız, kendi rahatınız için ona dikkat edin!"

"Şahsen, Dick" dedi dokumacı azimle, "ben onun romanlarının çok güzel olduğunu düşünüyorum."

"Tabii düşünürsün," dedi Dick, "al birini vur ötekine, matematik ve çağdışı romanlar aynı kulvarda yer alıyor. İşte geldi yine."

Ve gerçekten de Altın Çöpçü salonun kapısından bizi selamladı, biz de kalkıp verandaya gittik. Verandanın önünde, insanın dikkatini ister istemez çeken güçlü bir atın çektiği bir araba bizi bekliyordu. Araba hafif ve kullanışlıydı ancak üzerinde, zamanımız arabalarının –özellikle de şık olanların– ayrılmaz bir parçası olarak bildiğim iğrenç bayağılıktan eser yoktu. Hatta bir Wessex faytonu kadar zarif ve hoştu. Dick'le birlikte arabaya bindik. Bizi yolcu etmek için verandaya çıkan kızlar bize el salladılar, dokumacı kibarca başını salladı, çöpçü ise gezgin ozanlara özgü bir zarafetle eğilerek selam verdi. Dick dizginlere asıldı ve yola koyulduk.

IV
Yol üstündeki çarşı

Nehirden hızla uzaklaştık ve hemen Hammersmith'in içinden geçen anayola çıktık. Suyun kenarından yola çıkmış olmasaydık nerede olduğumu tahmin edebileceğimi sanmıyorum. Çünkü King Caddesi'nin[13] yerinde yeller esiyordu ve karayolu artık güneşli çayırların ve bahçemsi arazilerin arasından geçiyordu. Üzerinden hızla geçtiğimiz haliç, kanalizasyon borusundan kurtulmuştu. Üzerindeki hoş köprüden geçerken sularını görebiliyorduk; gelgitten dolayı kabarmıştı gerçi ama yine de üzeri farklı boylarda güzel kayıklarla kaplanmıştı. Etrafta evler vardı; bazıları yolun üzerinde bazıları ise yoldan ayrılan patikaların sonunda tarlaların arasındaydı ve hepsini hayat dolu bahçeler çevreliyordu. Çok hoş bir tasarımları vardı, sağlam görünüyorlardı. Kır evlerine benziyorlardı, bazıları nehrin kenarındakiler gibi kırmızı tuğladan yapılmış olsa da çoğunluğu ahşaptan inşa edilmişti. Evlerin yapı malzemeleri ortaçağ evlerininkine o kadar benziyordu ki kendimi on dördüncü yüzyıldaymış gibi hissediyordum. Bu hissimi, yolda gördüğümüz insanların hiçbir 'modern'liği bulunmayan kıyafetleri de pekiştiriyordu. Hemen herkes iç açıcı elbiseler giymişti, özellikle de kadınlar öyle güzel öyle çekiciydiler ki, yol arkadaşımın da dikkatini bu gerçeğe çekmemek için kendimi zor tutuyordum. Gördüğüm yüzlerin bazısı çok kibardı, düşünceliydi ve ifadelerinde asaleti okudum, ama hiçbirinde mutsuzluğun zerresine rastlanmıyordu ve büyük bir çoğunluk (çok sayıda insana rastladık) içtenlikle ve açıkça mutluluk doluydu.

Caddelerin kavuşmasından Broadway'e geldiğimizi çıkardım. Yolun kuzey tarafında bir dizi bina ve avlular vardı. Alçak olmakla birlikte hoş inşa edilmişler ve süslenmişlerdi, bu yüzden de etraftaki gösterişsiz evlerle büyük bir zıtlık oluşturuyorlardı. Alçak bir binanın arkasında daha yüksek bir binanın kurşun kaplama dik çatısı, payandaları ve duvarının üst kısmı yükseliyordu. Bu, tek kelimeyle Kuzey Avrupa Gotik'i ile ortaçağ İslam mimarisi ve Bizans'ın[14] en güzel örneklerini içinde barındıran fakat bu tarzların hiçbirinin taklidi de olmayan görkemli ve coşkulu bir mimari tarzdı. Yolun güney tarafında ise, yüksek çatılı, sekizgen bir bina vardı ki anahatları Floransa'daki Baptistry'ye hayli benziyordu. Binanın tek farkı etrafında kemerli bir yol oluşturan ve üzerine büyük ustalıkla kabartmalar yapılmış olan ikinci bir duvarla çevrelenmiş olmasıydı.

Hoş tarlaların arasından yolumuza devam ederken bir anda karşımıza çıkıveren tüm bu mimari eserler, kendi içinde ince bir güzelliğe sahip olmakla kalmıyor, hayatın bolluk ve bereketini öyle güzel yansıtıyordu ki daha önce olmadığım kadar coşkuya kapılıyordum. Mutluluktan kıkır kıkır gülüyordum. Dostum durumumu anlıyor gözüküyordu ve oturduğu yerden beni hoşnut ve şefkatli bir ilgiyle seyrediyordu. Kalabalık bir araba kümesinin arasında durduk. Pazara mal taşımakta kullanıldığı iştah açıcı köy ürünleriyle ağzına kadar dolu oluşlarından belli olan bu arabaların içinde iç açıcı kıyafetleriyle kadınlar, erkekler ve çocuklar oturuyordu.

"Bunun bir çarşı mı olduğunu sormuyorum bile, çünkü öyle olduğu her halinden belli; fakat ne tür bir çarşı ki böyle görkemli yapılmış? Ayrıca şuradaki ihtişamlı bina ve şu güney tarafındaki yapı nedir?" dedim.

"Ah," dedi, "burası bizim Hammersmith Çarşımız. Beğendiğinize gerçekten memnun oldum çünkü bizler gurur duyarız burasıyla. İç kısımdaki bina ise bizim kışlık toplantı salonumuz;[15] yazın genellikle nehrin aşağısında, Barn Elms'in karşısındaki tarlalarda buluşuruz. Sağdaki bina ise tiyatro binamız. Umarım onu da beğenmişsinizdir."

"Beğenmemek için aptal olmak gerek," dedim.

Biraz kızardı ve "Buna memnun oldum çünkü benim de emeğim geçti: Bu kocaman kapıları Şam işi tarzında bronzdan ben işlemiştim. Gün içinde buraya belki tekrar bakarız ama şimdi gitmemiz lazım. Pazar yerine gelince, kalabalık günlerinden biri değil, o yüzden başka bir zaman gelmemiz daha iyi olur, böylece siz de daha fazla sayıda insan görebilirsiniz," dedi.

Teşekkür ettim ve "Bu insanlar bildiğimiz köylü mü? Aralarında ne kadar da güzel kızlar var," dedim.

Konuşurken, uzun boylu, koyu renk saçlı, beyaz tenli, sıcak günlerin ve mevsimin şerefine açık yeşil, hoş bir elbise giyinmiş güzel bir kadına çarptı gözüm. Bana bakarak kibarca gülümsedi, fakat Dick'e bakarak daha bir tatlı tatlı gülümsedi. Bu yüzden konuşmama bir dakika ara verdim ama hemen toparlayarak devam ettim:

"Soruyorum çünkü çevremde gördüğüm insanlar hiç de çarşıda bir şeyler satarken görmeyi beklediğim türden insanlar değil," dedim. "Anlamıyorum," dedi, "ne tür insanlar görmeyi beklediğinizi de 'köylü' derken kimleri kastettiğinizi de anlayamıyorum. Bunlar Thames Vadisi'nde çalışmaktan hoşlanan komşularımızdır. Adaların bazı bölgelerinde hava buradan daha hoyrat ve yağmurludur. Oralarda yaşayan insanların giysileri de dolayısıyla daha kaba ve kendileri de bizden daha dayanıklı ve sert görünüşlüdürler. Ama bazı insanlar onların görünüşünü bizimkine yeğliyorlar; kelimenin tam anlamıyla onların daha kişilikli olduğunu söylüyorlar. Tabii bu bir zevk meselesi. Her neyse, onlarla bizim melezlerimiz çoğunlukla iyi oluyor," diye de ekledi düşünceli bir şekilde.

Her ne kadar gözlerim başka bir yere bakıyorduysa da söylediklerini duydum. O sırada gördüğüm güzel kız, taze bezelye dolu sepetiyle kapının orada gözden kaybolmaktaydı. Ben de, yolda bir daha asla göremeyeceğimiz ilginç veya tatlı bir yüz gördüğümüzde yaşadığımız türden bir hayal kırıklığı içindeydim. Bu yüzden de bir süre konuşmadım. Sonunda, "Demek istediğim, etrafta hiç muhtaç görünüşlü insan yok, bir tane bile," dedim.

Kaşlarını çattı, kafası karışmış gibi bir hali vardı ve: "Tabii ki yok, muhtaç durumda olan ya evinde oturur ya da en iyi ihtimalle bahçeye çıkar. Fakat şu anda hasta olan hiç kimseyi bilmiyorum. Hem neden yolda muhtaç kimseler görmeyi bekliyorsunuz ki?"dedi.

"Hayır, hayır," dedim, "hasta insanlardan bahsetmiyorum. Muhtaç insanlar diyorum, yani, bilirsiniz işte, yoksul insanlar."

"Hayır," dedi neşeyle gülümseyerek, "vallahi bilmiyorum. Gerçek şu ki, bir an önce sizi benden daha iyi anlayacak olan büyük büyükbabamı görmelisiniz. Haydi Boz Yele!" Böyle diyerek dizginlere asıldı ve neşeyle, sarsıla sarsıla doğu yönünde ilerlemeye başladık.

V
Yol üstündeki çocuklar

Broadway'i geçtikten sonra iki yanımızdaki evler epeyce seyrekleşti. Ağaçlarla bezenmiş bir arazinin ortasından akan sevimli, küçük bir dereyi de geçtikten hemen sonra başka bir çarşıya ve belediye binası diyebileceğimiz bir yapının yanına geldik. Çevrede gözüme tanıdık gelen hiçbir şey olmamasına rağmen nerede olduğumuzu gayet iyi biliyordum ve rehberim kısaca "Kensington Çarşısı" dediğinde hiç şaşırmadım.

Bundan hemen sonra da iki yanında evler dizili ufak bir sokağa geldik. Daha doğrusu, sokağın iki yanında uzanan uzun iki bağdadi binanın olduğu bir yerdi burası; binaların önündeki kaldırımlar revaklıydı. Dedi ki Dick: "Burası Kensington'un merkezi. Burada yoğun bir insan trafiği olur, herkes korunun romantik havasından hoşlanır, aynı zamanda doğa meraklılarının da uğrak yeridir, neden derseniz şu an için burası bile vahşi bir bölge sayılır. Güneye doğru fazla uzanmaz, kuzeye ve batıya doğru Paddington'a ve Notting Hill'in biraz aşağısına kadar uzanır, oradan da kuzeybatıda Primrose Hill'e doğru devam eder. Daha çok dar bir şerit halinde Kingsland'i geçiyor ve Stroke-Nevington ile Clapton'a varır. Oranın arkası da bildiğiniz gibi Epping Ormanına uzanır. Yaklaşmakta olduğumuz bu bölgeye ise Kensington Bahçeleri denir. Neden 'bahçeler' dendiğini ben de bilmiyorum."

Bir an içimden 'Ben biliyorum,' demek geldi ama Dick'in varsayımlarına rağmen kendimle ilgili bilmediğim o kadar çok şey vardı ki çenemi tutmaya karar verdim.

Yol bir anda şahane ağaçlıkların arasına gömüldü. Ağaçlıklar yolun her iki tarafına da yayılmakla beraber uzaklarda, kuzey yönünde daha gürdü; hatta meşe ve kestane bile epeyce vardı, daha kolay yetişen ağaçlar (sayıca daha fazla olan çınarlar ve akağaçlar mesela) güzelce yetişmiş ve kocaman olmuşlardı.

Hava gittikçe biraz daha ısındığı için yer yer içine gün ışığı sızdıran bir gölgede bulunmak son derece hoştu. Serinlik ve gölge gergin zihnimi yatıştırarak huzur dolu bir mutluluk veriyordu. Öyle ki bu yumuşak sessizliğin içinde yol almaya sonsuza dek devam edebilirmişim gibi geliyordu. Yol arkadaşım da hislerimi paylaşıyor gözüküyordu; bir yandan oturduğu yerde ormandan gelen kokuları içine çekerken diğer yandan da atı yavaşlattıkça yavaşlatıyordu. Tüm bu kokuların içinde en baskın olanı hiç kuşkusuz yol kenarındaki ezilmiş eğreltiotlarının yaydığı kokuydu.

Romantik Kensington Korusu hiç de ıssız değildi. Gelip giden, ağaçların arasında gezinen bir sürü insana rastladık. Altı ila on sekiz yaşlarında çocuklar da vardı gezinenlerin arasında; bu çocuklar bana türlerinin seçme örnekleriymiş gibi geldi. Son derece eğleniyormuş gibi gözüküyorlardı. Bazıları, çimenlerin üzerine kurdukları çadırların etrafında geziniyordu. Bu çadırlardan bazılarının yanında da tıpkı çingenelerinki gibi üstünde kazanlar kaynayan ateşler yanıyordu. Dick bana ormanın içinde dağınık halde bazı evler bulunduğundan bahsetti ve bunlardan birkaçını gördük de. Dick, evlerin çok küçük olduğunu, tıpkı ülkede köleler varken kulübe diye adlandırılan yerlere benzediklerini, fakat bunların aynı zamanda çok hoş ve ormanda konaklamak için biçilmiş birer kaftan olduğunu anlattı.

"Eminim içleri ağzına kadar çocukla doludur," dedim yol üzerindeki çocukları işaret ederek.

"Yoo," dedi, "bu çocuklar orman içindeki evlerden ziyade, taşradan geliyorlar. Yazın, sizin de gördüğünüz gibi, genellikle gruplar oluşturarak çadırlar kurup haftalarca ormanda oynamaya geliyorlar. Biz de tabii onları buna teşvik ediyoruz. Böylelikle kendi kendilerine bir şeyler yapmayı öğreniyorlar ve vahşi hayvanları tanımaya başlıyorlar. Bilirsiniz, evin içine ne kadar az tıkılırlarsa çocuklar için o kadar iyi. Diğer taraftan, yaz boyunca birçok yetişkin insanın da ormanlara gittiğini söylemeden geçmeyeyim. Gerçi yetişkinler çoğunlukla Windsor ya da Dean Ormanı gibi daha büyük ormanlara veya kuzeydeki ıssız topraklara gitmeyi tercih ediyorlar. Verdiği bütün zevkler bir yana, insanlarımıza biraz da ağır iş yapma imkanı sağlıyor ki bu da son elli yıldır gittikçe zor bulunur bir hale gelmeye başladı."

Sözünü tamamladıktan bir süre sonra: "Tüm bunları size anlatıyorum çünkü eğer konuşursam siz sormasanız bile en azından kafanızdan geçirdiğiniz sorulara cevap olacak bir şeyler söyleyeceğimi hissediyorum. Tabii akrabam bu konuda sizi daha çok bilgilendirecektir."

Tekrar konuşmaya başlamak üzere olduğumu fark ettim ve hem bir pot daha kırmamak hem de bir şey söylemiş olmak için:

"Bu sayede gençler, yaz bitip de okullarına geri dönmek zorunda kaldıklarında daha zinde olacaklar," dedim.

"Okul mu?" dedi, "ne anlamda kullanıyorsunuz bu kelimeyi? Çocuklarla ne alakası olduğunu ise hiç anlayamadım. Bizler, daha çok, balık sürüleri ve resim ekollerinden bahsederken kullanırız bu kelimeyi. Birinci durumla bağlantılı olarak, sürü anlamında çocuk okullarından söz edilebilir tabii, ama kastettiğiniz bu değilse..." dedi gülerek, "sizi anlayamadığımı kabul etmem gerek."

Hay Allah, dedim içimden, yeni bir sorun çıkarmadan ağzımı bile açamayacak mıyım? Ancak, dostumu bu kelimenin etimolojisi konusunda aydınlatmaya hiç niyetim yoktu ve artık varolmadıklarını nasıl olsa fark ettiğime göre, bir zamanlar oğlan-çiftlikleri diye adlandırdığım bu yerlerden bari hiç bahsetmeyeyim dedim. Böylece, biraz düşündükten sonra; "Bir eğitim sistemi gibisinden söylemiştim," dedim.

"Eğitim mi?" dedi düşünceli düşünceli, "eğilmek mastarından geliyor olmalı; aynen 'ağaç yaşken eğilir' deyişinde olduğu gibi. Bu kelimenin kullanıldığını duymuşluğum var fakat şu güne kadar tam olarak ne anlama geldiğini söyleyebilen birisine rastlamadım."

Bu samimi itirafı duyar duymaz yeni dostlarımın nasıl da gözümden düştüklerini tahmin edebilirsiniz herhalde. Daha çok küçümseyerek: "Nasıl desem, eğitim, genç insanlara öğretme sistemi demektir," dedim.

"Yaşlı insanlara neden öğretmiyor?" dedi gözleri parlayarak. "Ancak," diye devam etti: "Bir öğretme sisteminden geçseler de geçmeseler de sizi temin ederim çocuklarımız öğrenir. Hem ne gerek var ki; buralardaki çocukların içinde kız olsun erkek olsun yüzme bilmeyen tek çocuk yoktur, her biri ufak orman midillilerinin üstünde cambazlık etmeye alışıktır- bakın işte biri gidiyor! Hepsi yemek pişirmeyi bilir, daha büyükleri ekin biçmeyi becerir, bir çoğu sazdan dam örmesini ve ufak tefek marangozluk işleri yapmayı ya da dükkân işletmeyi bilirler. Kısaca birçok şey bildiklerini söyleyebilirim."

"Peki ya zihinsel eğitimleri; yani, zihinlerinin bilgilendirilmesi?" dedim cümlemi biraz daha açarak.

"Konuğum," dedi, "bahsettiğim işleri hiç yapmamış olabilirsiniz ve eğer öyleyse bunları yapmanın hiçbir yetenek gerektirmediği ve zihni çalıştırmak için fazla işe yaramadığı fikrine kapılmayın. Mesela Dorsetshire'lı bir delikanlının sazdan dam örüşüne tanık olsanız, zaten fikrinizi değiştirirsiniz. Kitap bilgisinden söz ettiğinizi düşünürsek de işimiz gayet kolay. Çocukların birçoğu ortalığa saçılmış kitapları göre göre dört yaşına geldiklerinde okumayı sökerler, bana söylendiğine göre durum eskiden böyle değilmiş. Yazmaya gelince, erken yaşta çiziktirmeye yönlendirmiyoruz onları (her ne kadar biraz biraz çiziktirseler de) çünkü bu sonrasında el yazılarının çirkin olmasına yol açıyor. Hem matbaa baskısı da bu kadar kolay bir işken onca kötü el yazısının ne âlemi var? Görüyorsunuz ki güzel yazıdan hoşlanıyoruz ve birçok kişi bunu becerebildiğinde kendi kitabını yazabilir ya da başkasına yazdırabilir; tabii sözünü ettiklerim yalnızca birkaç kopyası yeterli olan şiir kitapları vesaire, bilirsiniz. Sanırım konudan biraz uzaklaştım, fakat kusuruma bakmayın, çünkü iyi-kötü bir yazar olarak ben de yazma konusuyla yakından ilgiliyim ."

"Peki," dedim, "çocuklara dönersek, okuma yazmayı söktükten sonra başka bir şeyler de öğrenmiyorlar mı? Yabancı dil mesela..."

"Tabii ki," dedi, "denizin karşı kıyısında konuşulan Fransızca bizimkine en yakın dil olduğu için bazen okumaya bile başlamadan önce Fransızca konuşmaya başlarlar. Sonrasında da kıta üzerindeki birçok komün ve meslek odasının konuştuğu dil olan Almanca'yı öğrenirler. Bunlar, bizim bu adalarda konuştuğumuz temel dillerdir; tabii İngilizce, Galce ya da Galcenin bir türü olan İrlandacanın yanı sıra. Çocuklar bu dilleri çok çabuk öğreniyor çünkü bütün yetişkinler biliyor. Bunların yanı sıra deniz aşırı yerlerden gelen konuklarımız genellikle çocuklarını da yanlarında getiriyorlar ve ufaklıklar birlikteyken birbirlerinin dillerini kapıveriyorlar."

"Peki ya eski diller?" dedim.

"Evet, tabii," dedi, "çağdaş dilleri öğrendikten sonra daha fazla çalışma yapmak istediklerinde genellikle Latince ve Grekçe öğrenirler."

"Peki ya tarih?" dedim, "tarihi nasıl öğretiyorsunuz?"

"Şimdi," dedi, "bir insan okumayı öğrendiği zaman haliyle hoşuna giden şeyleri okur ve istediği konuyla ilgili en iyi kitapların hangileri olduğunu kendisine söyleyecek veya okuduğu kitaplardaki anlamadığı kısımları kendisine açıklayacak birisini kolaylıkla bulabilir."

"Peki" dedim, "başka ne öğreniyorlar? Herhalde hepsi tarih öğrenmiyordur."

"Hayır, hayır," dedi, "bazılarının umurunda bile olmuyor, doğrusunu söylemek gerekirse birçoğunun umursadığını sanmıyorum. Büyük büyükbabam der ki insanlar kargaşa, sürtüşme ve düzensizliğin hâkim olduğu dönemlerde tarihe ilgi duyarlarmış ve görüyorsunuz ya işte;" dedi Dick, dostane bir tebessümle, "bugün bizler hiç de böyle değiliz. Hayır, kesinlikle değiliz. Birçok kişi nesnelerin oluşumu ve sebep-sonuç ilişkileri hakkındaki gerçekler üzerine çalışmalar yapıyor. Böylece bilgi birikimimiz artıyor, eğer bu iyi bir şeyse. Bazılarımız da sabah konuştuğumuz Bob arkadaşımız gibi matematikle vakit geçiriyor. İnsanların beğenilerini zorla değiştirmeye çalışmanın âlemi yok."

"Şimdi siz, çocukların tüm bu şeyleri öğrendiğini mi söylüyorsunuz?" dedim.

"Bu, çocuktan neyi kastettiğinizle ilgili; üstelik hepsinin birbirinden ne kadar farklı olduğunu da hesaba katmalıyız. Kural olarak on beş yaşlarına gelinceye kadar birkaç hikâye kitabı dışında fazla bir şey okumazlar; çocukları, vaktinden önce kitap kurdu olmaya teşvik etmeyiz. Yine de erken yaşta kendini kitaplara kaptıran bazı çocuklar oluyor. Bu belki de onlar için pek iyi değil ama engellemenin de bir mânâsı yok. Zaten genellikle bu durum uzun sürmez ve yirmi yaşlarına gelmeden dengelerini bulurlar. Bilirsiniz, çocuklar daha çok büyüklerini taklit etme eğilimindedir ve çevrelerindeki insanların çoğunun ev yapmak, caddelere taş döşemek ve bahçe düzenlemesi yapmak gibi gerçekten eğlenceli işlerle uğraştığını görünce onlar da aynı şeyleri yapmak ister. Bu yüzden de fazla sayıda her şeyi kitaplardan öğrenmiş ukala insanımız olacak diye endişe etmemize bence hiç gerek yok."

Ne diyebilirdim ki? Yeni bir karmaşa yaratma korkusuyla susup oturdum. At sallana sallana giderken ben bütün gücümü gözlerime vermiştim; ne zaman Londra'nın merkezine geleceğimizi ve merkezin neye benzediğini merak ediyordum.

Fakat yol arkadaşım konuyu kapatmamakta ısrarlıydı ve düşünceli düşünceli devam etti:

"Her şeyden önce, kitap kurdu olsalar da bunun onlar için gerçekten zararlı olacağını sanmıyorum. Pek ihtiyaç duyulmayan işlerle meşgul olan bu tip insanların çalışırken ne kadar da mutlu olduğunu görmek büyük bir zevk. Diğer taraftan, bu kimseler genellikle çok hoş insanlardır; son derece nazik, yumuşak başlı, mütevazı olurlar ve bildikleri her şeyi diğerlerine öğretme hevesi içindedirler. Gerçekten de şimdiye kadar tanıma şansına sahip olduklarımı acayip sevdim."

Bu sözler öyle tuhafıma gitmişti ki az kalsın bir soru daha soruyordum. Tam o sırada bir tümseğin tepesine ulaştık. Sağ tarafımda ormanın dibindeki boş bir arazide anahatları bana tanıdık gelen bir bina gözüme çarptı ve 'Westminster Manastırı!' diye haykırdım.

"Evet," dedi Dick "tabii, Westminster Manastırı'ndan geriye kalanlar demek daha doğru olur."

"Neden, ne yaptınız oraya?" dedim dehşet içinde.

"Biz mi ne yaptık?" dedi, "fazla bir şey yapmadık, yalnızca temizledik. Fakat siz de biliyorsunuz ki tüm dış cephe yüzyıllar önce mahvolmuştu. İçerisine gelince, yüz yıl önce yapılan büyük temizlikten beri güzelliğini koruyor. Büyük büyükbabamın söylediğine göre ondan önce içerisi binanın güzelliğine gölge düşüren çirkin heykellerle doluymuş, soytarı ve düzenbaz heriflerin heykelleriyle."

Biraz daha ilerledikten sonra tekrar sağıma bakarak şüpheli bir sesle, "Parlamento Binaları! Bunları hâlâ kullanıyor musunuz?" dedim.[15]

Bir kahkaha patlattı, kendini ancak bir süre sonra toplayabildi. Sonra, sırtıma hafifçe vurarak:

"Sizi anlıyorum komşum, bunları neden hâlâ yıkmadığımızı merak etmekte hakkınız var. Yaşlı akrabam bana orada oynanan oyunlarla ilgili kitaplar vermişti okuyayım diye. Bu yüzden konuyla ilgili bir şeyler biliyorum. Kullanmak ha! Tabii aslında; hem ikinci bir çarşı olarak hem de gübre deposu olarak kullanıyoruz orayı. Nehrin kenarında oldukları için de bayağı işe yarıyorlar gerçekten. Bana anlattıklarına göre, yanılmıyorsam, bizim zamanımızın başlarında bunları yıkmaya niyetlenmişler ama o dönemde bir zamanlar topluma hizmeti geçmiş olan, tuhaf, eskiye meraklı bir toplum varmış ve insanların değersiz bulup toplumun baş belaları dediği bu binaların yıkılışına da tıpkı diğer binalar söz konusu olduğunda yaptıkları gibi karşı çıkmışlar.[16] Bu insanlar öyle azimliymiş, sundukları sebepler öyle akla yatkınmış ki çoğu zaman başarıya ulaşmışlar. Her şey geride kalmışken benim de bu durumdan hoşnut olduğumu belirtmeliyim. Bu aptal, eski binalar şimdi inşa ettiğimiz binaların güzelliğini daha çok ortaya çıkarıyor en azından. Bu bölgede daha bir çok eski yapı göreceksiniz, mesela büyük büyükbabamın oturduğu yer ve St.Paul's adındaki büyük bir yapı. Görüyorsunuz ki, birkaç sefil binanın fazlalık ettiğini düşünmemize gerek yok çünkü ne zaman istersek yeni bir yere yeni bir bina yapabiliriz. Yapılacak zevkli işler azalacak diye de endişe etmemize lüzum yok çünkü hiç gösterişli olmayan bir binada bile her zaman için yapılabilecek yeni işler bulunabilir. Örneğin içinde rahatça çalışabileceğim kapalı bir mekân, bir oda öyle çok hoşuma gider ki, mecbur kalsam açık alanlardan neredeyse tamamen vazgeçebilirim. Tabii bir de süslemeler var ki evlerde kolaylıkla abartılı kaçabilir fakat forum salonu veya çarşılarda vesaire böyle bir tehlike yoktur. Her ne kadar büyük büyükbabam güzel yapı konusuyla kafayı bozduğumu söylüyorsa da ben, insanoğlunun enerjisinin özellikle bu tip çalışmalarda işe yaradığını düşünüyorum çünkü birçok işin bir sonu varken bence bu konuda yapılacak işlerin sonu yok," dedi.

VI
Biraz alışveriş

O konuşurken, bir anda ormanın dışına çıkarak güzel binalarla çevrili ufak bir sokağa girdik. Yol arkadaşım hiç vakit kaybetmeden buranın adının Picadilly olduğunu söyledi. İnsanların alışveriş sanatına ne kadar yabancı olduğunu gözlerimle görmüş olmasaydım bu binaların zemin katlarının mağazalar olduğunu söyleyebilirdim rahatlıkla. Sanki insanları içeri çağırmak için yapılmış izlenimi veren çok hoş vitrinlerde eşyalar sergileniyor, insanlar da ya durup bakıyor, ya da içeri girip tam da istedikleri şeye kavuşmuşlar gibi kollarının altında paketlerle çıkıyorlardı. Tıpkı bazı eski İtalyan şehirlerinde olduğu gibi yolun iki yanındaki kaldırımlar yayalara zarif birer revak halinde hizmet veriyordu. Sokağın boyunu ortalayan yerde devasa bir bina vardı ve eminim Dick az sonra bana bunun da halka açık bir merkez olduğunu söyleyecekti.

"Görüyorsunuz ki burası birçoğundan farklı bir şekilde tasarlanmış bir çarşı. Bu binaların üst katları misafirhane olarak kullanılıyor. Çünkü ülkenin çeşitli yerlerinden gelen ziyaretçiler sık sık buralara yığılıyor. Az sonra sizin de göreceğiniz gibi ülkemizin nüfusu çok yoğundur. Gerçi kalabalıktan hoşlanan insanlar da muhakkak vardır ama ben kendi adıma böyle olduğumu söyleyemeyeceğim," dedi Dick.

Âdetlerin ne kadar da kalıcı olduğunu düşündükçe yüzüme bir gülümseme yayılıyordu. Londra'nın hayaleti burada bir merkez olarak hâlâ varlığını hissettiriyordu ve yanılmıyorduysam burası kültürel bir merkezdi. Yine de dükkânlardaki şeyler inanılmaz güzel olduğu için biraz daha yavaş gitmesini istemek dışında hiçbir şey söylemedim.

"Evet," dedi, "içinde bir sürü güzel şey olan iyi bir çarşı burası ve çoğunlukla daha güzel mallar burada sergileniyor. Nasıl olsa lahana, şalgam gibi şeylerin bira ve daha sert şaraplarla birlikte sergilendiği Parlamento Binaları Çarşısı buraya oldukça yakın."

Sonra merakla yüzüme baktı ve: "Belki de bir şeyler almak istersiniz?" dedi.

Yolda rastladığımız yurttaşların giysileriyle bol bol kıyaslama şansı bulduğum kılığımın neye benzediğine şöyle bir baktım ve dedim ki kendi kendime, eğer az sonra ticaret işlerinden hiç anlamayan bu insanlara eğlence malzemesi olacaksam, –ki o esnada muhtemel gözüküyordu– işten atılmış bir gemi veznedarı gibi görünmemekte yarar var. Ancak; tüm bu olanlara karşın elim yeniden cebime gitti ve maalesef iki paslı, eski anahtar dışında hiçbir metale çarpmadı. Hammersmith Misafirhanesi'ndeki konuşmamız sırasında parayı güzel Annie'ye göstermek için cebimden çıkarmış ve sonra da orada öylece bırakmış olduğumu hatırladım. Yüzüm birden asıldı. Halimi gören Dick iğneleyici bir sesle:

"Ne o komşum! Yine ne var? Yoksa cebinizde eşekarısı mı var?" dedi.

"Hayır," dedim. "Şeyi misafirhanede unuttum da."

"Olsun," dedi, "unuttuğunuz her ne ise bu çarşıdan yenisini alabilirsiniz. O yüzden endişe etmenize gerek yok."

Bu sırada ben de kendimi toplamıştım. Bu ülkenin ilginç âdetlerini hatırladığımdan ve Edward dönemi paralarıyla sosyo-ekonomi üzerine bir konferans daha dinleyecek halim olmadığından yalnızca:

"Kıyafetlerimi şey yapamaz mıyım? Görüyorsunuz ya, bu konuda ne yapılabilir dersiniz?" dedim.

Hiç de öyle gülecekmiş gibi gözükmüyordu, hatta gayet ciddi:

"Ah, yeni kıyafetler almayın hemen. Büyük büyükbabam eskiye meraklıdır ve sizi olduğunuz gibi görmeyi arzu edecektir. Size nasihat etmem gerek elbet, ama siz de biliyorsunuz ki gidip kendinizi diğerlerine benzetirseniz insanları giysilerinizi inceleme zevkinden mahrum etmiş olursunuz. Anlıyorsunuz, değil mi?" dedi.

Güzelliği seven tüm bu insanların arasında korkuluk gibi durmayı görevim saymıyordum. Fakat hakkımda parçalanamaz bir önyargı oluştuğunu anlıyor ve yeni dostumla tartışmanın bir işe yaramayacağını görüyordum. Bu yüzden de sadece, "Ah, tabii tabii" dedim.

"Yine de," dedi Dick, dostça, "bu dükkânların içlerinin de neye benzediğine bakabilirsiniz: İstediğiniz bir şey düşünün."

"Biraz tütün ve bir pipo alabilir miyim?" dedim.

"Tabii ki," dedi, "neden daha önce bunu düşünemedim ki? Dostum Bob da her zaman için biz tütün içmeyenlerin ne kadar bencil olduğunu söyleyip durur. Sanırım haklı. Haydi gidelim, çok yakında bir yer biliyorum."

Böylelikle dizginleri çekti ve aşağı atladı; ben de peşinden gittim. Desenli ipekten muhteşem bir elbise giymiş oldukça hoş bir kadın vitrinlere bakarak ağır ağır ilerliyordu. Dick de ona seslenerek, "Bayan, sizden rica etsem biz içerdeyken iki dakika atımızı tutar mısınız acaba?" dedi. Güzel kadın kibarca gülümseyerek başıyla onayladı ve güzel eliyle atı okşamaya başladı.

"Ne kadar da güzel bir yaratık," dedim içeri girerken Dick'e.

"Kim, yaşlı BozYele mi?" dedi bıyık altından gülerek.

"Hayır, hayır," dedim, "altın yele; yani o hanım."

"Evet, kesinlikle katılıyorum," dedi, "Allahtan onun gibi bir sürü kadın var da herkese bir tane düşüyor, aksi takdirde birbirimize düşebilirdik. Yine de," dedi ciddileşerek, "bu tip olayların hiç yaşanmadığını da söyleyemem. Sizin de bildiğiniz gibi aşk pek de mantıklı bir şey değildir, ayrıca sapkınlık ve inatçılık bazı ahlâkçılarımızın düşündüğünden de yaygındır" dedi ve daha da sıkıntılı bir sesle ekledi: "Evet, bundan yalnızca bir ay önce az ötemizde böyle bir talihsizlik yaşandı ve sonunda iki adam ve bir kadının hayatına mal olarak hayatımızı bir süreliğine adeta kararttı. Şu an hiçbir soru sormayın bana, belki daha sonra size kendim anlatırım."

Bu arada dükkân ya da mağaza olan yere çoktan gelmiştik. İçerde bir tezgâh ve duvarda raflar vardı ve her şey düzenli, yerli yerindeydi. Gösteriş budalalığından uzak olmasının haricinde bildiğim mağazalardan pek de bir farkı yoktu. İçerde biri on iki yaşlarında buğday tenli bir oğlan ve diğeri ise ondan aşağı yukarı bir yaş büyük olan tatlı bir kız olmak üzere kitap okumakla meşgul iki çocuk vardı. Kardeş oldukları her hallerinden belliydi.

"Günaydın küçük komşularım," dedi Dick, "bu dostum biraz tütün ve bir pipo istiyor, kendisine yardımcı olabilir misiniz?"

"Evet, tabii ki," dedi küçük kız, bana eğlendirici gelen ağırbaşlı bir çeviklikle. Oğlan kafasını kaldırdı ve benim acayip giysilerime bakmaya başladı fakat hemen sonra davranışının pek hoş olmadığını fark etmişcesine kızardı ve başını diğer tarafa çevirdi.

"Sevgili komşum," dedi küçük kız, yüzünde satıcılık oyunu oynayan çocukların takındığı türden son derece ciddi bir ifade ile, "ne tütünü istersiniz?"

"Latakia," dedim. Kendimi bir çocuk oyununun bir parçası gibi hissediyor, yalancıktan tütünler dışında bir şey alabilecek miyim diye merak ediyordum.

Fakat küçük kız arkasındaki bir raftan küçük, zarif bir sepet aldı ve bir kavanoza yöneldi. Kavanozdan bir sürü tütün alarak sepeti gözlerimin önünde ağzına kadar doldurdu. Bu tütünün mükemmel Latakia olduğunu görmekle kalmıyor, kokusunu da alıyordum.

"Ama tartmadınız ki," dedim, "ne kadar alıyorum şimdi ben?"

"Nasıl yani," dedi, "kesenizin aldığı kadar doldurmanızı tavsiye ederim çünkü gideceğiniz yerde Latakia bulamayabilirsiniz. Keseniz nerede?"

Bir süre arandıktan sonra tütün kesesi olarak kullandığım pamuklu basma parçasını çıkardım. Fakat küçük kız keseye küçümseyerek baktı ve:

"Sevgili komşum, size bu pamuklu paçavradan daha iyi bir şeyler verebilirim," dedi ve mağazadan dışarı çıktı. Az sonra geri geldiğinde yanından geçerken oğlanın kulağına bir şeyler fısıldadı, oğlan da başıyla tasdik etti, ayağa kalktı ve dışarı çıktı. Küçük kız iki parmağının arasında işlemeli, kırmızı marokenden bir kese tutuyordu. "İşte sizin için bir tane seçtim, tavsiye ederim; hem güzeldir hem de içine çok tütün alır."

Böylelikle içini tütünle doldurarak keseyi önüme koydu ve: "Şimdi, pipoya gelince, onu da sizin için seçmeme izin vermelisiniz; yeni gelen üç yeni modelimiz var" dedi.

Tekrar ortalıktan kayboldu ve elinde büyük hazneli bir pipoyla geri döndü. Bu sert ağaçtan incelikli bir ustalıkla oyulmuş, altın kakmalar arasına serpiştirilmiş küçük taşlarla bezenmiş bir pipoydu. Kısacası gördüğüm en güzel ve en harikulade oyuncaktı. En iyisinden bir Japon malını andırıyordu ama ondan da iyiydi.

"Aman tanrım!" dedim görür görmez, "bu ben ya da bir başkası için fazla görkemli. Olsa olsa dünya imparatoruna yaraşır bir şey bu. Hem sonra ben kaybederim bunu; çünkü hep kaybederim piporlarımı."

Çocuk biraz hayal kırıklığına uğramış gibi gözüktü ve: "Hoşunuza gitmedi mi, komşum?" dedi.

"Yo, hayır," dedim, "tabii ki hoşuma gitti."

"İyi ya, alın öyleyse," dedi, "kaybetme meselesini de kafanıza takmayın. Hem kaybetseniz bile ne olur ki? Nasıl olsa başka biri bulup kullanacaktır. Siz de yenisini alırsınız."

Bakmak için pipoyu kızın elinden aldım ve bu sırada boş bulunarak: "Fakat bunun gibi bir şeyi nasıl karşılayabilirim ki?" dedim.

Ben konuşurken Dick elini omzuma koydu ve dönüp de yüzüne baktığımda kararlı bir bakışla karşılaştım. Bu bakış, tarihe gömülmüş bir ticari ahlâkın yeni bir örneğini sergileme tehlikesine karşı beni uyarıyordu. Bu yüzden kızarıp bozardım ve çenemi tuttum. Bu esnada kız da sanki konuşurken sürekli potlar kıran bir yabancıymışım gibi ciddiyetle yüzüme bakıyordu, çünkü beni kesinlikle anlamıyordu.

"Size minnettarım," dedim sonunda kabıma sığmayarak. Pipoyu cebime koyarken az sonra kendimi sulh yargıcının karşısında bulmayacağımdan açıkçası pek de emin değildim.

"Ah, hiç önemli değil," dedi küçük kız, tuhaf ama hoş bir şekilde büyümüş de küçülmüş edasıyla, "sizin gibi yaşlı beyefendilere hizmet etmek büyük bir zevktir, özellikle de denizaşırı yolculuktan geldiğiniz bu kadar açıkken."

"Evet canım," dedim, "çok uzaklardan geldim."

Ben sırf kibarlık olsun diye bu yalanı atarken kızın erkek kardeşi elinde bir tepsiyle geri geldi. Tepsinin üstünde bir şişe ve iki güzel bardak vardı. "Komşularım," dedi küçük kız, (kardeşinin çekingenliği her halinden belli olduğu için tüm konuşmaları o yapıyordu) "lütfen gitmeden önce bir şeyler için, takdir edersiniz ki her gün sizin gibi konuklarımız olmuyor."

Böylelikle oğlan tepsiyi tezgâhın üstüne koydu ve altın sarısı şarabı büyük bir dikkatle uzun kadehlere boşalttı. Memnuniyetle içtim, sıcak gün boyunca susamıştım. Hayat bu işte dedim kendi kendime ve Rhine üzümleri henüz tatlarını yitirmemişse ve ömrümde iyi bir Steinberg içtiysem eğer, onu da bu sabah içtim. Dick'e, artık kendi ürettikleri iyi şarabı asla içemeyip köpeköldüren içmek zorunda bırakılan işçiler de olmadığına göre nasıl hâlâ iyi şarap yapabildiklerini sormayı aklımın bir köşesine yazdım.

"Siz de bizimle bir bardak içmez misiniz, sevgili küçük komşularımız?" dedim.

"Ben şarap içmem," dedi küçük kız, "limonatayı tercih ederim. Sizlere yarasın!"

"Ben de gazozu tercih ederim," dedi oğlan.

Vay, vay, vay dedim kendi kendime. Çocukların zevkleri de pek değişmemiş. Böylelikle onlara iyi günler dileyerek dükkândan çıktık.

Maalesef, rüyadaki ani değişimler gibi bir şey oldu ve atımızı, güzel kadının yerine uzun boylu yaşlı bir adamın tuttuğunu gördük. Adam bize bayanın bir işi çıktığını ve yerini ona bıraktığını açıkladı ve suratımızın beş karış asıldığını görünce de göz kırpıp gülmeye başladı. Bu durumda bizim de gülmekten başka şansımız kalmamıştı.

"Nereye gidiyorsunuz?" dedi adam Dick'e.

"Bloomsbury'ye," dedi Dick.

"Eğer özel olarak yalnız kalmak istemiyorsanız sizinle geleyim," dedi yaşlı adam.

"Tamam," dedi Dick, "inmek istediğiniz zaman bana söyleyin. Haydi yola koyulalım artık."

Böylece tekrar yola koyulduk. Çocukların, hep böyle dükkânlarda insanlara hizmet mi ettiğini sordum. "Genellikle," dedi, "ağır yük kaldırmak gerekmediği sürece, tabii bu her zaman anlamına da gelmez, çocuklar bu işlerle vakit geçirmekten hoşlanıyorlar. Hem bu onlar için de iyi bir şey çünkü böylelikle ellerinden farklı farklı eşyalar geçiyor, onlar da nasıl yapıldıklarını, nereden geldiklerini vesaire öğrenmeye başlıyorlar. Diğer taraftan bu öyle kolay bir iş ki nasıl olsa herkes yapabilir. Derler ki, çağımızın başlarında çok sayıda insan aylaklık denen kalıtsal bir hastalığa tutulmuş. Çünkü bu insanlar tarih kitaplarında adları köle sahipleri ya da işverenler olarak geçen, insanları kendileri için çalışmaya zorlayan kimselerin torunlarıymış. İşte aylaklık hastalığına yakalanmış kimseler *tüm* zamanlarını dükkânlarda hizmet ederek geçirirlermiş çünkü ancak bu kadarını becerebiliyorlarmış. Hatta bir ara çalışmak *zorunda bırakıldıklarını* sanıyorum. Çünkü, özellikle de kadınlar, öyle çirkinleşmişler ve dünyaya öyle çirkin çocuklar getirmeye başlamışlar ki eğer bu hastalığa gereken müdahale yapılmasaymış komşular bu duruma daha fazla dayanamayacaklarmış. Yine de bugün tüm bunlar geride kaldığı için memnunum; hastalık ise ya tümüyle ortadan kayboldu ya da o kadar hafifletildi ki kısa bir süreliğine uygulanan tedavi iyileştirmeye yetiyor. Bu günlerde bu hastalığa bazen Mavişeytan, bazen de Sığırlokması deniyor.[17] Tuhaf isimler, değil mi?"

"Evet," dedim uzun uzun düşünerek. Fakat yaşlı adam araya girdi ve:

"Evet, bunların hepsi doğru komşum. Benim bu zavallı kadınların bazılarını yaşlılıklarında tanıma fırsatım oldu. Babam ise bazılarının gençliklerini de biliyormuş ve söylediğine bakılırsa bildiğimiz genç kadınlarla alakaları yokmuş. Elleri çöp şiş gibi, berbat görünen ufak kolları değnek gibi, bilekleri kum saati gibiymiş; ince dudaklı, karga burunlu, solgun yanaklıymışlar ve ne söylerseniz söyleyin, ne yaparsanız yapın alınmış gibi yaparlarmış. Çirkin çocuklar doğurmalarına şaşmamak gerekir, özellikle de bir tek kendilerine benzeyen erkeklerin onları sevebildiğini düşünürsek. Zavallılar!"

Durdu, geçmiş yaşamını düşünüyormuş gibi bir hali vardı ve:

"Hem biliyor musunuz komşularım, bir aralar insanlar hâlâ bu aylaklık hastalığından kaygı duyuyorlardı? Vaktiyle insanları tedavi edeceğiz diye çok eziyet çektik. Bu konuda yazılan tıp kitaplarından okumadınız mı hiç?" dedi.

Yaşlı adam benimle konuştuğu için "Hayır" dedim.

"Pekâlâ," dedi, "o zamanlar bu hastalığın cüzam adı verilen bir ortaçağ hastalığının devamı olduğu düşünülüyormuş. Anlaşılan çok bulaşıcı bir hastalıkmış, çünkü bu hastalığa yakalananlar diğer insanlardan ayrı yaşıyor ve tanınabilsinler diye tuhaf kıyafetler giyen özel bir grup hasta onlara hizmet ediyormuş. Bu kimseler diğer giysilerinin yanı sıra vaktiyle pelüş diye tabir edilen yünlü kadifeden yapılma külot pantolonlar giyiyorlarmış."

Tüm bunlar bana son derece ilginç geliyordu. Yaşlı adamı daha da konuşturmak isterdim fakat Dick bu tarihi konuşmadan sıkılıp yerinde duramaz bir hal aldı. Diğer taraftan da herhalde büyük büyükbabası için alabildiğince deneyimsiz kalmama çalışıyordu. Bu yüzden sonunda kahkaha patlatarak, "Kusura bakmayın komşularım ama kendimi tutamıyorum. Çalışmayı sevmeyen insanlar ha! Bu çok komik. Hem eski dostum, sen bile çalışmayı seversin bazen," dedi yaşlı atı kırbacıyla okşayarak, "ne tuhaf bir hastalık! Sığırlokması demelerine şaşmamalı!"

Ve tekrar, her zamanki ölçülü davranışlarının yanında biraz fazla kaçan gürültülü kahkahalar atmaya başladı. Ben de topluluğun hatırı için onunla birlikte güldüm ama bu sadece göstermelik bir gülüştü çünkü sizin de kolayca tahmin edebileceğiniz gibi insanların çalışmayı sevmemesinde gülünç *hiçbir şey* göremiyordum.

VII
Trafalgar meydanı

Piccadilly Çarşısı'ndan epeyce uzaklaşmıştık ve ben yine etrafımı seyretmekle meşguldüm. Kabartmalarla süslenmiş güzel evlerin bulunduğu bir bölgeye gelmiştik. Bu evlerde çirkinliğin ve gösterişin zerresine rastlayabilseydim villa olduklarını düşünecektim fakat hiç de öyle değillerdi. Evlerin hepsi, güzelce ekilmiş ve çiçeklerle dolup taşan bir bahçeyle çevrelenmişti. Kuşlar, bahçedeki ağaçların dallarında en güzel şarkılarını söylemekteydi. Ağaçlar ise, orada, burada rastlanan birkaç defne ve tek tük ıhlamur ağacının dışında hep meyve ağacıydı. Meyve yüklü bir sürü kiraz ağacı vardı ve ne zaman bir bahçenin yanından geçecek olsak çocuklar ve genç kızlar, bize enfes meyvelerinden sepetler dolusu ikram ediyorlardı. Tüm bu evlerin ve bahçelerin arasında bir zamanlar burada bulunan sokakların izini sürmek tabii ki imkânsızdı. Yine de bana öyle geliyordu ki anacaddeler değişmemişti.

Akabinde, güneye doğru hafifçe eğim yapan açık bir alana geldik. Bol güneş alan bu araziyi bir meyve bahçesi yapmışlardı; görebildiğim kadarıyla çoğu kayısı ağacıydı. Alanın orta yerinde serinleyip soğuk bir şeyler içmeye yarıyor gibi gözüken, güzelce boyanıp cilalanmış, küçük, sevimli, tahta bir yapı vardı. Bu meyve bahçesi dediğim arazinin güneyinden yaşlı, uzun armut ağaçlarının gölgesiyle kaplanmış uzunca bir yol uzanıyor ve bu yolun sonunda Parlamento Binası'nın yüksek kulesi ya da başka bir deyişle Gübre Çarşısı'nın yüksek kulesi göze çarpıyordu.

Bir anda içime garip bir his doldu; bu güzel bahçe yerleşimlerinin üzerinde ışıl ışıl parlayan güneşten korumak için gözlerimi kapattım. Bir an için başka bir zamana ait görüntüler gözlerimin önüne geldi. Kocaman bir alan, çirkin yüksek binalarla çevrelenmişti; köşede çirkin bir kilise, tam arkamda ise kişiliksiz, çirkin kubbeli bir yapı vardı. Cadde, otobüslere doluşmuş izleyiciler başta gelmek üzere, heyecanlı sıkış tepiş bir kalabalığın akınına uğramıştı. Alanın ortasında fıskiyeli bir havuz vardı. Bu meydanda yalnızca mavi giysili birkaç adam ve (biri yüksek bir sütunun tepesinde olmak üzere) son derece çirkin bir sürü bronz heykel bulunuyordu. Caddenin meydana açıldığı yerde mavi giysili iri adamlar dört sıra halinde nöbet tutmaktaydı ve caddenin güney tarafına, soğuk kasım akşamının griliğinde miğferleri soluk soluk parlayan bir tabur atlı asker dizilmişti.–

Bir kez daha güneş ışığına doğru gözlerimi açtım ve etrafıma bakındım. Ağaç fısıltılarının ve tomurcuk kokularının arasında bir anda "Trafalgar Meydanı!" diye haykırdım.

"Evet," dedi Dick bir kez daha dizginleri çekerek, "aynen öyle. Trafalgar ismini komik bulduğunuza eminim ancak değiştirmek de kimseye düşmezdi. Zaten çoktan kaldırılıp gitmiş bir anıtın isminin kime ne zararı olabilir ki? Yine de bazen düşünüyorum da buraya, 1952'de tam burada gerçekleşen savaşın anısına bir isim verebilirdik; bence bu olay yeterince önemli sayılır, tabii tarihçiler yalan söylemiyorlarsa."

"Ki genellikle söylerler; yani en azından eskiden söylerlermiş," dedi yaşlı adam. "Örneğin geçenlerde bir kitapta kafa karıştırıcı bir yazı okudum. Of ne saçma bir kitaptı o öyle! Adı *James'in Toplumsal Demokrasi Tarihi*. 1887'de veya ona yakın bir tarihte (tarihleri hiç aklımda tutamam da) burada yapılan bir çatışmadan bahsediyor. Buna ne buyurursunuz komşularım? Hikâyenin söylediğine göre, birtakım insanlar burada bir gösteri ya da onun gibi bir şey yapacaklarmış ki Londra Hükümeti ya da Konseyi veya Komisyonu, yahut böyle zalim ve kafadan çatlak ahmaklara her ne denirse; yurttaşların (o zaman insanlara böyle deniyormuş) üzerine silahlarla saldırmış. Gerçek olamayacak kadar saçma gözüküyor; bir de bu kaynakta iddia edildiği gibi sonunda hiçbir şey olmadığını da hesaba katarsak gerçek olmak için fazlasıyla saçma oluyor."[18]

"Olabilir," dedim, "fakat her şeyden önce sizin şu Bay James tamamen haklı ve bu olay bir gerçek. Yalnız şu var ki hiçbir çatışma olmamıştı; sadece zorbalar, silahsız ve barışçıl insanlara sopalarla saldırmıştı."

"Bu yaptıkları yanlarına mı kaldı yani?" dedi Dick. İyi huylu yüzünde ilk kez sevimsiz bir ifade görüyordum.

Kızararak, "Yanlarına bırakmak zorunda kaldık, elimizden bir şey gelmiyordu," dedim.

Yaşlı adam ilgiyle bana baktı ve: "Bu konuda çok şey biliyor olmalısınız komşum! Sonunda hiçbir şey olmadığı da gerçek mi peki?" dedi.

"Şu oldu," dedim, "bu olaydan dolayı birçok kişi hapse gönderildi."

"Sopalılardan mı?" dedi yaşlı adam, "zavallı canavarlar!"

"Yo, hayır," dedim, "sopalananlardan."

Yaşlı adam sert bir sesle: "Dostum, sanırım okuduğunuz şeyler bir dolu kokuşmuş yalandan ibaret ve siz de bu yalanları hemen yutuyorsunuz," dedi.

"Sizi temin ederim ki," dedim, "söylediklerimin hepsi doğru."

"Peki peki, böyle düşündüğünüze eminim komşum" dedi yaşlı adam, "fakat bundan nasıl bu kadar emin olabildiğinizi anlamıyorum."

Nedenini açıklayamayacağım için çenemi tuttum. Bu sırada, bir süredir kaşlarını çatmış düşünceli düşünceli oturan Dick, sonunda, nazik fakat üzgün bir sesle konuştu:

"Bu güzel ve mutlu ülkede, bir zamanlar tıpkı bizim gibi insanların yaşadığını ve bu insanların aynı bizim gibi duyguları olduğunu ama yine de böyle korkunç şeyler yapabildiklerini düşünmek ne kadar da garip."

"Evet," dedim, didaktik bir ses tonuyla, "ancak her şeyden önce o günler bile öncesindeki günlerden sonra büyük bir gelişme sayılır. Ortaçağ ile ilgili eserleri okumadınız mı hiç? Ceza yasalarının ne kadar zalim olduğunu ve insanların soydaşlarına eziyet etmekten adeta zevk aldığını anımsamıyor musunuz? İşte bu yüzdendir ki Tanrılarını da her şeyden önce bir zorba, bir gardiyan olarak düşünmüşlerdir."

"Evet," dedi Dick, "bu dönemi anlatan ve bazılarını benim de okuduğum iyi kitaplar var. Fakat on dokuzuncu yüzyıldaki büyük gelişmeye gelince, bunun neresi gelişme anlayamadım. Her şeyden önce ortaçağ insanı, o dönemin Tanrısı hakkında söylediklerinizin de gösterdiği gibi (ki doğru bir noktaya parmak bastınız) vicdanının sesini dinliyordu ve başkalarına yaptığı kötülüklere kendisi de katlanmaya hazırdı. Oysa on dokuzuncu yüzyıl insanları ikiyüzlüydü; hem insancıl numarası yapıyor, hem de diğerlerine eziyet etme cüretini gösteriyorlardı. İnsanları yalnızca kendilerinin, yani gardiyanların onları olmaya ittiği şey oldukları için hapse atıyorlardı. Ah, düşünmek bile tüylerimi diken diken ediyor!"

"Ama belki de," dedim, "hapishanelerin neye benzediğini bilmiyorlardı."

Dick, sinirlenmiş, hatta kızmış görünüyordu: "Bu daha da büyük bir ayıp olur," dedi, "onca yıl geçtikten sonra bizler bile biliyoruz. Bakın komşum, en azından hapishanenin bir ulusun yüz karası olacağını gözardı edemezlerdi. Zaten hapishaneleri de son derece kötü koşullardaydı."

"Fakat şimdi sizin hiç hapishaneniz yok mu?"

Sözler ağzımdan çıkar çıkmaz bir hata ettiğimi anlamıştım çünkü Dick bir anda kıpkırmızı oldu ve kaşlarını çattı, yaşlı adam ise şaşkın ve gücenmiş gözüktü. Akabinde, Dick kızgın bir şekilde ama yine de kendini frenleyerek;

"Ne! İnsanları diri diri gömmek için mi? Böyle bir soruyu nasıl sorabilirsiniz? Az önce size bir hapishanenin ne anlama geldiğini güvenilir kitapların ışığında ve hayal gücümüzün yardımıyla bildiğimizi söylemedim mi? Ayrıca caddelerdeki, sokaklardaki insanların mutlu gözüktüğüne özellikle dikkatimi çeken siz değil miydiniz? Eğer komşularının hapse tıkıldığını biliyor ve sessizce bu yükü taşıyor olsalardı nasıl mutlu gözükebilirlerdi? Ve eğer hapishanede insanlar olsaydı, bunu, arada sırada gerçekleşen cinayetler gibi insanlardan saklayamazdınız. Çünkü bu tip cinayetler, şu hapishane meselesinde olduğu gibi önceden tasarlanarak ve katile birçok insanın serinkanlılıkla arka çıkmasıyla gerçekleşmez. Hapishanelermiş! Yo, hayır, hayır, hayır!" dedi.

Durdu, sakinleşmeye başladı ve nazik bir sesle: "Lütfen beni bağışlayın! Bu kadar ateşli davranmam gerekmezdi, nasıl olsa hiç hapishane yok. Korkarım, kendimi kaybettiğim için hakkımda kötü düşüneceksiniz. Tabii aslında, uzaklardan gelmiş olduğunuz için bu tip şeyleri bilmiyor olabilirsiniz. Sanırım istemeyerek huzurunuzu kaçırdım," dedi.

Söylediği bir bakıma doğruydu ancak ateşliliği öyle muazzamdı ki, ondan daha çok hoşlanmama yol açmıştı ve: "Hayır, rica ederim. Aptallık ettiğim için asıl ben suçluyum. Her neyse, konuyu değiştirip şu çınar ağaçlarının arkasında gözüken sol taraftaki heybetli binanın ne olduğunu sorabilir miyim?" dedim.

"Ah," dedi, "bu, yirminci yüzyılın ikinci yarısında inşa edilmiş eski bir bina ve gördüğünüz gibi öyle pek güzel de olmayan, garip, tuhaf bir tarzda yapılmış. Fakat içinde çok güzel şeyler de var; birçoğu resim ve bazıları oldukça eski. Adı Milli Müze. Ne anlama geldiğini hiç çözememişimdir. Her neyse, bu günlerde nerede değerli bulunan resimlerin saklandığı bir yer olsa adı hemen Milli Müze oluveriyor, belki de bu binadan sonra böyle bir âdet çıkmıştır. Tabii ülkenin hemen her tarafında bu müzelerden çokça var."

Büyük bir külfet olduğuna karar vererek bu konuda onu aydınlatmaya çalışmadım. Bunun yerine harikulade pipomu cebimden çıkararak içmeye koyuldum ve yaşlı at da tekrar sallana sallana gitmeye başladı.

"Bu pipo çok büyük bir özenle yapılmış; oysa alt tarafı bir eğlence nesnesi. Hem bu ülkede yaşayan sizler öyle makul görünüyorsunuz ve mimariniz de öyle güzel ki, böyle gereksiz işlerle neden vakit geçirdiğinizi merak etmekten kendimi alamıyorum," dedim giderken.

Daha konuşurken söylediklerimin –hele bir de böyle güzel bir hediye aldıktan sonra– ne kadar nankörce olduğunu fark ettim. Fakat uygunsuz davranışım Dick'in hiç de dikkatini çekmişe benzemiyordu ve:

"Yani, bilemiyorum; bu pipo güzel bir şey ve hiç kimsenin hoşlanmadığı sürece böyle şeyler yapmadığı da düşünülürse, madem hoşlanıyorlar neden yapmasınlar ki! Tabii, eğer oymacı sayısı çok az olsaydı hepsi sizin de dediğiniz gibi mimariyle uğraşıyor olurdu ve böylece bu eğlencelikler de (güzel kelime) yapılmazdı. Fakat oymacılık yapabilen yeteri kadar insan olduğu –hemen hemen herkes– ve iş bulmak da pek kolay olmadığı ya da biz bulamayacağımızdan endişe ettiğimiz için hiç kimse böyle ufak tefek işlere engel olmuyor" dedi.

Bir an düşüncelere daldı ve biraz tedirgin gözüktü; fakat hemen ardından yüzü aydınlandı ve: "Her şeyden önce, itiraf etmelisiniz ki bu pipo çok hoş bir parça, şu ağaçların altındaki küçük insanlar öyle temiz ve güzel bir işçilikle oyulmuşlar ki. Bir pipo için belki fazla özenli ama çok hoş," dedi.

"Belki de kullanılmayacak kadar değerli," dedim.

"O da ne demek?" dedi. "Anlamıyorum."

Anlamasını sağlamak için nafile bir denemede bulunacaktım ki biçimsiz bir binanın önünde durduk. Binanın içinde bir faaliyet varmış gibi gözüküyordu. "Ne binası bu?" dedim hevesle, tüm bu garip şeylerin arasında alıştıklarıma biraz olsun benzeyen bir şeyler görmek mutluluk vericiydi. "Bir fabrikaya benziyor."

"Evet," dedi, "sanırım neden bahsettiğinizi biliyorum. Fakat artık bunlara fabrika değil, toplu çalışma atölyeleri diyoruz. Bu; kolektif çalışma yapmak isteyen insanların bir araya geldiği yerlerden birisi."

"Acaba," dedim, "ne tür bir enerji kullanılıyor burada?"

"Hayır, hayır," dedi. "Neden insanlar güç kaynağı kullanmak için bir araya gelsinler ki, yaşadıkları yerlerde en az bir, bazen iki üç tane güç kaynağı varken? İnsanlar, bu toplu çalışma atölyelerinde birlikte çalışmanın gerekli ya da uygun olduğu el işlerini yapmak için toplanıyorlar. Bu tip işler genellikle çok keyiflidir. Örneğin burada, çanak-çömlek ve cam işleri yapıyorlar. İşte, fırınların bacalarını görebilirsiniz. Pek tabii ki orta boy ocaklar, fırınlar ve cam potaları kullanmak elverişli oluyor ve bunları kullanmamızı gerektiren birçok iş de var. Gerçi tabii burası gibi daha birçok yer var. Zaten çömlek yapmaktan ya da cam üflemekten hoşlanan bir adamın da tek bir yerde yaşamak zorunda kalması veya sevdiği işten vazgeçmek durumunda bırakılması komik olurdu."

"Fırınların bacalarından hiç duman çıkmıyor," dedim.

"Duman mı?" dedi Dick, "neden duman görmeyi bekliyorsunuz ki?"

Dilimi tuttum. Konuşmasını sürdürdü: "Dışı kadar sade olmakla birlikte binanın içi güzeldir. Yapılan işlere gelince, kile şekil vermek zevkli bir iş olmalı, cam üflemek ise insanı sıcaktan epey bunaltan bir iş, fakat bu işi yapmaktan hoşlananlar da var. Hiç şüphesiz sıcak metallerle uğraşmak gibi işlerde usta olduğunuz zaman hissettiğiniz muazzam bir güç var," dedi gülümseyerek, "hem siz eşyalarınıza ne kadar iyi bakarsanız bakın, bir gün mutlaka kırılırlar, bu yüzden de her zaman yapılacak iş bulunur."

Sustum ve düşüncelere daldım. Yolu onarmakla meşgul bir grup adama rastladık. Biraz gecikmemize neden oldularsa da hiç sorun etmedim çünkü şimdiye kadar gördüğüm her şey bir sayfiye yerinden izlenimler gibiydi ve artık bu insanların gerçekten gerekli olan bir işi yaparken nasıl çalıştığını görmek istiyordum. Biz geldiğimizde molaları daha yeni bitmişti. Bu yüzden derin düşüncelere dalmışken kazma sesleriyle kendime geldim. Daha çok, hatırladığım günlerdeki Oxford'da sandalla gezmeye çıkmış bir grup gence benzeyen bir düzine güçlü genç adam vardı ve bu iş onları hiç de sıkıntıya sokmuş gibi gözükmüyordu. Altı yaşındaki bir oğlanın başında beklediği giysileri yolun kenarında derli toplu bir küme oluşturuyordu. Oğlan kolunu büyük bir bekçi köpeğinin boynuna dolamıştı. Köpek de, sanki bu yaz günü bir tek onun yüzü suyu hürmetineymiş gibi keyifli bir tembellik içindeydi.

Giysi yığınına şöyle bir göz attığımda, üzerlerindeki sırma ve ipek işlemelerin parıltısını görebiliyordum ve yanılmıyorsam bu işçilerden bazılarının Hammersmith'deki Altın Çöpçü'nünkine benzer zevkleri vardı. Giysilerin arkasında ise insana içinde çörek ve şarap olduğunu düşündüren oldukça büyük bir sepet duruyordu. Yarım düzine kadar kadın da yolun kenarında durmuş, kim bilir, belki işi, belki de işçileri seyrediyorlardı. Sonuçta ikisi de seyretmeye değerdi. Ne de olsa toprağa kazma darbelerini indiren işçiler işlerinde oldukça ustaydı ve bu yaz gününde on ikisini birden bir arada görebileceğiniz en yakışıklı erkeklerdi. Kâh kendi aralarında kâh kadınlarla konuşup gülüşürlerken ustabaşları başını kaldırdı ve bizi gördü. Kazmasını elinden bırakarak diğerlerine seslendi: "Hey! Arkadaşlar, biraz duralım! Burada yol isteyen komşularımız var." Bunun üzerine diğerleri de durdu ve etrafımıza toplaştılar. Tekerleklerimizi yavaşça ve dikkatlice hareket ettirip, yarısı henüz yapılmamış olan yolun üzerinden aşırarak yaşlı ata yardımcı oldular. Sonra da yalnızca bir an için bize gülümseyerek iyi günler dilemek için durdular ve ellerinde çok da hoş bir iş varmış gibi aceleyle işlerinin başlarına döndüler. Boz Yele daha tırısa bile geçmeden kazma sesleri yeniden duyulmaya başlamıştı. Dick omzunun üstünden arkasına baktı ve:

"Bugün şanslı günlerindeler. İnsanın bir saatte ne kadar kazma sallayabileceğini sınaması oldukça iyi bir spordur. Bu komşularımızın da işlerinin eri oldukları her hallerinden belli. Böyle işlerle başa çıkmak yalnızca kaba kuvvet meselesi değildir, haksız mıyım komşum?" dedi.

"Değildir herhalde," dedim. "Doğrusunu söylemek gerekirse hayatımda hiç bu tip bir işte çalışmadım."

"Gerçekten mi?" dedi ciddiyetle, "ne büyük kayıp, kasları kuvvetlendirmek için çok iyi bir iştir. Ben de çok severim ama itiraf etmeliyim ki ikinci hafta her zaman için birincisinden daha çok hoşuma gider. Öyle usta falan olduğumdan da değil ha, hatta hiç unutmam, çalıştığım bir yerde arkadaşlar bana takılır, "Hadi dayan, salla kazmanı!", "Ha gayret!" diye seslenirlerdi.

"Ne biçim şaka bu böyle," dedim.

"Tabii," dedi Dick, "güzel bir işle uğraştığınız ve dostlar arasında olduğunuz zaman her şey insana şaka gibi geliyor. Çok mutlu oluyoruz, anlarsınız ya." Ve ben bir kez daha sessiz sessiz düşüncelere daldım.[19]

VIII
Eski bir dost

Hoş bir patikaya girdik. Yolun iki yanındaki koca çınar ağaçlarının dalları tepede neredeyse birbirine değiyordu. Ancak bu ağaçların arkasında, dip dibe evler vardı.

"Burası Long Acre," dedi Dick, "burada bir zamanlar bir mısır vardı herhalde. Semtlerin bu kadar değiştikleri halde hâlâ aynı isimlerle anılmaları ne kadar ilginç! Evlerin birbirine ne kadar yakın olduğunu görüyor musunuz? Hâlâ daha yenilerini inşa etmeye devam ediyorlar, bakın!"

"Evet," dedi yaşlı adam, "ama on dokuzuncu yüzyılın yarısından önce çoktan mısır tarlalarının üstüne evler yapılmıştı herhalde. Buralarda bir yerin bir zamanlar şehrin en kalabalık yerlerinden biri olduğunu duymuştum. Fakat burada inmeliyim komşularım,

Long Acre'nin arka tarafındaki bahçelerde yaşayan bir dostuma uğrayacağım. İyi günler ve iyi şanslar konuk!"

Arabadan atladı ve genç bir adam gibi sağlam adımlarla yürümeye başladı.

"Bu komşumuz kaç yaşındadır sizce?" dedim Dick'e, adam gözden kaybolurken. Yaşlı olduğunu görebiliyordum ama yaşlı bir meşe gibi kuru ve sağlam gözüküyordu, görmeye alışkın olduğum ihtiyarlara da hiç benzemiyordu.

"Eh, doksan falandır herhalde," dedi Dick.

"İnsanlarınız ne kadar da uzun ömürlü!" dedim.

"Evet," dedi Dick, "Musevilerin o eski meseller kitabındaki yetmiş yıllık süreyi kesinlikle geçtik. Ama siz de biliyorsunuz ki o kitap Suriye gibi sıcak, kuru bir ülkede yazılmıştı; muhakkak insanlar orada bizim bu ılıman iklimimize oranla daha hızlı yaşıyorlardı. Yine de bunun çok önemli olduğunu düşünmüyorum, yeter ki insan yaşadıkça sağlıklı ve mutlu olsun. Bu arada konuğum, yaşlı akrabamın evine o kadar yaklaştık ki aklınıza gelen soruları ona saklasanız çok daha iyi edersiniz."

Başımla onayladım. Böylece sola döndük ve güzel gül bahçelerinin arasından bayır aşağı gitmeye başladık. Bu gül bahçelerinin bir zamanlar Endell Sokağı'nın geçtiği yere yapılmış olduğunu sanıyorum. Devam ettik ve düz bir yola geldiğimiz sırada Dick dizginleri çekti. Bu yolun ötesinde berisinde tek tük evler vardı. Dick eliyle sağı ve solu işaret ederek, "Bu taraf Holborn, bu taraf da Oxford Caddesi. Bir zamanlar burası Roma ve ortaçağ kentlerinin antik duvarları dışındaki kalabalık şehrin çok önemli bir parçasıymış. Bize söylediklerine göre, ortaçağın feodal soylularının Holborn'un her iki yanında büyük evleri varmış. Shakespeare'in *Kral III. Richard* adlı oyununda adı geçen Ely Piskoposu'nun evini hatırlayacaksınız; işte o evin burada hâlâ bazı kalıntıları var. Yine de bu yol artık eskiden olduğu kadar önemli değil, ne de olsa antik şehir, duvarları ve her şeyiyle birlikte yok olup gitmiş," dedi.

Tekrar arabayı sürmeye koyuldu. Shakespeare okumuş ve ortaçağı unutmamış bu adamın hafızasında, üzerine onca şatafatlı laf söylenen on dokuzuncu yüzyılın hiçbir iz bırakmamış olduğunu düşünerek belli belirsiz gülümsedim.

Yolun karşısına geçerek bahçelerin arasındaki ufak, dar bir patikaya girdik ve biraz sonra tekrar geniş bir yola çıktık. Bu caddenin bir tarafında, yan cephelerinde sivri tepelikli pencereleri olan büyük ve yüksek bir bina vardı ve daha ilk bakışta halka açık bir yer olduğu anlaşılıyordu. Karşısında ise geniş bir alana yayılan çayırlar vardı ve ne bir duvarla ne de çitle çevrelenmişti. Ağaçların tarafına baktığımda arka taraftaki sütunlu girişi gördüm. Bu yapı oldukça tanıdık görünüyordu; aslına bakarsanız bu eski dostum Britanya Müzesi'nin ta kendisiydi. Tüm bu garip yapıların arasında tanıdık bir simaya rastlamak nefesimi kesmişti. Yine de çenemi tuttum ve Dick'i dinledim:

"Şu tarafta görmekte olduğunuz Britanya Müzesi. Büyük büyükbabam vaktinin çoğunu orada geçirdiği için burayla ilgili fazla bir şey söylemeyeceğim. Soldaki yapı ise Müze Çarşısı. Birkaç dakika uğrasak hiç fena olmaz çünkü Boz Yele'nin biraz yulafa ve dinlenmeye ihtiyacı var. Herhalde siz de gününüzün büyük bir kısmını akrabamla geçirmek isteyeceksiniz ve doğrusunu söylemek gerekirse orada benim de özellikle görmek ve belki de uzun uzun konuşmak istediğim birisi olabilir," dedi.

Kızardı ve iç geçirdi, pek can atmıyor anlaşılan diye düşündüm. Bu yüzden de hiçbir şey söylemedim. Dick, atı üstü kemerli bir geçide sürdü ve yolun sonunda kaldırım taşıyla döşenmiş oldukça geniş bir meydana çıktık. Meydan dörtgen şeklindeydi; her köşesinde büyük bir akağaç, ortasında da çağlayan bir fıskiye vardı. Fıskiyenin yanına birkaç tezgâh kurulmuş, tezgâhların üstüne çizgili keten kumaştan tenteler gerilmişti ve çoğu kadın ve çocuk olmak üzere insanlar sessizce dolaşarak sergilenen mallara bakıyorlardı. Alanı çevreleyen binanın altı çepeçevre revaklıydı. Hayran hayran seyretmeye doyamadığım mimarisi süslü püslüydü ama sağlamdı da. Bazı insanlar buralarda geziniyor veya banklarda oturup kitap okuyordu.

Dick, kendisini mazur göstermek istermişçesine: "Bugün her yerde olduğu gibi burada da pek hareket yok. Oysa bir cuma günü olsa cıvıl cıvıl insan akınına uğradığını görebilirdiniz. Akşam üstlerinde ise fıskiyenin çevresinde genellikle müzik yapılır. Yine de öğle yemeği esnasında kalabalıklaşacağımızı sanıyorum" dedi.

Kemerli bir geçitten geçerek alandan çıkıp diğer taraftaki güzel bir ahıra geldik. Vakit kaybetmeden yaşlı atı buraya bağladık ve at yemiyle besleyerek onu memnun ettik. Sonra çarşının içinden tekrar yürüdük. Dick ise biraz düşünceli görünüyor gibi geldi bana.

İnsanların tuhaf tuhaf bana baktığını fark ettim. Kıyafetlerimi onlarınkiyle karşılaştırınca bu durumu garipsemiyordum. Ama ne zaman benimle göz göze gelseler dostça selam veriyorlardı.

Dosdoğru müzenin ön avlusuna yürüdük. Parmaklıkların artık yerinde olmamasının ve ağaç hışırtılarının her tarafı doldurmuş olması dışında burada hiçbir şey değişmemiş gibi gözüküyordu. Güvercinler aynen eskiden olduğu gibi binanın üstünde daireler çizerek uçuyor ve üçgen alınlığı üzerindeki kabartmalara konuyorlardı.

Dick biraz dalgın gözüküyordu ama yine de bana bir mimari açıklama yapmadan edemedi:

"Çirkin ve eski bir yapı, değil mi? Birçok insan bunu yıkıp yerine yenisini yapmak istedi, eğer bir gün iş bulmak iyice zorlaşırsa yine de yapılabileceğini sanıyorum. Fakat büyük büyükbabamın da size anlatacağı gibi öyle gözüktüğü kadar kolay bir iş değil bu. Çünkü binanın içinde çeşit çeşit antikalar var, ayrıca bir de son derece güzel kitaplarla dolu dev bir kütüphane var ki kitapların çoğu antikçağa ait çalışmaların ve o tip şeylerin yazılı olduğu gerçek kayıtlar. Tüm bunları yerinden oynatacak olmanın yarattığı endişe, kaygı ve hatta tehlike, binaların kendilerini de kurtardı. Diğer taraftan, daha önce de söylediğimiz gibi atalarımızın vaktiyle güzel bir bina olduğunu düşündüğü yapıdan elimizde bir örnek bulunması da fena olmaz. Ne de olsa içinde o kadar emek ve malzeme var."

"Evet anlıyorum," dedim. "Ve size kesinlikle katılıyorum. Ama şu anda büyük büyükbabanızı görmek için biraz daha acele etsek daha iyi olmaz mı?"

Dick'in her nedense ağırdan almakta olduğunu ister istemez fark ettim. "Evet, zaten hemen gireceğiz içeri. Akrabam müzede pek iş yapamayacak kadar yaşlı. Eskiden uzun yıllar boyunca burada kitap sorumlusu olarak çalıştı. Şimdi de hayatının büyük bir kısmını burada geçiriyor," dedi gülerek, "öyle ki artık kendisini kütüphanenin bir parçası olarak görüyor veya belki de kitapları kendisinin bir parçası olarak görüyordur; hangisi doğru bilemeyeceğim."

Biraz daha tereddüt etti. Sonra kızardı, elimden tutup, "Haydi, girelim!" dedi ve beni eski memur konutlarından birinin kapısına doğru götürdü.

IX
Aşk meseleleri

"O halde akrabanız güzel yapılarla fazla ilgilenmiyor olmalı," dedim, klasik tarzda yapılmış kasvetli eve girerken. Evde fazladan hiçbir eşya yoktu; sadece kocaman çanakların içine yerleştirilip oraya buraya konmuş haziran çiçekleri bunun dışına çıkıyordu. Her yer gayet temiz ve duvarlar badanalıydı.

"Vallahi," dedi Dick dalgın dalgın, "yaşlanıyor gerçekten de, yüz beş yaşını geçti ve haliyle taşınmayı filan düşünmüyor. Ama pek tabii ki isteseydi daha güzel bir evde yaşayabilirdi. En az herkes kadar onun da istediği bir yerde yaşama hakkı var. Bu taraftan, konuğum."

Üst kata çıktık. Dick bir kapıyı açtı ve eski tip geniş bir odaya girdik. Oda da tıpkı evin diğer kısımları gibi sadeydi, yalnızca gerekli olan birkaç parça mobilya vardı ve zaten onlar da oldukça sadeydi; hatta kaba oldukları bile söylenebilirdi. Fakat sağlamdılar ve üzerleri oymalarla bezenmişti, çok iyi tasarlanmış ancak ustalıkla yapılmamışlardı. Odanın en ücra köşesinde, cam kenarındaki bir masanın yanında üzerine minder koyulmuş, geniş, meşe bir sandalyede ufak tefek yaşlı bir adam oturuyordu. Üzerinde mavi şayak kumaştan, giyilmekten eprimiş bir avcı ceketi, altında aynı şekil bir pantolon ve ayaklarında da gri yünlü çoraplar vardı. Sandalyesinden fırladığı gibi onun yaşındaki birisinden beklenmeyecek yükseklikte bir sesle haykırdı: "Hoş geldin oğlum Dick, Clara da burada ve seni görünce nasıl sevineceğini anlatamam. Kalbine mukayyet olsan iyi edersin!"

"Clara mı burada?" dedi Dick. "Yaa... Bilseydim yanımda onu... yani en azından, şey, şey yapardım..."

Kafası karışmıştı ve kekeliyordu çünkü bana kendimi fazlalıkmışım gibi hissettirecek sözler söylemekten korkuyordu. Bu arada beni daha yeni fark eden yaşlı adam öne çıkıp nazik bir sesle benimle konuşarak Dick'in yardımına koştu:

"Lütfen kusuruma bakmayın, Dick'in yanında bir arkadaşını da getirdiğinin farkına varamadım. Kendisi, arkasında kalan herkesi gözlerden saklayacak kadar iri. Size yürekten hoş geldiniz diyorum! Öncelikle benim gibi yaşlı bir adama deniz aşırı ülkelerden haberler verip mutlu edeceğinizi düşünmeden edemiyorum. Deniz aşırı, çok uzak ülkelerden geldiğinizi ilk bakışta anladım."

Düşünceli düşünceli bana baktı, hatta endişeli olduğu bile söylenebilirdi. Ses tonunu biraz değiştirerek: "Yabancı olduğunuz her halinizden belli olduğuna göre, nereden geldiğinizi sormamda bir sakınca var mı?" dedi.

Ben ise dalgınlıkla, "Eskiden İngiltere'de yaşıyordum ve şimdi de geri döndüm. Dün gece Hammersmith Konukevi'nde kaldım," dedim.

Yaşlı adam beni ciddiyetle selamladı ancak sanırım cevabım onu biraz hayal kırıklığına uğratmıştı. Bana gelince, belki de davranış kurallarının müsaade ettiğinden de büyük bir dikkatle onu inceliyordum. Doğrusunu söylemek gerekirse bir kuru üzüm tanesini andıran suratı bana acayip tanıdık gözüküyordu. Sanki daha önce bir yerlerde görmüş gibiydim bu yüzü... belki de aynada görmüşümdür, dedim kendi kendime.

"Pekâlâ," dedi yaşlı adam, "her nereden gelmiş olursanız olun, dostlar arasındasınız. Torunum Richard Hammond'ın sizi bazı nedenlerle getirmiş gibi bir hali var. Öyle mi, Dick?"

Gittikçe daha da dalgınlaşan ve tedirginlikle kapıya bakıp duran Dick, konuşmayı başarabildi: "Evet öyle, büyükbaba. Konuğumuz her şeyi oldukça değişmiş buluyor ve bir anlam veremiyor. Ben de hiç anlamıyorum ki. Bu yüzden onu sana getirmeye karar verdim çünkü şu son iki yüzyılda neler olduğunu herkesten iyi sen bilirsin. Bu ses de ne?"

Ve tekrar kapıya döndü. Kapının dışından ayak sesleri geliyordu. Kapı açıldı ve içeriye çok güzel, genç bir kadın girdi. Genç kadın Dick'i görünce kalakaldı ve pancar gibi kızardı. Fakat yine de gözlerini kaçırmadı. Dick ise onu dikkatle süzdü, elini ona doğru uzattığı sırada heyecandan yüzü ürperdi.

Yaşlı adam gençlerin sıkıntısının uzun sürmesine izin vermedi; yaşlılara özgü bir neşeyle gülümseyerek, "Oğlum Dick ve sen sevgili Clara'cığım, sanırım biz iki ihtiyar size engel oluyoruz, birbirinize anlatacak çok şeyiniz olmalı. En iyisi yukarıya Nelson'ın odasına çıkın, onun dışarıda olduğunu biliyorum. Hem duvarlarını ortaçağ kitaplarıyla kapladı geçenlerde, yani ikinize ve tazelenen mutluluğunuza yaraşır güzellikte bir ortamla karşılaşacaksınız."

Kız elini Dick'e uzattı ve elinden tutarak onu odadan çıkardı. Başını önüne eğmişti fakat kızarıp bozarmalarının öfkeden değil, mutluluktan olduğu gün gibi meydandaydı. Çünkü her zaman için aşk öfkeden daha sıkılgandır.

Kapıyı arkalarından kapattıktan sonra yaşlı adam gülümsemeye devam ederek bana döndü ve:

"Açıkçası sevgili konuğum, bana çene çaldırmaya geldiyseniz, büyük bir iyilikte bulunmuş olacaksınız. Konuşma tutkum beni hâlâ terk etmedi, hatta gün geçtikçe daha da artıyor. Bu gençlerin ortalıkta dolaşıp büyük bir ciddiyetle oyunlar oynamasını seyretmek keyifli olsa da bir şey değişmiyor. Gençler, sanki bütün dünyanın geleceği onların öpücüklerine bağlıymış gibi yaşıyorlar (gerçi bazen öyle de oluyor) ve eski hikâyelerimin onların pek ilgisini çektiğini sanmıyorum. Son hasat, son doğan bebek, çarşı binasına yapılan oymanın son boğumu onlara yeterince tarihi geliyor. Bizim zamanımızda farklıydı, diye düşünüyorum. O zamanlar, şimdiki gibi ne barıştan ne de bolluğun devamlılığından bu kadar emin olabiliyorduk. Her neyse! Sizi soru yağmuruna tutmadan şunu sormama izin verin: sizi çağdaş yaşam tarzımız konusunda çok az bilgiye sahip olan bir araştırmacı olarak mı yoksa hayatın temellerinin bizimkilerden farklı bir yerlere dayandığı başka bir yerden gelmiş birisi olarak mı düşünmeliyim? Bizim hakkımızda bir şeyler biliyor musunuz? Yoksa hiçbir şey bilmiyor musunuz?" dedi.

İlgiyle ve konuşurken gözlerinde gittikçe artan bir merakla bana bakıyordu, ben de alçak sesle cevap verdim:

"Çağdaş yaşam tarzınız hakkında yalnızca Hammersmith'den buraya gelirken yolumuz üzerinde gördüklerimden anlayabildiklerimi ve Richard Hammond'a sorduğum sorulardan, her ne kadar çoğunluğunu anlayamamış olsa da, öğrenebildiklerimi biliyorum."

Yaşlı adam tekrar gülümsedi, "Yani" dedi, "sizinle konuşurken olduğunuzu varsaymam gereken kişi..."

"Başka bir gezegenden geldiğimi varsayın," dedim.

Adı torunununki gibi Hammond olan yaşlı adam gülümsedi, başını salladı ve iskemlesini yanıma çekti, beni de ağır bir meşe koltuğa oturttu. Koltuğun nadide oymalarına gözümün takılmış olduğunu görerek:

"Evet, takdir edersiniz ki geçmişe çok bağlıyım; kendi geçmişime. Bu nadide mobilyalar benden de eski bir zamana ait; onları babam yaptırmış. Herhalde son elli yıl içinde yapılmış olsalardı, daha büyük bir ustalığı icra ederlerdi fakat daha çok hoşuma gideceklerini hiç sanmıyorum. O zamanlarda hemen hemen her şeye yeni baştan başlıyorduk; acelemiz vardı, hızlı geçen günlerdi. Ne kadar da geveze olduğumu görüyorsunuz, değil mi? Soru sorun bana, istediğiniz konuda sorular sorun sevgili konuğum, çünkü konuşmalı ve konuşmamın sizin için de faydalı olmasını sağlamalıyım," dedi.

Bir dakika kadar hiç konuşmadım ve sonra çekine çekine: "Kabalık ediyorsam mazur görün fakat Richard ile oldukça ilgileniyorum çünkü bana, bir yabancıya çok kibar davrandı. Bu yüzden de onunla ilgili bir soru sormak isterim," dedim.

"Fakat," dedi yaşlı Hammond, "eğer bir yabancıya, sizin deyiminizle, 'kibar' davranmamış olsaydı, tuhaf bir insan olduğu düşünülürdü ve insanlar ondan uzak durmaya başlardı. Hadi ama sorun,

sorun! Sormaktan çekinmeyin."

"Şu güzel kız, Dick onunla evlenecek mi?" dedim.

"Evet," dedi, "evlenecek. Daha önce bir kere evlenmişlerdi zaten, şimdi de öyle gözüküyor ki yeniden evlenecekler."

"Tabii ya," dedim, söylediklerinin ne anlama geldiğini merak ederek."

"Bütün hikâye şu," dedi yaşlı Hammond, "kısa bir hikâye aslında, umarım mutlu da biter. İlk seferinde iki yıl birlikte yaşadılar, ikisi de çok gençti. Sonra Clara bir başkasına âşık olduğuna karar verdi ve zavallı Dick'i terk etti. *Zavallı* diyorum çünkü Dick bir başkasını bulamadı. Fakat bu durum da uzun sürmedi, yalnızca bir sene falan devam etti. Sonra Clara dertleşmek için bana geldi, Dick'in nasıl olduğunu, mutlu olup olmadığını ve bunun gibi şeyleri sordu. Ben de biraz ağzını aradım ve Dick'in çok mutsuz olduğunu, pek de iyi sayılamayacağını söyledim ki bu da kuyruklu bir yalandı. İşte, gerisini siz de tahmin edebilirsiniz. Clara bugün benimle uzun uzun sohbet etmeye gelmişti, ama eminim Dick daha çok işine gelecektir. Aslında o bugün tesadüfen gelmiş olmasaydı, yarın gelmesi için ben ona haber yollayacaktım."

"Yaa..." dedim, "hiç çocukları var mı?"

"Evet," dedi, "iki tane, şu anda benim kızlarımdan biriyle kalıyorlar, Clara da çoğu zaman orada kalıyor. Hiç gözden kaybolmasına izin vermedim, yeniden bir araya geleceklerinden emindim. Dick'in de, ki o da iyinin iyisidir, bu mesele içine işlemişti. Nitekim, onun, Clara gibi kollarına koşacağı bir başka aşkı da yoktu. Bu yüzden, bu tip işlerde daha önce de yaptığım gibi ben her şeyi ayarladım."

"Tabii" dedim, "hiç şüphe yok ki onları boşanma mahkemesinden uzak tutmak istediniz. Bu tip davalar sık sık cereyan ediyordur herhalde."

"Demek ki yanılıyorsunuz," dedi, "bir zamanlar adı boşanma mahkemesi olan çılgın müesseseler olduğunu biliyorum; fakat bir düşünün, mahkemeye taşınan bütün davalar mülkiyet kavgalarıydı ve düşünüyorum da sevgili konuğum," dedi gülümseyerek, "her ne kadar başka bir gezegenden gelmiş olsanız da dünyamıza dışardan tek bir bakışla bile artık aramızda mülkiyete dayalı tartışmaların olamayacağını görebilirsiniz."

Gerçekten de Hammersmith'den Bloomsbury'ye kadar olan yolculuğum mutlu bir hayatı işaret ediyordu ve yaptığım alışverişi saymazsak bile bizim bir zamanlar 'mülkiyetin kutsal yasaları' dediğimiz şeylerin artık ortadan kalkmış olduğunu görmem için yeterliydi. Bu yüzden de yaşlı adam sözü tekrar aldığında ben sessizce yerimde oturdum:

"Eh, mülkiyet tartışmaları artık mümkün olmayınca, bir mahkemenin ilgileneceği ne konu kalır ki geriye? Tutkular veya duygularla ilgili bir kanunu uygulamaya koyan bir mahkeme hayal edin! Böyle bir kanunun uygulamaya konmasına, bir *saçmalığa indirgeme* olması açısından gerek duyulsaydı, bu tamamiyle bizim budalalığımız olurdu."

Biraz daha sessiz kaldıktan sonra şöyle devam etti: "Her şeyden önce şunu anlamalısınız ki bizler bu meseleleri değiştirdik. Ya da şöyle söyleyeyim, son iki yüzyıl içinde bizler nasıl değiştiysek, bu konulara bakışımız da öyle değişti. Artık ne kendimizi kandırıyor ne de cinslerarası ilişkileri kuşatan bu sorunlardan kurtulabileceğimize inanıyoruz. Erkekle kadının sebep olduğu mutsuzlukla yüzleşmemiz gerektiğini biliyoruz. Her iki cins de doğal tutkular, duygular ve arkadaşlığı birbirine karıştırıyor. Bunlar arasında sadece ve sadece arkadaşlık, o da işler yolunda giderse, bu kaybolan hayallerden uyanma anını yumuşatıyor. Fakat bizler, bu mutsuzluğun üzerine bir de geçim ve mevki hakkında yapılan utanç verici ağız dalaşlarıyla vakit harcayarak alçalmayı eklemedik ve bir zamanlar aşkın veya şehvetin meyveleri olan çocuklara eziyet etme kudretini kendimizde bulmadık. Hayır, biz hiçbir zaman aklımızı bu denli kaçırmadık."

Ve yine biraz durdu, sonra tekrar devam etti: "Gençlik aşkı, ömür boyu sürecek bir kahramanlık zannedilir; oysa tez vakitte hayal kırıklığına dönüşür. Ya da yaşı geçkin bir adamın o kelimelere dökülemeyen, tek bir kadının her şeyi olma arzusu: kadının gayet insani ve sıradan olan şefkatini ve güzelliğini adam, kafasında insanüstü bir kusursuzluğa yükseltir ve kadını arzusunun biricik odağı haline getirir. Veya son olarak, güçlü ve düşünceli bir adamın, güzel ve akıllı bir kadının en yakın arkadaşı olmak için duyduğu haklı özlemi: dünyanın o çok sevdiğimiz türden güzelliği ve ihtişamı. Biz tüm bunların sonunda elde edilen sevinç ve coşkudan havalara uçarken, bir yandan da, her zaman olmasa bile yine tüm bunların sonucunda elde edilen acıya dayanmak için kendimizi harekete geçiririz. Bir an eski bir şairin dizelerini hatırladım da (on dokuzuncu yüzyılda yapılan birçok çevirisinden birini kabaca aklımdan söylüyorum) :

Bu sebeple tanrılar insanoğlunun ıstırabına ve kara gününe biçim verdi
Ve o gün bu gündür insanoğlunun hikâyesi ve vaziyeti hiç mi hiç değişmedi.[*20]

İşte böyle, ama yine de bütün hikayelerin uydurma olduğuna ya da dünyadaki tüm dertlerin bitmiş olduğuna inanmak zor."

Biraz daha sessiz kaldı ve ben de haliyle söze karışmadım. Sonunda tekrar konuşmaya başladı: "Fakat bilmelisiniz ki, şimdiki nesilleri oluşturan bizler, güçlü ve sağlıklı bedenlere sahibiz ve basit bir hayat sürdürüyoruz. Hayatlarımızı doğayla makul bir mücadele içinde geçiriyoruz; yalnızca bir yönümüzü değil, tüm yönlerimizi geliştiriyoruz. Dünyadaki yaşamımızdan alabileceğimiz en büyük zevki alıyoruz. Bu yüzden de bizler için benmerkezci olmamak, bir insan mutsuz oldu diye tüm dünyanın sonunun geldiğini düşünmemek çok önemlidir. Bunun için bu duygu ve duyarlılık konularını abartmanın saçma, hatta, çok fena olduğunu düşünüyoruz. Vücut ağrılarımızı nasıl sevmiyorsak, aynı şekilde kalp ağrılarımızı da kabullenmiyoruz ve artık hayatta sevişmekten başka zevklerin de olduğunu biliyoruz. Burada uzun ömürlü olduğumuzu da hatırlamakta fayda var, çünkü artık hem kadındaki hem de erkekteki güzellik hiç de kendi kendimize bulaştırdığımız hastalıkların cefasını çektiğimiz günlerde olduğu gibi geçici değil. Bu yüzden de bu acıları üstümüzden hemen silkip atıyoruz. Belki de eskinin hassasiyet savunucuları bunun rezillik olduğunu, hiç de yiğitçe olmadığını düşünürlerdi; fakat bizler gerekli ve insani olduğunu düşünüyoruz. Diğer taraftan, aşk meselelerinde ticari olmayı da bir kenara bıraktık. Dolayısıyla budala rolü oynamayı da bir kenara bırakmış olduk. Doğanın armağanı olan budalalığa, toy çağındaki adamın akılsızlığına ya da yaşı geçkin adamın kapana kısılmasına hoşgörüyle

* Homeros'un *Odiseus*'undan William Morris'in kendi çevirisi.

bakmamız lazım; tüm bunlara; utanç duyduğumuzdan değil, aksine herkes kadar duyarlı ve duygusal olmak için tahammül etmemiz lazım. Dostum, yaşlıyım ben, ve belki de hayal kırıklıkları yaşamış biriyim ama eski dünyanın budalalıklarının hiç değilse bir kısmını rafa kaldırdığımızı düşünüyorum."

Benim de bir şeyler söylememi beklermişçesine durdu ama ben sükûnetimi korudum ve o da devam etti: "En azından, doğanın ya da kendi tecrübesizliğimizin zorbalığından ve vefasızlığından dolayı zarar görürsek ne suratımızı buruştururuz ne de yalan söyleriz. Ayrılmayı akıllarının ucundan bile geçirmeyenlerin arasında dahi eğer ki bir ayrılık olması gerekiyorsa, olur: ilişkinin gerçekliği bittikten sonra hiçbir bahaneye ihtiyaç kalmaz; beraberliği sürdürmeye de. Kendi yetersizliğinin farkında olanları da gerçekte kesinlikle hissetmedikleri ölümsüz bir duyguya sahipmiş rolü yapmaya zorlamayız. Öyle maddi çıkarla şehevi zevkler gibi bir iğrençlik artık mümkün olmayınca, aynı zamanda ona gerek de kalmaz. Beni yanlış anlamadığınızı umarım. Size tutku ve duygularla ilgili bir kanunu uygulamaya koyan mahkemeler olmadığını söylediğimde hiç de şaşkınlıktan donakalmadınız. Ama insanoğlu çeşit çeşit, belki de size bu mahkemelerin yerini tutacak ve en az onlar kadar zalim ve saçma olabilen toplum kurallarının da var olmadığını söylersem şaşkınlıktan donakalırsınız. İnsanlar komşularının davranışlarını yargılamıyorlar demiyorum tabii. Kimi zaman hiç şüphesiz haksız yere bile yargılıyorlar. Ancak, insanları yargılamaya yönelik değişmez, geleneksel bir dizi kural olmadığını söylüyorum. İnsanların zihinlerini ve hayatlarını sıkıştırıp çekiştiren Procrustes'in[21] yatağı artık yok. Kimi zaman farkına varılmamış alışkanlığın, kimi zaman da ayin yasağı emrinin dile getirilmeyen tehlikesinin insanları kabullenmeye zorladığı ikiyüzlü aforoz artık yok. Şimdi şaşkınlıktan donakaldınız mı?"

"Yo, hayır," dedim biraz tereddüt ederek. "O kadar farklı ki."

"Her halükârda," dedi, "cevap verebileceğim bir şey var: bizim bütün duygularımız gerçektir ve hepimizde aynı duygular vardır; yalnızca özel bir kesim insanla sınırlanmış değildir. Ayrıca az önce de değindiğim gibi böyle işlerde kadınlar da erkekler de eskiden olduğu kadar acı çekmiyor. Tek bir soru üzerine sözü bu kadar uzattığım için beni bağışlayın! Hem size başka bir gezegenden gelmişsiniz gibi davranmamı isteyen sizdiniz."

"Bilakis çok memnun oldum," dedim. "Peki, kadınların toplumunuzdaki konumunu öğrenebilir miyim?"

Onun yaşındaki birisi için oldukça yüksek sayılabilecek bir sesle güldü ve: "Bana boşu boşuna dikkatli bir tarih öğrencisi demiyorlarmış demek ki. On dokuzuncu yüzyıldaki 'Kadın Kurtuluş Hareketini' gerçekten anladığıma inanıyorum. Bugün benden başka yaşayan hiçbir kimsenin bunu bildiğini sanmam."

"Nasıl yani?" dedim neşesinden biraz rahatsız olarak.

"Yani," dedi, "tüm bunların bitmiş çelişkiler olduğunu göreceksiniz. Artık ne erkeklerin kadınlara ne de kadınların erkeklere zulmetme şansı var. Oysa geçmiş zamanlarda her ikisi de söz konusuydu. Kadınlar, neyi en iyi yapıyorlarsa, en çok neyi yapmaktan hoşlanıyorsa onu yapıyorlar ve erkekler de ne kıskanıyor ne de rencide oluyorlar. Bu o kadar sıradan bir şey ki sözünü etmeye bile utanıyor insan."

"Yaa.. Peki ya yasama? Bu işe de katılıyorlar mı?" dedim.

Hammond gülümsedi ve: "Sanırım bu sorunun cevabını yasama konusuna geldiğimizde versem daha iyi olur. Bu konuda da size değişik gelebilecek bazı unsurlar olabilir."

"Pekâlâ" dedim, "peki ya kadın sorunu? Misafirhanede kadınların erkeklere hizmet ettiğini gördüm, sizce de bu durum biraz eskiye dönüş gibi gözükmüyor mu?"

"Öyle mi gözüküyor?" dedi yaşlı adam, "belki de siz ev idaresinin saygı hak etmeyen, önemsiz bir iş olduğunu düşünüyorsunuz. On dokuzuncu yüzyılın 'ilerici' kadınlarının ve onlara arka çıkan erkeklerin fikrinin de bu olduğunu sanıyorum. Eğer siz de böyle düşünüyorsanız, dikkatinizi, adı 'Adamın Biri Ev İdaresini Nasıl Yüzüne Gözüne Bulaştırdı'[22] ya da onun gibi bir şey olan eski bir Norveç halk hikâyesine çekmek isterim. Ev işleriyle başa çıkmak üzere yaşanan bir sürü sıkıntının ardından gelinen noktada manzara şudur: Adam ve evin ineği bir ipin iki ucunda, o ülkede âdet olduğu üzere çimden yapılmış alçak ve aşağı doğru eğimli damın tepesinde perişan durumdadırlar; adam soba bacasından inek de çatıdan aşağı sallanmaktadır. İneğe yazık olmuş bence. Tabii böyle bir talihsizliğin sizin gibi üstün bir insanın başına gelmesi düşünülemez," diye ekledi hafiften gülerek.

Bu inceden alay karşısında biraz rahatsız olmuştum. Hatta, sorunun bu kısmını ele alışını biraz saygısızca da bulmuştum.

"Hadi, yapma dostum," dedi, "akıllı bir kadın için bir evi beceriyle çekip çevirmenin ve böylece evin diğer bireylerini memnun edip kendisine minnettar olmalarını görmenin ne kadar büyük bir zevk olduğunu bilmiyor musun? Ayrıca bilmez misiniz, herkes hoş bir kadından emir almaktan hoşlanır, neden olmasın, kur yapmanın en hoş şekillerinden biridir bu. Bunu hatırlamayacak kadar yaşlanmış olamazsınız. Ben şahsen gayet iyi hatırlıyorum."

Ve yaşlı dostum burada yeniden kıkırdamaya başladı. En sonunda da kahkahalara boğuldu.

"Kusuruma bakmayın," dedi bir süre sonra, "aklınıza gelebilecek türden şeylere gülmüyorum, sadece şu on dokuzuncu yüzyılın modası geldi de aklıma. Hani şu kültürlü diye tabir edilen ve önlerine konan akşam yemeklerinin hangi aşamalardan geçerek geldiğine aldırmayan, hatta bunu yüce zekâları için fazla sıradan bulan zengin insanlar arasında yaygın olan moda. İşe yaramaz budalalar! Hadi dostum, eskiden bizim gibi garip hayvanları tanımlamak için dedikleri gibi; 'ben edebiyatla ilgilenen bir şahsiyetim'. Yine de oldukça iyi bir aşçıyımdır."[23]

"Ben de," dedim.

"İyi öyleyse," dedi, "şimdi beni az önce sözleriniz ve suskunluğunuzla yargılarken anlar gözüktüğünüzden daha iyi anlayabilirsiniz."

"Belki de haklısınız. Ancak insanların çoğu zaman hayatın sıradan işleriyle ilgileniyor olmaları beni ürkütüyor. Bu konuyla ilgili size bir iki soru soracağım. Ama önce toplumunuzdaki kadınların konumuna dönmek istiyorum. On dokuzuncu yüzyıldaki 'kadınların kurtuluşu' hikayesini öğrenmişsiniz. Peki bu 'üstün' nitelikli kadınların da bazılarının hemcinslerinin daha zeki kısmını çocuk doğurma külfetinden kurtarmak istediğini hatırlamıyor musunuz?" dedim.

Yaşlı adamın yüzü tekrar ciddileşti. "Evet, bu tuhaf, saçma zırvaları gayet iyi hatırlıyorum. O dönemin bütün budalalıkları gibi bu da iğrenç sınıf zorbalığının sona ermesiyle tarihe karıştı. Bu konuda ne düşündüğümüzü soruyorsunuz. Dostum, bu soruya cevap vermek gayet kolay. Anneliğin bizim toplumumuzda yüce bir onur olmasından başka bir şey düşünülebilir mi? Tabii haliyle her annenin doğal ve gerekli olarak çektiği acılar erkekle kadın arasında birleştirici, aralarındaki sevgi ve şefkati daha da harekete geçiren bir bağ oluşturuyor; bu herkes tarafından kabul edilen bir gerçek. Bunun dışında, anneliğin bütün yapay sorumluluklarının kaldırıldığını hatırlayın. Artık bir anne, çocuklarının geleceğine dair o utanç verici kaygıları taşımıyor. Çocuklar ilerde daha iyi de olabilirler, daha kötü de, annelerinin en büyük umutlarını boşa da çıkarabilirler. Bu tip endişeler, insanoğlunun hayatını oluşturan acıyla karışık mutluluğun bir parçasıdır. Artık anneler en azından çocukların yapay yetersizlikleri yüzünden birey olamayacakları korkusundan (bu bir zamanlar genel-geçer bir gerçekti) kurtuldular. Çocuklarının kendi yetenekleri doğrultusunda yaşayıp hareket edeceklerini biliyorlar. Geçmişte, o günün 'Toplumunun' da babanın günahlarını çocuklara mâl etme konusunda Musevi tanrısına ve 'Bilim Adamına' yardımcı olduğu çok açık bir gerçek. Bu süreci nasıl tersine çevireceğimiz ve kalıtımdan acıyı nasıl çıkaracağımız uzun süreden beri düşünen insanlarımızı en çok meşgul eden sorunlardan birisi. Görüyorsunuz ya, böylece çocuk doğuran ve çocuğuna bakıp büyüten kişi olarak kendisine saygı duyulan, bir kadın olarak arzulanan, bir eş olarak sevilen, çocuklarının geleceği ile ilgili bir kaygısı olmayan sıradan, sağlıklı bir kadının (bizim kadınlarımızın hemen hemen hepsi hem sağlıklı, hem de en azından alımlıdır), eski zamanlardaki köle gibi çalışan bir zavallıdan ve zavallıların annesinden ya da toplumun üst sınıflarındaki doğal gerçekler hakkında yapmacık bir cehaletle büyütülmüş, namus ve şehvetin birbirine kaynaşmış olduğu bir ortamda yetiştirilmiş bir başka kadından çok daha fazla annelik içgüdüsü vardır."

"Hararetli konuşuyorsunuz," dedim, "ama hakkınız var."

"Evet," dedi, "ve şimdi de özgürlüğümüzün bize kazandırdığı faydaları simgeleyen bir noktaya dikkatinizi çekmek istiyorum. Bugün yolda rastladığınız insanların görünüşleri hakkında ne düşündünüz?"

"Uygar bir ülkede nasıl bu kadar çok sayıda iyi görünüşlü insan olabildiğine inanmam zor oldu," dedim.

Bir anda hindi gibi kabardı: "Ne! Hâlâ uygar mı sayılıyoruz?" dedi. "Neyse, görünüşümüze dönersek, çoğumuzda baskın olan İngiliz ve Jute* kanının karışımı eskiden fazla güzel sonuçlar vermezdi. Ancak bunu daha iyiye doğru değiştirdiğimize inanıyorum. Tanıdığım birisinde insan portrelerinden oluşan on dokuzuncu yüzyıldan kalma geniş bir fotoğraf koleksiyonu var. Onları inceleyip, zamanımızın sıradan simalarıyla karşılaştırınca, güzel görünüşümüz, gelişimi bütün şüpheleri silecek bir şekilde ortaya koyuyor. Bu güzelleşmeyi doğrudan doğruya özgürlüğümüze ve az önce konuştuğumuz konular hakkındaki mantığımıza bağlayanlar da var. Bu insanlar, bir kadın ve bir erkek arasındaki doğal ve sağlıklı bir aşkın sonucu olarak doğan bir çocuğun, bu aşk uzun ömürlü olmasa bile, her yönden daha iyi sonuç verdiğine, özellikle de dış güzelliğinin ticari evlilik yatağından[24] ya da aynı sistemdeki köle gibi çalışanın umutsuzluğundan doğacak olandan çok daha iyi olduğuna inanıyorlar. Neşeden neşe doğar, diyorlar. Ne dersiniz?"

"Aynen katılıyorum," dedim.

* M.S. 5. yy.'da Britanya'yı istila eden Germen soylarından biri; ve bu soydan olan kimse. (y.h.n.)

X
Sorular ve yanıtları

"Pekâlâ" dedi yaşlı adam koltuğunda kıpırdanarak, "sorularınızı sormaya devam edin sevgili konuğum, birinci sorunuza cevap vermiş olduğumu sanıyorum."

"Eğitim üzerine fikirlerinizle ilgili bir iki kelime de sizden duymak isterim. Dick'in söylediklerinden anladığım kadarıyla çocuklarınızın akıllarına estiği gibi hareket etmesine müsaade ediyor ve onlara hiçbir şey öğretmiyormuşsunuz. Kısacası, eğitim sisteminizi o kadar arındırmışsınız ki ortada hiç eğitim kalmamış," dedim.

"O halde eksik anlamışsınız" dedi. "Ancak; eğitime bakışınızı anlayabiliyorum. Eski zamanlara, hayat kavgası dedikleri şeyin hâlâ geçerli olduğu günlere ait bir mesele (Örneğin, bir tarafta bir kölenin tayını için verdiği mücadele, diğer tarafta da köle sahibinin imtiyazından hatırı sayılır bir pay için mücadele). 'Eğitim' birçok insan için çok da kesin olmayan bir bilgiden alınan azıcık bir paya indirgenmişti. Hayat sanatına yeni başlayan birisi için eğitim, sevse de sevmese de, canı çekse de çekmese de yalayıp yutması gereken bir şey olmuştu ve diğer umursamayan insanlara sunmak için, yine umursamayan birçok insan tarafından defalarca yutulmuş ve hazmedilmişti."

Yaşlı adamın gazabını bir kahkahayla kestim ve: "Tamam tamam, sonuçta siz böyle bir eğitimden geçmediniz, bu yüzden öfkenizi biraz dizginleyin," dedim.

"Doğru ya," dedi gülümseyerek, "hiddetimi frenlediğiniz için size minnettarım. Her zaman kendimi bahsi geçen dönemde yaşıyormuş gibi hissederim. Fakat, yine de, daha sakin bir şekilde söylemek gerekirse, toplumun uygun yaş olarak gördüğü çağa eriştiklerinde çocukların okullara tıkılmasını uygun buluyorsunuz. Bu esnada yeteneklerini ve mizaçlarını göz ardı ederek ve gerçeklere sırt çevirerek onları bir 'eğitime' tabi tutmak istiyorsunuz. Dostum, böyle bir işlemin bedensel ve ruhsal *gelişim* gerçeğini göz ardı etmek anlamına geldiğini göremiyor musunuz? Hiç kimse böyle bir öğütücüden sağlam çıkamaz, öğütülmeyenler yalnızca isyan ruhu güçlü olanlar olabilir. Çok şükür ki çocuklar bütün zamanlarda isyankâr ruhlu olmuşlar, yoksa bugünkü konumumuza nasıl gelirdik hiç bilmiyorum. Şimdi sözü nereye getirdiğimi görüyorsunuzdur. Eski zamanlarda tüm bunların sebebi *yoksulluktu*. On dokuzuncu yüzyılda toplum, üzerinde kurulu olduğu sistemleşmiş hırsızlığa olan borcundan dolayı öyle fakir düşmüştü ki gerçek bir eğitim hiç kimse için mümkün değildi. Bütün o eğitim teorileri, yolu işkenceden geçse bile, bir çocuğun kafasına mutlaka bir parça bilgi tıkıştırma gereğinden ibaretti. Bunu da, eğer çocuk eğitim almazsa hayat boyu cahil kalacağı zırvası izliyordu ki bunun da saçmalık olduğu biliniyordu. Ancak; yoksulluğun acelesi başka hiçbir şeye elvermiyordu. Neyse ki hepsi geçmişte kaldı. Bizim artık hiç acelemiz yok ve bütün bilgi herkesin kendi arzusunun onu aramaya sürükleyeceği ana kadar elinin altında duruyor. Diğer konularda olduğu gibi bu konuda da varlıklıyız. Kendimize büyümek için zaman verebiliriz," dedi.

"Tamam ama," dedim, "farz edelim çocuk, genç ya da yetişkin

hiçbir zaman bilgiyi istemedi. Hiçbir zaman sizin umduğunuz yönde bir gelişim göstermedi. Mesela aritmetik veya matematik öğrenmeye karşı çıktığını varsayalım. *Büyüdüğü* zaman bir insanı zorlayamazsınız. Bu yüzden onu henüz gelişim çağındayken zorlamak daha iyi olmaz mı? Böyle yapmak gerekmez mi?"

"Peki," dedi, "siz kendiniz aritmetik ve matematik öğrenmeye zorlanmış mıydınız?"

"Biraz," dedim.

"Peki şimdi kaç yaşındasınız?"

"Elli altı diyelim," dedim.

"Peki, şu anda ne kadar matematik ve aritmetik biliyorsunuz?" dedi yaşlı adam alay eder gibi gülümseyerek.

"Maalesef hiç bilmiyorum," dedim.

Hammond hafifçe güldü ancak itirafım üzerine hiçbir yorum yapmadı ve ben de onun bu konuda umutsuz bir vaka olduğuna karar vererek eğitim konusunu bir kenara bıraktım.

Biraz düşündükten sonra: "Az önce ev işlerinden bahsediyordunuz. Bu bana biraz eskinin âdetlerini anımsattı. Oysa ben toplu halde yaşayacağınızı düşünürdüm," dedim.

"Falansterler ha?" dedi. "Aslında canımızın istediği gibi yaşıyoruz. Canımız da kural olarak alıştığımız belli bazı dostlarımızla yaşamak istiyor. Artık yoksulluk diye bir şey kalmadığını bir kez daha hatırlatmak isterim. Fourier tarzı "falansterler"[25] ve o tarzdaki diğer şeyler o dönem için gayet doğaldı ve fakirliğin sebep olduğu bir barınaktan başka bir anlama gelmiyordu. Böyle bir hayat tarzı da zaten yalnız yoksulluğun en sefil haliyle çevrelenmiş insanlar tarafından tahayyül edilebilirdi. Ama şunu da bilmelisiniz ki, her ne kadar ayrı ayrı evler bizde bir kuralsa da ve tüm evlerin âdetleri birbirlerinden az ya da çok farklıysa da, hiçbir kapı ev halkının yaşamına uyum sağlayabilecek iyi huylu insanlara kapalı değildir. Tabii bir adamın tutup da, girdiği evdeki insanlara, kendisini memnun etsinler diye alışkanlıklarını değiştirmesini buyurması çok saçma olur, çünkü o tek bir kişi olarak istediği yere gidip istediği hayatı yaşayabilir. Yine de bu konu hakkında fazla bir şey söylemeye gerek duymuyorum çünkü nasıl olsa siz de Dick'le beraber nehrin yukarısına gidiyorsunuz ve bu tip işlerin nasıl halledildiğini kendi deneyiminizle sınayacaksınız."

Biraz durduktan sonra ben: "Büyük kentleriniz peki, onlara ne oldu? Uygarlığın modern Babylon'u olduğunu kitaplardan okuduğum Londra örneğin, ortadan kaybolmuş gözüküyor," dedim.

"Belki de tüm olan bitenden sonra on dokuzuncu yüzyıldaki modern Babylon'dansa, antik Babylon demek daha doğru olur. Ama bu konuyu geçelim. Her şeyden önce burasıyla Hammersmith arasında da nüfusu çok olan yerleşim yerleri var. Hem siz daha hâlâ kasabanın en kalabalık yerlerini görmediniz," dedi yaşlı Hammond.

"Anlatın öyleyse," dedim, "doğu tarafları nasıl?"[26]

"Bir zamanlar bu kapının önünden ata binip, tırıs giderek bir buçuk saat boyunca yol aldıktan sonra bile hâlâ Londra'nın göbeğinde olurdunuz ve gördüğünüz yerlerin birçoğu o zamanki adlarıyla 'varoşlar' olurdu. Nasıl anlatayım, buralar masum insanlar için işkence yerleriydi. Hatta daha da kötüsü, insanların içinde üreyip büyüdüğü birer çöplüktü adeta. O kadar rezil bir durumdaydılar ki bu çektikleri onlara hayatın sıradan ve doğal bir parçasıymış gibi gelirdi," dedi.

"Biliyorum, biliyorum," dedim sabırsızlıkla, "eskiden böyleydi, bugün nasıl, siz bana ondan haber verin. Hiç varoş kaldı mı?"

"Bir tane bile kalmadı" dedi. "Ama anıları hâlâ bizimle beraber; tabii bugünkü durumdan ben kendi adıma gayet memnunum. Yılda bir kez, 1 Mayıs'ta Londra'nın doğusundaki komünlerde o zamanki adıyla Sefaletten Arınmanın anısına görkemli bir şölen veririz. O gün bir zamanlar varoşların en berbatlarının bulunduğu bölgede, onların anısına müzik ve dans olur, neşeli oyunlar oynanır ve güzel ziyafetler çekilir. O gün en güzel kızların eski devrim şarkılarını söylemeleri âdettendir. Bir zamanlar bütünüyle umutsuz olan bu insanların çığlığı olan bu şarkılar, tam da sınıf cinayetinin yıllar boyunca her gün işlendiği noktada söylenir. Benim gibi geçmişi inceleme işine çok emek vermiş birisine güzelce giyinmiş, başına yakındaki çayırlardan topladığı çiçeklerden taç yapmış, mutlu insanların arasında şarkı söyleyen güzel kızın görüntüsü daha ziyade tuhaf ve dokunaklı geliyor. Çünkü bir zamanlar onun durduğu bu tümsekte adına ev demeye bin şahit isteyen içinde insanların pislik içinde, balık istifi yaşadığı bir in vardı. Burada insanlar zar zor tahammül edebildikleri bir hayatı sürdürüyorlardı ve az önce de söylediğim gibi insanlıkları bile kalmamıştı. Ve kızın güzel dudaklarından dökülen o korkunç tehdit ve ağıt dolu sözleri işitmek, sarf ettiği sözlerin gerçek anlamlarının bilincinde olmadığını bilmek; onun mesela 'Hood's Song of the Shirt'[27] şarkısını söylediğini duymak ve şarkıyı söylediği tüm o süre zarfınca neden bahsettiğini bile anlamadığını düşünmek nasıl bir his biliyor musunuz? O günler, kıza ve dinleyicilerine inanılmaz gelecek bir trajedidir artık. Bir de o günleri düşünün, eğer yapabilirseniz, ve bir de hayatın artık ne kadar muhteşem olduğuna bakın!" dedi.

"Yine de" dedim, "benim için bunları düşünmek gerçekten de zor."

Yaşlı adamın gözlerinin nasıl parladığına ve taptaze bir hayatın yüzünde nasıl da ışıdığına şöyle bir baktım ve bu adam, bu yaşında dünyanın mutluluğunu, hatta akşam yemeği dışındaki herhangi bir şeyi nasıl olur da düşünür diye kendi kendime sordum.

"En ufak ayrıntısına kadar anlatın bana," dedim. "Bloomsbury'nin doğusunda bugün ne var?"

"Burası ve eski şehrin dış kısımları arasında çok az ev var. Fakat şehrin içinde yoğun bir yerleşim söz konusu. Atalarımız varoşlardaki ilk temizlikte on dokuzuncu yüzyılın sonlarına doğru kasabanın iş mahallesi diye adlandırılan ve sonra da *Swindling Kens*[28] olarak bilinen yerdeki evleri yıkmak için acele etmemişti. Bilirsiniz belki, bu evler her ne kadar biçimsiz bir şekilde dip dibe duruyor olsalar da genişti, gayet sağlam yapılmışlardı ve temizdiler; çünkü içinde yaşamak için değil, kumarhane olarak kullanılmışlardı. Bu yüzden de yıkılan döküntü evlerden gelen insanlar oralarda kalmaya, barınmaya başladı, ta ki o günün ahalisi onlar için daha iyi bir yer tasarlayıncaya kadar. Binaların yıkılması da öyle uzun bir zaman zarfında gerçekleşti ki insanlar buralarda, diğer yerlere oranla dip dibe yaşamaya daha fazla alıştı. O nedenle burası Londra'nın, hatta belki de tüm adaların en kalabalık bölgesidir. Ama gerçekten de çok hoş bir yerdir, tabii birçok yerde görebileceğinizden daha gelişmiş olan mimarinin ihtişamının sonucu olarak. Yine de bu kalabalık, eğer böyle denebilirse, adı Aldgate olan tek bir sokaktan daha öteye geçmiyor, belki bu ismi daha önce duymuşsunuzdur. Bu binaların ardında, evler daha çok çayırların arasına kurulmuştur; güzel Lea ırmağının yanına gittiğinizde, Stratford ve Old Ford civarında çok hoş yerler görürsünüz. (Yaşlı Isaak Walton'un balık tuttuğu yer burasıdır işte)[29] bu isimleri duymuş olmanızı beklemiyorum tabii, oysa Romalılar bir zamanlar burada epeyce uğraşmışlardı," dedi.

Duymamak mı! dedim kendi kendime. Ne kadar da garip! Ben ki Lea'nın kenarındaki en son çayır kalıntılarının da yok edilişine tanık olmuştum, bugün bu çayırlara güzelliklerinin bütünüyle geri geldiğini işitiyordum.

Hammond konuşmasına devam etti: "Thames tarafına indiğinizde Docks'a gelirsiniz. Bunlar on dokuzuncu yüzyılın eserleridir, hâlâ da kullanılıyorlar. Yine de bir zamanlar olduğu gibi kalabalık değil burası, çünkü elimizden geldiğince merkezileşmenin önüne geçmeye çalışıyoruz. Dünya pazarı olma iddiamızı rafa kaldıralı çok uzun zaman oldu. Bu Docks civarında birkaç tane ev var ama bunlar da sürekli olarak kullanılmıyor. Demek istediğim, bu evleri kullananlar oraya çok fazla gidip geliyor ama çok alçak ve bataklık dolu bir yer olduğu için hoş bir yerleşim yeri değil. Docks'dan doğuya ve içeri doğru gidince her yerde dümdüz meralar var. Bir zamanlar birkaç bahçe dışında hepsi bataklıkmış. Orada da yalnızca birkaç tane sürekli kullanılan ev var. Onlar da orada otlayan sığır sürülerine bakmaya gelen adamların oturduğu birkaç kulübe ve barakadan başka bir şey değil. Ama yine de sığırlara, adamlara ve tek tük kırmızı kiremitten çatılara her ne olursa olsun oraya gitmek kötü bir tatil sayılmaz. Sakin bir midilli alır ve güneşli bir sonbahar akşamında gezersiniz. Nehre bakar, kayıkların bir aşağı bir yukarı gidip geldiğini görürsünüz. Shooters' Hill ve Kent yaylalarına göz atarsınız. Sonra da diğer tarafa dönüp Essex Bataklıklarının oluşturduğu engin yeşil denizi seyredersiniz. Bu sırada uçsuz bucaksız gökkubbe tepenizdedir ve güneş de uzaklardan huzurlu bir ışık selini üzerinize göndererek parlıyordur. Canning's Town diye bir yer vardır, orayı da geçtikten sonra Silvertown. En güzel çayırlar buralardadır. Diğer taraftan buraların da bir zamanlar varoş olduğuna ve berbat göründüğüne hiç şüphe yok."

Kullandığı isimler kulaklarımı tırmalıyorduysa da bunun sebebini ona anlatamıyordum. Bu yüzden, "Peki ya ırmağın güneyi, orası nasıl?" dedim.

"Hammersmith'den pek farklı değil. Kuzeyde yükselti yeniden

artar, Hampstead adında çok hoş bir kasaba vardır ve burada Londra sona erer. İçinden geçtiğiniz ormanın kuzeybatısında kalıyor," dedi.

Gülümsedim ve: "Bir zamanların Londra'sından bu kadar yeter," dedim, "şimdi de biraz diğer kentlerden bahsedin."

"Bir zamanlar sanayi merkezi olduğunu bildiğimiz kasvetli yerleri soruyorsanız, tıpkı Londra'nın tuğla ve harçtan oluşan çölü gibi onlar da yok oldular. Çünkü birer 'sanayi' merkezinden ibarettirler ve ticaret piyasasının çıkarlarına hizmet etmekten başka hiçbir işe yaramıyorlardı. Bu yüzden de arkalarında Londra'dan daha az iz bırakarak kayboldular. Tabii, makine gücünün kullanımı konusunda yapılan değişiklik de bu işi kolaylaştırdı. Gerçi biz alışkanlıklarımızı fazla değiştirmeseydik de merkezilikleri ortadan kalkardı ya, yalnızca eski hallerini sürdürme korkusu bile bu 'sanayi mahallelerinden' kurtulmak için herkesin elinden geleni yapmasına yetti. Bunların dışında, tüm kömür ve maden ihtiyacımız asgariye indirildi; kirliliğe, kargaşaya mümkün olduğunca yol açmamaya ve kendi halinde yaşayan insanlara sıkıntı vermemeye çalışarak nerede ihtiyaç duyuluyorsa oraya gönderiliyor. On dokuzuncu yüzyılda bu mahallelerin durumu hakkında yazılanları okuyunca insanın, buraların kontrolünü elinde bulunduranların insanları kasten üzdüğüne, lekelediğine ve aşağıladığına inanası geliyor. Ama hiç de öyle değildi. Tıpkı az önce bahsi geçen yanlış eğitim gibi bu durum da onların korkunç yoksulluğundan kaynaklanıyordu. İnsanlar her şeyden vazgeçmeye zorlanmış, üstüne üstlük bir de bu durumdan hoşnutmuş gibi yapmak zorunda bırakılmışlar. Oysa bizler bugün olayları mantıklı bir biçimde ele alabiliyor ve istemediğimiz yükümlülükler altına girmeyi reddediyoruz," dedi.

Yaşadığı çağa düzdüğü övgüleri bir soruyla kestiğim için pek de üzgün olmadığımı belirtmeden geçemeyeceğim. "Peki ya kasabalar? Sanırım onları da tamamen ortadan kaldırdınız," dedim.

"Yo, hayır," dedi, "kaldırmadık. Hatta kasabalarda çok az bina yıkıldı. Tabii bir sürü de yeni bina yapıldı. Öyle ki olan banliyöler de taşranın içinde kayboldu ve boş, geniş alanlar da merkeze dahil oldu. Ancak hâlâ eski sokakları, meydanları ve çarşılarıyla duran kasabalar bulmak mümkün. Bizler de bugün bu kasabalar sayesinde eski dünyanın yerleşimlerinin en iyi hallerinde neye benzedikleri hakkında fikir sahibi olabiliyoruz."

"Örneğin Oxford," dedim.

"Evet," dedi, "Oxford herhalde on dokuzuncu yüzyılda bile güzeldi. Ticari dönemlerden önce yapılmış olan binasını bugün hâlâ koruyor. Çok da güzel bir yer. Tabii ondan hiç de aşağı kalmayan bir sürü başka kasaba da var."

"Sözü açılmışken, acaba orası hâlâ bir öğrenme yeri mi?" dedim.

"Hâlâ mı?" dedi gülümseyerek, "bazı olumlu geleneklerine dönüş yaptı tabii. Ancak on dokuzuncu yüzyıldaki halinden oldukça farklı olduğunu tahmin edersiniz. Bugün orada süregelen gerçek bir öğrenme; kendisi için gelişen bilgi, kısacası Bilgi Sanatı; geçmişin ticari bilgisi değil yani. Gerçi siz on dokuzuncu yüzyılda Oxford ve daha az ilgi çeken kardeşi Cambridge'ın tamamen ticarileşmiş olduğunu bilmeyebilirsiniz. Buraları (özellikle de Oxford), tuhaf bir tür parazitler sınıfının üreme yeriydi. Bu insanlar kendilerine kültürlü diyorlardı. Aslında o dönemin tüm eğitimli sınıfları gibi onlar da çıkarcıydı, ama bunlar çıkarcılığı yapmacık bir şekilde abartarak bilgili ve deneyimli gözükebileceklerini sanıyorlardı. Zengin orta sınıflar (bunların çalışan sınıflarla hiçbir bağlantıları yoktu) onlara, bir ortaçağ baronunun soytarısına gösterdiği türden küçümseyen bir tahammülle yaklaşıyorlardı. Yine de hiçbir şekilde eskinin soytarıları kadar hoş olmadıklarını, hatta toplumun *baş belaları* olduklarını da eklemeliyim. Küçümseniyorlardı, onlara hem gülünüyor hem de para ödeniyordu; ki onların amacı da bu son saydığımdı zaten."

Vay canına! diye düşündüm, tarih güncel yargıları tersine çevirmeye ne kadar da müsait. Tabii ki yalnızca en kötüleri onun anlattığı kadar kötüydü. Ama itiraf etmeliyim birçoğu züppeydi ve *gerçekten de* çıkarcıydılar. Hammond'a hitap etmekten ziyade kendi kendime konuşur gibi, "Peki ama onları yaratan çağdan daha iyi olmaları nasıl beklenebilirdi ki?" dedim.

"Doğru," dedi. "Fakat oldukça iddialıydılar."

"Öyle miydiler?" dedim gülümseyerek.

"Beni daldan dala atlatıyorsunuz," dedi o da gülümseyerek, "her şey bir yana 'barbar ortaçağdaki' Oxford'un emellerinin kötü bir devamı niteliğinde olduklarını söyleyebilirim."

"Evet, bu doğru," dedim.

"Zaten," dedi Hammond, "söylediklerim genel olarak doğru. Ama siz sormaya devam edin."

"Londra'yı, sanayi mahallelerini ve kasabaları anlattınız. Peki ya köyler?" dedim.

"Sizin de bildiğiniz gibi on dokuzuncu yüzyılın sonlarına doğru köyler neredeyse tümüyle yok olmuştu. Sanayi mahallelerine eklenmedikleri ya da kendileri daha ufak bir sanayi mahallesi oluşturmadıkları sürece yok olmaya mahkûmdular. Evler çürümeye ve yıkılmaya bırakılıyor, birkaç odun satılacak diye, üç kuruş için ağaçlar kesiliyordu. Binalar son derece biçimsiz ve yoksul görünümlüydü. İş bulmak oldukça zordu; ücretler sürekli düşüyordu. Bir zamanlar, köylülerin yaşamına renk katan tüm o küçük taşra tarzı sanatlar yok olmuştu. Çiftçinin elinden geçen köy ürünleri asla kursağına gitmiyordu. Tarlalarda ve arazilerde inanılmaz boyutlara varan bir hırpanilik ve yokluk hüküm sürüyordu. Oysa kaba ve özensiz ziraat anlayışına rağmen ürün boldu. Bu konuda herhangi bir bilginiz var mıydı?" dedi.

"Evet, öyle olduğunu duymuştum," dedim, "peki ya sonra ne oldu?"

"Değişim" dedi Hammond, "çağımızın başlarında bu konularda acayip süratli bir değişim gerçekleşti. İnsanlar köylere üşüştü. Nasıl anlatayım, vahşi bir hayvan avının üstüne nasıl atlarsa insanlar da kurtarılan topraklara canlarını öyle attı. Çok kısa bir süre sonra İngiltere'nin köyleri on dördüncü yüzyıldan bu yana en yoğun nüfusa ulaştı; ve hızla da artmaya devam ediyordu. Tabii, taşraya yapılan bu akınla başa çıkmak zordu; eğer halk hâlâ tek bir sınıfın serfi olmaya devam ediyor olsaydı epeyce bir sefalete yol açardı bu. Ama öyle olmadığı için işler kısa sürede yoluna girdi. İnsanlar, kendilerinin hangi işe uygun olup olmadığını keşfetti ve başarısızlığa uğrayacağı işlerle uğraşmaktan vazgeçti. Kent, köyü istila etti. Fakat istilacılar, tıpkı eski zamanların istilacıları gibi çevrenin etkisine boyun eğdi ve hepsi birer taşralı oldu. Diğer taraftan sayıca köylülerden daha fazla oldukları için onları da etkilediler ve bu sayede köy ve kent arasındaki fark gün geçtikçe azaldı. İşte, sizin de yeni yeni tanıştığınız bu mutlu, telaşsız ama heyecan dolu hayatı, kasaba kökenli hayatın düşüncesi ve çevikliğiyle canlandırdığı taşra yarattı. Tekrar söylüyorum, birçok hata yapıldı ancak; onları düzeltmek için de bol bol vaktimiz oldu. Benim gençliğimde yapılacak çok iş vardı hâlâ. Yirminci yüzyılın ilk yarısına ait olgunlaşmamış düşünceler de insanlarda ticari çağda iyi kötü varlığını sürdüren ve bize miras kalan dış güzelliği epeyce bozmuştu, çünkü o zamanlar insanlar hâlâ yoksulluk korkusuyla eziliyor ve gündelik hayatın sıradan zevklerine fazla dikkat etmiyorlardı. İtiraf etmeliyim ki insanlar özgür olduktan sonra bile kendilerinde açtıkları yaraların iyileşmesi ağır ağır *gerçekleşti*. Bu iyileşme süreci her ne kadar yavaş gerçekleştiyse de, en sonunda gerçekleşti. Bizi tanıdıkça mutluluğumuz kafanızda daha da netleşecek. Narinleşmekten korkmadan güzellik içinde yaşıyoruz. Yapacak çok şeyimiz var ve onları yapmaktan zevk alıyoruz. Hayattan daha ne bekleyebiliriz ki?"

Durdu, düşüncelerini ifade etmek için uygun kelimeleri arıyormuş gibi bir hali vardı. Sonra devam etti:

"Durumumuz böyle anlayacağınız. Bir zamanlar İngiltere, ormanlar ve yabanıl araziler arasına serpiştirilmiş birkaç kasabadan ibaretti; feodal ordunun birer kalesi olan bu kasabalar aynı zamanda halkın alışveriş yeri ve zanaatkârların buluşma mekânıydı. Sonra, berbat, dev atölyelerin ve daha da berbat kumarhanelerin ülkesi oldu. Kumarhaneyi çevreleyen bakımsız, yoksulluktan kırılan birtakım çiftlikler kaldıysa bunlar atölyelerin sahipleri tarafından talan edilirdi. Şimdi ise bir bahçe oldu[30] ülkemiz; burada artık hiçbir şey harcanmıyor, hiçbir şey mahvedilmiyor; gerekli evler, barakalar, atölyeler ülkenin her yerine dağılmış durumda; hepsi temiz, muntazam ve güzel. Çünkü eğer ürettiğimiz mallar beraberinde hırpanilik ve sefalet görüntüsü getirseydi, bundan dolayı kendimizden utanırdık. Değil mi dostum, az önce bahsi geçen ev kadınları bize bu konuda iyi bir ders verebilirler."

"Değişiminizin bu yönü hiç şüphesiz iyiye doğru. Gerçi yakın bir zamanda bu köylerden bazılarını göreceğim ama gene de siz hazırlıklı olabilmem için bir iki kelimeyle neye benzediklerini anlatın," dedim.

"Belki de," dedi, "bu köylerin on dokuzuncu yüzyılın sonuna gelmeden önceki halinin resimlerini görmüşsünüzdür. Bu tip şeylere rastlanıyor."

"Bahsettiğiniz türde resimlerden çok gördüm."

"Öyleyse," dedi Hammond, "bizim köylerimiz kilise ya da komşuların forumevi ana bina olmak üzere resimlerdeki köylerin en güzeli gibidir. Tek farkla, o da burada hiçbir yoksulluk belirtisine rastlayamazsınız, yıkık-dökük hiçbir şey yoktur. Zaten doğrusunu söylemek gerekirse bu yıkıntıları ressamlar genellikle mimari eser çizmedeki beceriksizliklerini örtbas etmek için kullanıyorlardı.[31] Böyle şeyler yoksulluğu çağrıştırıyor olmasa bile bizim hoşumuza gitmiyor. Ortaçağda olduğu gibi bizler de her şeyi, düzgün, temiz, parlak ve muntazam görmekten hoşlanırız; tıpkı mimarideki gücü hisseden insanlar gibi. Çünkü insan istediklerini yapabileceğini bildiği zaman, doğa ile olan ilişkilerinde hiçbir zırvalık onu durduramaz."

"Köylerin yanı sıra, orada burada tek tük taşra evleri de var mı?" dedim.

"Evet, bir sürü," dedi Hammond, "aslında ıssız arazilerin, ormanların ve kum tepelerinin (Surrey'deki Hindhead gibi) dışındaki yerlerde, bir eve rastlamadan yol almak zordur. Evlerin seyrekleştiği yerlerde de yapılar büyük olur ve eskiden buralarda bulunan sıradan evlerden ziyade eski okulları andırırlar. Toplumun yararı gözetilerek böyle büyük daha çok sayıda insan barınabilsin diye yapılırlar. Sonuç olarak, her ne kadar hemen hepsi bu tür işlere yarasa da taşrada yaşayan herkes çiftçi olacak diye bir şart yok. Taşradaki bu büyük yerleşimlerde çok hoş bir hayat yaşanır. Zamanımızın en çalışkan adamlarından bazılarının orada yaşadığı da gözönüne alınırsa, tüm bu faktörler birleşince ortaya oradaki toplumu aydınlatan ve canlandıran büyük bir zihin ve ortam çeşitliliği çıkar."

"Anlattıklarımız karşısında oldukça şaşırdım. Çünkü her şey bir yana taşra bana epeyce kalabalıkmış gibi geliyor," dedim.

"Kesinlikle öyle," dedi, "on dokuzuncu yüzyılın sonundan beri ülkenin nüfusu hiç değişmedi. Tek yaptığımız nüfusu dağıtmaktı. Tabii diğer taraftan istendiğimiz ve çağrıldığımız ülkelerin nüfusunu arttırmaya da yardım ettik."

"Bana öyle geliyor ki, ülkenin 'bahçe' olduğu konusunda söylediklerinize uymayan tek bir şey var. Issız arazilerden ve ormanlardan söz ettiniz. Middlesex ve Essex ormanlarınızın başlangıcını ben de gördüm. Böyle şeyler bir bahçede neden bulunsun ki? Böyle yapmak savurganlık sayılmaz mı?" dedim.

"Dostum," dedi, "bizler, vahşi doğanın bu parçalarını seviyoruz. Bizi bir kayba da uğratmıyorlar. Bu yüzden onları bulunduruyoruz. Tüm bunlar bir yana, sırf ormanları göz önüne alalım; büyük bir kereste ihtiyacımız var. Çocuklarımız, hatta çocuklarımızın çocukları da ihtiyaç duyacak. Ülkenin bir bahçe olmasına gelince, bir zamanlar bahçelerde çalılıklar ve kayalıklar da olduğunu duymuştum. Yapma çalılardan ve kayalardan hoşlanacağımı sanmam ama sizi temin ederim ki bizim doğal kayalıklarımız görülmeye değerdir. Bu yaz kuzeye gidip Cumberland ve Westmoreland'deki arazilere bir bakın; yol boyunca koyunların otladığını göreceksiniz. Bu yüzden, sandığınız gibi bir savurganlık değil bu; asıl savurganlık mevsim dışı meyve yetiştirmektir bence. Ingleborough ve Pen-y-gwent arasındaki yamaçların tepesine gidip keçi yollarına bir bakın ve söyleyin bana; on dokuzuncu yüzyılda amaçlandığının tersine, buraları hiç kimsenin istemediği fabrikalarla donatmamış olmakla toprak harcadığımızı hâlâ düşünüyor musunuz."

"Oraya gitmeye çalışacağım," dedim.

"Fazla uğraşmanız gerekmeyecek," dedi.

XI
İktidar konusunda

"Şimdi de sıra" dedim, "cevap vermesi hiç de keyifli olmayan, açıklaması zor sorulara geldi. Bir zamanlar olacakları öngörmüş biri olarak bu soruları sormadan edemeyeceğim. Nasıl bir yönetiminiz var? Cumhuriyetçilik en sonunda zafere ulaştı mı? Yoksa on dokuzuncu yüzyıldaki bazı insanların kehaneti gerçekleşti de demokrasinin nihai akıbeti olarak bir diktatörlük mü hüküm sürüyor? Bu son sorumun mantıklı bir gerekçesi var bence; ne de olsa parlamento binanızı gübre çarşısına çevirmişsiniz. Eğer diktatörlük yoksa bugünkü parlamento binanız nerede?"

Yaşlı adam tebessümüme içten bir kahkahayla yanıt verdi ve: "Doğrusunu isterseniz gübre bile yozlaşmanın had safhası sayılmaz, hiç değilse verimi arttırır. Oysa bir zamanlar büyük savunucularını içinde barındıran o binadan yalnızca yokluk çıkıyordu. Şimdi sevgili konuğum, bugünkü parlamentomuzun tek bir binaya sığdırılamayacağını söylemek zorundayım çünkü parlamentomuzu bütün insanlar oluşturur," dedi.

"Anlamıyorum," dedim.

"Evet, anlamadığınızı görüyorum," dedi. "Şimdi de başka bir gezegenden gelmiş olan sizi, yönetim ya da iktidar diye adlandıracağınız şeyin artık bizde olmadığını söyleyerek şaşırtmak zorundayım."

"Sandığınız kadar şaşırmış değilim," dedim, "çünkü yönetimler hakkında bildiğim bazı şeyler var. Fakat söyleyin bana, nasıl idare ediyorsunuz ve her şey bu raddeye nasıl geldi?"

"İşleyişle ilgili olarak bazı düzenlemeler yapmamız gerektiği bir gerçek. Sizin de hemen soracağınız üzere herkes her zaman bu düzenlemelerin detayları hakkında hemfikir olmuyor haliyle. Ama tüm bunların ötesinde, artık kimsenin bir yönetim sistemine ihtiyacı yok; insanların, kendi *denklerinden* oluşan çoğunluğun isteklerine boyun eğmeye zorlayacak bir ordusu, donanması ve polisi olan ayrıntılı bir hükümet düzenine ihtiyacı olmadığı da bir gerçek. Böyle bir şeye ihtiyaç duyması, kafasını taş bir duvardan ayırt etmesini sağlayacak bir makineye gereksinim duymasıyla aynı şey olurdu. Daha fazla bilgi edinmek istiyor musunuz?" dedi.

"Evet, tabii istiyorum," dedim.

Yaşlı Hammond zevkten dört köşe, sandalyesine iyice yerleşti. Onun bu hali beni bayağı endişelendirdi ve uzun bir söylevin geleceğinden korkmaya başladım. İç geçirip, dişimi sıktım.

"Eski, kötü zamanlardaki yönetimin işleyişini gayet iyi bildiğinizi sanıyorum," dedi.

"Haliyle," dedim.

HAMMOND: O zamanların yönetim düzeni nasıldı? Gerçekten bir parlamento ya da onun bir parçasından mı ibaretti?

Ben: Hayır.

H: Parlamento, aslında üst sınıfların çıkarlarının zarar görmemesi için çalışan bir denetleyici kurulken, bir taraftan da insanları, kendileriyle ilgili konularda söz sahibi olduklarına inandıran bir aldatmaca örtüsü değil miydi?

Ben: Tarih, bize böyle olduğunu gösteriyor.

H: İnsanlar, kendilerini ilgilendiren konularda ne derece söz sahibi olabiliyorlardı?

Ben: Duyduklarımdan anladığım kadarıyla bazen parlamentoyu çoktan gerçekleşmiş bir yasa değişikliğini onaylaması için zorluyorlardı.

H: Başka?

Ben: Başka bir şey olduğunu sanmıyorum. Bildiğim kadarıyla eğer insanlar sorunlarının nedeniyle başa çıkmak için bir harekette bulunacak olursa yasalar devreye giriyor ve 'bu isyana teşviktir, başkaldırıdır,' vesaire diyerek hareketin elebaşılarını ya katlediyor ya da onlara işkence ediyordu.

H: Eğer iktidar parlamento değilse, halk da değilse, neydi peki?

Ben: Sizce?

H: Sanırım iktidarın, idareciler tarafından desteklenen mahkemeler olduğunu söylersek yanlış olmaz. Aynı zamanda, aldanan insanların idarecilere, kendi amaçları doğrultusunda kullanmak üzere yetki verdiği zalim güçleri de ellerinde bulunduruyorlardı: ordu, donanma ve polisten bahsediyorum.

Ben: Mantıklı her insan söylediklerinize hak verecektir.

H: Mahkemelere gelince, o günün fikirleri konusunda dahi olsa, adil yöntemler kullanan yerler miydi buralar? Yoksul bir adamın da burada malını ve kişiliğini savunma şansı var mıydı?

Ben: Zengin insanların bile bir davayı, –kazansalar dahi– korkunç bir talihsizlik olarak değerlendirdiği bilinen bir gerçektir. Yoksullara gelince, eğer kanunun pençesine düşen yoksul bir adam hapse girmekten veya mahvolmaktan kurtulursa bunun bir adalet mucizesi ya da bir lütuf olduğu düşünülürdü.

H: Öyle gözüküyor ki oğlum, on dokuzuncu yüzyılın gerçek iktidarı olan mahkeme salonlarının ve polisin iktidarı, o günün insanları için bile büyük bir başarı sayılmazdı. O günün insanları ki, eşitsizlik ve yoksulluğu açık açık tanrı yasası ve dünyayı ayakta tutan bağ olarak gösteren bir sınıf düzeninde yaşıyorlardı.

Ben: Evet, öyle gözüküyor gerçekten de.

H: Şimdi bütün bunlar değişti ve aslında bir parça malı elinde sıkı sıkı tutarak komşularına 'bu sizin olamaz!' diye bağırmaktan başka bir şey olmayan özel mülkiyet hakları hiçbir iz bırakmadan öyle bir kayboldu ki, bu saçmalıklarla ilgili şakalar yapmak bile olanaksız hale geldi. Sizce böyle bir yönetim şimdi mümkün mü?

Ben: Kesinlikle mümkün değil.

H: Ne mutlu bize ki mümkün değil. Fakat, zengini yoksuldan, güçlüyü güçsüzden korumanın dışında hangi amaçla böyle bir yönetim düzeni vardı?

Ben: Görevlerinin diğer ülkelerin saldırılarına karşı kendi vatandaşlarını savunmak olduğunu duymuştum.

H: Böyle söyleniyordu ama kimin buna inanması beklenebilir ki? Örneğin, İngiliz Yönetimi İngiliz vatandaşlarını Fransızlara karşı savunuyor muydu?

Ben: Öyle olduğu söyleniyordu.

H: Peki Fransızlar İngiltere'yi istila etseydi ve fethetseydi, İngiliz işçilerin iyi bir hayat sürmesine izin vermeyecekler miydi?

Ben (gülerek): Anladığım kadarıyla bu konuya daha çok İngiliz işçilerin İngiliz patronları bakıyordu. İşçilerinin kazançlarından alabildikleri kadarını alıyorlardı çünkü bu parada da gözleri vardı.

H: Ama eğer Fransızlar ülkeyi zaptetseydi, İngiliz işçilerin ellerinden daha fazlasını almayacaklar mıydı?

Ben: Sanmıyorum, çünkü böyle bir durumda İngiliz işçileri açlıktan ölürlerdi ve Fransız istilası da Fransızların mahvına yol açmış olurdu; tıpkı İngiliz atlarının ve sığırlarının besinsizlikten ölmüş olacağı gibi. Bu yüzden de İngiliz *işçileri* istila yüzünden daha da yoksullaşmayacaklardı. Eninde sonunda Fransız efendiler de ellerinden İngiliz efendilerin aldığından fazlasını alamazdı.

H: Bu doğru. Demek ki iktidarın yoksul (örneğin faydalı) insanları diğer ülkelere karşı savunduğu iddiasının boş çıktığını kabul ediyoruz. Tabii bu sonuç gayet doğal çünkü zaten iktidarın işlevinin zengini yoksuldan korumak olduğunu daha önce de söylemiştik. Peki ya yönetim, zenginlerini diğer milletlere karşı savunmuyor muydu?

Ben: Zenginlerin savunmaya ihtiyaç duyduklarını daha önce hiç duymadım. Çünkü iki millet savaştayken bile, her iki milletin zenginlerinin de her zamanki kumarlarına devam ettiğini, hatta hatta birbirlerine kendi yurttaşlarını öldürmek üzere silah sattıklarını duymuştum.

H: Kısacası, mahkemeleriyle özel mülkiyetin koruyucusu olan iktidar nasıl halkın mahvı anlamına geliyorduysa, bir ülkenin vatandaşlarının savaş ya da savaş tehlikesi nedeniyle başka bir ülkeye karşı savunulması da aynı anlama geliyordu.

Ben: Buna hayır diyemem.

H: Öyleyse, iktidar gerçekten de halkın mahvı için mi varlığını sürdürüyordu?

Ben: Öyle gözüküyor, yine de...

H: Yine de ne?

Ben: O dönemlerde birçok zengin de vardı.

H: Bu olgunun sebep ve sonuçlarını şimdi görüyorsunuz değil mi?

Ben: Sanırım evet. Ama siz yine de ne olduklarını bir söyleyin.

H: Eğer iktidar sürekli olarak zenginliği mahvediyorduysa ülkenin tümden yoksul olması gerekirdi; öyle mi?

Ben: Evet, kesinlikle.

H: Ama yine de tüm bu yoksulluğun ortasında her ne olursa olsun servetlerini korumaya devam eden insanlar vardı ve iktidarlar bunların yüzü suyu hürmetine varolmayı sürdürüyordu, değil mi?

Ben: Aynen öyle.

H: Eğer yoksul bir ülkede bazı insanlar, diğerlerinin yitip gitmesi pahasına servetlerini korumaya devam ederse *ne olur*?

Ben: Diğerleri dediklerimiz için tarif edilemez bir yoksulluk olur. Yani tüm bu sefalet bahsi geçen 'mahvedici' yönetim yüzünden mi oldu?

H: Hayır, böyle söylemek doğru olmaz. Yönetimin ya da iktidarın kendisi o zamanların amaçsız, umarsız zulmünün kaçınılmaz bir sonucuydu; zulüm düzeninden başka bir şey değildi. Bugün zulüm artık sona erdiği için böyle bir düzene ihtiyacımız yok. Zaten özgür olduğumuz için bunu isteseydik de uygulayamazdık. Bu yüzden söylediğiniz anlamda bir yönetimimiz yok. Şimdi anlıyor musunuz?

Ben: Evet, anlıyorum. Ama özgür insanlar olarak işlerinizi nasıl yoluna soktuğunuz hakkında başka sorular da soracağım.

H: Size tüm kalbimle cevap vereceğim. Buyrun sorun.

XII
Hayat düzenini düşünerek

"Peki," dedim, "yönetimin yerini almış olan 'düzenlemelerden' bahsettiniz, bana onlarla ilgili biraz bilgi verebilir misiniz?"

"Komşum," dedi, "her ne kadar hayatlarımızı eskisine oranla fazlasıyla kolaylaştırmış olsak da ve atalarımızın başına dert olan geleneklerden ve yapay ihtiyaçlardan kurtulduysak da hayat hâlâ nasıl düzenlendiğini anlatamayacağım kadar karmaşık. Nasıl olduğunu siz kendiniz yaşayarak bulmalısınız. Aslına bakarsanız, ne yaptığımızdansa ne yapmadığımızı çok daha rahat anlatabilirim.

"O halde?" dedim.

"Şöyle söyleyeyim," dedi, "tam yüz elli yıldır az çok bugününe benzer bir şekilde yaşamımızı sürdürüyoruz; ve artık bir hayat geleneği ya da alışkanlığı oluşturduk; bu alışkanlık da her şeyin en iyisini yapma alışkanlığına dönüştü. Birbirimizi soymadan yaşamak bizim için gayet kolay. Birbirimizle mücadele edip birbirimizi soyarak da hayatımızı sürdürebilirdik ama bu bizim için mücadele ve soygundan uzak durmaktan daha zor olurdu. Uzun lafın kısası, hayatımızın ve mutluluğumuzun temeli işte bu."

"Oysa eski günlerde," dedim, "mücadele ve soygun olmadan yaşamak çok zordu. Sanırım iyi yaşam koşullarınızın tam tersini anlatarak göstermeye çalıştığınız da buydu, değil mi?"

"Evet" dedi, "bunu başarabilmek öyle zordu ki, komşularına her zaman için adaletli davranan kimseler aziz ya da kahraman ilan ediliyor ve bu kimselere saygıda kusur edilmiyordu."

"Sağlıklarında mı?" dedim.

"Hayır" dedi, "öldükten sonra."

"Bugüne dönersek," dedim, "hiç kimsenin bu iyilik alışkanlığını ihlal etmediğini söylemiyorsunuz herhalde?"

"Tabii ki hayır," dedi Hammond, "fakat ihlaller olduğunda herkes, ihlal edenler de dahil, ne olup bittiğini bilir; dostların hatasıdır bu, topluma karşı düşmanlık besleyen kimselerin alışkanlık haline getirdiği hareketler değildir."

"Anlıyorum," dedim, "suç işlemeye meyilli sınıflarınız yok yani?"

"Ülkenin adaletsizliğinden dolayı insanları ülkeye düşman eden zengin bir sınıf olmayınca" dedi, "nasıl suçlu sınıflarımız olabilir ki?"

"Söylediklerinizden, kanunları ortadan kaldırdığınız sonucunu çıkarıyorum. Yoksa yanılıyor muyum?" dedim.

"Kanun kendi kendini ortadan kaldırdı, dostum," dedi. "Daha önce de söylediğim gibi mahkemeler özel mülkiyeti korumaya yarıyordu. Zulüm yüzünden hiç kimse insanların birbirlerine karşı adil davranabileceğini kavrayamıyordu. Tabii, özel mülkiyet ortadan kaldırılınca, yarattığı tüm kanunlar ve tüm yasal 'suçlar' da sona erdi. 'Çalmamalısın' sözünün, 'mutlu mesut yaşamak için çalışmalısın' olarak değiştirilmesi gerekti. Böyle bir emrin uygulanması için şiddete başvurmanın bir lüzumu var mı?"

"Anladım," dedim, "söylediklerinize ben de katılıyorum. Peki ya şiddet suçlarına ne diyeceksiniz? Böyle suçların varlığı (ki olduğunu siz de itiraf ettiniz) ceza kanununu gerekli kılmaz mı?"

"Söylediğiniz anlamda hiçbir ceza yasamız da yok. Konuya daha yakından bakalım ve şiddet suçlarının nereden kaynaklandığını hep birlikte görelim: Geçmişte, bu suçların oldukça büyük bir çoğunluğu, özel mülkiyet yasalarının ve bu yasaların uyguladığı gözle görünür baskıların sonucuydu. Özel mülkiyet yasaları ufak bir azınlığın dışında kalan herkesin en doğal arzularını tatmin etmesini yasaklıyordu. Bu yüzden kaynaklanan şiddet suçlarının *bütün* sebepleri ortadan kalktı. Aynı şekilde, şiddet suçlarının birçoğu da cinsel isteklerdeki yapay sapkınlıklardan kaynaklanıyordu. Aşırı bir kıskançlık ve benzer sefilliklere yol açan da işte bu sapkınlıklardı. Şimdi, bütün bunlara dikkatle bakarsanız, hepsinin altında, ister koca, ister baba, ister erkek kardeş, ister her kim olursa olsun, kadını erkeğin mülkü olarak gören düşünceyi bulursunuz (kanunla da onaylanmış bir fikirdir bu). Bu fikir de tabii ki özel mülkiyet fikriyle birlikte kaybolup gitti. Aynı zamanda kadınların doğal arzularını yasadışı yollarla giderdiği için mahvolduğu şeklindeki saçmalıklar da yok oldu gitti; tabii bütün bunlar özel mülkiyet yasalarından kaynaklanan bir âdetti."

"Şiddet suçlarının bir başka sebebi de aile zulmüydü ki bu da geçmişte birçok hikâye ve romana konu olmuştu ve aynı şekilde özel mülkiyetin bir sonucuydu. Tabii bugün bunların hepsi sona erdi. Çünkü artık aileler yasal olsun toplumsal olsun hiçbir zorlamayla bir arada tutulmuyor; yalnızca ortaklaşa beğeniye, şefkate dayanıyor ve kadın olsun erkek olsun herkes, dilediği zaman gelip, dilediği zaman gitme özgürlüğüne sahip. Ayrıca şeref ve toplumsal itibar ölçütlerimiz de geçmiştekinden oldukça farklı; komşularımızın hakkından gelmedeki başarımızın şöhrete giden yolu açtığı devir artık kapandı, umalım sonsuza dek böyle devam etsin. Herkes, yeteneğini sonuna kadar geliştirmekte özgürdür ve buna teşvik edilir. Böylece, şairlerin, haklı olarak, nefretle başabaş düşündükleri tehlikeli kıskançlıktan kurtulduk. Bu kıskançlık, çabuk sinirlenen ve tutkulu kimselerin, mesela canlı ve faal olanların genellikle şiddetle sonuçlandırdığı yığınla mutsuzluğa ve düşmanlığa sebep oluyordu."

Güldüm ve: "Böylelikle itirafınızı geri alarak toplumunuzda hiç şiddet olmadığını mı söylüyorsunuz?" dedim.

"Hayır" dedi, "hiçbir şeyi geri aldığım yok. Biraz önce de söylediğim gibi böyle şeyler olacaktır. İnsanın kanı bazen kaynar. İnsan insana saldırabilir, saldırıya uğrayan da dönüp saldırabilir ve sonuç en kötü ihtimalle adam öldürme olur. Fakat sonra ne olacak? Komşular olarak bizler bu durumu daha da mı güçleştirmeliyiz? Öldürülen adamın, bizden, intikamını almamızı isteyeceğine inanacak kadar birbirimiz hakkında kötü mü düşüneceğiz? Hem de ölmüş değil de sakatlanmış olsaydı, bu adamın, serinkanlılıkla ve bütün ihtimalleri ölçebildiği zaman, kendisini sakatlayan adamı affedeceğini bildiğimiz halde. Yahut katilin ölmesi öldürülen adamı hayata döndürüp kaybın sebep olduğu mutsuzluğu iyileştirebilecek mi?"

"Tamam ama" dedim, "düşünün bir, herhangi bir cezayla toplumun güvenliği garanti altına alınmış olmaz mı?"

"İşte komşum!"dedi yaşlı adam sevinçle, "önemli bir noktaya parmağınızı bastınız. İnsanların hakkında bu kadar bilgece konuşup uygulamasında bu kadar aptalca davrandığı bu *ceza*, korkularının bir ifadesi değildi de neydi? Korkmakta da haklıydılar aslında, ülkeyi yönetenler örneğin, düşman ülkedeki silahlı bir birlik gibi yaşıyorlardı. Fakat bizler dostlar arasında yaşıyoruz ve bu yüzden ne korkmaya gerek var ne de cezalandırmaya. Binde bir gerçekleşen bir cinayetten, sıradan bir yumruktan korkup yasal olarak düpedüz cinayet işliyor ve şiddet uyguluyor olsaydık yalnızca insafsız ödleklerden ibaret bir toplum olurduk. Siz de böyle düşünmüyor musunuz, komşum?"

"Evet, olayı bu şekilde düşünmeye başlayınca size hak veriyorum," dedim.

"Şunu da anlamalısınız ki ," dedi yaşlı adam, "bir şiddet olayına rastlandığı zaman, bizler kuralları ihlal eden kimseden hatasını mümkün mertebe telafi etmesini bekleriz ve bu kişinin kendisi de bizim gibi düşünür. Bir kere daha söylüyorum: eğer bir insanın öldürülmesinin veya ciddi bir biçimde yaralanmasının üstesinden öfke ya da çılgınlıkla bir anda gelinseydi bunun topluma bir yararı olabilir miydi? Şüphesiz bir zarar da bu olurdu."

"Fakat; varsayalım adam şiddeti alışkanlık haline getirmiş, mesela her yıl bir adam öldürüyor, o zaman ne olacak?"

"Söylediğiniz tarzda bilinen bir vaka yok" dedi. "Kaçmayı gerektirecek bir cezanın, alt edilmesiyle zafer kazanılacak bir kanunun olmadığı bir toplumda yapılan ihlalin ardından kesinlikle pişmanlık gelecektir."

"Bir de daha az önemli şiddet olayları var," dedim. "Onları nasıl çözüyorsunuz? Yanılmıyorsam biraz önce sözünü ettiklerimiz büyük trajedilerdi," dedim.

"Eğer hatalı davranan kişi hasta veya deli değilse (öyleyse hastalığı ya da deliliği iyileştirilene kadar kontrol altında tutulmalıdır), hatasının ardından mutlaka ıstırap duyacak ve kendini küçük düşmüş hissedecektir. En geniş anlamıyla toplum da, bu kişi hatasına karşı kayıtsız kalma gafletinde bulunsa bile, bir şekilde bu hatasını telafi etmesi gerektiğini, hiç değilse ıstırap ve küçük düşme duygularını herkesin önünde kabul etmek durumunda olduğunu gayet net bir şekilde ortaya koyar. Kusura bakmayın komşum ama şunu söylemek o kadar mı zor? Aslında bazen gerçekten de zordur ama oluruna bırakın," dedi Hammond.

"Bunu yeterli buluyor musunuz?" dedim.

"Evet," dedi, "üstüne üstlük *elimizden gelen* bir tek bu. Ama adama bir de üstüne işkence yapsak acısını öfkeye dönüştürmüş oluruz ve *bizim ona* yaptığımız yanlış karşısında duyacağı intikam umudu, yaptığı yanlış karşısında duyacağı utancı bastırır. Yasal cezasını çektikten sonra, rahatça 'gidip günah işlemeye devam edebilir'. Öyleyse bu saçmalığı yapmalı mıyız? İsa'nın 'gidin ve bir daha da günah işlemeyin' demeden önce cezasının bağışlanmış olduğunu hatırlayın. Bütün bunlar bir yana, herkesin eşit olduğu bir toplumda, insanlar bir hemşire veya doktor olmaya devam edecektir ancak, gardiyan veya işkenceci rolünü üstlenmek isteyen hiç kimseye rastlayamazsınız."

"Öyleyse," dedim, "siz suçu, arada sırada tekerrür eden bir hastalık olarak görüyorsunuz ve bununla başa çıkmak için hiçbir ceza yasasının gerekli olduğunu düşünmüyorsunuz."

"Aşağı yukarı böyle" dedi, "ve daha önce de söylediğim gibi genel olarak sağlıklı insanlar da olduğumuz için, *bu* hastalık pek öyle başımızı ağrıtacakmış gibi gözükmüyor."

"Peki, medeni kanununuz yok, ceza kanununuz yok ama piyasa kanunlarınız da mı yok? Demek istediğim, mübadele yönetmelikleriniz falan? Çünkü mülkünüz olmasa bile mübadelede bulunmanız gerekir."

"Sizin sabahki alışverişinizde de görmüş olduğunuz gibi kişisel bir mübadelemiz yok. Değişen durumlara ve ihtiyaçlara göre piyasaları belli bir düzene sokuyoruz. Ancak bunlar oy birliğiyle kabul edilen ve karşı çıkmayı kimsenin aklının ucundan bile geçirmediği meseleler olduğu için bunları dayatmak üzere yaptığımız hiçbir hazırlığımız yok; bu yüzden de ben bunları kanun olarak adlandırmıyorum. Hukukta, ister medeni, ister ceza kanunu olsun, yargının arkasından mutlaka infaz gelir ve muhakkak birisi zarar görür. Kürsüde oturan bir hâkim gördüğünüz zaman içini okuyabilirsiniz, sanki saydamdır. Aynı şekilde polis içeri tıkmaya, asker de yaşayan bir insanı katletmeye yarar. Eski piyasayı tüm bu saçmalıklar oluşturuyordu, değil mi?" dedi.

"Kesinlikle" dedim, "bu da, piyasayı, insanların kurşun ve süngüden gördüğü kadar zarar göreceği bir savaş alanına döndürmek anlamına gelir. Ve gördüğüm kadarıyla sizin piyasanız, makro olsun mikro olsun, bunu hoş bir iş haline getirmeyi başarıyor."

"Haklısınız komşum," dedi. "Aslında birçok insanımız, hatta büyük bir çoğunluğumuz bir şeylerin yapımıyla uğraşmadığı sürece mutsuz olacak yapıda kimselerdir ve ellerine aldıkları şeyi de güzelleştirmesini bilirler. Ancak; birçoğu da size bahsetmiş olduğum ev idare edenler gibi, düzenlemekten ve yönetmekten, uzun uzun konuşmaktan zevk alırlar; bu insanlar, her şeyi bir arada tutmaktan, israftan kaçınmaktan ve gereksiz şeylerin kalıcı olmayacağını görmekten hoşlanırlar. Böyle insanlar böyle işleri yapmaktan zevk alıyorlar, çünkü gerçeklerle uğraşıyorlar; geçmiş ticari dönemdekiler gibi işe yarar insanların vergilendirilmesinden ne kadar pay alacaklarını görmek için hesap yapmakla vakit geçirmiyorlar. Pekâlâ, şimdi sırada hangi soru var?"

XIII
Siyaset meselesi

"Siyasi meseleleri nasıl hallediyorsunuz?" dedim.

Hammond gülümseyerek yanıtladı: "İyi ki bu soruyu *bana* sordunuz; herhalde benim dışımdaki herkes sorunuzun yanıtını size verdirmeye çalışır; bunun için de sizi, bunaltıncaya kadar soru yağmuruna tutar ve bir sürü açıklama yapmak zorunda bırakırdı. İngiltere'de neden bahsettiğinizi anlayabilecek benden başkasını bulamazsınız sanırım. Anladığım için de size bu konuda kısa ve net bir yanıt vererek, siyaset konusunda şanslı olduğumuzu söyleyeceğim; çünkü böyle bir şey yok. Eğer bir gün bu konuşmaları derleyip bir kitap yazacak olursanız, bu kısmı, Horrebow'un kitabındaki İzlanda Yılanları bölümünü örnek alarak başlı başına bir bölüm yapın."[32]

"Olur, yaparım" dedim.

XIV
İşler nasıl yürütülüyor

"Yabancı ülkelerle olan ilişkileriniz nasıl?" dedim.

"Neden bahsettiğinizi anlamamış numarası yapmayacağım" dedi, "ama baştan söyleyeyim, toplumda insanlar arası eşitsizliğin ortadan kalkmasıyla birlikte, uygarlıklar dünyası 'iktidar'ında önemli yer tutan bütün o milletlerarası rekabet ve çekişme sistemi de ortadan kalktı."

"Dünyayı daha sıkıcı bir hale getirmiyor mu bu?" dedim.

"Neden ki?" dedi yaşlı adam.

"Milli çeşitlilik yok olur," dedim.

"Saçma," dedi, biraz huysuzca, "karşı kıyıya geçin de bir bakın bakalım. İstemediğiniz kadar çeşitliliğe rastlarsınız: manzaralar, binalar, yiyecekler, eğlenceler, hepsi çeşit çeşittir. Kadınlar ve erkek-

lerin düşünüş biçimleri kadar dış görünüşleri de farklıdır: giysileri ticari zamanlarda olduğundan çok daha çeşitlidir. Çoğu zaman birbirleriyle uyuşmayan veya çatışan birtakım aileleri ya da kabileleri yapay, mekanik topluluklar olmaya zorlayıp adlarına da millet demek ve bu insanların örneğin saçma ve kıskançlık dolu önyargılar gibi ataerkil yönlerini harekete geçirmek nasıl bir çeşitlilik sağlayabilir, sıkıcılığı nasıl giderebilir?"

"Vallahi nasıl olur bilemiyorum," dedim.

"İşte bu doğru" dedi Hammond neşeyle, "sizin de kolayca anlayabileceğiniz gibi artık bizler bu saçmalıktan kurtulduğumuz için, çeşitlilik yönünden, farklı soy özelliklerinin birbirlerine faydalı olabileceği, hoş gelebileceği bizim için oldukça açık; birbirimizi soymayı aklımızın ucundan bile geçirmiyor, hepimiz dikkatimizi aynı amaca yöneltiyoruz: Hayattan alabildiğimiz en büyük zevki almak. Ve şunu da söylemeliyim ki insanlar arasındaki tüm tartışma ve anlaşmazlıkların çoğu aynı soydan gelen insanlar arasında çıkıyor ve bu tartışmalar çok da saçma olmadığı için daha kolay yatıştırılıyorlar."

"Güzel" dedim, "ama şu siyaset meselelerinde, aynı topluluk içinde hiçbir düşünce ayrılığının olmadığını mı söylüyorsunuz?"[33]

"Hayır, öyle bir şey demedim," dedi biraz aksileşerek: "Diyorum ki; gerçek, somut meseleler hakkındaki düşünce farklılıkları, insanları, birbirlerine karşı sürekli olarak düşmanlık besleyen ve evrenin meydana gelişi, zamanın ilerleyişi gibi konular hakkında farklı farklı teorilere sahip olan gruplara ayırmamalıdır ve bizde ayırmaz da. Eskiden siyaset bu demek değil miydi?"

"Hım" dedim, "bundan pek emin değilim."

"Ne demek istediğinizi anlıyorum, komşum. Sanki çok ciddi fikir ayrılıkları *varmış gibi* yapıyorlardı eskiden. Eğer gerçekten ciddi bir uzlaşmazlık olsaydı aralarında, gündelik iş yaşamlarında birlikte çalışıp, birlikte yiyip içip, birlikte alıp satıp, diğer insanları hep birlikte aldatamazlardı; karşılaştıkları her yerde kavgaya tutuşurlardı ki bu da onlara hiç yakışmazdı. Siyaset ustalarının oyunu, toplumu güzel sözlerle kandırmaktan ya da bir avuç haris insanın eğlence ve lüks yaşamının faturasını ödemeye zorlamaktan ibaretti. Yaptıkları her faaliyetin yalanladığı ciddi fikir ayrılıkları *aldatmacası* da bu duruma yeterince uygundu. Bütün bunların bizimle

ne ilgisi var?" dedi.

"Tabii ki bir ilgisi yok. Ama şundan korkuyorum... Uzun lafın kısası, siyasi çekişmenin insan doğasının gerekli bir parçası olduğu söylenmişti bana," dedim.

"İnsan doğası mı!" diye bir anda haykırdı yaşlı delikanlı. "Hangi insan doğası? Düşkün insanların doğası mı bu, kölelerin mi; yoksa köle sahiplerinin mi, veya zengin, hür insanların doğası mı? Hangisi? Haydi, buna cevap verin bakalım!"

"Pekâlâ" dedim, "sanırım, bu konularda duruma göre insanların davranışlarında bir farklılık olabilir."

"Bence de" dedi. "Her olayda deneyim bunun böyle olduğunu gösteriyor. Bizim farklılıklarımız iş konusundadır, bu yüzden de insanlar sürekli olarak birbirine düşmez. Zaten elde edilen ilk sonuç tartışılan konuda hangi görüşün doğru olduğunu gösterir; bu bir gerçek tahmin değil, basbayağı gerçektir. Örneğin, bilmem ne kırsalındaki hasat bu hafta mı başlasın yoksa bir sonraki hafta mı sorusundan yola çıkarak bir siyasi parti kurmak o kadar da kolay olmasa gerek; özellikle de herkes en geç iki hafta sonra hasadın başlaması gerektiğinde hemfikirken ve de canı isteyen tarlalara gidip tohumların kesilecek kadar olgunlaşmış olup olmadığına bakabilecekken böyle bir şey yaşanmaz."

"Ve küçük büyük bütün düşünce farklılıklarını çoğunluğun arzusuna göre mi karara bağlıyorsunuz?" dedim.

"Kesinlikle" dedi, "başka nasıl olacaktı ki? Sizin de görmüş olduğunuz gibi tamamen kişisel olan, toplumun refahını etkilemeyen, bir kişinin nasıl giyindiği, ne yiyip içtiği, ne okuyup yazdığı gibi konularda hiçbir düşünce farklılığı olamaz; herkes dilediğini yapar. Fakat söz konusu olan bütün toplumun ilgisini çeken bir konuysa ve yapılıp yapılmaması herkesi etkileyecekse, çoğunluğun isteği gerçekleştirilmelidir. Tabii bu arada azınlık olanlar silahlanıp, kendilerinin gerçek ya da fiili çoğunluk olduğunu zor kullanarak göstermezse; ki bu da herkesin eşit ve hür olduğu bir toplumda pek olası değildir çünkü böyle bir toplumda görünen çoğunluk gerçek çoğunluktur ve daha önce de değindiğim gibi diğerleri sadece inatçılıkları yüzünden bu işe mani olduklarını bilirler çünkü kendi görüşlerini ortaya koymak için yeterince imkânları olmuştur."

"Tüm bu işler nasıl yürütülüyor?" dedim.

"Pekâlâ" dedi, "yürütme birimlerinden birini ele alalım; bu bir komün, bir mıntıka ya da bir bölge olabilir (bugün bunlar arasındaki az buçuk farklılıkları göstermek için üç ayrı isim kullanıyoruz, oysa bir zamanlar bir sürü isim kullanılırmış). Bu bölümlerden herhangi birinde diyelim, bazı komşular bir işin yapılması bazıları da yapılmaması gerektiğini düşünüyorlar: yeni bir binanın inşa edilmesi, rahatsızlık veren binaların yıkılması, ya da ne bileyim, eski demir bir köprü yerine taş bir köprü yapılması gibi yapmak veya yapmamak ikileminin yaşandığı bir durum söz konusu. Neyse, komşuların bir sonraki toplantısında, ya da bizim bürokratik zamanlardan önceki antik dile uygun olan deyimimizle *Forum*'da komşulardan biri aklındaki değişikliği önerir; diğer herkes de aynı fikirdeyse ayrıntılar dışında tartışma sona ermiş demektir. Aynı şekilde, eğer hiç kimse öneriyi yapan kişiye arka çıkmaz, eskiden dedikleri gibi onu desteklemezse, o gün için konu kapanır. Yine de bu, makul insanlar arasında pek olası bir şey değildir çünkü öneren kişi olayı Forum'a taşımadan önce mutlaka diğerleriyle konuşur. Konunun önerildikten sonra desteklendiğini ama diyelim berbat bir demir köprünün bir süre daha işlerini göreceğini düşünen ve hemen yeni bir köprünün yapımıyla uğraşmak istemeyen birkaç komşunun karşı çıktığını varsayalım; bu durumda hemen oylamaya geçilmez. Bir sonraki Forum'a kadar tartışma ertelenir ve bu sırada konunun artıları ve eksileri tartışılır, bir kısmı yazılır ve bu sayede herkes neler döndüğünü bilir. Forum tekrar toplandığında bir tartışma daha yapılır ve en sonunda el kaldırarak oylama yapılır. Eğer *olumlu* ve *olumsuz* oyların sayısı birbirine yakınsa soru bir kez daha tartışmaya açılır. Fakat eğer aralarında büyük bir fark varsa azınlığa genel karara uyum sağlayıp sağlamayacağı sorulur ve çoğunlukla hatta genellikle de uyum gösterirler. Ama kabul etmeyecek olurlarsa konu üçüncü bir kez tartışmaya sunulur ve azınlık bu arada hissedilir bir artış göstermezse yenilgiyi kabul eder. Yine de sanırım konuyu daha da uzatmayı gerektiren neredeyse unutulmuş bir kural var ama söylediğim gibi her zaman için ikna olurlar. Bu, görüşleri kesinlikle yanlış demek değildir. Yalnızca toplumu kendi görüşlerini kabul etmeye ikna edememişlerdir ve haliyle zorlayamazlar da."

"Çok güzel" dedim "peki ya oy oranları hâlâ birbirine çok yakınsa?"

"Prensip olarak ve böyle durumlara uygun düşen kurala göre konu zaman aşımına uğrar ve çoğunluk da eğer bu kadar yakın bir rakamsa *varolan koşullara* razı olmak durumunda kalır. Yine de şunu söylemeliyim ki azınlık çok nadiren bu kuralı uygular, genellikle çoğunluğa dostça uyum sağlar," dedi.

"Fakat biliyor musunuz," dedim, "bütün bunlar fazlasıyla demokrasiye benziyor,[34] oysa ben yıllar yıllar önce demokrasinin son nefesini verdiğini düşünmüştüm."

Yaşlı delikanlının gözleri parladı: "Yöntemlerimizin böyle bir eksikliği olduğunu kabul ediyorum. Ama ne yapabiliriz ki? Toplumdan gelen muhalefete rağmen her zaman kendi istediği olmuyor diye *bir kişiyle* uğraşacak halimiz yok. Çok açık olan bir şey var ki *herkes* her zaman canının istediğini yapamaz. Ne yapabiliriz ki?"

"Bilemiyorum," dedim.

"Bizim yöntemimize alternatif olarak benim aklıma yalnızca şunlar geliyor. Birincisi, komşularına danışmaya lüzum hissetmeden her konuda gereken yargılara varabilen bir üstün insanlar sınıfı yaratır veya seçeriz, kısacası, bir zamanlar zekâ aristokrasisi diye adlandırılan şeye ulaşırız. İkincisi, yalnızca kişisel istek özgürlüğünü korumak adına özel mülkiyet sistemine geri döneriz ve yeniden köleler ve köle sahipleri ortaya çıkar. Bu iki çare hakkında ne düşünürsünüz?" dedi.

"Pekâlâ" dedim, "üçüncü bir ihtimal daha var, demek istediğim, herkes bir diğerinden tamamen bağımsız olur ve böylece toplumun zulmü de sona erdirilebilir."[35]

Bir iki saniye için dik dik suratıma baktı, sonra kahkahalarla gülmeye başladı ve itiraf etmeliyim ki ben de onunla beraber güldüm. Kahkahaları dindiğinde beni başıyla onayladı ve: "Evet, kesinlikle size katılıyorum, hepimiz katılıyoruz," dedi.

"Evet" dedim, "ayrıca azınlığı pek de zorlayan bir durum yok. Örneğin şu köprü meselesinde; onaylamayan kişi köprünün yapımında çalışmak zorunda değil. En azından ben öyle olduğunu sanıyorum."

Gülümsedi ve: "Tam isabet, ama başka bir gezegenden gelme birine ait bir fikir olduğu belli oluyor. Azınlıktan birisi duygularının incindiğini düşünüyorsa köprünün yapımında çalışmayarak acısını hafifletebilir. Fakat sevgili komşum bu, toplumumuzdaki 'çoğunluğun zulmü'nün açtığı yaraya pek de etkili bir merhem değil çünkü yapılan bütün işler toplumun her üyesi için ya yararlıdır ya da zararlı. Kişi, yapımında çalışsın veya çalışmasın, köprünün yapımı iyi sonuç verirse bundan yarar görür, kötü sonuç verirse de zarar görür. Diğer taraftan her ne olursa olsun, çalışması köprüyü yapanların yararına olur. Aslına bakarsanız, köprünün yapımının bir hata olduğunun anlaşılması ve bundan zarar görmesi halinde bu kişi için 'ben size söylemiştim' demenin zevkini tatmaktan başka çıkış yolu görmüyorum, tabii yarar sağlayacak olursa da bu duruma sessizce boyun eğmelidir. Bizim Komünizmimizin korkunç zulmü de bu işte, zulüm, değil mi? Eskiden, her besili ve mutlu insana karşı bir deri bir kemik kalmış bin sefil insana rastlanan geçmiş zamanlarda halk, sık sık bu zulme karşı uyarılırmış. Oysa bizler bu zulüm sayesinde gittikçe semiriyor, gürbüzleşiyoruz. Doğrusunu söylemek gerekirse, öyle bir zulüm ki bu, bildiğim hiçbir mikroskopla görülemiyor. Korkmayın dostum, barışımızı, bolluğumuzu ve mutluluğumuzu anlamını unuttuğumuz çirkin kelimelerle adlandırarak bozup belamızı aramaya hiç niyetimiz yok!" dedi.

Bir süre oturduğu yerde düşüncelere daldı. Sonra: "Başka sorunuz var mı, sevgili konuğum? Sabah, gevezeliğim sayesinde hızla geçip gidiyor," dedi.

XV
Komünist bir toplumda çalışmanın ödüllendirilmemesi üzerine

"Pekâlâ, Dick ile Clara'nın şu sıralar geleceğini sanıyorum. Acaba onlar gelmeden bir iki soru daha soracak kadar vaktimiz var mı?" dedim.

"Buyurun sorun komşum," dedi yaşlı Hammond, "bana ne kadar çok soru sorarsanız o kadar memnun olurum. Hem her halükârda, ben cevabımı bitirmeden gelseler bile sessizce oturup sözüm bitene kadar dinliyormuş gibi yapmak zorunda kalırlar. Bunun da bir zararı olmaz; birbirlerine yakın olmanın tadına vararak yan yana oturmak hoşlarına gider."

Benden bekleneni yaparak gülümsedim ve: "Güzel, onlar geldiğinde hiç fark etmemiş gibi konuşmaya devam edeceğim. Şimdi size asıl sormak istediğim şu: Yapılan iş karşılığında verilen hiçbir ödül yokken insanları nasıl çalıştırabiliyorsunuz nasıl oluyor da böyle gayretle çalışıyorlar?" dedim.

"Çalışma karşılığında bir ödül vermek mi?" dedi Hammond ciddiyetle. "İş karşılığında verilen ödül *hayatın* kendisidir, yetmez mi?"

"Fakat iyi yapılan işe ayrıca bir ödül yok," dedim.

"Çok ödül var," dedi. "Yaratmak bir ödüldür. Eski zaman insanlarının söyleyeceği gibi tanrının kazanımıdır bu. Bugün yaratma zevkini tatma karşılığında ödeme bekleyen, yarın bir gün çocuk doğurdu diye fatura kesmeye kalkar; sonuçta işe ustalık katan bu yaratma zevkidir."

"Peki ama," dedim, "on dokuzuncu yüzyılda insan içinde doğal bir çocuk yapma arzusu ve yine doğal bir çalışmama arzusu olduğu söylenirdi.

"Evet, evet," dedi, "bu sözü duymuşluğum var. Tamamen gerçek dışı, bizler için kesinlikle anlamsız. Herkesin kahkahalarla güldüğü Fourier bile meseleyi daha iyi anlamıştı."[36]

"Sizin için neden bu kadar anlamsız?" dedim.

"Çünkü" dedi, "bundan iş yapmanın sıkıntı çekmek demek olduğu sonucu çıkıyor; böylesi bir düşünce de bizlerden öylesine uzak ki, hiçbir eksiğimiz olmaması bir yana, belki sizin de dikkatinizi çekmiştir, yarın bir gün işsiz kalacağız diye korkmaya başladık. Çalışmak, kaybetmekten korktuğumuz bir zevk bizim için, bir sorun değil."

"Evet," dedim, "fark ettim ve bunu da soracaktım size. Fakat bu arada, işin sizin için bir zevk olduğunu söylerken tam olarak ne demek istiyorsunuz?"

"Şunu demek istiyoruz: artık *bütün* işler zevkli. Bunun sebebi, işin yapılmasını sağlayan bolluk ya da saygı kazanma umudu olabilir. Bu da, yapılan iş çok hoş olmasa bile zevkli bir heyecana yol açar. Bazen de iş zevk alınan bir alışkanlığa dönüşür, örneğin mekanik diyebileceğimiz işlerde olduğu gibi. Son olarak da (ki bizim işlerimizin çoğunluğu bu tarzdadır) bunun sebebi işin kendisinin içinde bilinçli, *etkileyici bir zevk* olmasıdır; bu işi yapan kişiler de sanatçılardır," dedi.

"Anlıyorum," dedim. "Şimdi de bana bu mutlu sona nasıl ulaştığınızı anlatabilir misiniz? Çünkü, açık konuşmak gerekirse, eski zamanın koşullarının ardından bu denli bir değişim bana anlatmış olduğunuz diğer tüm değişimlerden; suçtan, politikadan, mülkten, evlilikten çok daha önemli geliyor."

"Bu konuda haklısınız," dedi. "Hatta, diğer tüm değişimleri mümkün kılanın da bu değişim olduğunu söyleyebiliriz. Devrimin amacı nedir? Tabii ki insanları mutlu etmek. Kötü sona zaten baştan mahkûm olan bir değişimi getiren bir devrimden sonra, karşı devrimin insanları mutlu etmemesi nasıl beklenebilirdi ki? Nasıl! Mutsuzluğun düzen ve barış getireceğini mi bekleyelim? Üzümlerin, incirlerin dikenler arasından toplanacağını beklemek bile bununla kıyaslanırsa daha mantıklı gözükür! Ve mutlu bir gündelik iş olmaksızın mutluluğun kendisi de imkânsızdır."

"Çok doğru," diyerek sözünü kestim, çünkü yaşlı delikanlının vaaz vermeye başladığını görüyordum, "ama soruma cevap verin. Bu mutluluğa nasıl eriştiğinizi sormuştum."

"Kısaca anlatmak gerekirse," dedi, "yapay zorlamayı ortadan kaldırarak ve hangi emek ürünlerini gerçekten istediğimize bağlı olarak, herkese en iyi yapabildiği işi yapma özgürlüğü vererek. Bu sonuca ulaşmanın zorlu ve yavaş bir süreç olduğunu itiraf etmem gerek."

"Devam edin," dedim, "detaylarıyla anlatın, biraz daha açın. Çünkü bu konu fazlasıyla ilgimi çekiyor."

"Anlatacağım," dedi, "fakat anlatmadan önce biraz geçmişten söz edeyim. Açıklayabilmek için karşılaştırma yapmam lazım. Bir sakıncası var mı?"

"Yo, hayır," dedim.

Bir kez daha, uzun bir konuşmaya başlamadan önce şöyle bir sandalyesine yerleşerek: "Duyduklarımızdan ve okuduklarımızdan, uygarlığın son aşamasında insanların, üretimde pis bir döngünün içine girmiş oldukları sonucu çıkıyor. Müthiş bir üretim sistemine erişmişlerdi ve bu sistemden en fazla ürünü almak için de zamanla detaylı bir alım-satım düzeni kurmuşlardı (daha doğrusu böyle bir düzenin gelişmesine fırsat vermişlerdi). Adına da Dünya Pazarı dediler. Bu Dünya Pazarı da ok gibi yaydan bir kere çıkınca onları, ihtiyaçları duysalar da duymasalar da üretimi gün geçtikçe arttırmaya zorladı. Böylece, bir yandan (haliyle) gerçekten ihtiyaç duydukları malları üretmekten kurtulamıyor, diğer yandan da sonu gelmez bir yapay, düzmece ihtiyaçlar dizisi yaratıyorlardı. Bu sahte ihtiyaçlar da, biraz önce bahsettiğim Dünya Pazarının demir yumruğu altında insanlara yaşamak için gereksinim duydukları gerçek ihtiyaçları kadar önemli görülür hale geldi. Bu şekilde, sadece ve sadece kokuşmuş sistemi sürdürebilmek uğruna, fazlasıyla iş yüklendiler," dedi.

"Evet, ya sonra?" dedim.

"Kendilerini bu korkunç gereksiz üretim yüküyle ilerlemeye zorladıkları için iş ve işin sonuçlarına başka hiçbir bakış açısıyla yaklaşması mümkün olmadı insanların. Gerçekten de, hem parça başına mümkün olan en az emeği harcamak için bitmek tükenmek bilmeyen bir çaba sarf ediyor, hem de aynı zamanda olabildiğince fazla sayıda parça üretmeye çalışıyorlardı. 'Üretimin ucuzlatılması' dedikleri bu şey uğruna her şeyi; iş başındaki işçilerin mutluluklarını bile bile feda ediyorlardı. Hatta işçilerin en ufak rahatının, sağlığının, yemeğinin, giysilerinin, evinin, boş zamanının, eğlencesinin, eğitiminin, yani kısacası hayatının, çoğu üretmeye bile değmeyecek olan ürünlerin 'ucuz üretim' ihtiyacı karşısında on paralık değeri yoktu. Hatta hatta bize söylendiğine göre zengin ve güçlü kimseler, yani az önce bahsettiğim zavallıların patronları bile, insanın doğası gereği tiksinip kaçacağı manzaralar, sesler ve kokular arasında yaşamak durumundaydı ki servetleri bu büyük saçmalığa destek olabilsin. Bu konuyla ilgili bizlere sunulan deliller o kadar etkileyici ki inanmaktan başka şansımız kalmıyor, buna rağmen bazılarımız yine de inanmakta zorluk çekiyor. Aslında bütün toplum, Dünya Pazarının dayattığı bu 'ucuz üretim' denen canavarın dişleri arasına sıkışmıştı," dedi.

"Olamaz!" dedim. "Sonra ne oldu? Akıl ve üretim sistemi en sonunda bu sefil kargaşayı dizginleyemedi mi? Dünya Pazarına uyum sağlayıp, kendilerini bu korkunç fazla iş meselesinden kurtaracak yeni bir yöntem tasarlayamadılar mı?"

Yaşlı adamın dudaklarına acı bir gülümseme yayıldı. "Denediler mi ki?" dedi. "Bundan emin değilim. Eskiler ne der bilirsiniz: alışmış kudurmuştan beterdir. Bu insanların neye ne kadar alıştığı belli olmasa da hayatlarını kesinlikle bu şekilde sürdürüyorlardı."

On dokuzuncu yüzyıldaki hayat hakkındaki tahmini soluğumu kesti ve belli belirsiz: "Peki ya iş tasarrufu sağlayan makineler?" dedim.

"Daha neler?" dedi. "Ne dediniz? İş tasarrufu sağlayan makineler mi? Parça başına 'iş tasarrufu' (ya da açık konuşmak gerekirse hayattan tasarruf) sağlıyorlardı sağlamasına, böylece büyük bir ihtimalle oldukça gereksiz olan başka bir malın üretimine harcanacak –ki bence boşa harcanacak– zaman kalıyordu. Dostum, işi hafifleten bütün makineler sonuçta işin ağırlığını arttırmaktan başka bir işe yaramıyordu. Gün geçtikçe Dünya Pazarının iştahı artıyordu. 'Uygarlık' halkasına dahil olan ülkeler (bu da örgütlenmiş sefalettir) pazarın başarısızlıklarıyla dolup taşıyordu. Zorbalık ve sahtekarlık da bu sınırların *dışında* kalan ülkeleri 'dış pazarlara açmak' adına insafsızca kullanılıyordu. 'Dış pazarlara açma' süreci, o zamanın insanlarının icra ettiği meslekleri okuyanlara anlaşılmaz birer tuhaflık gelir; ve bizlere belki de on dokuzuncu yüzyılın en büyük kusurunu yani dolaylı olarak uygulanan vahşetin sorumluluğundan kaçmak için kullanılan ikiyüzlülük ve yalanı göstermektedir. Uygar Dünya Pazarı, henüz avucunun içine almamış olduğu bir ülkeye göz diktiğinde yaptığına muhakkak bir kulp uydururdu; ticari sistemden daha farklı, belki de daha az zalim olan bir kölelik sistemini bastırmak üzere ya destekçilerinin bile artık inanmadığı bir dini dayatır, ya yaptığı kötülükler yüzünden bu "barbar" ülkenin halkıyla başı derde girmiş katil ruhlu, gözü dönmüş bir caniyi kurtarmak gibi bir bahane bulur; kısacası kaşının altında gözün var diye girişirdi. Sonra da utanmaz, arlanmaz, cahil bir maceracı bulur (o rekabet günlerinde bu hiç de zor bir iş değildi); bu kişiye, bu zavallı ülkede boş zaman ve zevk namına her ne varsa yok etsin, geleneksel bir toplum yapısını parçalasın ve burada bir 'pazar yaratsın' diye rüşvet verirdi. Bu kişi de halklara istemedikleri malları zorla dayatır ve 'karşılığında' da, (o zamanlar hırsızlığa bu ad veriliyordu) onların doğal ürünlerini alırdı. Bu şekilde yeni 'talepler yaratır' ve bu talepleri karşılayabilmek için de bu biçare, bahtsız insanlar (yeni efendilerinin onlara yaşam şansı tanıması için) kendilerini bu umutsuz emeğe köle etmek zorunda kalırlardı. Ancak bu şekilde uygarlığın hiçliklerini satın alabilecek bir şeylere sahip olabilirlerdi," dedi yaşlı adam ve müzeyi işaret ederek ekledi: "Orada uygarlığın (ya da örgütlü sefaletin) uygarlık olmayan yerlerle ilişkilerini anlatan tuhaf hikayelerle dolu kitaplar ve belgeler okudum. İngiliz Yönetiminin kendilerine güçlük çıkaran Kızılderili kabilelerine armağan olarak, göz göre göre, çiçek hastalığı bulaştırılmış battaniyeler gönderdiği zamanlardan tutun da Afrika'nın Stanley adındaki bir adam tarafından istila edildiği zamana kadar hikâyeler vardı. Bu Stanley[37] de..."

"Kusura bakmayın," dedim, "biliyorsunuz ki zamanımız kısıtlı. Konuyu olabildiğince saptırmamaya çalışıyorum ve size hemen Dünya Pazarı için üretilen mallarla ilgili bir soru yöneltmek istiyorum: kaliteleri nasıldı? Bu insanlar mal üretiminde bu kadar akıllı davranabildiklerine göre herhalde kaliteli mallar üretiyorlardı."

"Kalite mi?" dedi yaşlı adam aksi aksi; hikâyesi yarıda kesildiği için biraz hırçınlaşmıştı: "Sattıkları malın kalitesi gibi zırvalıklarla nasıl uğraşacaklardı ki? En kaliteli sayılanlar bile vasatın altındaydı, kötüleri ise alabildiğine uyduruktu;, eğer insanlar bunlardan başka bir şeyler bulabiliyor olsalardı bunları katiyen kullanmazlardı. O zamanların revaçta olan esprisi, bu malların kullanılmak için değil satılmak için yapılmış olduğu şeklindeydi. Başka bir gezegenden gelmiş birisi olarak siz bu espriyi anlayabilirsiniz fakat bizim halkımız anlayamıyor."

"Ne! Hiçbir malı iyi yapmıyorlar mıydı yani?" dedim.

"Ah, tabii," dedi, "gayet iyi yaptıkları bir mal türü vardı. Üretimi yapmak için kullandıkları makineleri son derece kaliteli yapıyorlardı. Bunlar, genellikle fevkalade bir tasarıma sahip, mükemmel işçilik örnekleriydi. Yani on dokuzuncu yüzyılın da hakkını yemeyelim; bu dönemin en büyük başarısının makine yapmak olduğunu söyleyebiliriz. Bu makineler bir buluş, yetenek ve sabır harikasıydı ve sınırsız miktarda beş para etmez mal üretmek için kullanılıyorlardı. Doğrusunu söylemek gerekirse, üretilen mallar makine sahiplerinin umurunda bile değildi, tek ilgilendikleri ne kadar zenginleştikleriydi. Tabii, malların işe yararlığının tek ölçütü onları alacak müşterilerin bulunup bulunmamasıydı, müşteri akıllı olmuş, aptal olmuş fark eden bir şey yoktu."

"Bu yaptıkları yanlarına mı kaldı?" dedim.

"Bir süre için evet," dedi.

"Peki ya sonra?"

"Sonra devrim oldu," dedi yaşlı adam gülümseyerek, "ve on dokuzuncu yüzyıl da, deniz banyosu yaparken kıyafetlerini çaldırmış bir adamla aynı duruma düştü ve şehrin içinden çırılçıplak geçmek zorunda kaldı."

"Talihsiz on dokuzuncu yüzyıla karşı çok acımasızsınız," dedim.

"Haliyle," dedi, "hakkında öyle çok şey biliyorum ki."

Bir süre konuşmadı ve sonra: "Ailemizde bu konuyla ilgili hikâyeler var, bunların çoğu gerçekten yaşanmış olaylar. Büyükbabam bu yüzyılın kurbanlarından biriymiş. Bu konuyla ilgili biraz olsun bilginiz varsa, büyükbabamın o günlerde gerçek bir sanatçı, bir dâhi ve bir devrimci olduğunu söylediğim zaman neler çekmiş olabileceğini daha iyi anlayacaksınız."

"Anladım galiba," dedim, "ama bugün tüm bunları tersine çevirmiş gibisiniz."

"Büyük ölçüde," dedi. "Bizler ihtiyaç duyduğumuz malları üretiriz. İnsanlar, komşularının kullanımına sunulacak malları sanki kendileri kullanacaklarmış gibi yaparlar, hakkında hiçbir şey bilmedikleri ve hiçbir söz hakkına sahip olmadıkları bir Pazar için değil. Alım satım olmadığı için talep edilmesi yalnızca ihtimal meselesi olan mallar üretmek de tamamen çılgınlık olur; çünkü artık bu malları almak *zorunda* olan hiç kimse yok. Bu yüzden de üretilen bütün mallar amacına uygundur. Gerçek anlamda kullanım dışında hiçbir amaç için üretim *yapılamaz*; ve tabii kalitesiz mal üretilmemiş olur. Ayrıca, az önce de söylediğim gibi, artık ne istediğimizi biliyoruz ve istediğimizden fazlasını üretmiyoruz. Gereksiz şeylerden büyük miktarlarda üretmek zorunda olmadığımız için de üretmekten alacağımız zevki düşünecek kadar zamanımız ve olanağımız kalıyor. Elle yapmanın hoş olmadığı bütün işler son derece gelişkin makinelerle halledilir ve elle yapmanın zevk verdiği hiçbir işte makine kullanılmaz. Herkesin kafa yapısına uygun bir iş var, yani kimse bir başkasının istekleri için feda edilmez. Zaman zaman, bir işin fazlasıyla belalı ve çekilmez olduğuna karar verip, bu işten vazgeçtiğimiz ve bu şey üretilmeden yaşamımızı devam ettirdiğimiz olur. Şimdi, bu koşullar altında, yaptığımız bütün işlerin az çok zevkli birer beden ve zihin çalışması olduğunu görebiliyorsunuzdur herhalde. İşte bu yüzden hiç kimse işten kaçmıyor, tersine yapacak iş arıyor. Nesilden nesile insanlar da yaptıkları işte ustalaştıkça iş de kolaylaşıyor ve bu yüzden sanki daha az iş yapılmış gibi geliyor, oysa belki de daha fazla üretim yapılıyor. Sanırım tüm bunlar biraz önce değinmiş olduğum iş bulamama korkusunu açıklamaya yeter. Belki bu korku sizin de dikkatinizi çekmiştir, çünkü son zamanlarda artan bir his bu."

"Peki sizce," dedim, "iş kıtlığından korkmak için bir sebep var mı?"

"Bence yok" dedi, "nedenini söyleyeyim; işini gün geçtikçe daha güzel yapmak herkesin görevidir. Bu, mükemmellik seviyesini arttırmaya yönelik bir eğilim, çünkü hiç kimse kendisi için övünç kaynağı olmayacak bir ürün vermek istemez. Ayrıca üretime gittikçe daha fazla düşünce katılıyor, bu sayede bugün bir sürü nesneye sanat eseri gözüyle bakılabilir. Yalnızca bu bile bir sürü yetenekli insanı bir meslek sahibi eder. Hem eğer sanatın sonu yoksa, bilimin de yoktur; ve bilim, her ne kadar artık bir zamanlar olduğu gibi zeki bir insanın zamanını geçirmek için tercih edeceği tek zararsız meslek değilse de bilinmeyenin üstüne gitmekten zevk alan ve bunu her şeyin üstünde tutan insanlar hâlâ var ve varolmaya da devam edecektir. Aynı şekilde, iş yapmaktan aldığımız zevk arttıkça, bir zamanlar yaparken zevk almıyoruz diye vazgeçtiğimiz birtakım çekici ürünlerin yapılması işine yeniden girişmemiz gerekecek. Ayrıca, yanılmıyorsam yalnızca Avrupa'nın dünyanın diğer yerlerinden daha gelişmiş olan bölgelerinde bu iş kıtlığı korkusundan bahsedildiğini duyabilirsiniz. Örneğin, bir zamanlar İngiltere'nin kolonileri olan ülkeler, özellikle de Amerika'nın öncelikle bir zamanlar Birleşik Devletler diye anılan kısmı bugün ve bir zaman daha bizim için kaynak oluşturmaya devam edecek. Çünkü bu ülkeler, özellikle de Amerika'nın kuzeyi, uygarlığın son zamanlarındaki baskısından o kadar çekti ve öyle yaşanamayacak bir hale geldi ki, bugün hayatı güzel kılan şeylere hâlâ yetişebilmiş değil. Hatta, şöyle söyleyebiliriz, neredeyse yüz yıl boyunca Amerika'nın kuzeyinde yaşayan insanlar o pislik yığınlarını yaşanabilir yerler haline getirmekle uğraştılar ve hâlâ da oralarda yapılacak çok iş var, zaten ülke de öyle büyük ki."

"Pekâlâ" dedim, "önünüzde böylesine güzel bir mutluluk manzarası olduğunu düşündükçe mutluluğum artıyor. Yalnız sormak istediğim birkaç soru daha kaldı, ancak onları da sorduktan sonra bugünlük yeter diyebilirim."

XVI
Bloomsbury çarşısının salonunda yemek

Konuşurken, kapıya yaklaşan ayak sesleri duydum, kapının mandalı açıldı ve âşıklar içeri girdiler. O kadar güzel görünüyorlardı ki birbirlerine üstü kapalı kur yapmalarını seyrederken hiçbir utanç duymuyordu insan; tüm dünya da onlara sevgi göstermeliydi. Hammond'a gelince, resmine başlarken sonunda ulaşmayı hedeflediği kadar iyi bir sonuç alan bir ressam edasıyla onları seyrediyordu ve son derece mutluydu.

"Oturun genç dostlarım, oturun, fakat gürültü yapmayın, konuğumuzun hâlâ bana soracak bazı soruları var," dedi.

"Eminim vardır," dedi Dick, "yalnızca üç buçuk saattir berabersiniz ve iki yüzyılın tarihinin de üç buçuk saate sığması beklenemez herhalde. Her şey bir yana, bahse girerim coğrafya ve zanaatkârlık âlemlerine daldınız bile."

"Gürültü konusuna gelince, büyükbabacığım," dedi Clara, "az sonra yemek çanının gürültüsüyle rahatsız olacaksınız. Ama sanırım bu gürültü konuğumuzun kulaklarına müzik gibi gelecek çünkü kendisi oldukça erken bir saatte kahvaltı yapmış ve dün de oldukça yorucu bir gün geçirmiş olmalı."

"Aslına bakarsanız, siz söyleyince açlığımı hissetmeye başladım, şu ana kadar geçen onca zaman zarfınca karnımı hayretle doyuruyordum. Vallahi, doğru söylüyorum," dedim, gülümsediğini gördüm, öyle tatlı gülümsüyordu ki!

İşte bu sırada yüksek bir kuleden gelen gümüş çanların tatlı melodisi duyuldu. Alışkın olmayan kulaklarıma bahar mevsiminde öten ilk kuşun şarkısı gibi geldi ve bazısı iyi günlere bazısı ise kötü günlere ait anıların aklıma hücum etmesine sebep oldu. O anda bütün anılar bir anda mutluluğa dönüştü.

"Yemekten önce başka soru yok," dedi Clara, elimi sevgi dolu bir çocuk gibi tutarak beni odadan dışarı çıkardı ve merdivenlerden inerek müzenin ön avlusuna geldik; Hammondları da istedikleri zaman arkamızdan gelsinler diye kendi hallerine bıraktık.

Daha önce içinden geçmiş olduğumuz çarşıya girdik. Zarif* giyimli bir sürü insan da bizimle beraber akıp gidiyordu. Kemerli yola saptık ve oymalarla süslenmiş bir antreye geldik. Burada, koyu renk saçlı hoş bir kız her birimize bir demet çok güzel yaz çiçeği verdi ve Hammersmith Konukevininkinden daha büyük, mimarisi daha özenli ve belki de daha güzel olan bir salona girdik. Gözlerimi duvar resimlerinden alamıyordum (her ne kadar buna layıksa da sürekli Clara'ya bakmanın uygun kaçmayacağını düşünüyordum). Bir bakışta bunların, konularını eski dünyaya ait tuhaf mitlerden ve hayal ürünlerinden aldığını gördüm. Oysa dünün dünyasında en fazla yarım düzine insanın bu konularda bilgisi vardı. Hammondlar yanımıza oturunca, freski göstererek yaşlı adama:

"Burada böyle konulara rastlamak ne kadar da garip!" dedim.

"Neden?" dedi. "Şaşırmanız için bir sebep göremiyorum. Bu hikâyeleri herkes bilir ve oldukça hoş ve güzel konulardır; hem in-

* "Zarif" derken, bir İran motifi türünden bir zarafetten bahsediyorum; sabah gezmesine çıkmış, zengin, 'zarif' bir bayandan değil. Onun için 'çıtkırıldım' demek daha doğru olur.

sanların yiyip içmek ve eğlenmek için kullandığı bir yer için fazla trajik değiller, hem de ilginç olayları konu ediyorlar."

Gülümsedim ve: "Aslına bakarsanız, Jacob Grimm'in çocuk dünyasından topladığı, daha kendi zamanında ağır ağır unutulmaya yüz tutan Yedi Kuğu, Altın Dağın Kralı ve Sadık Henry gibi hoş, tuhaf hayallerin bir örneğini burada bulmayı hiç beklemezdim. Bu tip çocuklukları bu zamana kadar unutmuş olacağınızı düşünürdüm," dedim.

Yaşlı adam gülümsedi ve hiçbir şey söylemedi. Ancak Dick kızardı ve bir anda:

"*Ne demeye* çalışıyorsunuz, konuğum? Ben şahsen çok güzel olduklarını düşünüyorum, yalnızca resimlerin değil hikâyelerin de; bizler daha çocukken her ağaçlığın dibinde, her derenin kıvrımında bu hikâyelerin sürüp gittiğini hayal ederdik, tarlalardaki her ev bizim için Periler Diyarının Kralı'nın eviydi. Hatırlamıyor musun Clara?" dedi.

"Evet" dedi Clara ve bana bir an sanki yüzü biraz bulutlanmış gibi geldi. Tam bu konuda onunla konuşmak üzereydim ki güzel garsonlar gülümseyerek ve dere kenarındaki sazlarda şakıyan bülbüller gibi tatlı tatlı çene çalarak bize yemeğimizi vermeye koyuldular. Kahvaltımızda olduğu gibi şimdi de her şey hazırlayanların ilgisini belli eden bir özenle pişirilmiş ve sofraya konmuştu. Fakat ne kalite ne de miktar bakımından bir aşırılık söz konusu değildi. Türünün en müthiş örneği olmasına rağmen her şey sadeydi ve bunun bir şölen değil de sıradan bir yemek olduğu gayet açık ve netti. Bardaklar, kaseler ve tabaklar Ortaçağ sanatına alışkın olan gözlerime oldukça güzel çömlek ve cam ürünler gibi göründü. Ama herhalde on dokuzuncu yüzyılın bir kulüp müdavimine cilası yetersiz ve kaba gelirdi. Seramik parçalar çok güzel işlenmiş olsalar da sırlanmış kapkacaktan ibaretti. Etraftaki tek porselen parça, eski bir Uzakdoğu malıydı. Bardaklar da hem zariftiler hem de tuhaf bir hoşlukları vardı; ama çeşit çeşittiler ve dokuları, on dokuzuncu yüzyılın ticari parçalarına oranla çok daha kabarcıklı ve boynuzsuydu. Mobilyalar ve diğer taşınabilir eşyalar da sofra takımlarıyla benzerlik gösteriyordu: biçimleri güzeldi, bir hayli süslenmişlerdi ancak zamanımızın doğramacılarının ve mobilyacılarının pazarlama için yaptığı 'cila'dan yoksundular. Üstelik, on dokuzuncu yüzyılın 'konfor' dediği şeyin izine bile rastlanmıyordu; ki o da zaten eski moda bir zahmetten başka bir şey değildir. Öyle ki günün tüm hayrete düşüren heyecanı bir yana, daha önce hiç bu kadar keyifli bir yemek yememiştim.

Yemeğimizi bitirdikten sonra, bir şişe çok iyi kalite Bordeaux eşliğinde bir süre daha oturduk. Clara sanki kafası bu soruna takılıp kalmış gibi resimlerdeki konular meselesine geri döndü.

Resimlere baktı ve: "Nasıl oluyor da kendi hayatlarımızla bu kadar ilgili olmamıza rağmen, insanlar şiir yazdıklarında ya da resim yaptıklarında nadiren günümüzden bahsediyorlar? Hem bahsetseler bile şiirleri ya da resimleri bu hayatı yansıtmaktan tamamen uzak olmuyor mu? Kendimizi resmedecek kadar iyi değil miyiz? Nasıl oluyor da şiir ve resim söz konusu olduğunda geçmişin o korkunç zamanları bize bu kadar ilginç geliyor?" dedi.

Yaşlı Hammond gülümsedi. "Hep böyle olmuştur ve sanırım böyle de olacaktır" dedi, "yine de açıklayabiliriz. Sanatın çok az, ama sanat üzerine konuşmaların çok fazla olduğu on dokuzuncu yüzyılda, resmin ve hayal ürünü edebiyatın güncel hayatla ilgili olması gerektiği şeklinde bir görüş olduğu doğru. Fakat bu hiçbir zaman gerçekleştirilmedi, öyleymiş gibi gözüken eserlerde bile yazar, (az önce Clara'nın da değindiği gibi) gerçekleri saklamaya, abartmaya, olduğundan daha güzel göstermeye ya da o veya bu şekilde tuhaflaştırmaya çalışıyordu. Öyle ki, gerçeği ne kadar yansıtabildiğine bakarak, firavun zamanlarını da anlatsaydı değişen bir şey olmayacağı görülebilirdi."

"Evet" dedi Dick, "bu tuhaf şeylerden hoşlanmak kesinlikle doğal olmalı. Aynen bizim çocukluğumuzda, biraz önce de söylediğim gibi bilmem nerede bilmem kim olduğumuzu hayal edişimize benziyor. İşte bu şiirler ve resimler de bu işe yarıyor, hem neden olmasın ki?"

"Doğru bir noktaya parmak bastın, Dick" dedi yaşlı Hammond, "hayali ürünler veren bizim bu çocuk yanımızdır. İnsan çocukken hayat o kadar yavaş geçiyor ki insan her şeyi yapmaya vakit bulabiliyor."

İç geçirdi ve gülümseyerek: "En azından çocukluğumuzu geri kazandığımıza içelim. Bugünlere içiyorum!" dedi.

"Tabii, insan yaşlandıkça çocuklaşır," dedim hafifçe, ancak bu çifte kabalığımı fark ederek utandım ve duymamış olmasını umut ettim. Fakat duymuştu, gülümseyerek bana döndü ve: "Evet, neden olmasın? Kendi adıma bu dönemimin uzun sürmesini dilerim. Dünyanın bir sonraki bilge ve mutsuz neslinin de, eğer olabilirse, insanlığı olabildiğince çok yaşlandırıp, olabildiğince çocuklaştırmasını dilerim; tabii hâlâ o mertebeye varmadıysak. Bu arada dostum, bilmenizi isterim ki bizler, hem bireysel hem de toplumsal olarak oldukça mutluyuz; bundan sonra ne olacağını düşünmek için biraz fazla mutluyuz," dedi.

"Vallahi, ben yine de", dedi Clara, "hakkımızda yazılacak ya da resim yapılacak kadar ilginç olmayı isterdim."

Dick, Clara'nın bu sözlerine âşık dilinde bir cevap verdi vermesine ama söylediklerini yazıya dökmek ne mümkün. Ardından da bir süre konuşmadan oturduk.

XVII
Değişim nasıl gerçekleşti

Sessizliği bozan Dick oldu: "Yemek sonrası sessizliğimizden dolayı bizi bağışlayın, konuk. Ne yapmak istersiniz? Boz Yele'yi alıp Hammersmith'e geri mi dönelim? Yoksa hep beraber buraya çok yakın bir konser salonunda Gal yerel müziği mi dinlemeye gidelim? Yoksa ikimiz şehre inip gerçekten güzel olan birkaç bina mı görelim? Ne arzu edersiniz?"

"Buralara yabancı olduğuma göre benim adıma siz karar verseniz daha iyi olur," dedim.

Aslına bakarsanız, o esnada hiçbir şekilde 'eğlendirilmek' istemiyordum. Yaşlı adamın bilgisi ve eski zamanlara karşı nefretten doğan bu ilgisi, bu yeni dünyanın soğuğuna karşı tıpkı bir battaniye gibi koruyordu beni; çünkü ben bu dünyada alışkın olduğum tüm düşünce ve davranış biçimlerini üzerimden çıkarıp atmak durumunda kalarak, nasıl denir, çırılçıplak kalakalmıştım. Ondan hemen ayrılmak istemiyordum. Hemen imdadıma yetişti ve:

"Biraz bekle Dick, benim de fikrimi almanız gerekir. Konuğun bana soracak başka soruları da olduğunu sanıyorum; bu yüzden onunla arkadaşlık etme zevkinden vazgeçmeye hiç niyetim yok. Sen pekâlâ Galli dostlarına gidebilirsin, gerçekten, yalnız gitmeden bize bir şişe daha şarap getiriver de ondan sonra ne yaparsan yap. Batı tarafına gideceğiniz zaman gelir arkadaşını alırsın ama çok da çabuk gelme, olur mu?" dedi.

Dick gülümsedi ve başıyla onayladı. Az sonra koca salonda yaşlı adamla baş başa kalmıştık. İkindi güneşi ilginç şekilli kadehlerimizdeki kırmızı şaraplar üzerinde parlıyordu.

"Hakkında pek çok şey duymuş ve pek az şey görmüş olduğunuza göre, yaşam tarzımız hakkında özellikle kafanızı karıştıran bir şey var mı?" dedi Hammond.

"Sanırım en çok kafamı karıştıran şey tüm bunların nasıl gerçekleştiği."

"Anlıyorum," dedi "çünkü değişim öyle büyük ki. Size bütün hikâyeyi anlatmaya çalışmak oldukça zor, hatta belki de imkansız olur: Bilmek, tatminsizlik, ihanet, hayal kırıklığı, yıkım, sefalet, umutsuzluk; diğer insanlardan daha ileriyi görebildikleri için değişim uğrunda çalışan kimseler acının tüm bu evrelerinden geçtiler. İnsanların çoğu bu duruma sadece seyirci kalıyordu, neler olduğunu bilmiyor, tüm bunları tıpkı güneşin doğuşu ve batışı gibi olağan buluyordu; o zaman için öyleydi de."

"Bari şunu söyleyin" dedim, "değişim, ya da eskiden dendiği gibi 'devrim' barışçıl yollarla mı geldi?"

"Barışçıl mı?" dedi, "on dokuzuncu yüzyılın kafası karışık, yoksul biçareleri için nasıl bir barıştan söz edilebilirdi ki? Başından sonuna kadar bir savaştı bu: acılı bir savaş, ta ki umut ve mutluluk tüm bunlara bir son verene kadar..."

"Silahlarla yapılan gerçek savaştan mı bahsediyorsunuz?" dedim, "yoksa bildiğimiz grevler, lokavtlar ve açlık grevlerinden mi?"

"İkisi de, ikisi de," dedi. "Gerçekten de, ticari kölelikten özgürlüğe o korkunç geçiş döneminin tarihi bu şekilde özetlenebilir. On dokuzuncu yüzyılın sonlarında herkes için komünal bir hayat umudu doğduğunda, toplumun o zamanki efendileri olan orta sınıfların gücü o kadar büyük ve yıkıcıydı ki, neredeyse herkese göre, hatta irade ve muhakemeleriyle bu umutları taşıyanlara göre bile bir düştü bu. Durum öyle kötüydü ki, o zamanlar sosyalist denen daha aydın kimselerin bir kısmı dahi, toplumun akla uygun tek biçiminin (bugün etrafınızda gördüğünüz) katıksız komünizm olduğunu gayet iyi biliyor ve bunu topluluk içinde dile getiriyor olduğu halde, bunu, mutlu bir düşten bahseder gibi yapıyordu. Geriye dönüp baktığımızda, değişimin en büyük itici gücünün özgürlük ve eşitliğe duyulan özlem olduğunu görebiliriz. Bir benzetme yapmak gerekirse, o zamanların eğitimli, varlıklı adamının amaçsız, yalnız hayatına tiksintiyle karşı koyan kalp hastalığı, tıpkı bir âşığın açıklanamaz tutkusunu andırıyordu. Sözler sevgili dostum, tüm anlamını yitirmiş durumda; o sözlerin temsil ettiği korkunç olgulardan çok uzakta yaşayan bugünün insanları için, bizler için, anlamını çoktan kaybetmiş durumdalar.

"Evet, sözünü ettiğiniz bu duygunun ne kadar farkında olurlarsa olsunlar, bu insanların değişimi gerçekleştirecek inançları yoktu. Durumları hiç de iç açıcı değildi hani: etraflarına baktıklarında, hayatın sefaletinin yükünü omuzlarında taşıyan ezilen sınıfları görüyorlardı; gözlerini sefaletin getirdiği bir bencillik bürümüştü ve bu onlar için herhangi bir kaçışa olanak vermiyordu. Tek kaçış yolu mevcut kölelik sisteminin sunduğu çözümdü: Ezilen sınıftan ezen sınıfa geçmek gibi uzak bir ihtimal.

"Böylece sosyalistler, daha iyi bir dünya yaratacak olanlar için akla uygun olan tek amacın tam bir eşitlik düzeni olduğunu bilmelerine rağmen, sabırsızlıkları ve umutsuzluklarından dolayı ne yapıp edip üretim mekanizmasını ve mülkiyet düzenlemelerini değiştirebilirlerse 'alt sınıfların' (evet, aynen bu kelimeyi kullanıyorlardı) köleliğinin bir şekilde biraz daha iyi hale geleceğine inanmaya başladılar. Kölelerin bu yeni mekanizmaya uyum sağlayacağına, durumlarını daha da iyileştirmek için bunu kullanacaklarına kendilerini inandırmayı başardılar. Nihai olarak pratikte bir eşitlik sağlanacaktı (bu 'pratikte' kelimesini kullanmaktan çok hoşlanıyorlardı). 'Zenginlerin' 'fakirlere' yaşanabilir bir hayat sağlama yükü öylesine ağır olacaktı ki zenginlerin durumu da değerini yitirecek ve zamanla bu fark ortadan kalkacaktı. Söylediklerimi takip edebiliyor musunuz?" dedi.

"Kısmen," dedim. "Devam edin."

Yaşlı Hammond: "Söylediklerimi takip edebildiğinize göre bu teorinin bütünüyle saçma olmadığını da fark etmişsinizdir, fakat 'pratik'te büsbütün çuvalladı," dedi.

"Nasıl?" dedim.

"Anlamadınız mı," dedi, "çünkü bu, ürettiğinden ne beklediğini bilmeyen insanların yaratması gereken bir mekanizmaydı. Ezilen sınıflar bu gelişim projesini ileriye taşıdıkları sürece, bunu sadece aldıkları köle tayınını arttırmak için yapıyor, olabildiğince çok almaya çalışıyorlardı. Eğer ki bu sınıflar daha önce de sözü geçen eşitlik ve özgürlük tutkusunu yaratan o içgüdünün etkisinden yoksun olsalardı çalışan sınıfların bir kesiminin durumu o kadar iyileşecekti ki orta sınıf zenginlerinin durumuna erişeceklerdi. Diğer taraftan bunların seviyesinin altında kalanlar daha da sefil bir köleler sınıfı olacaktı ve onların köleliği eski sınıf köleliğinden de beter olacaktı."

"Peki bunu engelleyen neydi?" dedim.

"Ne olacak," dedi, "tabii ki az önce de sözü geçen özgürlük güdüsü. Köle sınıfın, özgür bir hayatın vereceği mutluluğu aklından bile geçiremeyeceği bir gerçekti. Ama efendileri tarafından ezildiklerini anlamaya başlamışlardı (hem de büyük bir hızla), haklı olarak onlarsız da yapabileceklerini düşündüler. Yine de bunun nasıl gerçekleşeceğini pek bildiklerini sanmıyorum; böylece iş öyle bir noktaya geldi ki özgür bir bireyin mutluluğunu ya da huzurunu düşünecek durumda değillerdi artık, tek düşünebildikleri barışın sağlanabilmesi için belli belirsiz bir umut ışığı olarak görünen savaştı."

"Tam olarak neler olup bittiğini biraz daha açabilir misiniz acaba?" dedim, bu noktada onun da belirsizleşmeye başladığını düşünüyordum.

"Tabii" dedi, "anlatayım. O dönemlerde adına devlet sosyalizmi[38] denen ve bundan ne beklediğini bilmeyen insanların kullanımına sunulan hayat mekanizması kısmen de olsa yürürlüğe konmuştu, ancak yine de azar azar olmuştu bu. Tabii, kusursuz bir şekilde işlemiyordu; her dönemecinde kapitalistlerin direnişiyle karşılaşıyordu. Ne de olsa sözü geçen ticari sistemi, yerine etkili başka bir sistem koyamasa da yıkmayı hedefliyordu. Sonuç, çalışan sınıflar arasında baş gösteren bir kafa karışıklığı ve büyük bir çileydi, buna bağlı olarak da büyük bir hoşnutsuzluk yükseliyordu. Uzun bir zaman işler böyle devam etti. Üst sınıfların mülkiyet üzerindeki hâkimiyetleri azaldıkça güçleri de azalmıştı ve eskiden olduğu gibi işleri yukardan halledemiyorlardı. Bu sonuç devlet sosyalistlerini haklı çıkarmıştı. Diğer taraftan, çalışan sınıflar örgütlü değildi ve aslında efendilerinden (uzun vadede) zorla aldıkları kazanımlara rağmen gittikçe yoksullaşıyorlardı. Böylece işler belli bir dengede duruyordu; efendiler köleleri kayıtsız şartsız itaata zorlayamıyordu ama zayıf ve kısmi ayaklanmaları kolaylıkla bastırabiliyordu. İşçiler de efendilerini, gerçekleşsin gerçekleşmesin, bazı ıslah tedbirlerine zorlayabiliyor; ama özgürlüklerini zorlayamıyorlardı. Sonunda büyük bir patlama yaşandı. Bunu size açıklayabilmem için öncelikle şunu anlamalısınız ki işçiler arasında, her ne kadar daha önce de söylediğim gibi geçim bakımından olmasa da, oldukça büyük bir ilerleme kaydedilmişti."

Anlamamış gibi yaptım ve: "Eğer geçimlerinde bir iyileşme olmadıysa nasıl bir ilerleme kaydettiler ki?" dedim.

"Geçimin dolu dolu ve kolaylıkla elde edilebileceği bir düzen yaratacak bir güç kazandılar. Hatalar ve felaketlerden oluşan uzun bir dönemin sonunda nasıl bir araya gelineceğini öğrendiler. Artık işçilerin efendilerine karşı mücadelesinde düzenli bir örgütleri vardı. Oysa bu mücadele yarım yüzyılı aşkın bir süre boyunca, modern çalışma ve üretim sisteminin kaçınılmaz bir parçası olarak kabul edilmişti. Kurulan birlik bir federasyon biçimini aldı, hemen hemen bütün ücretli işlerde, işçilerin yaşam koşullarını düzeltmeleri için efendileri zorladı bu federasyon. Gerçi, ayaklanma gibi işlere sık sık bulaşıyor olsalar da, örgütün ilk zamanlarındaki taktiklerinin esasını ayaklanmalar oluşturmuyordu. Hatta söz konusu günlerde çok güçlü olmaları gerekiyordu çünkü olabildikleri durumlarda yalnızca bir 'grev' tehditi bile ufak hedeflerine ulaşmada yeterli oluyordu. Çünkü artık bilmem ne fabrikasındaki yalnızca bir kısım işçiyi greve çıkartıp kalan işçilerin kazandıklarıyla onların çalışmadıkları süre boyunca geçimlerini sağlamak gibi eski sendikaların saçma taktiklerini bir kenara bırakmışlardı. Bu kez grevleri desteklemek için büyük bir para fonları vardı ve kafalarına koydukları zaman belli bir fabrikayı bir süreliğine tamamen durdurabiliyorlardı," dedi.

"Bu paraların kötüye kullanılması, daha doğrusu cebe atılması gibi bir tehlike yok muydu peki?" dedim.

"Gerçi bütün bunlar çok eskiden gerçekleşti ama bunun bir tehlike olmakla kalmadığını söylerken hâlâ utancımdan yerin dibine geçiyorum. Bu tip namussuzluklara sıklıkla rastlanıyordu. Birçok kez sırf bu yüzden birlik parçalanma noktasına geldi. Fakat söz konusu zamanda koşullar öylesine büyük tehlikeler arzediyor, emek kavgasının acil sorunlarıyla başa çıkma gerekliliği öyle açık ve net şekilde ortaya çıkıyordu ki, tüm aklı başında insanlar işi son derece büyük bir ciddiyetle ele alıyordu. Bu ciddiyet, bütün önemsiz konuları bir kenara atan bir kararlılıktı ve bu, kafası çalışan her insan için hızla yaklaşan değişimin habercisiydi. Bu faktör de hainler ve menfaatçiler için fazlasıyla tehlikeliydi ve hepsi birer birer koptu, birçoğu da ortalıktaki gericilere katıldı," dedi.

"Peki ya yaşam koşullarının iyileşmesi için yapılan düzenlemeler?" dedim, "onlar neyin nesiydi?"

"Bu düzenlemelerden insanların geçimlerini sağlamak açısından en önemli olanları, işçilerin, patronları üzerinde kurdukları doğrudan bir baskıyla elde edilmişti. Yeni kazanılan çalışma koşulları usul haline gelmiş, ancak hiçbir kanunla güvence altına alınmamıştı. Yine de yürürlüğe konduklarından beri patronlar, bir araya gelen işçilerin büyüyen gücü karşısında bu koşulları kaldırmaya cesaret edemiyorlardı. Bazıları da devlet sosyalizmine giden yolda atılmış adımlardı. Devlet sosyalizmini de kısaca şöyle özetleyebiliriz: On dokuzuncu yüzyılın sonunda işçiler çalışma saatlerinin kısaltılması için seslerini yükseltmeye başladılar; bu sesler kısa zamanda arttı ve patronlar da bu taleplere boyun eğmek zorunda kaldılar.[39] Fakat saat ücreti arttırılmadığı takdirde, tabii ki, hiçbir kazanım olmayacaktı; patronlar da, zora koşulmadıkları sürece ücretleri arttırmamaya çalışacaklardı kuşkusuz. Nitekim, uzun mücadeleler sonucunda, en önemli sanayi dallarında asgari ücreti belirleyen bir yasa çıkarıldı. Tabii, bunun da temel ihtiyaç maddelerinin tavan fiyatını belirleyen bir yasayla desteklenmesi gerekti; çünkü o zamanlar bir işçinin yaşamını sürdürmesi için gerekli olan miktarın belirlenmesinin yolunun bu olduğu düşünülüyordu," dedi.

"Roma İmparatorluğu'nun son dönemlerindeki yoksulluk ölçüsü sınırlarına büyük bir hızla yaklaşıyormuşsunuz," dedim gülümseyerek, "bir de proletaryaya ekmek yardımında bulunsaymışsınız bari."

"O zamanlar da bunu birçok kişi söyledi," dedi yaşlı adam kuru kuru, "ve devlet sosyalizminin batağa saplanmak olduğu herkesin dilindeydi; tabii bunun gerçek olabilmesi için bir sonunun olması gerekirdi ki sizin de bildiğiniz gibi bizde hâlâ daha sonu gelmiş değil. Gene de, işbu asgari ücret, tavan fiyatı meselesini de aştı; bu düzenlemenin gerektiğini ise ancak şimdi biliyoruz. Devlet kendini, ticaretin sonunun yaklaştığını hisseden patronların feryadını dindirmek durumunda hissetti (ticaretin sonunun, koleranın sonu gibi mutlu bir olay olduğunu bir bilselerdi...). Fakat hükümet bu ihtiyacı, patronlara düşman bir kanunla; temel malların kamuya ait fabrikalarda üretilmesi ve satışa sunulması yoluyla gidermeye zorlandı. Tüm bu kanunlar bir araya geldiğinde ortaya bir şeyler çıkmaya başladı; bu yasalar daha çok bir şehri kuşatan bir kumandanın vereceği emirlere benziyorlardı. Fakat pek tabii ki yürürlüğe girdiklerinde, ayrıcalıklı sınıflara dünyanın sonu gelmiş gibi oldu.

"Sebepsiz de değildi hani: komünist düşüncelerin yayılması ve sosyalizmin kısmen uygulamaya koyulması, eski dünyanın harıl harıl içinde yaşadığı o müthiş ticari sistemin önce rahatını kaçırmış, sonra da onu neredeyse işlemez hale getirmişti. Eski dünyanın sistemi üç-beş kişiye bir kumarbazın zevku sefa içinde sürdürdüğü hayatını tattırmıştı ve birçok insana, hatta insanların çoğunluğuna, yalnızca sefaletten oluşan bir hayat sunmuştu. O zamanki adlarıyla 'kötü zamanlar' üst üste birçok kez yaşandı ve gerçekten de ücretli köleler için oldukça kötü zamanlardı. 1952 yılı içlerinde en kötüsüydü; işçiler korkunç bir durumdaydı, bir sürü eksiğiyle, yetersiz durumda olan ve sürekli kötüye kullanılan kamu fabrikalarının hepsi çöktü ve nüfusun çok büyük bir kısmı açık açık verilen o zamanki adıyla 'sadakalarla' hayatını sürdürür hale geldi.

"Birleşen İşçiler, durumu endişeyle karışık bir umutla seyrediyorlardı. Asli taleplerini çoktan dile getirmişlerdi; şimdi de tüm federasyonların genel oyuyla ilk adımın bu talepleri doğrultusunda atılmasında ısrar ediyorlardı. Bu ilk adım, tüm makineler dahil, ülkenin doğal kaynaklarının işletilmek üzere Birleşmiş İşçilere devredilmesine, ayrıcalıklı sınıfların da –kaderleri tamamen işçilerin keyfine kalmış– emekliler durumuna indirgenmesine yol açacaktı. O zamanki adıyla 'Çözüm' hakkında, o günün gazetelerinde pek çok haber yayınlandı. Aslında bu bir savaş ilanıydı ve patronlar sınıfı da bunu böyle kabul etti. Hemen ardından da 'zamanın vahşi ve zalim komünizmi' dedikleri şeye karşı savunma hazırlamaya başladı patronlar. Birçok yönden hâlâ güçlü oldukları ya da en azından güçlü gözüktükleri için, kaybettiklerinin bir kısmını ve belki sonunda hepsini, silah gücüyle de olsa geri alabileceklerini düşünüyorlardı. Kendi aralarında yaptıkları tartışmalarda daha önceden karşı koymamış olmalarının devleti yönetenlerin büyük bir hatası olduğunu söylüyorlardı. Liberaller ve radikaller de (hâkim sınıfların daha demokrat eğilimleri olanları anlamına gelen bu kelimeyi belki daha önce de duymuşsunuzdur) yoğun biçimde eleştiriliyor, zamansız ukalalıkları ve aptalca hassasiyetleri yüzünden dünyayı bu güç durumla karşı karşıya bırakmış olmakla suçlanıyorlardı. Adı Gladstone muydu, Gladsteine mıydı (ismine bakılırsa İskandinav kökenli olduğu söylenebilir), on dokuzuncu yüzyılın hatırı sayılır politikacılarından biri de bu bağlamda özellikle öne çıkarılıp lanetlenmiştir. Tüm bunların ne kadar da saçma olduğunu vurgulamama gerek yoktur herhalde. Fakat gerici partinin meseleye at gözlüğüyle bakmasının ardında korkunç bir trajedi yatıyordu: 'Alt sınıfların doymak bilmeyen açgözlülüğü bastırılmalıdır', 'Bu insanlara bir ders vermek lazım', gibi kötüye işaret eden sözler gericiler arasında yaygın olarak tekrarlanıyordu."

Yaşlı adam benim dikkat kesilmiş, merak dolu yüzüme bakmak için durdu ve sonra:

"Sevgili konuğum, uzun ve yorucu açıklamalar yapmadığım takdirde bizim insanlarımızdan çok azının anlayacağı, hatta belki anlayamayacağı sözcükler ve deyimler kullandığımın farkındayım. Siz henüz uykuya dalmadığınıza, ben de sizinle başka bir gezegenden gelmiş biriyle konuşur gibi konuştuğuma göre buraya kadar anlattıklarımı takip edip edemediğinizi sorabilir miyim?" dedi.

"Tabii tabii," dedim, "gayet iyi anlıyorum, lütfen devam edin; söylediklerinizin büyük bir çoğunluğu bizim için oldukça sıradan şeylerdir, şeyde...şeydeyken..."

"Tabii," dedi ciddiyetle, "siz bir başka gezegendeyken. Neyse, daha önce de bahsettiğim patlamaya gelelim."[40]

"Çok da önemli olmayan bir sebeple, işçi liderleri Trafalgar Meydanı'nda bir miting düzenlemişti (nerelerde toplanma hakkının olduğu uzun yıllardan beri tartışma konusuydu). *Burjuvaların* şehir korumaları (bunlara polis deniyordu) bu mitingde her zamanki gibi kitleye sopalarla saldırdılar, *kalabalıktan* pek çok insan yaralandı, beş kişi de öldü; ölenler ya olay mahallinde çiğnenmiş ya da sopalardan ötürü hayatını kaybetmişti. Miting dağıtıldı ve yüzlerce kişi tutuklandı. Birkaç gün önce de, bugün artık varolmayan bir yer olan Manchester'da, bir miting benzer şekilde dağıtılmıştı. Böylece 'ders' başladı. Bu olay bütün ülkeyi siyasi bir kargaşaya sürükledi. İlgili makamlara tepki göstermek amacıyla yeni bir miting düzenlenmesine önayak olmak üzere başka mitingler de yapıldı. Trafalgar Meydanı ve çevresinde (o zamanlar civarda birçok sokak vardı) toplanan kitle, sopalı polislerin başa çıkamayacağı kadar kalabalıktı. Uzunca bir süre polisle yüz yüze çarpışıldı, bu arada üç-dört kişi öldü ve on kadar polis de izdihamda ölümüne çiğnendi, kalanlar da tabana kuvvet kaçtılar. Bu, halk için alabildiğine zafer demekti. Ertesi gün bütün Londra bir keşmekeş içindeydi (o günlerde nasıl bir yer olduğunu hatırlayın). Zenginlerin çoğu taşraya kaçtı, yöneticiler askeri kuvvetleri topladı ama kullanmaya cesaret edemedi; polisler de tek bir yere odaklanamıyordu, çünkü ayaklanmalar ve ayaklanma tehditleri her an her yerdeydi. Fakat Manchester'da insanlar Londra'daki kadar cesur veya umutsuz olmadıkları için, bildik liderlerin birçoğu tutuklanmıştı. Londra'da Birleşmiş İşçiler Federasyonu bir liderler kongresi topladı ve eski bir devrimci isim olan Toplum Güvenlik Komitesi adını aldı. Fakat emir verebilecek, eğitimli, silahlı adamları olmadığı için hiçbir saldırıda bulunmadılar. Yalnızca, duvarlara işçileri kendilerini ezdirmemeye çağıran afişler yapıştırdılar, ama bu çağrı da belli belirsizdi. Yine de, biraz önce bahsettiğim çatışmanın iki hafta sonrası için Trafalgar Meydanı'nda yeni bir miting düzenlediler.

"Bu arada şehir hiç de yatışıp sakinleşmemişti; iş, artık sona yaklaşıyordu. O zamanlarda tamamen patronların elinde olan gazeteler hükümetin sert tedbirler alması için bas bas bağırıyordu. Zenginlere silah ve polis belgeleri verilmişti, bunların çoğu genç, gürbüz, kanlı canlı delikanlılardı ve savaşmaya hazırdılar. Fakat hükümet onları kullanmadı, yalnızca her türlü isyanı bastırmaları için parlamentodan sınırsız yetki kararı çıkartmakla yetindi ve Londra'ya asker yığmaya devam etti. Büyük mitingden sonraki hafta da böylece geçti. Pazar günü neredeyse bir önceki kadar geniş çapta bir miting daha yapıldı. Bu miting hiçbir olay çıkmadığı için tamamen barış içinde geçti ve halk bir kez daha 'zafer' çığlıkları attı. Fakat pazartesi günü uyandıklarında insanlar, aç olduklarını fark ettiler. Geçen birkaç gün boyunca, insanlar gruplar halinde sokak sokak dolaşıp, karınlarını doyurmak için para dileniyorlardı (ya da müsaadenizle istiyorlardı diyelim) ve daha zengin olanlar da belki sevabına belki de korkularına bayağı bir para veriyorlardı. Semt yetkilileri (bu sözün ne anlama geldiğini şu anda açıklayamayacağım) ortalıkta dolaşan insanlara isteksiz bir şekilde de olsa verebildikleri erzakları veriyorlar; hükümet de o donanımsız milli atölyelerinde aç halkı bayağı bir doyuruyordu. Tüm bunlara ek olarak, fazla bir karışıklık çıkmaksızın birçok fırın ve çeşitli erzak satan dükkân boşaltılmıştı. Buraya kadar her şey iyi, güzel. Fakat pazartesi günü, sözünü ettiğim Toplum Güvenlik Komitesi, bir yandan örgütsüz, genel bir talandan korktuğu için diğer yandan da yetkililerin kararsız tavırlarından cesaret alıp, şehrin merkezindeki iki veya üç büyük erzak dükkânını boşaltmak üzere, arabalar ve gerekli alet edevatı sağlayarak bir temsilciler heyeti gönderdi. Boşalttıkları dükkân sahiplerine aldıklarının parasını ödeyeceklerine söz veren yazılar bıraktılar. Şehirde en güçlü oldukları bölgede de birçok fırına el koyarak halk adına buraları işletmeye başladılar. Tüm bunlar ya hiçbir karışıklık çıkmadan ya da çok az karışıklıkla yapılıyordu. Polis dükkân yağmalarında, tıpkı büyük bir yangın çıktığında yaptığı gibi düzeni sağlamak için bekliyordu.

"Fakat bu son darbeyle gericiler öylesine paniklediler ki, yetkilileri harekete geçmeye zorlama kararı aldılar. Ertesi gün gazeteler korkmuş insanların öfkesini ilan ediyor ve halkı, hükümeti ve akıllarına gelen herkesi 'düzen bir an önce sağlanmazsa' olacaklar konusunda tehdit ediyordu. Ticari camianın ileri gelenleri bir kurul oluşturarak hükümeti ziyaret etti ve eğer bir an önce Toplum Güvenlik Komitesi elebaşıları tutuklanmazsa kendilerinin bir grup insanı bir araya getireceğini, onları silahlandıracağını ve kendi deyimleriyle 'kışkırtıcıların' üzerine saldırtacaklarını söylediler.

"Kurul yanına bazı gazete editörlerini de alarak hükümetin ileri gelenleri ve ülkedeki en becerikli iki-üç askeri isimle uzun bir röportaj yaptı. Dönemi yaşamış bir tanığın söylediğine göre, kurul, bu röportajdan tatmin olmuş bir şekilde ve güler yüzle ayrıldı. Bir daha da halk karşıtı bir ordu kurmaktan bahsetmediler ve aynı akşam ailelerini de alarak taşradaki evlerine ya da başka yerlere gitmek üzere Londra'yı terk ettiler.

"Ertesi sabah hükümet Londra'nın kuşatma altında olduğunu açıkladı. Bu, Avrupa'daki tüm mutlakıyetçi yönetimlerin sıkça başvurduğu bir yöntemdi; fakat o güne kadar İngiltere'de böyle bir olaya hiç rastlanmamıştı. Açıklanan bölgeye generallerden en genç ve en zeki olanını gönderdiler. Bu adam, ülkenin kimi zamanlar katıldığı rezil savaşlarda yaptıklarıyla ün salmıştı. Gazeteler zevkten dört köşeydi ve gericilerin en ateşlileri bu anda öne çıktı. Normal zamanlarda fikirlerini kendilerine ve dar çevrelerine saklamaya zorlanan bu adamlar, artık tüm sosyalistlerin ve hatta tüm demokratik oluşumların yok edilmesini dört gözle beklemeye başlamıştı. Bu oluşumlara son altmış yıldır zaten aptalca bir hoşgörüyle yaklaşıldığını söylüyorlardı.[41]

"Fakat akıllı general harekete geçmedi. Buna rağmen aleyhinde çıkan yazılar sadece birkaç düşük tirajlı gazeteyle sınırlı kaldı. Kafası çalışan kimseler bundan bir kumpas kurulduğu sonucunu çıkardılar. Toplum Güvenlik Komitesi'ne gelince, durum hakkında ne düşündüklerinin artık fazla bir önemi yoktu, çünkü geri adım atamayacak kadar ileri gitmişlerdi ve muhtemelen içlerinden birçoğu hükümetin müdahale etmeyeceğini düşünüyordu. Kendi hallerinde yiyecek sağlama işlerine devam ettiler. Tüm olup bitenlerden sonra bugün geriye dönüp baktığımızda bunun çok küçük bir şey olduğunu görüyoruz. Aynı zamanda kuşatmaya tepki olarak en güçlü oldukları mahallede silahlandırabildikleri kadar adamı silahlandırdılar ancak talim yaptırıp düzenli bir birlik oluşturma yoluna gitmediler. Herhalde onları eğitimli askerler haline getirmenin zaman alacağını düşünüyorlardı. Akıllı general, askerleri ve polisi tüm bu olup bitenlere karıştırmaya bile tenezzül etmedi. Böylece o hafta sonu Londra'da oldukça sessiz geçti. Her ne kadar birçok vilayette özellikle de Glasgow ve Bristol'de ayaklanmalar çıktıysa da yetkililer tarafından fazla sorun yaşanmadan bastırıldı.

"Neyse, mitingin yapıldığı pazar günü geldi çattı ve büyük bir kalabalık Trafalgar Meydanı'nı doldurdu. O veya bu şekilde silahlanmış adamların korumasında gelen Komite üyelerinin çoğunluğu da kafilenin içindeydi. Kafilenin geçişini seyretmeye gelmiş bir sürü seyirci olmasına rağmen sokaklar sessiz ve sakindi. Trafalgar Meydanı'nda tek bir polis bile yoktu, insanlar da alanı doldurarak mitinge başladılar. Silahlı adamlar ana meydanın üzerinde duruyordu, kalabalığın içinde de silahlanmış olanlar vardı ama yine de çoğunluk silahsızdı.

"Halkın çoğu mitingin olaysız geçeceğini düşünüyordu. Ancak komite üyeleri kendilerine karşı bir şeyler planlandığını birçok kaynaktan duymuşlardı. Yine de tüm bu söylentiler belli belirsizdi ve tehlikenin nereden gelebileceği hakkında en ufak bir fikirleri bile yoktu. Oysa öğrenmeleri uzun sürmeyecekti.

"Meydanın etrafındaki caddeler henüz dolmadan kuzeybatı tarafından bir bölük asker geldi, batı tarafındaki evlerin önünde yerleşti. Kırmızı ceketli askerleri gören insanlar homurdanmaya başladı, komitenin silahlı adamları ne yapacağını bilmez bir halde kalakaldılar. Zaten düzensiz olan kalabalık da bu yeni akın karşısında öyle bir sıkıştı ki iş içinden çıkılmaz bir hale geldi. Gelenlerin düşmanları olduğunu daha yeni fark etmişlerdi ki bir bölük asker daha kalabalığı sıkıştırdıkça sıkıştırarak meydanın güney yakasına yerleşti. Bu seferki askerler, Parlamento Binası'na (bu bina hâlâ duruyor, adı Gübre Çarşısı) çıkan güney yolundan ve Thames kıyısındaki setlerden geliyorlardı. Ne olup bittiğini görebilen herkes kapana kıstırıldıklarını anlamıştı ama başlarına gelecekleri merak etmekten başka yapabilecekleri bir şey yoktu.

"Sıkış tepiş kalabalık kımıldayamıyordu ve az sonra uygulanacak olan terörün etkisi olmasaydı kımıldayamazdı da. Silahlı adamların birkaçı öne geçmeye davrandı, birkaçı da o zamanlarda orada bulunan anıtın yanına çıkarak önlerine örülmüş bulunan silah duvarını görmeye çalıştı. Orada bulunan adamların çoğu için (aralarında birçok kadın da vardı) sanki dünyanın sonu gelmişti ve gün bir öncekinden çok daha farklı gözüküyordu.[42] Askerler yerlerini daha yeni almıştı ki, diye anlatıyor olaya tanık olan birisi, 'güneydekilerin yanından atlı bir subay gelerek elinde tuttuğu bir kâğıttan bir şeyler okudu. Ne dediğini çok az kişi duyabildi. Sonradan bana söylediklerine göre okuduğu şey kalabalığın dağılması için bir emirmiş ve eğer dağılmazsa kalabalığa ateş açmak için yasal hakkı olduğunu ve bu hakkını kullanacağını söylüyormuş. Kalabalık bunu bir meydan okuma olarak kabul etti ve tehditkâr bir uğultu yükseldi. Bunun ardından bir süre nispi bir sessizlik oldu ve bu arada subay yerine geri döndü. Ben askerlerin tarafında kalabalığın ucundaydım,' diye anlatıyor bu tanık, 've üç küçük makinenin öne çıktığını gördüm, bunların makineli tüfek olduğunu biliyordum. "Yere yatın! Ateş edecekler!" diye bağırdım. Kalabalık o kadar sıkış tepişti ki kimse yere yatamıyordu. Sert bir emir verildiğini duydum. O an bir sonraki dakikada nerede olacağım acaba diye düşündüm ve sonra.... Sanki yer yarıldı ve dünya cehenneme döndü. Manzarayı size tarif bile edemem. Kalabalığı biçip geçmişlerdi, yerler ölüler ve can çekişenlerle kaplanmıştı, her yandan feryatlar, iniltiler, korku dolu haykırışlar yükseliyordu. Sanki dünyada ölüm ve cinayetten başka hiçbir şey kalmamıştı. Silahlı adamlarımızdan yaralanmamış olanlar bir anda yüreklenip askerlerin üzerine ateş açmaya başladılar. Bir iki asker vuruldu. Subayların bir aşağı bir yukarı yürüyüp adamlarına yeniden ateş açmaya zorladığını gördüm. Fakat adamlar emirleri kasvetli bir sessizlik içinde dinlediler ve silahlarının dipçiklerini yere bıraktılar. Yalnızca bir çavuş makineliye koşarak ateş etmeye başladı ama uzun boylu genç bir subay yanına koşup onu yakasından çeke çeke uzaklaştırdı. Hemen hemen hepsi silahsız olan (silahlıların çoğu ilk açılan ateşte ölmüştü) dehşete düşmüş kalabalık meydandan çıkıp giderken, askerler de oldukları yerde kıpırdamadan durdular. Sonradan öğrendiğime göre batı tarafındaki askerler de ateş açarak katliamda paylarına düşeni yapmış. Meydandan nasıl çıkıp gittim ben de bilmiyorum. Yürürken ayağımın altındaki toprağı hissetmiyor, yalnızca öfke, dehşet ve umutsuzluk hissediyordum.'

"İşte böyle diyor tanığımız. Ateş sırasında bir dakika içinde katledilen insan sayısı inanılır gibi değil. Kesin sayı bilinmiyorsa da herhalde bir-iki bin civarında ölü vardı. Askerlerin altısı olay mahallinde ölmüş ve on iki asker yaralanmıştı."

Yaşlı adamın anlattıklarını heyecandan tir tir titreyerek dinledim. Hammond'ın konuşurken gözleri parlıyor ve yüzü kızarıyordu. Her zaman için olabileceğini düşündüğüm bir hikâyeyi anlatıyordu. Yine de bu kıyımın onu neden bu kadar coşturduğunu merak ediyordum doğrusu ve:

"Ne korkunç!" dedim. "Herhalde bu kıyım devrime bir süreliğine son verdi, yanılıyor muyum?"

"Hayır, hayır," diye haykırdı yaşlı Hammond, "bilakis devrimi başlattı!"

Bardaklarımızı doldurdu, ayağa kalktı ve: "Kadehinizi orada ölenlerin anısına kaldırın. Onlara ne kadar çok şey borçlu olduğumuz anlatmakla bitmez," dedi.

Kadehimi kaldırdım, sonra oturdu ve anlatmaya devam etti:

"Trafalgar Meydanı'ndaki bu kıyım iç savaşı başlattı. Yine de, bu tip olaylarda her zaman olduğu üzere, yavaş yavaş taraftar buldu. Zaten hiç kimse ne biçim bir krizin ortasında bulunduğunun farkında değildi.

"Kıyım, son derece korkunçtu; ilk terör de son derece çirkin ve eziciydi. Diğer taraftan akıllı ve genç general askeri kuşatmayı devam ettiriyordu. Halk, üzerinden biraz zaman geçtikten sonra olay karşısında korkudan ziyade öfke duyar oldu. Ertesi sabah haberler ortalığa yayılınca egemen sınıfların korkudan, hatta dehşetten nefesleri kesildi. Ancak hükümet ve destekçileri okun yaydan bir kez çıktığını hissediyorlardı. Yine de, kapitalist basının en gericileri bile, iki istisna dışında olaylar üzerine hiçbir yorum yapmadan olduğu gibi veriyordu haberi; olayın muazzamlığı karşısında hepsi sersemlemişti. İstisnalardan biri '*Liberal*' isimli bir gazeteydi (o günün hükümeti böyle bir yapıya sahipti). Yapılan işten yana olduklarını ortaya koyan kararlı bir giriş yazısından sonra sözü, devrim tehlikesinin söz konusu olduğu zamanlarda hükümetin her şeyden önce sert olması gerektiğini söylüyordu. Hatta, (onları fakirleştirip çılgına çevirmiş olduğu için) toplumun kurumlarına saldıran bu gözü dönmüş yoksullarla başa çıkmanın en hayırlı yolunun, onları bir an önce imha etmek olduğunu, böylece diğerlerinin de bu şekilde davranmasının engelleneceğini ileri sürüyordu. Kısacası, bu gazete, hükümetin bu kararlı hareketini insanlığın sağgörü iyiliğinin *zirvesi* olarak göklere çıkarıyor ve sosyalizm modasının zulmünden kurtulmuş bir demokrasi çağının başlangıcını sevinçle karşılıyordu.[43]

"Diğer istisna en ateşli demokrasi karşıtlarından biri olduğu bilinen bir gazeteydi. Öyleydi de, fakat gazetenin editörü insafa gelmiş ve gazetenin görüşlerini değil kendi görüşlerini dile getirmişti. Birkaç basit, öfkeli kelimeyle halka, silahsız vatandaşların kıyımıyla savunulacak bir toplumun neye yarayacağını şöyle bir düşünmelerini öneriyordu. Hükümete de kuşatmayı kaldırması ve halka ateş açan general ve adamlarını cinayetle yargılaması için çağrı yapıyordu. Daha da ileri giderek, sosyalistlerin öğretisi hakkındaki şahsi fikri her ne olursa olsun, kendisinin halkı destekleyeceğini söylüyor; bu tavrını da, hükümetin yaptığı vahşeti üstlenen, ne istediğini bilen insanların taleplerini dinlemeye hazır olduğunu gösterene kadar sürdüreceğini belirtiyor ve bu insanları taleplerini zorla dayatmaya toplumun köhneliğinin sürüklediğini ifade ediyordu.

"Tabii bu editör askeri güçler tarafından hemen tutuklandı. Fakat çarpıcı sözleri çoktan halkın eline geçmiş ve büyük bir etki yaratmıştı. Etki öylesine büyüktü ki hükümet, biraz tereddüt etmekle birlikte kuşatmayı kaldırdı. Yine de bu sırada askeri güçleri kuvvetlendirmekten geri durmadı. Toplum Güvenlik Komitesi'nden üç kişi Trafalgar Meydanı'nda katledilmişti, kalanlar da eski toplanma yerlerine dönerek sükunetle olacakları beklemeye başladılar. Burada, pazartesi sabahı tutuklandılar. Askeri bir robot olan generale kalsa onları hemen kurşuna dizecekti; fakat, hükümet herhangi bir mahkemede yargılamadan insanları öldürme sorumluluğunun altına girmekten korkuyordu. Önce onları o zamanki adıyla 'bir yargıçlar komisyonu'nun –yani onları suçlu bulmakla yükümlü bir grup insanın– önüne çıkarmayı düşündüler. Fakat hükümet serinkanlılıkla düşününce kararını değiştirdi ve tutuklular gezici bir mahkemenin jüri heyeti önüne çıkarıldılar. Burada hükümeti yeni bir darbe bekliyordu. Çünkü yargıcın jüriden tutukluları suçlu bulmasını talep eden açık ve net kararına karşın, komite üyeleri beraat etti. Jüri kararına bir de *bildiri* ekledi. Bu bildiride askerlerin hareketi kınanıyor; o zamanın tuhaf terminolojisiyle bu hareketin 'düşünülmeden yapılmış, talihsiz ve gereksiz' bir davranış olduğunu belirtiyordu. Toplum Güvenlik Komitesi eski yerinde tekrar toplandı; ve o günden sonra da burası parlamento karşıtlarının toplanma noktası haline geldi. Hükümet artık tüm taraflara mavi boncuk dağıtıyor, halkın taleplerine göre hareket ediyormuş izlenimi vermeye çalışıyordu. Yine de parlamentodaki hizipleşme savaşında, muhalif olduğu söylenen iki partinin liderleri tarafından bir *hükümet darbesi* yapılacağına dair yaygın bir kanı vardı. Halkın iyi niyetli kısmı ise sevinçten dört köşe olmuştu ve iç savaş tehlikesinin sona ermiş olduğuna inanılıyordu. Halk zaferi, parklarda ve sokaklarda, büyük kıyımın kurbanlarının anısına geniş çaplı mitinglerle kutlanıyordu.

"Parlamentodan hızla geçirilen işçi yandaşı yasalar üst sınıflara yıkıcı derecede devrimci gözüküyordu ama yine de halkın karnını doyurup, onlara saygın bir hayat sağlamaya yetmiyordu. Ayrıca bu yasaların, yazılı olmayan toplum kurallarıyla desteklenmesi gerekti. Hükümet ve parlamentonun arkasında, mahkemeler, askeriye ve 'toplumu' vardı; fakat, Toplum Güvenlik Komitesi de ülkede bir güç olmaya başlamıştı ve gerçekten üretici olan sınıfları temsil ediyordu. Komite, üyelerinin beraatını takip eden günlerde muazzam bir gelişme kaydetti. Eski üyelerin idari yeteneği çok azdı. Yine de birkaç çıkarcının ve hainin dışında hepsi dürüst, cesur adamlardı ve birçoğu doğuştan başka yeteneklere sahipti. Fakat günün koşulları acilen harekete geçmeyi gerektirdiği için işleri yoluna sokabilecek yeni adamlar devreye girdi ve hızla yeni bir işçi dernekleri ağı oluşturuldu. İlan ettikleri tek hedef, toplumun bu güç dönemi atlatmak için açık açık komünizme yönlendirilmesiydi. Komite, emek savaşımının yürütülmesini üstlenerek kısa zamanda çalışan sınıfların tümünün sözcüsü ve aracısı haline geldi. Üretimin kâr öğütücüleri artık bu bileşimin karşısında güçsüz kalmıştı. Tek çıkar yolları, kendi komiteleri olan parlamentonun iç savaşı yeniden başlatıp sağa sola ateş edebilecek cesareti toplamasıydı. Aksi taktirde çalıştırdıkları işçilerin taleplerine boyun eğerek gittikçe kısalan çalışma saatleri için gittikçe artan bir ücret ödemek zorunda kalacaklardı. Yine de patronlar kendilerine bir müttefik buldu; bu Dünya Pazarı ve stokları üzerine kurulu olan tüm sistemin süratle yaklaşan yıkılışıydı. Bu yıkım artık bütün insanların kafasında şekillenmeye başlamıştı. Yaptığı büyük kıyımdan ötürü hükümeti kınama gafletinde bulunan orta sınıflar bile, şimdi neredeyse kitleler halinde, hükümeti işleri yoluna sokarak sosyalist liderlerin zulmünü sona erdirmesi için göreve çağırıyordu.

"Bu koşullar altında harekete geçilince gericilerin planı daha olgunlaşmadan patladı. Fakat bu kez halk, liderleriyle birlikte önceden haberdar edilmişti ve gericiler harekete geçemeden gerekli önlemler alındı.

"Muhafazakârlar (tabii ki hile yolu ile) Liberal Hükümeti yendi, oysa azınlıkta kalıyorlardı. Halkın meclisteki temsilcileri bunun ne anlama geldiğini çok iyi biliyorlardı. Avam Kamarası'nda bu meseleyi oy kullanarak çözmeyi denedikten sonra, durumu protesto ederek istifalarını verdiler ve topluca Toplum Güvenlik Komitesi'ne katıldılar. Böylece iç savaş ciddi ciddi başlamış oldu.

"Yine de komitenin ilk hareketi açık çatışmaya girmek olmadı. Bu yeni Tory Hükümeti harekete geçmeye kararlıydı ancak kuşatmayı tekrar yürürlüğe koymaya da cesaret edemiyordu. Bunun yerine bir bölük asker ve polis göndererek Toplum Güvenlik Komitesi'ni topluca tutuklattı. Komitedekiler hiçbir direniş göstermediler. Aslında direnebilirlerdi, savaşmak için yetiştirilmiş epeyce adamları vardı. Fakat öncelikle açık çatışmaya girmekten daha etkili olduğunu düşündükleri bir silahı denemekte kararlıydılar.

"Komite üyeleri çıt çıkarmadan hapse girdiler. Fakat mücadele ruhları ve örgütleri olduğu gibi duruyordu. Çünkü denetim ve karşı denetim mekanizmalarıyla donatılmış bir merkeze bağımlı değildiler, koca bir insan kitlesine dayanıyorlardı; çok sayıda küçük merkez oluşturmak üzere örgütlenmiş olan bu insanlar harekete yürekten bağlıydılar ve çok basit talimatları yerine getirmekle mükelleftiler. Artık bu talimatları hayata geçirme zamanı gelmişti.

"Ertesi sabah, gerici hareketin önderleri yaptıkları darbenin halk üzerindeki etkisinin gazetelere nasıl yansıyacağını düşünüp kıs kıs gülerlerken hiçbir gazete çıkmadı. Ancak öğleye doğru on yedinci yüzyıldaki resmi gazeteler boyutundaki polisin, askerlerin, patronların ve gazetecilerin çıkardığı birkaç ayrıksı yayın sokaklarda boy göstermeye başladı. Bunları herkes kapış kapış alıp okudu fakat bu kez haberlerin önemli bir kısmı bayattı; insanlara genel grevin başlamış olduğunu söylemeye bile gerek yoktu. Demiryolları çalışmıyordu, telgraf hizmet vermiyordu. Pazarlara getirilen et, balık ve sebzeler paketleri içinde öylece duruyor ve çürümeye terk ediliyordu. Orta sınıfa mensup binlerce aile günün ihtiyaçlarının karşılanması için daha becerikli adamlarını devreye sokarak kendini kaybetmişçesine debeleniyordu; hepsi de bir sonraki öğünlerine kavuşabilmek için işçilere bağımlıydı. Aralarından, ne olacağına dair duyulan endişeyi bir kenara atabilmiş olanlar, bana söylendiğine göre, bu beklenmedik piknik karşısında gözle görülür bir biçimde eğlenmeye başlamışlardı. Bu, sanki çalışmanın bir mutluluk kaynağı olduğu gelecek günlerin bir habercisi gibiydi.

"İlk gün bu şekilde geçti; akşama doğru hükümet şaşkınlıktan donakalmıştı. Herhangi bir halk ayaklanmasını engellemek için ellerinde gerçekten de tek bir kaynak kalmıştı; o da silahlı kuvvetlerdi. Fakat ortalıkta orduyu veya polisi kullanmayı gerektirecek hiçbir şey yoktu. Sokaklarda hiçbir silahlı birliğe rastlanmıyordu, Federal İşçilerin büroları işlerinden atılmış insanlara hizmet veren yerler haline getirilmişti ya da öyle gösteriliyordu ve hükümet bu koşullar altında bu işlerle meşgul insanları tutuklatmaya cesaret edemiyordu. Ayrıca birçok saygıdeğer kimse konaklamak üzere o akşam için bu bürolara başvuruda bulunmuş ve devrimcilerin yardımlarını da akşam yemeğiyle birlikte mideye indirmişti. Bunun üzerine hükümet askerleri ve polisi oraya buraya yığmaya başladı ve o akşam harekete geçmedi. Bütün umudu ertesi gün, yeni isimleriyle, 'asilerin' bir manifesto yayınlamasıydı. Böylece bir şekilde hareket etme özgürlüğüne kavuşmuş olacaktı. Hayal kırıklığına uğradı. Gündelik gazeteler de o sabah mücadeleye son verdi. Yalnızca tek bir azgın, gerici gazete (adı *Daily Telegraph*'dı) çıkmaya cesaret edebildi. 'Asileri' yaptıkları ahmaklıktan ötürü okkalı cümlelerle lanetliyor; üç kuruşa satılmış birkaç kışkırtıcının sözlerine kanarak 'anavatanın' bağırsaklarını deşip, İngiliz milletine nankörlük ettiklerini iddia ediyordu. Diğer taraftan sosyalist gazeteler sağlam haber malzemesiyle ağzına kadar doluydu (yalnız Londra'da üç farklı ekolü temsil eden üç ayrı gazete çıkıyordu). Tıpkı hükümet gibi, bir manifesto görmeyi bekleyen halk da bu gazeteleri kapış kapış aldı. Fakat içlerinde bu önemli konuyla ilgili tek bir kelime bile yoktu. Sanki editörler çekmecelerini karıştırıp kırk yıl öncesinin makalelerini çıkarmış ve eğitici yazılar bularak gazeteye koymuştu. Bu yazıların birçoğu sosyalizmin teori ve pratiğini açık seçik ve güzel bir şekilde gözler önüne seriyordu. Yazılarda aceleye, düşmanlığa ve ağır sözlere de yer verilmemişti ve günün getirdiği tüm endişe ve korkunun ortasında, topluma bir bahar tazeliği estirmişti. İşi bilenler, oyunun kurallarına göre böyle bir hareketin tam anlamıyla meydan okuma ve toplumu yönetenlere karşı uzlaşmaz bir düşmanlık belirtisi olduğunu anlayabiliyorlardı. Yine de 'isyancılar' için bu yazılar 'öğretici makaleler' olmanın dışında hiçbir anlam taşımıyor, ama bu yönleriyle işe yarıyordu. Diğer taraftan, başka türlü bir 'eğitim' de toplumda karşı koyulmaz bir güçle yerleşmeye başlıyor ve biraz olsun insanların zihinlerini aydınlatıyordu.

"Hükümet ise bu 'boykot' hareketi karşısında (bu, o zamanlarda çekimserlik içeren hareketler için kullanılan bir kelimeydi) dehşete düşmüştü. Yönetimin akıl hocaları yaralı birer vahşi hayvana dönmüştü, ne yapacaklarını bilmez bir haldeydiler. Bir gün yeni bir plan yapana kadar bir süreliğine eylemsizlik kararı alıyorlar, ertesi gün ise bütün işçi birliklerine dahil olanları toptan tutuklanmak için emir çıkarıyorlardı; sonraki gün de tekrar karar değiştirip eli çabuk, genç bir generale bir başka kıyımı gerektirecek emri verecek bir hale geliyorlardı. Fakat en sonunda, Trafalgar Meydanı'ndaki 'savaşta' askerlerin yaptığı katliam karşısında cesaretlerinin kırılışını hatırlayarak başka bir kıyımı göze alamadılar ve bir kez daha gerilediler. Bu sırada yüksek güvenlik önlemleri alınarak ikinci kez yargıç karşısına çıkarılan mahkûmlar, ikinci kez mahkûm edildiler.

"Grev, o gün de devam etti. İşçi birlikleri genişletildi ve güvenilir adamları sayesinde epeyce yiyecek temin ederek birçok insana yardım eli uzattı. Hali vakti yerinde pek çok kimse de bunlardan medet ummak zorunda kalmıştı. Fakat başka bir ilginç olay daha oldu. Üst sınıflara mensup bir grup genç sılahlanıp, ellerini kollarını sallayarak sokaklara yağma yapmaya çıktılar; rastladıkları kepenk açmaya cesaret edebilmiş dükkânlardaki taşınabilir ve yenebilir mallardan kendilerine en çok yakıştırdıklarını aldılar. Bu işi Oxford denen o zamanlar türlü çeşitli dükkanlarla dolu bir caddede yaptılar. O sırada da teslimiyetçi bir ruh hali içinde bulunan hükümet, bu yağmayı 'düzenin' sağlanması konusundaki tarafsızlığını göstermek için iyi bir fırsat olduğunu düşündü ve aç, zengin gençleri tutuklatmak için adamlarını yolladı. Fakat gençler kahramanca bir direniş göstererek polisleri şaşırttı ve üçü hariç hepsi kaçmayı başardı. Hükümet bu hareketin sonucunda olmasını umduğu gibi tarafsızlığını ispat edemedi; çünkü hükümettekiler bu gerçeği unutmuş olsa da artık akşam gazeteleri çıkmıyordu. Yine de, değişik bir biçimde de olsa çatışma söylentileri aldı yürüdü. Daha çok batı yakasındaki aç insanların isyan ettiği anlatılıyordu ve herkes hükümetin fırsatını bulmuşken onları bastırma yoluna gitmiş olmasını doğal buluyordu.

"O akşam oldukça kibar ve sempatik tavırlı birtakım kişiler isyancı mahkûmları hücrelerinde ziyaret ederek, onlara, yıkıcı bir eylemde bulunduklarını, böyle aşırı eylemlerin toplum üzerinde tehlikeli bir etki yaptığını söylediler. Mahkûmlardan biri bu ziyareti şöyle anlatıyordu: 'Hükümetin bizi 'etkilemek' üzere hapishanede teker teker ziyareti sırasında fikir alışverişinde bulunmak bayağı zevkli bir işti; bizi doldurușa getirmeye gelmiş olan bu yüksek 'zekâ ve eğitime' sahip insanlara nasıl da bastırdık cevabı. Birimiz güldü, bir diğerimiz oradaki memura uzun uzun tuhaf hikâyeler anlattı, üçüncü biri kasvetli bir suskunluğa büründü, dördüncü ise kibar casusa küfrederek çenesini kapamasını söyledi; işte bizden tek öğrenebildikleri bu oldu.'

"Bu şekilde büyük grevin ikinci günü de geçti. Kafası çalışan bütün insanlar için üçüncü bir günün bunalımı doruk noktasına çıkaracağı aşikârdı, çünkü mevcut belirsizlik ve üstü kapalı terör dayanılmaz bir hal almıştı. Egemen sınıflar ve bunlara asıl güç ve desteği veren apolitik orta sınıf çobansız kalmış bir sürü gibi gerçekten ne yapacağını şaşırmış durumdaydı.

"Yapmaları gereken biricik şeyi bulmuşlardı: 'isyancıların' bir şeyler yapmasını sağlamaya çalışacaklardı. Böylece ertesi sabah, yani grevin üçüncü gününün sabahı, Toplum Güvenlik Komitesi'ni bir kez daha yargıç karşısına çıkardıklarında, olabildiğince kibar davrandılar. Hatta, sanki mahkûm değillermiş de yetkili birer memur ya da elçi muamelesi yaptılar. Kısacası, yargıç emir almıştı ve yalnızca Dickens'ın dalga geçmek için yazabileceği türden aptal, uzun bir konuşma yaparak mahkûmları serbest bıraktı. Komite üyeleri bir kez daha toplantı yerlerine dönerek işe koyuldu. Tam zamanıydı. Bu üçüncü günde kitle kaynıyordu. Tabii, yine de zerre kadar örgütlü olmayan çok sayıda işçi vardı. Bu adamlar patronlarının, daha doğrusu patronlarının da bir parçası olduğu sistemin onları yönlendirdiği gibi hareket etmeye alışmışlardı. Bu sistem şimdi paramparça oluyordu ve eskiden bu yoksul insanların üzerinde varolan patron baskısı şimdi kalkmıştı. Hayvani ihtiyaçlar ve insani duygular dışında hiçbir şey onları engelleyemezmiş gibi gözüküyordu; ve bu durum her şeyin altüst olmasıyla sonuçlanabilirdi. Böyle olabilirdi olmasına ama kitle hem sosyalist öğretinin etkisi altındaydı hem de sosyalistlerle yakın temas içindeydi; sosyalistlerin birçoğu, hatta hemen hepsi biraz önce bahsi geçen bu işçi birliklerinin de üyesiydi.

"Bu olaydan birkaç yıl önce, patronlara hâlâ insanların doğal yöneticileri gözüyle bakılıyordu ve en yoksul, en cahil kimseler dahi bunlara destek oluyor, kazık yemek pahasına onlara güveniyordu. Eğer böyle bir şey o zaman olmuş olsaydı, toplum hepten paramparça olurdu. Fakat geçen yılların sonucunda işçiler yöneticilerini küçümsemeyi öğrenmiş ve bunlara karşı duyduğu bağımlılıktan kurtulmuştu. Şimdi ise olayların öne çıkardığı yasadışı önderlere güvenmeye başlamışlardı (ki bu da gün be gün tehlikeli bir hal alıyordu). Bu liderlerin çoğu göstermelik olsa da, isimleri ve ünleri bu bunalımı geçici olarak engellemeye yarıyordu.

"Diğer taraftan komite üyelerinin salıverilişi haberinin yarattığı etki hükümete biraz zaman kazandırdı. İşçiler bu haberlere fazlasıyla sevinmişlerdi. Hali vakti yerinde olan kesimler bir yıkımdan korkmaya başlamıştı; buna hükümetin güçsüzlüğünün sebep olduğuna inanıyorlardı. Bu orta halli kesim bile şimdi bu durumu, korku ve yıkımdan bir süreliğine de olsa uzaklaşma olarak değerlendirdi. Olayların akışına bakılırsa, belki de böyle düşünmekte haklıydılar."

"Ne diyorsunuz?" dedim. "Hükümet ne yapabilirdi ki? Ben hep böyle bir bunalımda ellerinin kollarının bağlı kalacağını düşünmüşümdür."

"Tabii, uzun vadede olayların böyle gelişeceğinden benim de bir kuşkum yok. Fakat o gün için eğer hükümet ordusunu adamakıllı kullanabilseydi, bir general gibi stratejiler belirleyebilseydi, halka, rastladığı yerde dağıtılacak ve vurulacak açık bir düşman gözüyle bakabilseydi o an için zafer kazanabilirdi," dedi yaşlı Hammond.

"Ama askerler insanlara karşı söylediğiniz şekilde hareket ederler miydi ki?" dedim.

"Duyduklarımdan anladığım kadarıyla eğer az buçuk örgütlü ve iyi kötü silahlanmış adamlarla karşılaşmış olsalardı ateş ederlerdi.

Askerlerin birlik bütünlüğü sosyalizm tarafından bozulmuş olmasına rağmen de öyle gözüküyor ki Trafalgar Meydanı katliamından önce askerlerin hepsinden silahsız bir kitleye ateş etmesi bekleniyordu; çünkü silahsız da olsalar bu adamların dinamit adındaki bir patlatıcı kullanacağından korkuyorlardı. Olayların arifesinde bazı işçiler bu patlayıcıyla böbürlenip durmuştu; oysa çatışma sırasında beklenen olmadı ve patlayıcı kullanılmadı. Tabii subaylar da bu korkuyu kızıştırmak için ellerinden geleni yapmışlardı. Böylece erler de büyük bir ihtimalle gerçekten silahlanmış olan insanlarla kaçınılmaz bir savaşa giriştiklerini ve düşmanın silahlarının gizli olduğu için çok daha korkunç olduğunu düşünüyorlardı. Bu katliamdan sonra düzenli askerlerin silahsız ya da az silahlı bir kalabalığın üzerine ateş açıp açmayacağı ise belirsizliğini daima korudu," dedi.

"Düzenli askerler mi? Yani halka karşı savaşan başkaları da mı vardı?" dedim.

"Evet," dedi, "o konuya da az sonra geleceğiz."

"Pekâlâ," dedim, "hikâyenize kaldığınız yerden devam etseniz iyi olacak. Zaman akıp gidiyor."

"Hükümet, Toplum Güvenlik Komitesi'yle uzlaşmaya varma konusunda hiç vakit kaybetmedi çünkü o an için tehlikeyi uzaklaştırmaktan başka bir şey düşünemiyorlardı. İnsanların bedeni üzerinde kurdukları egemenlik dışında hiçbir hususta söz sahibi olmayan resmi yöneticilere karşın halkın zihninde bir egemenlik sağlamış Komite'ye, bir elçi gönderdiler. Bu ateşkesin (gerçekten de böyleydi) detaylarına girmeye şimdilik gerek yok. Anlaşmayı imzalayan taraflardan biri Büyük Britanya Krallığı Hükümeti, diğeri ise bir avuç işçiydi (o günlerde onlara kızgınlıkla böyle deniyordu). Bu işçilerin arasında gayet yetenekli ama 'eski kafalı' insanlar da vardı; ve yine biraz önce söylediğim gibi daha da yetkin olan kimseler henüz lider pozisyonunda değillerdi. Sonuç olarak halkın tüm somut taleplerini yerine getirmek zorunda kaldılar. Bugün bu taleplerin çoğunun istemeye veya direnmeye bile değer olmadığını görüyoruz fakat o zaman için bunlar çok önem verilen şeylerdi; yavaş yavaş parçalanmaya başlayan sefil sistemin, o sefil hayatın içinde, isyanın ufak kıvılcımlarıydılar. Yine de bu taleplerden bir tanesi son derece acil bir öneme sahipti ve hükümet de bu talepten kaçınmak için büyük bir çaba sarf etti; ancak karşısındakiler hiç de aptal değildi ve en sonunda boyun eğmek zorunda kaldı. Bu, Toplum Güvenlik Komitesi'nin ve ona bağlı diğer tüm oluşumların tanınması ve resmi bir konuma getirilmesi talebiydi. Bu kesinlikle iki anlama geliyordu: öncelikle küçük büyük tüm 'isyancılar' için genel af ve iç savaş tehlikesi olmadığı sürece onlara saldırılmaması ve bir de örgütlenen devrimin sürekliliğinin sağlanması. Hükümetinse bu anlaşmadan tek bir kazanımı oldu; o da isim konusundaydı. O korkunç devrimci isimden vazgeçildi ve birlik kollarıyla birlikte saygıdeğer 'Uzlaşma Kurulu ve Yerel Büroları' ismini alarak, takip eden iç savaşta halka önderlik etti," dedi Hammond.

"Ya?" dedim, biraz heyecanlanarak, "demek tüm bu olanlara karşın iç savaş yine de devam etti?"

"Aynen öyle oldu," dedi. "Aslında, bilinen anlamıyla iç savaşı mümkün kılan tam da yasal olarak tanınmaydı. Bu tanınma bir tarafa katliamları, bir tarafa da direniş ve grevleri koyarak mücadeleyi başlattı."

"Savaşın nasıl açıldığını da anlatır mısınız?" dedim.

"Olur," dedi, "elimizde belgeler var, ama onları bir kenara bırakacak olursak işin özünü size birkaç kelimeyle anlatabilirim. Daha önce de söylediğim hükümet gibi gericiler de erlere güvenmiyordu. Ancak subayların birçoğu her an her şeyi yapabilecek kimselerdi ve genellikle ülkenin en aptal adamları bunlardı. Hükümet ne yaparsa yapsın, orta ve üstü sınıfların büyük bir çoğunluğu bir karşı devrim düzenlemeye kararlıydı çünkü ufukta beliren komünizm onlar için dayanılır gibi değildi. Tıpkı biraz önce anlatmış olduğum büyük grev esnasında sokaklarda boy gösteren yağmacılar gibi gençlerden oluşan birlikler silahlanıp talim yaptı ve buldukları en ufak fırsatta ya da en ufak bahanede sokakta halkla çatışmaya başladı. Hükümet ise bunlara ne yardım etti ne de bastırdı, yalnızca olayları uzaktan seyrederek bir yere varmasını umut etmekle yetindi. O zamanki adlarıyla 'Düzen Dostları', başta biraz başarı kazandı ve palazlandı; düzenli orduda onlara yardım eden bir sürü subay vardı, bu sayede her türlü savaş cephanesini ele geçirdiler. Düzen Dostları'nın taktiklerinin bir bölümü zamanın büyük fabrikalarını korumak ve bunların askeri savunmasını yapmaktan ibaretti. Örneğin bir keresinde biraz önce bahsetmiş olduğum Manchester adındaki yeri tamamen ele geçirdiler. Ülke çapında yer yer bunların başarılar kazandığı düzensiz bir savaş başladı. İlk başta mücadeleyi görmezden gelen, ya da buna yalnızca bir ayaklanma muamelesi yapan hükümet de en sonunda 'Düzen Dostları'nın tarafında yer aldığını açıkladı ve toplayabildiği düzenli ordu ve bütün birliklerle onlara katılarak bir kez daha 'isyancılar' adını alan ve bu kez bu adı kendileri de kabullenen kimseleri alaşağı etmek için umutsuz bir çaba sarf etti.

"Ama artık çok geçti. Bir uzlaşma zemininde kurulabilecek olan tüm barış hayalleri iki taraf için de kayboluverdi. Öyle gözüküyordu ki nihai son ya ayrıcalıklılar dışında kalan herkes için mutlak bir kölelik olacak ya da eşitlik ve komünizm temelleri üzerine bir hayat düzeni kurulacaktı. Bu son yüzyılın uyuşukluğu, umutsuzluğu ve deyim yerindeyse ödlekliği, yerini, gerçekten devrimci olan bir dönemin hevesli, kıpır kıpır kahramanlığına bırakmıştı. O zamanın insanlarının bugün sürdürmekte olduğumuz hayatı öngördüğünü söyleyemem ama böyle bir hayatın özündeki bileşenlerin ne olduğu konusunda içgüdüsel bir yönelimleri vardı. Birçok kişi o günkü umutsuz çabanın altında yatan ve ortaya çıkmak üzere olan barışı açıkça görebiliyordu. O günlerde özgürlük taraftarı olan kimselerin mutsuz olduğunu da sanmıyorum. Yine de umutlar, korkular onları huzursuz ediyor olmalıydı; bazen de içlerini bir şüphe kemiriyordu ve görevlerinin yol açtığı çelişki uzlaşılır gibi değildi."

"Fakat halk, yani devrimciler savaşı nasıl başlattı? Kazanma şansları neydi?"

Bu soruyu sormuştum çünkü yaşlı adamı yeniden tarihsel olaylara döndürmek ve onun gibi yaşlı birisi için oldukça normal olan düşünceli ruh halinden kurtarmak istiyordum.

Sorumu yanıtladı: "Örgütlenme eksikliği yoktu; daha önce de söylediğim gibi akıl gücüne sahip olan insanların hayatın sıradan işleriyle hiç meşgul olmadıkları o günlerde çelişkinin kendisi içlerindeki gerekli yeteneği geliştirdi. Hatta, tüm okuduklarımdan ve duyduklarımdan anladığım kadarıyla, –ben buna pek ihtimal vermiyorum ya– eğer korkunç iç savaş ufukta belirmeseydi yönetime gelmek için gerekli olan yetenek işçilerde de gelişebilecekti. Her halükârda, savaş başlamıştı ve işçiler kısa zamanda gericilerin en iyi adamlarından bile daha iyi olan liderler çıkardılar. Diğer taraftan, ordu oluşturmak konusunda da hiçbir zorluk çekmediler; devrim içgüdüsü saflardaki sıradan askerler üzerinde öyle bir etki yapmıştı ki askerlerin büyük bir bölümü, şüphesiz en iyileri, halkın tarafına geçmişti. Fakat başarıya ulaşmanın esas bileşeni işçilerdi; baskı altında tutulmadıkları her yerde gericiler adına değil, 'isyancılar' adına çalışıyorlardı. Gericiler bütün gücü ellerinde bulundurdukları kendi bölgelerinin dışında hiçbir işlerini yaptıramıyorlardı; hatta bu bölgelerde bile isyanlarla sürekli huzursuz ediliyorlardı. Her koşulda, her yerde ya bir engelle, ya kötü bakışla ya da asık suratla karşılaşmadan hiçbir işlerini yaptıramıyorlardı. Bu yüzden de orduları karşılaştıkları zorluklardan dolayı tamamen yorulmuştu; diğer yandan da kendi taraflarında olup da savaşa katılmayanlar öyle bir nefret ve binlerce ufak tefek sorunla, rahatsızlıkla kuşatılmışlardı ve öyle endişeliydiler ki hayat onlar için bu anlamıyla neredeyse çekilmez olmuştu. Bazıları sırf endişeden ölmüş, birçoğu intihar etmişti. Tabii aktif olarak gerici harekete katılan birçok kişi de vardı; bunlar çarpışmanın heyecanı içinde sefaletlerine teselli arayanlardı. Nihai olarak, binlercesi pes etti ve 'isyancılara' boyun eğdi. Boyun eğenlerin sayısı arttıkça bir zamanlar çözümsüz olan sorunun artık zaferle üstesinden gelinmiş olduğu, ve çözümsüzlüğün kölelikten ve ayrıcalıklılardan kaynaklandığı gözle görülür bir gerçek halini aldı."

XVIII
Yeni hayatın başlangıcı

"Demek," dedim, "tüm bu sıkıntılardan alnınızın akıyla çıktınız. Yeni düzen geldiğinde halk memnun kaldı mı peki?"

"Halk mı?" dedi. "Şüphesiz barış geldiğinde hepsi bundan memnun olmuştur. Özellikle de bir zamanlar zengin olan kimselerin bile çok kötü bir hayat sürmediğini gördüklerinde sevinmişlerdir. Bir zamanlar fakir olanlara gelince, iki yıl süren savaşın sonucunda onların durumu da düzelmeye başlamıştı. Sarf edilen onca çabadan sonra barış geldiğinde, kısa süre içinde insanca bir yaşam kurma yolunda büyük bir ilerleme kaydettiler. Asıl zorluk bir zamanlar fakir olanların hayatın gerçek zevkleri hakkında hemen hemen hiçbir fikir sahibi olmamasıydı; yeni düzenden neler talep edebileceklerini bilmiyorlardı. Belki de savaşın verdiği tahribatı ortadan kaldırmak için ilk zamanlarda devrimden önceki kadar çok çalışmak zorunda kalmaları işe yaradı. Zaten daha önce hiçbir savaşın, bu iç savaş kadar mal ve mal üretiminde kullanılan alet tahribatına yol açmamış olduğu konusunda tüm tarihçiler hemfikir."

"Buna şaşırdım," dedim.

"Şaşırdınız mı? Neden ki?" dedi Hammond.

"Şöyle söyleyeyim," dedim, "düzen taraftarları 'tüm zenginliklere kendi mülkleri gözüyle bakıyordu şüphesiz ve köleleri meydan okuduğunda da ellerinden geldiğince mülklerini onlarla paylaşmak istemediler. Diğer taraftan, 'isyancıların' savaşmadaki amacı tam da bu zenginliklerin mülkiyetini ele geçirmekti. Ben kendi adıma, kazanmakta olduklarını anladıklarında 'isyancıların' yakın zamanda kendilerinin olacak olan zenginliklerin olabildiğince az bir kısmını tahrip edeceğini düşünürdüm."

"Yine de söylediğim gibi oldu," dedi. "Düzen taraftarları ilk şaşkınlıklarını üstlerinden attıktan sonra kendilerine geldiler ya da şöyle söyleyeyim, sonuç her ne olursa olsun yıkıma uğrayacaklarını açıkça gördüler ve son derece amansız bir savaş verdiler. Hayatın tadını ellerinden alan düşmanlarına zarar verdikleri sürece ne yaptıklarına pek aldırış etmediler. 'İsyancılar' da daha önce de söylemiş olduğum gibi savaş açıkça patlak verdikten sonra ellerinde avuçlarında kalan üç kuruşluk malları korumaya çalışmadılar. Ya ülke temizlenir, geriye bir tek yürekli adamlar kalır, ya da kölelik yeniden üstümüze çullanır, cümlesi sıkça dile getirdikleri bir sözdü."

Bir süre düşündükten sonra konuşmasını sürdürdü:

"Mücadele gerçekten başladığında eski kölelik ve eşitsizlik düzeninin ne kadar değersiz olduğunu herkes gördü. Bunun ne demek olduğunu anlıyorsunuz değil mi? Aklınızdan geçen ve hakkında çok şey biliyor göründüğünüz zamanlarda hiç umut yoktu; her şey semer ve kırbacın baskısı altında yaşayan eşeğin çaresiz esaretinden ibaretti. Fakat takip eden savaş zamanlarında her şey umuda dönüştü: 'isyancılar' kendilerini dünyayı yeni baştan yaratabilecek kadar güçlü hissediyorlardı ve bunu başardılar da!" dedi yaşlı adam gür kaşlarının altından parlayan gözlerle. Sonra devam etti: "Düşmanları hakkında, daha doğrusu mensup oldukları sınıf hakkında ve en sonunda hayatın gerçekleri ve acıları hakkında bir şeyler öğrendiler en sonunda. Oysa bir zamanlar bu konuda hiçbir fikirleri yoktu.

Kısacası, iki zıt kutup, işçiler ve beyefendiler kendi aralarında..."

"Kendi aralarındaki," dedim çabuk çabuk, "ticari ilişkilere son verdiler!"

"Evet, evet, EVET," dedi, "kesinlikle öyle. Başka türlü de sona eremezdi zaten. Ya da, bir ihtimal, bütün toplum ağır ağır sığlaşır, sonunda barbarlık kadar kaba bir seviyeye düşerdi. Ama böyle bile olsa barbarlığın taşıdığı umutlara ve mutluluklara sahip olamazdı. Şüphesiz, daha keskin, daha kestirme olan çare en güzeliydi, değil mi?"

"Kesinlikle," dedim.

"Evet," dedi yaşlı adam, "tüm dünya yeniden doğuyordu; gözyaşı dökülmeden nasıl gerçekleşebilirdi ki bu? Hem bir düşünün: Hayattan haz alınacak yeni günlerin, yani bizim günlerimizin ruhunu düşünün; bu ruh insanoğlunun üzerinde yaşadığı dünyanın yüzeyinde, hatta kendi teninde hissettiği mağrur aşk, zamanın yeni ruhu haline gelmekteydi. Nasıl diyeyim, bu tıpkı bir âşığın, sevdiği kadının güzel tenine karşı duyduğu hazza benziyordu. Bunun dışındaki bütün ruh halleri harap ve bitap düşmüştü: bitmek tükenmek bilmeyen muhalefet, insanoğlunun düşüncesinde ve yaşayışındaki sınırsız merak sonunda düzelmiş ve geçip gitmişti. Bu ruh hali de zaten eski Yunan'a özgüydü ve aslında onlar için de bir araç olmanın ötesine geçmiyordu. Oysa bu ruh halinin on dokuzuncu yüzyılın bilimi denen şeye de hiçbir yansıması olmamıştı. Zaten bu bilim, sizin de bildiğiniz gibi genel olarak ticari sisteme katkıda bulunuyordu. Hatta sık sık o sistemin polisine de faydalı oluyordu. Görüntüyü kurtarsa da bu bilim, kendine gerçekten inanmadığı için kısıtlı ve korkakçaydı. Sonuç belliydi; çünkü hayatı zenginler için bile bu kadar çekilmez kılan mutsuzluk döneminden tek kurtuluş yolu buydu ve kendi gözlerinizle de görebileceğiniz gibi büyük değişim tüm mutsuzluğu aldı götürdü. Bizim hayata bakışımıza daha benzer bir yaklaşım, ortaçağın ruhuydu. Ortaçağ için cennet ve bir sonraki yaşam öyle gerçekti ki dünya üzerindeki yaşamın bir parçası olmuştu. Bu sayede, kendilerinden öncekilerin dünyevi zevklerden el etek çekmeyi öğütleyen öğretilerine karşın yaşamı seviyor ve güzelleştiriyorlardı.

"Fakat cennet ve cehennemi, içinde yaşanacak iki ayrı ülke gibi gören katı inançla birlikte bu da yok oldu gitti. Şimdi bizler teoride ve pratikte insan dünyasındaki hayatın devamlılığına inanıyoruz ve eskiden olduğu gibi sıradan hayatın her gününü, kişisel deneyimlerimizin bize kazandırdığı günlerimizin küçük yığınına ekliyoruz. Bu sayede de mutlu oluyoruz. Buna şaşırıyor musunuz? Eski zamanlarda bile insanlara kendi cinsini sevmesi, insanlık dinine inanması gibi şeyler söyleniyordu. Ama ne zaman ki insanoğlu bu fikre değer verecek kadar zihin olgunluğuna ulaştı, düşünceleri inceldi ancak o zaman tapınacağı kitleyi oluşturan bireylerin bu göze batan tarzından tiksindi; bu tiksintiyi de gidermek için de insanoğlunun o bildik soyutlamasına başvurdu; oysa bu soyutlamanın insan ırkıyla gerçek ya da tarihsel bir bağı yoktu; insanlığı kendi gözünde bir yanda gözü hiçbir şey görmeyen zalimler ve diğer yanda kayıtsız, aşağılanmış köleler olarak ikiye ayırıyordu. Fakat insanlık dinini şimdi kabul etmenin nesi zor? Şimdi insanlığı meydana getiren kadınlar ve erkekler en azından özgür, mutlu ve hayat dolu ve genellikle bedenen de güzel. Etraflarında kendi zevklerine göre güzel şeyler var ve doğa da insanoğluyla teması sonucunda kötüye gitmemiş, iyileşmiş. Dünyanın bu döneminin bize dair olan kısmı işte budur."

"Doğru gibi geliyor," dedim, "ya da görmüş olduklarım sürdürdüğünüz hayatın bir göstergesi ise doğru olmalı. Mücadele yıllarından sonra nasıl geliştiğinizi biraz anlatır mısınız?"

"Size dinleyebileceğinizden de fazlasını anlatırdım ama vaktiniz yetmez. En iyisi mi karşılaşılan temel zorluklardan dem vurayım biraz. İnsanların savaşın ardından düzen sağlamaya başladığı zamanlardı; savaşın yok ettiği zenginlikleri büyük ölçüde telafi etmişlerdi. Bir ara bir umutsuzluk rüzgârı eser gibi oldu. Sanki, eski zamanlardaki bazı gericilerin kehaneti gerçek oluyordu; donuk bir seviyeye erişen faydacı rahatlık anlayışı bir an için sanki bütün başarımızı ve emellerimizi sona erdiriyor gibiydi. Oysa, çabalamak için gereken rekabet güdüsünün ortadan kalkması hiçbir şekilde toplum için gerekli olan üretimi aksatmamıştı. Öyleyse bu durum insanlara düşünmek ve hülyalara dalmak için fazla zaman vererek onları nasıl donuklaştırabilirdi ki? Hem zaten bu donuk fırtına bulutu bizi yalnızca tehdit etti, sonra da geçip gitti. Herhalde, size daha önce anlattıklarımdan böyle bir hastalığa karşı bulunan çareyi tahmin edersiniz. Tabii bir zamanlar üretilen pek çok şeyin; fakirleri köleleştiren ürünlerin ve zenginlerin uğruna servetlerini çarçur ettikleri ürünlerin üretimine son verildiğini de aklınızda bulundurun. Kısacası çare, bir zamanlar adına sanat denilen şeyin üretimiydi. Bunun artık bizim aramızda bir ismi yok çünkü artık üreten her insanın emeğinin vazgeçilmez bir parçası haline geldi bu," dedi.[44]

"Nasıl! Bana söz etmiş olduğunuz o umutsuz yaşam ve özgürlük mücadelesi içinde insanların güzel sanatları geliştirecek fırsatı ya da zamanı olmuş mu ki?" dedim.

Hammond: "Yeni sanat tarzının, eskinin sanatı üzerine kurulduğunu düşünmeyin; söylerken insana tuhaf gelse de, iç savaş sanata birçok şeyden daha az zarar vermişti. Ama sanat adına eskiden varolan her şey, mücadelenin son zamanlarında, özellikle de müzik ve şiir alanında mükemmel bir şekilde dirildi. Bahsetmekte olduğum sanat, ya da çalışma zevki demek daha doğru olur, artık korkunç ve zahmetli bir şekilde çalışmak zorunda olmayan insanlarda içgüdüsel olarak bir anda ortaya çıkmış olmalı. Artık herkes elindeki işini en iyi şekilde yapıyor ve en mükemmele ulaşmaya çalışıyordu. Bu bir süre böyle devam edince insanların zihninde bir güzellik arayışı uyanır gibi oldu ve önceleri kabaca, bilinçsizce ürettikleri şeyleri süslemeye başladılar. Bu işe bir kez başlayınca da gittikçe büyüdü. Yakın dönem atalarımızın büyük kayıtsızlıkla ortaya koymuş olduğu sefaletin ortadan kaldırılışı da tüm bunlara yardımcı oldu ve bir zamanlar sanıldığı gibi hiç de ahmakça olmayan tersine eğlenceli olan taşra yaşamı, (daha önce de söylemiş olduğum gibi) aramızda gelişmeye başladı.[45] Böylece sonunda yavaş yavaş da olsa, yaptığımız işe zevk kattık. Sonra bilincine vararak bu zevki geliştirdik, sonuna kadar götürmeye dikkat ettik ve işte her şey tamamlanmıştı; bizler de mutluyduk. Umarım asırlar boyu sürer mutluluğumuz!" dedi.

Yaşlı adam melankolik görünmüyordu ama ben yine de hayallere daldığını düşündüm. Fakat müdahale etmedim. Bir anda yeniden konuşmaya başladı: "Evet, sevgili konuğum, işte Dick ve Clara da sizi almaya geliyorlar. Artık konuşmamın sonu geldi. Ama eminim konuşmamız bitti diye üzülmeyeceksiniz çünkü uzun günün sonu gelmeye başlıyor ve Hammersmith'e doğru hoş bir yolculuk yapacaksınız."

XIX
Hammersmith' e dönüş

Hiçbir şey söylemedim çünkü böyle ciddi bir konuşmanın ardından sırf kibarlık olsun diye konuşmayı hiç de arzu etmiyordum. Aslında yaşlı adamla sohbete devam etmek isterdim. En azından o, benim hayata bakış biçimimi biraz olsun anlıyordu; diğer taraftan daha genç insanlar bütün kibarlıklarına rağmen bana gerçekten de başka bir gezegenden gelmişim gibi davranıyorlardı. Yine de elimden gelenin en iyisini yaparak genç çifte bakıp olabildiğince dostane gülümsedim. Dick gülümsememe karşılık olarak, "Evet dostum tekrar görüştüğümüze ve akrabamla henüz başka bir boyuta geçecek kadar çok konuşmadığınıza sevindim. Orada Gallileri dinlerken, sizin ortadan kaybolacağınızdan şüphelenmeye başlamıştım; ve akrabamın salonda boşluğa bakarak konuştuğunu, bir anda karşısında bir süredir kimsenin bulunmadığını fark ettiğini canlandırıyordum gözümde," dedi.

Bu sözler biraz huzurumu kaçırdı. Bir anda, kısa bir süre önce geride bıraktığım hayatın kirli, sefil trajedisi ve o rezil keşmekeş canlandı gözlerimin önünde. Şimdi, tıpkı bir rüya gibi geçmişte arzuladığım huzur ve sükûnete kavuşmuştum ve geri dönüş fikrinden nefret ediyordum. Yaşlı adam kıkırdadı ve:

"Merak etme, Dick. Hiç de havaya konuşmadım. Diğer taraftan bir tek yeni dostumuzla da konuşmadım. Birçok insanla birden konuşuyor olmadığımı kim bilebilir ki? Belki de bir gün konuğumuz insanlarının yanına geri döner, belki onlara bizden bir mesaj götürür ve bu mesaj onlar için verimli olur, tabii bu sayede bizim için de."

Dick'in, kafası karışmış gibiydi ve: "Pekâlâ yaşlı adam, ne demek istediğini pek anlayamadım. Tek söyleyebileceğim, umarım konuğumuz bizi terk etmez. Görmüyor musun, hiç de alışkın olduğumuz türden bir insan değil o ve bazen her şey üzerinde yeniden kafa yormamıza neden oluyor, daha şimdiden onunla konuştuktan sonra Dickens'ı daha iyi anlayacağımı düşünüyorum," dedi.

"Evet," dedi Clara, "sanırım birkaç ay içinde onun daha genç gözükmesini sağlayabiliriz ve gerçekten de yüzündeki kırışıklıklar kaybolunca nasıl olacağını görmek isterim. Sizce de bizimle biraz daha zaman geçirdikten sonra daha iyi gözükmez mi?"

Yaşlı adam başını salladı, ciddiyetle yüzüme baktı ama cevap vermedi ve bir iki dakika boyunca kimse konuşmadı. Sessizliği bozan Clara oldu:

"Büyükbaba, bir şeyler beni rahatsız ediyor ve bu hiç hoşuma gitmiyor, içimde sanki kötü bir şeyler olacakmış gibi bir his var. Konukla birlikte geçmişte yaşanan sefaletlerden söz ettiniz ve o mutsuz zamanları yeniden yaşadınız. Şimdi de bizleri kuşatan hava tamamen bunlarla dolmuş ve bu da kendimizi hiçbir zaman sahip olamayacağımız bir şeyi arzuluyormuşuz gibi hissetmemize sebep oluyor."

Yaşlı adam ona bakarak gülümsedi ve: "İyi ya evladım, gerçekten böyle olduğunu düşünüyorsanız gidin bugünü yaşayın da bu histen bir an önce kurtulun," dedi. Sonra bana döndü ve: "Geldiğiniz ülkede böyle bir şeye hiç rastlamış mıydınız konuğum?" dedi.

Âşıklar şimdi diğer tarafa dönmüştü ve bize aldırmaksızın kendi aralarında tatlı tatlı konuşuyorlardı, bu yüzden alçak sesle konuştum: "Evet, günlük güneşlik bir tatil gününde, henüz mutlu bir çocukken ve dilediğim her şeye sahipken," dedim.

"Demek öyle," dedi yaşlı adam. "Çocukluğuma geri dönmüşüm gibi yaşadığımı söylediğimde az önce benimle dalga geçtiğinizi hatırlıyorsunuzdur. Bunun yaşaması mutluluk verici bir dünya olduğunu göreceksiniz, bir süreliğine burada mutlu olacaksınız."

Bu kez de üstü kapalı tehdidinden hoşlanmamıştım ve tüm bu ilginç insanların arasına nasıl olup da karıştığımı hatırlamaya çalışıp duruyordum. O sırada yaşlı adam neşeli bir sesle: "Pekâlâ yavrularım, şimdi konuğunuzu alın götürün ve ona iyi bakın; çünkü ona pürüzsüz bir cilt ve huzurlu bir zihin sağlamak artık sizin göreviniz, o hiç de sizin kadar şanslı değilmiş. Elveda konuk!" dedi ve elimi dostça sıktı.

"Hoşça kalın" dedim, "ve bana anlattığınız her şey için de teşekkür ederim. Tekrar Londra'ya geldiğimde en kısa zamanda ziyaretinize gelmek isterim. Gelebilir miyim?"

"Evet," dedi, "gelebilirseniz mutlaka gelin."

"Bir süre gelebileceğini sanmam," dedi Dick o neşeli sesiyle. "Nehrin üst tarafında çayır biçme zamanı, onu ot ve buğday hasatları arasında kalan zamanda taşraya götüreceğim ki kuzeydeki dostlarımızın nasıl yaşadığını görsün. Sonra buğday hasadında, umarım güzelce çalışırız. Wiltshire'a gidersek daha iyi olur, çünkü açık havada yaşamaya kolay kolay alışamayacaktır ve ben de çivi gibi sert olurum orada."

"Beni de yanında götürürsün, değil mi Dick?" dedi Clara, o güzel elini Dick'in omzuna koyarak.

"Götürmez olur muyum?" dedi Dick, biraz abartılı bir biçimde, "seni her akşam güzelce bir yormadan göndermeyiz yatmaya. Ellerin, boynun bronzlaşınca çok güzelleşecek, bir manolya kadar beyaz olan elbiseler giyeceksin; ve şu garip, huzursuzluk veren kaprislerinin en azından bazılarından kurtulacaksın sevgilim. İşte, bu haftanın hasadı senin açından bu işe de yarayacak."

Genç kız çok hoş bir şekilde kızardı, utancından değil, hoşuna gittiği için kızarmıştı. Yaşlı adam yeniden güldü ve:

"Sevgili dostum, gayet rahat edeceğinizi görebiliyorum; bu ikisinin sizinle fazla uğraşacağından endişe etmeyin, birbirleriyle öyle meşgul olacaklardır ki sizi çoğu kez rahat bırakacaklardır; bu da eminim her şeyden önce bir konuğa gösterilecek en büyük kibarlıktır. Tabii, kendinizi fazlalık gibi hissetmeniz için de bir sebep yok: bu kumrular, yanlarında yakın bir arkadaşlarının bulunmasından hoşlanırlar, böylece, arkadaşlığın olağanlığı içinde aşk sarhoşluğundan biraz olsun kurtulabilirler. Ayrıca Dick de, biraz daha fazla olmakla birlikte, Clara da zaman zaman biraz sohbet etmekten hoşlanırlar; siz de bilirsiniz ki âşıklar başları belaya girmeden pek öyle konuşma heveslisi olmazlar, yalnızca bıcır bıcır oynaşır dururlar. Hoşça kalın konuğum, size mutluluklar dilerim!" dedi.

Clara yaşlı Hammond'un yanına gitti ve kollarını boynuna dolayarak onu kuvvetlice öptü. Sonra da: "Sen çok tatlı bir ihtiyarsın ve benimle istediğin kadar dalganı geçebilirsin. Tekrar görüşmemiz uzun sürmeyecek ve konuğumuzu mutlu edeceğimizden de şüphen olmasın; yine de söylediklerinde biraz gerçek payı yok değil," dedi.

Yaşlı Hammond'la tekrar el sıkıştım ve salondan dışarı çıktık. Kemerli yoldan geçerek sokağa ulaştığımızda Boz Yele'yi arabaya koşulmuş bizi beklerken bulduk. Ona gayet iyi bakılmıştı, yedi yaşlarında küçük bir oğlan dizginleri elinde tutuyor ve ciddiyetle atı seyrediyordu. Arkasında on dört yaşlarında bir kızla onun üç yaşındaki kız kardeşi ve oğlandan bir yaş kadar daha büyük bir kız gözüküyordu. Üçlü bir yandan kiraz yemekle bir yandan da Boz Yele'ye vurup okşamakla meşguldü. Boz Yele tüm bu okşamaları iyi huylulukla karşılıyordu. Dick'i görünce kulaklarını havaya dikti. Kızlar yavaşça uzaklaştılar, Clara'ya doğru giderek yanına sokuldular ve bu sefer de onunla ilgilendiler. Sonra arabaya bindik, Dick dizginlere asıldı ve hemen yola koyulduk. Boz Yele, Londra sokaklarında güzel ağaçların arasından ölçülü bir tempoyla gidiyor, ağaçlardan akşamın serinliğine buram buram kokular yayılıyordu, ne de olsa güneş artık batmaya başlamıştı.

Yol boyunca güçlükle ilerleyebiliyorduk çünkü bu serin saatte dışarıda bir sürü insan vardı. Bunca insanı yeniden bir arada görmek, beni, dış görünüşlerini bir kez daha incelemeye itti. İtiraf etmeliyim on dokuzuncu yüzyılın loş griliğinin, daha doğrusu kahverengiliğinin biçim verdiği zevkim, bu kıyafetlerin canlılığını ve parlaklığını daha çok kınama eğilimindeydi. Hatta bunu Clara'ya söylemeye bile cüret ettim. Şaşırmış gözüktü, biraz da içerleyerek, "Eee, ne olmuş yani? Şu anda pis bir işle uğraşmıyorlar, yalnızca bu güzel akşamda eğlenmek için bir gezintiye çıkmışlar, giysilerini kirletecek hiçbir şey yok. Söyleyin, hepsi de çok hoş gözükmüyor mu şimdi? Hiç de fazla bir gösterişleri yok işte," dedi.

Söyledikleri doğruydu; yeterince ağırbaşlı renkler giyinmiş pek çok kişi de vardı, güzeldi giysileri, ve renk uyumu da mükemmel ve son derece etkileyiciydi.

"Evet, öyleler, ama nasıl oluyor da böyle giysiler almaya herkesin gücü yetiyor? Bakın, şurada ağırbaşlı, gri bir elbise giymiş orta yaşlı bir adam gidiyor, daha buradan kıyafetinin çok iyi bir yünden yapılma olduğunu görebiliyorum ve üzerine de ipek işlenmiş," dedim.

"İsteseydi eski püskü kıyafetler de giyebilirdi; tabii o şekilde insanların duygularını incitmeyeceğini düşünüyor olması gerekirdi," dedi Clara.

"Fakat lütfen izah edin bana," dedim, "tüm bunları nasıl alabiliyorlar?"

Bu sözleri söyler söylemez anladım ki aynı gaflete bir kez daha düşmüştüm. Çünkü Dick'in omuzlarının kahkahadan sarsıldığını görebiliyordum, tek kelime etmiyor, beni tamamen Clara'nın insafına bırakıyordu.

"Nasıl yani, ne demek istediğinizi anlayamıyorum. Tabii ki alabiliyoruz, eğer alamıyor olsaydık yapmazdık da. Bütün işçiliğimizi rahat kıyafetler yapmak için harcamaya karar vermek bizim için kolay olurdu ancak; biz bununla yetinmiyoruz. Bunda ne kusur var ki? Kendimize güzel kıyafetler yapacağız diye açlıktan öldüğümüzü mü düşünüyorsunuz yani? Yoksa bedenlerimiz gibi bedenlerimizi örten nesnelerin de güzel olmasını istemeyi yanlış mı buluyorsunuz? Bu aynı bir geyiğin ya da bir samurun derisinin başından beri güzel olması gibi bir şey. Hadi, neyiniz var sizin?" dedi Clara.

Karşısında boynum kıldan inceydi, birkaç bahane geveledim ağzımda. Mimariden bu kadar hoşlanan insanların, kendilerini süslemekten de geri kalmayacaklarını tahmin etmem gerekirdi. Her şeyden önce, rengi bir yana, kıyafetleri hem güzel hem de makuldü, vücudu örtmekle beraber ne aşırı sade ne de aşırı abartılıydı.

Clara'nın yatışması fazla uzun sürmedi. Daha önce de adı geçen ormanın içinden geçerken Dick'e:

"Ne diyorum, biliyor musun Dick, akrabamız yaşlı Hammond da konuğu bu tuhaf kıyafetleriyle gördüğüne göre, yarınki yolculukta üzerine giymesi için güzel bir şeyler bulsak iyi olur bence. Aksi taktirde giysileri ve bu giysilerin nereden geldiği ile ilgili türlü çeşit sorulara cevap vermek zorunda kalacağız. Hem, güzel giysiler giydiği zaman, bizi birbirimize hoş gözükmek için vakit harcayacak kadar çocuklaşıyoruz diye de bu kadar kolaylıkla suçlayamaz."

"Peki, Clara" dedi Dick, "istediğin, yani, onun istediği gibi olsun. O yarın kalkmadan önce ben çıkıp üzerine göre bir şeyler ararım."

XX
Bir kez daha Hammersmith misafirhanesindeyiz

Konuşa konuşa bu güzel akşamda yolumuza devam ettik ve Hammersmith'e ulaştık. Dostlarımız bizi oldukça iyi karşıladı. Giysisini tazelemiş olan Boffin, bana, büyük bir nezaketle hoş geldin, dedi. Dokumacı, beni lafa tutarak ağzımdan yaşlı Hammond'ın neler söylediğini almaya çalıştı, ama Dick onu ikaz ettikten sonra gayet neşe ve dostluk doluydu. Annie benimle el sıkıştı ve iyi bir gün geçirmiş olmamı umduğunu söyledi; öyle nazikti ki ellerimiz ayrıldığında ufak bir sızı duydum, doğrusunu isterseniz onu Clara'dan daha çok beğeniyordum. Clara her zaman biraz savunma halindeydi, oysa Annie alabildiğine içtendi ve bunun için hiçbir çaba göstermediği halde herkes ve her şey onu gerçekten de mutlu ediyormuş gibi gözüküyordu.

O akşam, hem benim onuruma hem de her ne kadar bu konuda hiçbir şey söylenmediyse de, yanılmıyorsam, Dick ile Clara'nın tekrar bir araya gelmesinin onuruna ufak bir şölen düzenlendi. Şarap en iyi cinsti, salon türlü çeşitli yaz çiçeklerinin kokusuyla bezenmişti. Yemekten sonra yalnızca şarkı söylemekle kalmadık (bence Annie'nin sesi, yalnızca güzelliği ve pürüzsüzlüğü bakımından değil, duygu ve anlam yüklü olması bakımından da tüm diğer sesleri bastırıyordu), ilerleyen saatlerde birbirimize hikâyeler anlatmaya da başladık; orada oturup taş süslemelerle bezenmiş olan pencerelerden sızan ay ışığı dışında başka hiçbir ışık olmaksızın anlatılan hikâyeleri dinledik; sanki kitapların zor bulunduğu ve okuma sanatının henüz yaygınlaşmadığı çok eski zamanlarda yaşıyorduk. Yine de; belki sizin de dikkatinizi çekmiştir ya, söylemeden geçmeyeyim, dostlarımın kitaplar söz konusu olduğunda genellikle söyleyecek sözleri olmasına rağmen ve özellikle de davranışlarındaki incelikle, şüphe götürmez bir şekilde sahip oldukları bolca vakit düşünüldüğünde, pek öyle kitap kurdu oldukları söylenemezdi. Özellikle de Dick ne zaman bir kitaptan bahsedecek olsa yeni bir buluş yapmış gibi bir hava takınıyordu. Sanki, 'İşte, gerçekten okudum bu kitabı,' diyordu.

Akşam benim için çok hızlı geçti. Çünkü o gün, hayatımda ilk kez bir şeylerin ters gittiğini düşünmeksizin göz zevkimi tatmin ettim. İlk kez o gün, her zaman için geçmişin güzel sanat eserleri arasındayken hissettiğim olası bir yıkımdan korkmadım. Bu duygu o günün güzelim doğasıyla da karıştı. Aslında sanat da doğa da yüzyıllar boyunca süregelen bir geleneğin yansımasıydı; bu gelenek ki insanları sanat icra etmeye, doğayı da yılların kalıbına sığmaya zorlamıştı. Bugünkü keyfimi hazırlayan adaletsizliği ve sefil emeği, tarihi ilgiyle değerlendirmeme yol açan hayatın cehaletini ve hareketsizliğini, bu romansı yaşamama yol açan korku ve aksilik dolu mücadele ve zorbalığı bir an bile aklıma getirmeksizin burada her şeyden zevk alabiliyordum. Kalbimin üzerindeki tek ağırlık, yatma saati yaklaştıkça belli belirsiz bastıran ertesi gün uyandığımda kendimi nerede bulacağım korkusuydu. Fakat bu duygunun üstesinden geldim ve mutlu mesut yatmaya gittim. Birkaç dakika içinde deliksiz bir uykuya daldım.

XXI
Nehrin yukarısı

Uyandığımda dışarıda güzel, güneşli bir sabah vardı. Yataktan fırladığımda bir önceki akşamdan kalma kuruntum hâlâ üzerimdeydi; ancak, yatak odamda şöyle bir etrafıma bakıp da duvardaki pastel renkli şekilleri ve altlarında yazılı olan oldukça iyi bildiğim dizeleri gördüğümde hepsi siliniverdi. Benim için hazırlanmış olan mavi bir takımı hemen üzerime geçirdim; öyle hoştu ki giyinince bir süre kızarıp bozardım ve bir yandan da bir tatil beklentisinin verdiği heyecan dolu zevki duydum. Bu hissi çok iyi bilmeme rağmen yaz tatilleri için eve yeni geldiğim çocukluk günlerimden beri hissetmemiştim.

Sabahın erken saatleri olmalıydı. Yatak odamı salona bağlayan koridordan çıktığımda tek başıma olacağımı hesap ediyordum. Fakat, çok geçmeden Annie ile karşılaştım. Annie beni görünce süpürgesini elinden bıraktı ve benim bir dostluk işareti olmasının dışında hiçbir anlam veremediğim bir öpücük kondurdu yanağıma. Bu sırada biraz yüzü kızardı ama utanmış olduğundan değil de dostane bir memnuniyet duyduğundan dolayı olduğunu sanıyorum. Sonra süpürgesini tekrar eline aldı ve süpürmeye devam etti. Bana da başıyla önünden çekilmemi ve seyretmemi işaret etti. Doğrusunu söylemek gerekirse bu işi oldukça sevmiştim, çünkü ona yardım eden beş kız daha vardı ve rahat rahat iş gören zarif bedenleri görülmeye, büyük bir ciddiyetle yaptıkları iş sırasındaki neşeli konuşmaları ve gülüşmeleri de dinlenmeye değerdi. Annie, salonun diğer tarafına giderken bana dönüp şöyle dedi: "Gerçi sizi uyandırmayı düşünmüyorduk ama erken kalktığınıza memnun oldum, konuğum. Ne de olsa Thames'imiz bir haziran sabahı, saat altı buçukta güzel bir nehirdir ve bunu görememek sizin için büyük bir kayıp olurdu. Bana size bir bardak süt ve biraz ekmek verip kayığa bindirmem söylendi. Dick ile Clara da şimdiye çoktan hazırdırlar. Şu sırayı da süpürene kadar bir dakika bekleyin."

Az sonra süpürgesini yeniden bırakarak yanıma geldi ve elimden tutup beni nehrin yanındaki taraçaya çıkardı. Ağaç dallarının altında küçük bir masaya oturdum. Burada ekmeğim ve sütüm, bir insanın arzu edebileceği en güzel kahvaltıya dönüştü. Ben kahvaltımı ederken Annie de yanımda oturdu. Bir iki dakika sonra Dick ve Clara da yanıma geldiler. Clara işlemeli ipekten hafif bir elbisenin içinde alabildiğine taptaze ve güzel görünüyordu. Alışkın olmayan gözlerim için fazlasıyla canlı ve parlak bir görüntüydü bu. Dick de çok hoş işlenmiş beyaz bir flanelle oldukça yakışıklı olmuştu. Clara eteklerini tutarak beni selamladı ve gülerek: "Bakın, konuğum! En az dün akşam eleştirir gibi olduğunuz insanlar kadar hoş giyindik ve bu güzel günü de çiçekleri de kendilerinden utandırmayacağız. Şimdi eleştirin beni!" dedi.

"Hayır, bu mümkün değil. Siz ikiniz sanki bu yaz gününün çocukları gibisiniz ve sizi ancak bu yaz gününü eleştirdiğim zaman eleştirebilirim," dedim.

"Bildiğiniz gibi," dedi Dick, "bu özel bir gün, yani bu günler. Güzel havalardan dolayı ot hasadı mısır hasadından bir açıdan daha zevklidir ve güzel bir günde çalışmamışsanız ot hasadında bunun ne kadar zevkli bir iş olduğunu bilemezsiniz. Kadınlar da çalışırken çok hoş gözükürler," dedi utana sıkıla, "her şey bir yana, herhalde bizim de naçizane, bu günü güzelleştirmeye hakkımız vardır."

"Kadınlar ipekli giysiler içinde mi çalışıyor?" dedim gülümseyerek.

Dick tam ciddi ciddi cevap verecekti ki Clara eliyle onun ağzını kapatarak, "Hayır yapma Dick, yine bir sürü şey söylemeye başlama yoksa yaşlı akraban gibi olmaya başlayacaksın yine; bırak da kendisi bulsun, nasıl olsa görmesine az kaldı."

"Evet" dedi Annie, "anlatırken öyle çok da abartmayın sonra perde açıldığında hayal kırıklığına uğrayabilir. Hayal kırıklığına uğramasını istemem. Neyse, eğer gel-gitin ve bu güneşli sabahın tadına varmak istiyorsanız gitme vaktiniz geldi, Hoşça kalın, konuğum."

O dostane, dobra tavrıyla beni öptü ve bu keşif gezisine gitmek için duyduğum isteği aldı götürdü benden. Ama kendime gelmeliydim, bu kadar güzel bir kadının kendi yaşına uygun bir sevgilisinin olacağı muhakkaktı. Merdivenlerden aşağı inip iskeleye geldik. Çok hoş bir kayığa bindik. Kayık bizi ve eşyalarımızı rahat rahat taşıyabilecek güçteydi ve çok hoş bir şekilde süslenmişti. Biz binerken Boffin ve dokumacı da gelip bizi uğurladı. Boffin, görkemini iş kıyafetleri ve bir şapkayla gizlemişti; yine de, eskiden İspanyollara özgü olan bir kibarlıkla bizi uğurlamak için şapkasını çıkarıp bize doğru sallamaktan geri kalmadı. Dick kayığı akıntıya doğru itti ve kuvvetle küreklere asıldı. Hammersmith de heybetli ağaçları ve nehir kenarındaki manzarasıyla bizden uzaklaşmaya başladı.

Bir yandan giderken bir yandan da kafamda Dick'in yaptığı tarla tasviriyle, kendi hatırladığım görüntüyü karşılaştırmaktan kendimi alamıyordum. Özellikle de çalışan kadınların hali gözümün önünden gitmiyordu: Bir dizi sıska, tahta göğüslü, çirkin, zarafetten yoksun beden ve yüz dizisinin; berbat, biçimsiz basma elbiselerini, uçuşan baş örtülerini ve aralıksız salladıkları tırmıklarını hatırlıyordum. Nasıl da haziran ayının güzelliğini alıp götürürlerdi benden. Nasıl da yazın o güzel bereketine layık kadınlar ve erkeklerle dolu tarlalar görmeyi arzulardım. Yaz mevsimine ait o güzel manzaraların sınırsız bolluğunu ve şahane kokularını, seslerini arardım. Şimdi ise dünya yaşlanmıştı ve erdemliydi. Ben de bu arzumun sonunda gerçekleştiğini görmek üzereydim.

XXII
Hampton Court ve eski zamanları öven bir adam

Yolumuza devam ettik. Dick, kendini yormadan kürek çekiyor, Clara da yanımda oturmuş, onun erkeksi güzelliğini ve iyi huylu yüzünü seyrediyordu ve sanırım başka şey düşündüğü de yoktu. Nehrin yukarılarına doğru gittikçe Thames'in hatırladığım haliyle bugünkü hali arasındaki fark azalıyordu. Sonradan görme zenginlerin, borsa simsarlarının ve bu tip diğer insanların, ağaç dallarıyla bezenmiş kıyıların güzelliğini bozan Doğu Londra tarzı villaları[46] bir yana, Thames bu yüzyılın başlarında bile hâlâ güzeldi. Güzel yaz çayırlarının arasından ilerlerken, neredeyse yeniden genç olduğumu hissettim; sanki, dünya üzerinde tek bir yanlış olduğunu bile düşünemeyecek kadar mutlu olduğum günlerde, o çok hoşlandığım nehir gezintilerinden birindeydim.

Sonunda nehrin kıvrımlarının azaldığı bir yere geldik. Solumuzda çok hoş ufak bir köy vardı; köyün eski evlerinin bir kısmı, üzerinde bir tekne bulunan nehrin kıyısına kadar uzanıyordu. Evlerin ardında ise karaağaçlarla çevrelenmiş otlaklar uzanıyor ve bir dizi söğüdün sıralandığı yerde son buluyordu. Sağımızda ise nehrin kenarından bir patika ve bir sıra ağacın önünde kalan bomboş bir arazi uzanıyor ve büyük, eski bir parkın taş süslemelerinin arkasına kadar devam ediyordu. Nehrin düzleştiği yerin sonunda da, küçük bir köy meydana getirerek sona eriyordu. Köy evleri tuhaf ama hoştu; bazıları yeni bazıları ise eskiydi. Eski yapılar ağırlıklı olarak, yüksek duvarları ve kırmızı tuğladan yan cepheleri çatısına doğru sivrilen büyük binalardı, kısmen son dönem Gotik tarzında kısmen de Kral Hollandalı William'ın zamanındaki gibiydi; hepsi parlak güneşin, güzel çevrenin ve aşağıda akan mavi parlak nehrin yardımıyla kaynaşıyordu. Bu yeni mutlu çağın güzel binalarının arasında akarken bile, nehrin tuhaf bir çekiciliği vardı. Köyün göremediğimiz bahçelerinden burnumuza dalga dalga kokular geldi, bunların arasında ıhlamur kokusu kolaylıkla ayırt edilebiliyordu. Bu sırada Clara yerinde doğrularak:

"Dick, hayatım, bugün için Hampton Court'ta duramaz mıyız? Hem konuğumuza parkın çevresini gezdirip, eski güzel binaları göstermiş oluruz. Herhalde buraya çok yakın yaşadığından olacak, beni Hampton Court'a o kadar az getirdin ki," dedi.

Dick küreklerini biraz bırakarak: "Hadi, Clara, bugün tembelliğin üzerinde. Geceyi Shapperton'da geçirmek dışında durmayı planlamıyordum. Court'a yalnızca akşam yemeği için gitsek ve beşte tekrar yola çıksak nasıl olur?" dedi.

"Öyle olsun," dedi Clara, "yine de konuğumuzun parkta bir iki saatini geçirmesini isterdim."

"Parkta mı!" dedi Dick, "niye ki, yılın bu zamanı Thames kıyılarındaki her yer parktan farksızdır. Şahsen ben, bir buğday tarlasının kıyısındaki karaağaçlardan birinin altına uzanıp yatmayı tercih ederim. Bir yanımda arıların vızıltısını, bir yanımda da tarlalarda öten kuşların sesini İngiltere'deki bütün parklara yeğlerim. Ayrıca..."

"Ayrıca" dedi Clara, "Thames'in o çok sevdiğin üst kısımlarına bir an önce gidip ağır tırpanlarla ot biçmedeki ustalığını göstermek istiyorsun."

Dick'e sevgiyle baktı; onun ritmik hareketlerle tırpan sallayan o muhteşem vücudunun en güzel halini gözünün önüne getirdiği her halinden belliydi. Hafiften iç geçirerek bir de kendi güzel ayaklarına baktı, sanki kendi narin, kadınsı güzelliğiyle Dick'in erkeksi güzelliğini kıyaslıyordu; tıpkı geleneksel fikirlerin tahrifine uğramamış olan kadınların âşık olduklarında daima yaptıkları gibi.

Dick'e gelince, Clara'ya bir an için hayranlıkla baktı ve: "Pekâlâ Clara, gerçekten de orada olmayı isterdim! Ama işte geri dönüyoruz!" dedi. Tekrar küreklere asıldı ve iki dakika içinde köprünün altındaki çakıllı kıyıya varmıştık. Tahmin edeceğiniz gibi eski sefil, korkunç demir köprü gitmiş, yerine gayet sağlam meşe iskeletli çok hoş bir köprü gelmişti.

Court'un içine giderek hemen büyük salona yöneldik. Çok iyi hatırladığım bu mekânda masalar yemek için hazırlanmış ve her şey Hammersmith Misafirhanesi gibi düzenlenmişti. Yemekten sonra eski odaları gezdik, resimler ve duvar örtüleri hâlâ duruyordu. Değişen pek bir şey yoktu, yalnızca karşılaştığımız bütün insanların yüzünde tariflere sığmayacak türden bir evinde olmanın huzurlu bakışı vardı. Bu duygu bana da geçti ve bu eski, güzel binanın kelimenin tam anlamıyla benim olduğunu ve eski zamanlardaki mutluluğumun bugünkü mutluluğuma eklenerek ruhumu tatmin ettiğini hissettim.

Dick (Clara'nın kendisiyle alay etmesine rağmen burayı gayet iyi biliyordu) bana, bu güzel, eski Tudor odalarının bugün gelip giden insanlar tarafından kullanıldığını anlattı. Bu odalarda, saraya yakın pek de önemli olmayan dalkavukların kaldığını anımsıyordum. Evet, mimari artık güzelleşmişti, ülkenin bütün çehresi değiştirilmiş, güzelleştirilmişti ama bu binalarda hâlâ varlığını sürdüren öyle bir ince zevk ve güzellik vardı ki insanlar, tıpkı Londra'nın o pis, sefil günlerinde olduğu gibi hâlâ Hampton Court'a yazları ziyaret edilecek bir yer gözüyle bakıyorlardı. Eski bahçeye bakan bazı odalara girdik ve içerdeki insanlar bizi gayet iyi karşıladılar ve hemen bizimle sohbete daldılar. Tuhaf buldukları yüzüme belli etmemeye çalışarak ve kaba olmayan bir merakla bakıyorlardı. Bu göçmen kuşların yanı sıra burada düzenli olarak konaklayanlar da vardı. Bahçenin yanındaki çayırlarda, eskiden dendiği üzere 'Uzun Su'yun aşağısında, çevresi erkekler, kadınlar ve çocuklarla dolu bir sürü güzel çadır gördük. Anlaşılan ağzının tadını bilen bu insanlar bütün konfor eksikliğine rağmen çadırda yaşamaktan hoşlanıyorlardı ve bu şekilde bazı eksiklikleri de bir zevk haline getiriyorlardı.

Bu eski dosttan kararlaştırdığımız saatte ayrıldık. Kürekleri elime almak için hafif bir hamle yaptım, ama Dick bu teklifimi geri çevirdi. İşime gelmedi de değil hani, ne de olsa pek güzel geçen zamanın ve kendimi tembelliğe bıraktığım düşüncelerimin tadını çıkarmak beni yeterince meşgul ediyordu.

Dick' e gelince, kürekleri onun çekmesi oldukça yerinde bir karardı; çünkü bir boğa gibi kuvvetliydi ve ne iş olursa olsun bedenini çalıştırmaktan müthiş bir zevk alıyordu. Çoktan akşam olmasına rağmen onu durdurmakta büyük bir güçlük çektik, Runnymede'e geldiğimizde ay ışıl ışıl parlıyordu. Burada durduk ve çadırımızı kurmak için bir yer aramaya başladık (yanımızda iki çadır getirmiştik). Bu sırada yaşlı bir adam yanımıza gelerek iyi akşamlar diledi ve o akşam için kalacak bir yerimiz olup olmadığını sordu; olmadığını öğrenince de bizi evine davet etti. Memnuniyetle kabul ettik. Giderken, Clara ısrarla adamın elini tuttu, yaşlılara karşı böyle davrandığını fark etmiştim. Havanın ne kadar da güzel olduğunu ifade eden birkaç sıradan söz söyledi. Yaşlı adam tereddüt ederek ona baktı ve: "Gerçekten hoşuna mı gidiyor yani?" dedi.

"Evet," dedi Clara şaşırmış gözükerek, "sizin gitmiyor mu?"

"Bilmem" dedi, "belki de gidiyordur. Gençken tabii hoşuma giderdi, ama şimdi daha serin olmasını tercih ediyorum."

Clara bunun üzerine bir şey söylemedi ve yürümeye devam etti. Karanlık alabildiğine bastırıyordu. Bir tepenin başına gelmiştik ki ortasında bir kapı olan bir çite ulaştık. Yaşlı adam kapıyı açarak bizi bahçeye geçirdi. Bahçenin sonunda küçük bir ev görünüyor, evin pencerelerinden birinden sarı mum ışığı sızıyordu. Ayın belirsiz ışığı altında ve güneşin kalan en son kırıntılarında bile bahçenin çiçeklerle dolup taştığını görebiliyorduk. Çiçeklerden çıkan ve serinleyen havaya dağılan koku o kadar hoştu ki haziran akşamının güzelliğinin nabzı sanki burada atıyordu. Üçümüz de adeta içgüdüsel olarak durduk. Clara şarkısına başlayacak bir kuş gibi bir 'Ah,' koyverdi.

"Sorun nedir?" dedi yaşlı adam biraz sabırsızlanıp Clara'nın elini çekiştirerek. "Köpek yoktur burada. Yoksa bir dikene falan basıp ayağını mı incittin?"

"Hayır, komşum" dedi Clara, "hava ne kadar, ne kadar güzel!"

"Tabii güzel olacak" dedi, "bu kadar önemli mi bu senin için?"

Clara ahenkle güldü, biz de boğuk seslerimizle ardından güldük ve Clara: "Tabii ki önemli komşum, sizin için değil mi?"

"Vallahi bilemiyorum," dedi yaşlı delikanlı. Ardından kendinden biraz utanırmış gibi ekledi: "Ayrıca siz de biliyorsunuz ki sular kabardığında bütün Runnymede'i sel götürür ve hiç de bu kadar güzel olmaz."

"Benim hoşuma gider," dedi Dick. "O selin içinde keskin, dondurucu bir ocak sabahı kayıkla gezmek ne kadar da zevkli olurdu!"

"*Hoşuna* mı giderdi?" dedi ev sahibimiz. "Pekâlâ, seninle tartışmayacağım, komşum. Bir işe yaramıyor. İçeri gelin de bir şeyler yiyin."

Güller arasındaki taş döşeli bir yolu geçerek lambri ile kaplanmış ve oymalarla süslenmiş çok hoş bir odaya girdik. Oda tertemizdi ve içindeki en güzel süs, açık renk saçlı, kurşuni gözlü genç bir kadındı; yüzü, elleri ve çıplak ayakları güneşte yanmış güzel bir renk almıştı. Üzerinde çok basit giysiler vardı ama bunun sebebinin fakirlik değil, tamamen kendi tercihi olduğu belli oluyordu; bu kişilerin rastladığım ilk köylüler olmasına rağmen yoksul olmadıklarını anlayabiliyordum, çünkü kadının elbisesi ipektendi ve kolundaki bilezikler oldukça değerli gözüküyordu. Camın kenarında bir koyun postunun üzerine uzanmıştı ama biz girer girmez ayağa fırladı. Yaşlı adamın arkasındaki konukları görünce ellerini çırptı ve bir sevinç çığlığı koyuverdi. Bizi odanın ortasına buyur ettiğinde varlığımızdan duyduğu mutluluktan dolayı resmen etrafımızda dans etti.

"Ne yani!" dedi yaşlı adam, "çok sevindin, öyle mi Ellen?"

Kız dans ederek yaşlı adamın yanına gitti, ellerini boynuna dolayarak, "Evet, sevindim, sen de sevinmelisin, büyükbaba," dedi.

"Evet, sevindim," dedi, "ne kadar sevinilebilirse o kadar sevindim. Konuklarım, lütfen oturun."

Bu durum bize bayağı tuhaf gözüktü. Dostlarıma bana olduğundan daha tuhaf geliyor olmalıydı. Dick ev sahibinin ve torununun odadan çıkmasından faydalanarak bana yavaşça: "İşte halinden memnun olmayan birisi; bunlardan hâlâ var. Duyduğum kadarıyla bir zamanlar onun gibiler epeyce baş ağrıtmışlar," dedi.

Konuşmasını sürdürecekti ki yaşlı adam içeri gelerek yanımıza oturdu. Otururken öyle bir iç geçirdi ki sanki özellikle dikkatimizi çekmek istiyordu. Fakat tam bu sırada kız elinde yiyeceklerle göründü ve *ihtiyar* da amacına ulaşamadı; karnımız açtı ve ben torunun bir tablo güzelliğindeki hareketlerini seyretmekle öylesine meşguldüm ki, arada kaynadı gitti.

Tüm yiyecek ve içecekler, Londra'da yediklerimizden oldukça farklı olmalarına karşın güzelden de öteydiler. Ama yaşlı adam, sofradaki ana yemek olan enfes levreğe suratını asarak şöyle bir göz gezdirdi ve:

"Pöf, levrek! Sizin için daha iyisini yapamadığımız için üzgünüm konuklarım. Eskiden olsa sizler için Londra'dan güzel bir parça somon getirtebilirdik fakat yoksullaştık ve elimizdekiler sınırlı," dedi.

"Aslında şimdi de getirtebilirdin," dedi genç kız kıkırdayarak, "eğer konuklarımızın buraya geleceğini önceden bilseydin."

"Getirmememiz bizim kabahatimiz komşum," dedi Dick neşeyle. "Fakat elimizdekiler sınırlı olsaydı hiçbir şekilde bunun gibi bir levrek bulamazdık. Bu levrek, geldiği yerdeki balık dostlarına kırmızı yüzgeçleri ve koyu renk çizgileriyle hava atarken en azından bir kilo geliyordu herhalde. Somon meselesine gelince, uzak diyarlardan gelen bu dostumuz dün sabah kendisine Hammersmith'de bol miktarda somon olduğunu söylediğimde bayağı şaşırmıştı. Zamanın eskisinden daha kötüye gittiğine dair hiçbir şey duymadığıma eminim ben."

Dick biraz rahatsız olmuş gözüktü. Yaşlı adam da bana dönerek kibarca:

"Deniz aşırı yoldan gelen biriyle karşılaştığıma sevindim bayım. Size kendi ülkenizde daha iyi koşullar altında yaşayıp yaşamadığınızı sormak isterim. Konuğumuzun söylediklerinden anladığım kadarıyla rekabetten tümüyle kurtulmamış olduğunuz için herhalde daha canlı ve daha çeviksiniz. Geçmiş zamanlarla ilgili bazı kitaplar okudum; hiç şüphe yok ki o kitaplar bugünlerde yazılanlardan çok daha canlıydı ve bu kitapların yazıldığı zamanda kulağa hoş gelen serbest piyasa kanunları geçerliydi. Bunu tarihi kayıtlara baktığımızda anlayamazsak kitaplara bakarak anlayabiliriz. Bunlarda maceracı bir ruh ve iyiyi kötüden ayırma yeteneğinin belirtileri var. Bizim edebiyatımız da bugün bunun eksikliğini çekiyor. Ahlâkçılarımızın ve tarihçilerimizin geçmiş günlerin mutsuzluğunu fazlasıyla abarttığını düşünmeden edemiyorum; böyle şahane hayal ve zekâ ürünlerinin o günlerde yaratıldığına bakılırsa," dedi.

Clara gözleri fıldır fıldır yaşlı adamı dinliyordu, sanki heyecanlanmış ve mutlu olmuştu. Dick kaşlarını çattı, daha da rahatsız olmuş gözüküyordu ama hiçbir şey söylemedi. Yaşlı adam yavaş yavaş konuya ısındı ve alaycılığı giderek bıraktı, konuşması da bakışları da ciddileşti. Kafamda hazırladığım cevabı verme fırsatı bulamadan genç kız adamın sözünü keserek:

"Kitaplar, kitaplar! Hep kitaplar, büyükbaba! Bizi ilgilendiren şeyin içinde yaşadığımız, bir parçası olduğumuz ve sınırsızca sevdiğimiz bu dünya olduğunu ne zaman anlayacaksın? Bak!" dedi pencerenin kanatlarını daha da açıp içinden bir yaz gecesi rüzgârının akıp geçtiği ve ayın kara gölgelerini ışıl ışıl aydınlattığı bahçeyi göstererek: "Bak! Günümüzün kitapları bunlar ve bunlar," dedi âşıkların yanlarına gelip ellerini omuzlarına koyarak, "ve deniz aşırı bilgisi ve deneyimiyle bu konuğumuz; hatta sen büyükbaba" (konuşurken yüzüne bir gülümseme yayıldı) "bütün homurdanmana ve eski güzel günlere dönmek istemene rağmen. Herhalde özlediğin dünyada senin gibi etliye sütlüye dokunmayan, tembel bir ihtiyar ya açlıktan ölür ya da insanların yiyecek içeceğini, giysisini ve evini zorla ellerinden alsın diye askerlere para vermek zorunda kalırdı. Evet, bizim kitaplarımız bunlar işte; daha fazla kitap istersek ülkenin her tarafına kurduğumuz güzel binalarda kendimiz yapamaz mıyız? (eskiden böyle yerler olmadığını çok iyi biliyorum) bu binalarda insan içinden geçen her işi basıp yayınlayabilir; aklının, zihninin ürünlerini kendi elleriyle ortaya koyar."

Biraz ara verdi. Kendi adıma ona uzun uzun bakmaktan kendimi alamıyordum, bir kitap olsaydı bu kız, içindeki resimler ne güzel olurdu diye düşündüm. Narin, bronz yanakları daha da renklendi, yanık teni üzerinde birer ışık kaynağı gibi parlayan kurşuni gözlerini üzerimizde gezdirdi konuşurken. Biraz durduktan sonra konuşmasına devam etti:

"Senin kitaplarına gelince, akıllı insanların hoşça zaman geçirmek için yapacak başka şey bulamadıkları ve başka hayatların hayalini kurarak kendi hayatlarının sefaletini telafi etme ihtiyacı duydukları zamanlar için pek fena sayılmaz. Ama açık açık söylüyorum, bütün zekâlarına, güçlerine ve hikâye anlatmadaki ustalıklarına rağmen bu kitaplarda iğrenç bir şeyler vardı. Gerçi bazı yazarlar, tarih kitaplarının 'yoksul' diye tabir ettiği ve bizlerin hakkında az buçuk bir şeyler bildiğimiz insanlara karşı bir sempati duyduğu bir vakıa ama hemen ardından bu fikirden vazgeçiyorlar ve hikâyenin sonlarına doğru bizleri kahramanların nasıl da mutlu mesut yaşadığını görmekle yetinmek zorunda bırakıyorlar. Kahramanların mutlulukları, diğer insanların mutsuzluğu üzerine kurulu ve kendi yarattıkları bir dizi düzmece belanın (hepsi olmasa da çoğunluğu düzmece) ardından gerçekleşiyor. Bunların hepsi de bu kahramanların hisleri ve özlemleri hakkındaki sıkıcı, bireysel saçmalıklarla anlatılıyor ve böyle devam ediyor. Bu sırada dünyanın da yoluna bu işe yaramaz hayvanların ekseninde devam etmesi, kazma sallaması, dikiş dikmesi, yemek pişirmesi, binalar inşa etmesi ve marangozluk yapması gerekiyor."

"İşte!" dedi yaşlı adam, suratını asıp sıkıcı tavrına geri dönerek, "hitabet sanatı diye buna derler! Hoşunuza gitti mi bari?"

"Evet," dedim üzerine basa basa.

"Pekâlâ," dedi, "belâgat fırtınası biraz dindiğine göre herhalde soruma cevap verirsiniz artık. Tabii eğer isterseniz." Bir anda kibarlığı tutmuştu.

"Ne sormuştunuz?" dedim. İtiraf etmeliyim ki Ellen'ın tuhaf, hatta vahşi denebilecek güzelliği bana soruyu unutturmuştu.

"Birincisi, (soru tarzımı bağışlayın) geldiğiniz ülkede, eskiden burada olduğu gibi rekabet var mı?" dedi.

"Evet," dedim, "olmaması düşünülemez bile." Daha soruyu yanıtlarken cevabımın sonucunda acaba başka hangi belalı sorularla karşılaşacağım, diye düşünüyordum.

"İkinci soru," dedi *ihtiyar*, "bu sizi daha özgür, daha enerjik, başka bir deyişle daha sağlıklı ve mutlu kılmıyor mu?"

Gülümsedim. "Eğer hayatımız hakkında en ufak bir fikriniz olsaydı bu şekilde konuşmazdınız. Geldiğim ülkeyle karşılaştırdığım zaman bana sizler cennette yaşıyormuş gibi gözüküyorsunuz."

"Cennet mi?" dedi. "Cenneti pek hoş buluyorsunuz, değil mi?"

"Evet," dedim. Sanırım biraz ters konuşmuştum, yavaş yavaş yöntemine içerlemeye başlıyordum.

"Aslına bakarsanız, ben sevdiğimden pek emin değilim," dedi. "Bence bir insan sürekli nemli bir bulutun üzerinde oturup ilahiler söylemekten daha iyisini yapabilir."

Tutarsızlığı karşısında sabrım biraz taşmıştı. "Pekâlâ komşum, kısaca ve benzetmelerden kaçınarak şöyle söyleyebilirim ki, geldiğim ülkede, sizin bu denli hayran kaldığınız edebi eserleri yaratan rekabet, bir kural olmaya devam ediyor. İnsanların çoğu mutsuz, burada ise insanların çoğu mutlu gözüküyor, en azından bana öyle geliyor," dedim.

"Alınmayın, konuğum, alınmayın," dedi yaşlı adam. "Fakat şunu sormama da izin verin: Bu rekabet hoşunuza gidiyor, değil mi?"

Takıntı halinde, ısrarla dayattığı tarzı, kahkahaları koyuvermemize neden oldu. Hatta yaşlı adam bile çaktırmadan kahkahalarımıza katıldı. Ama hiçbir şekilde pes etmiş değildi ve:

"Duyduklarımdan anladığım kadarıyla, benim Ellen'ım kadar güzel, genç bir kadın o zamanlarda yaşasaydı, onların deyimiyle, bir leydi olurdu ve şimdiki gibi birkaç paçavra giyinmek ya da güneşin altında kavrulmak zorunda kalmazdı. Buna ne buyurursunuz, ha?" dedi.

O ana kadar sessizliğini korumuş olan Clara burada söze karıştı ve: "Aslına bakarsanız bir şeyleri daha iyi hale getirmemiz gerektiğini ya da iyileşmesi gereken bir şeyler olduğunu düşünmüyorum. Torununuzun bu güzel havaya uygun mükemmel giysiler giymiş olduğunu görmüyor musunuz? Çayırlardaki güneşe gelince, nehrin biraz daha yukarısına ulaştığımızda ben de biraz yanmak istiyorum, ne var bunda? Bakın, sizce de soluk beyaz tenimin biraz güneş görmeye ihtiyacı yok mu?" dedi.

Ve kolunu sıvayarak yanında oturan Ellen'ınkine yaklaştırdı. Doğrusunu söylemek gerekirse Clara gibi doğma büyüme şehirli bir hanımefendinin onunki kadar adaleli ve pürüzsüz tene sahip olduğunu görmek benim için oldukça şaşırtıcıydı. Dick biraz sıkılgan bir şekilde Clara'nın kolunu okşadı ve sıyırdığı kolunu tekrar kapattı. Clara ise onun dokunuşuyla kızardı. Yaşlı adam gülerek: "Evet. Anlaşılan bundan *hoşlanıyorsunuz*, öyle mi?" dedi.

Ellen yeni arkadaşını öptü ve bir süre hiç konuşmadan oturduk.

Sessizliği, keskin tatlı bir şarkıya başlayarak bozan Ellen oldu. Pürüzsüz sesinin harikalığına kapılıp gittik ve memnuniyetsiz ihtiyar oturduğu yerden ona sevgiyle bakıp durdu. Sıra kendilerine gelince genç çift de şarkı söyledi ve sonra Ellen bizleri köy evinde yatacağımız küçük odalarımıza götürdü. Odalar, eskinin pastoral şiirler yazan şairlerinin düşlediği gibi temizlikle ve kokularla doluydu. Akşamın güzelliği, bir gece önce uyandığımda duyduğum kendimi tükenmiş zevkler ve korkuyla karışık umutlarla dolu olan o eski, sefil dünyada bulacağıma dair korkumu dağıttı.

XXIII
Runnymede'de sabahın erken saatleri

Beni uykumdan uyandıracak bir gürültü olmamasına rağmen ertesi sabah yatakta uzun süre kalamadım. Tüm dünya uyanmıştı sanki; ve memnuniyetsiz ihtiyarın iddialarına rağmen mutlulukla doluydu. Ben de yataktan kalktım ve saat daha erken olduğu halde birilerinin benden önce harekete geçmiş olduğunu fark ettim. Çünkü misafir odasındaki her şey düzenli ve yerli yerindeydi ve masaya kahvaltı hazırlanmıştı. Yine de evde kimseler görünmüyordu. Ben de dışarı çıkarak her yerinden bereket fışkıran bahçenin etrafında bir iki tur attıktan sonra nehrin kenarındaki çayırlara doğru yol aldım. Kayığımız buradaydı, bir tanıdık bir dost gibi görünüyordu. Hafif bir pusun, güneş onu alıp götürene kadar nehrin üzerinde ilerleyişini seyrederek nehrin yukarısına doğru biraz yürüdüm. Söğüt dallarının altında kalan suda soğuğun etkisiyle rengârenk benekleniyordu. Suyun burasına binlerce sinek toplaşmıştı. Kefaller orada burada gezinen pervanelere ve diğer sineklere atlıyorlardı. Çocukluk günlerime dönmüş gibi oldum. Sonra kayığa geri döndüm ve bir iki dakika kadar burada oyalandıktan sonra çayır boyunca küçük eve doğru ağır ağır yürüdüm. Nehrin uzağındaki yamaçta hemen hemen aynı ebatta dört ev daha olduğunu fark ettim. İçinden geçtiğim çayır biçilmiyordu; ancak çok da uzak olmayan sağ tarafımdaki yamaçta öbek öbek ot yığınları uzanıyordu. Sol tarafımdaki bizimkinden çayırsa çocukluğumda kullanılan basit yöntemlerle biçiliyordu. İçgüdüsel olarak o tarafa yöneldim. Çünkü bu yeni ve daha iyi zamanda hasat yapanların neye benzediğini merak ediyor ve tabii bir de Ellen ile karşılaşmayı umuyordum. Çitlerin yanında durup çayıra baktım. Çayır biçenlerden oluşan uzun bir sıranın bittiği yere yakındım, bu sırada geceden kalma çiğleri kurutmak için otları dağıtıyorlardı. Buradakilerin çoğunluğunu dün gece Ellen'ın üstündeki kıyafetlere benzer şeyler giyinmiş olan genç kadınlardı. Ancak çoğu ipek yerine son derece parlak işlemelerle bezenmiş ince yünlü kumaşlar giyinmişlerdi. Erkekler ise üzeri parlak renklerle işlenmiş beyaz flanel giyinmişlerdi. Çayır kocaman bir lale tarlasını andırıyordu bu rengârenk giysili insanlarla. Herkes konuşmaya dalmış olduğu için çayır sığırcıklarla dolu bir koru kadar gürültülüydü fakat; bütün eller acele etmeksizin güzel ve dengeli bir şekilde çalışıyordu. İçlerinden yarım düzine kadar kadın ve erkek yanıma geldi ve günaydın diyerek elimi sıktılar. Nereden nereye tarzında birkaç soru sordular ve bana iyi şanslar dileyerek işlerinin başına geri döndüler. Maalesef Ellen orada değildi.[47] Ancak hemen sonra çayırdan çıkan ve daha yukarıdaki yamaçtan bizim eve doğru giden birisini gördüm; Ellen'dı bu, elinde de bir sepet vardı. O daha bahçe kapısına varmadan Dick ile Clara evden çıktılar ve bir dakika sonra Ellen'ı bahçede bırakıp yanıma geldiler. Sonra üçümüz birlikte konuşa konuşa kayığın yanına gittik. Orada biraz durduk. Akşam çiğin zarar vereceğini düşündüğümüz bazı şeyleri yanımıza almış olduğumuz için, Dick kayıkta bazı düzenlemeler yaptı. Sonra tekrar eve doğru yol aldık. Bahçeye yaklaştığımızda Dick kolumdan tutarak bizi durdurdu ve:

"Biraz şuraya bakın," dedi.

Baktım ve çitin ardındaki Ellen'ı gördüm. Güneşin gözünü almaması için elini gözlerinin üstüne koymuş tarlaya bakıyordu. Hafif bir rüzgâr kumral saçlarını kımıldatıyor ve gözleri de yanık tenindeki açık renk iki mücevher gibi gözüküyordu; güneşin sıcaklığı sanki bu gözlerin içine işlemişti.

"Tüm bunlar Bloomsbury'de bahsettiğimiz Grimm masallarından fırlamış gibi durmuyor mu? Biz, dünyayı dolaşan iki sevgiliymişiz, bir perinin bahçesine gelmişiz ve işte peri bahçenin ortasında duruyor: bakalım bizim için neler yapacak," dedi Dick.

Clara, ciddi olmasa da ağırbaşlılıkla: "İyi yürekli bir peri mi o, Dick?" dedi.

"Evet," dedi Dick, "ve aslına bakarsanız o cüce ya da orman cini, yani dünkü memnuniyetsiz dostumuz olmasaydı, bizim için daha güzel şeyler de yapabilirdi."

Güldük ve ben: "Beni masalın dışında bıraktığınızın farkındasınız umarım," dedim.

"Doğru," dedi. "Siz de karanlıklara bürünmüş, görünmez olmuş olduğunuzu düşünün ama bu sırada her şeyi de görebiliyormuşsunuz."

Bu güzel yeni ülkedeki varlığımdan zaten emin değildim, bu yüzden de söyledikleriyle yarama parmak basmış oldu. Yine de ortalığı karıştırmamak için çenemi tuttum ve hep beraber önce bahçeye, sonra da eve girdik. Clara, şehirli bir hanımefendi görünümünün bu hoş yaz mevsimini yaşayan taşrayla uyumsuz kaçtığını fark etmiş olmalıydı; çünkü bu sabah tıpkı Ellen gibi ince ve hafif giyinmişti ve ayağındaki hafif sandalları saymazsak yalınayaktı.

Yaşlı adam bizi misafir odasında karşıladı ve: "Pekâlâ konuklarım, demek toprağın ne kadar da çıplak olduğuna bakmaya gittiniz. Herhalde dün akşamki hayalleriniz sabahın ışıklarıyla birlikte biraz kaybolmuştur. Hâlâ hoşunuza gidiyor mu bakalım?" dedi.

"Fazlasıyla," dedim üstüne basa basa, "Thames'in aşağı kısımlarındaki en güzel yerlerden biri burası."

"Ohoo!" dedi, "demek Thames'i de biliyorsunuz ha?"

Kızardım. Clara ve Dick'in bana baktığını görüyor ve ne diyeceğimi bilemiyordum. Yine de Hammersmithli dostlarımla yaptığım daha önceki görüşmemizde Epping Ormanı'nı bildiğimden söz etmiş olduğum için ve alelacele bir genelleme yapmanın düpedüz yalan söylemekten daha iyi olacağını düşündüğüm için:

"Bu ülkeye daha önce de gelmiştim ve o zamanlar Thames'i görmüştüm," dedim.

"Ya," dedi yaşlı adam hevesle, "demek bu ülkede daha önce de bulundunuz. Doğruyu söyleyin şimdi, (bildiğiniz bütün teorileri bir kenara bırakırsak) burasının daha kötü yönde değiştiğini *düşünmüyor* musunuz?"

"Hayır, hiç de değil," dedim, "daha çok iyi yönde değiştiğini düşünüyorum."

"Ya," dedi, "sanırım bazı teorilerden dolayı önyargıya kapıldınız. Yine de sizin buraya gelişiniz bu zamana yakın bir zamanda olmalı. Bu yüzden de gerileme çok büyük olmayabilir. O zaman da tabii ki aynı bugün olduğu gibi yaşıyorduk. Ben daha da önceki zamanları kastetmiştim."

"Yani," dedi Clara, "gerçekleşen değişimle ilgili bazı *teorileriniz* var."

"Somut gerçeklikler de var," dedi. "Şuraya bakın! Bu tepeden, bu ev de dahil olmak üzere sadece dört küçük ev gözüküyor. Oysa doğruluğundan emin olduğum bir şey var ki, eski zamanlarda ağaç yapraklarının en sık halinde olduğu yaz mevsiminde bile aynı yerden altı tane büyük, güzel ev görülebiliyormuş. Nehrin daha da yukarılarında, Windsor'a kadar bahçelerin ardı arkası kesilmiyormuş ve bütün bahçelerin içinde büyük birer ev varmış. Aah, ah, İngiltere o zamanlarda önemli bir yermiş."

Sabrım taşıyordu ve: "Demek istediğiniz şu ki, sizler burayı *sonradan görmelerden* arındırdınız ve Allahın belası dalkavukları paketleyip gönderdiniz, böylece herkes rahat ve mutlu bir hayat sürebildi ve bu güzellikler yalnızca birkaç hırsıza mahsus olmaktan çıktı. Zaten bu hırsızlar da her şeyleriyle bayağılık ve yozlaşmanın kaynağıydı ve ahlâki olarak bu güzel nehri kirletiyorlardı; az kalsın somut olarak da kirleteceklerdi ki bir anda tekmeyi yediler," dedim.

Bu patlamanın ardından havaya bir süre sessizlik hâkim oldu. Bu sırada kendi adıma bu *sonradan görmelerden* ve eski zamanda aynı nehre yaptıklarından neler çektiğimi hatırlamaktan kendimi alamıyordum. Fakat sonunda yaşlı adam gayet sakin bir şekilde:

"Sevgili konuğum, *sonradan görmeler*, dalkavuklar, hırsızlar, söz ettiğinizde ya da Allahın belası, veya varlıklı bir ülkede yalnızca birkaç insan rahat ve mutlu yaşıyordu derken ne demek istediğinizi gerçekten anlayamıyorum. Bildiğim tek şey sinirlenmiş olduğunuz ve sanırım bana sinirlendiniz; bu yüzden de isterseniz konuyu değiştirebiliriz," dedi.

Teorisi söz konusu olduğunda ne kadar inatçı olduğunu düşünerek bu davranışının kibar ve konuksever olduğunu düşündüm. Sinirli gözükmek istemediğimi, yalnızca kendimi ifade etmeye çalıştığımı söylemek için atıldım. Ciddiyetle başını salladı ve ben de fırtınanın dindiğini düşünmüştüm ki Ellen bir anda araya girdi:

"Büyükbaba, eğer konuğumuz konuşmuyorsa kibarlığından konuşmuyor. Ama aklından sana söylemeyi geçirdiği sözleri mutlaka duyman lazım ve ben de aklından ne geçirdiğini gayet iyi bildiğim için, onun adına söyleyeceğim. Biliyorsun ki bunları bana öğreten bazı insanlar var ve..."

"Evet," dedi yaşlı adam, "Bloomsbury bilgesi ve diğerleri."

"Ya," dedi Dick, "demek yaşlı akrabam Hammond'ı tanıyorsunuz."

"Evet," dedi Ellen, "ve büyükbabamın dediği gibi diğerlerini de. Bana birçok şey öğrettiler ve işte neticesi. Artık küçük bir evde yaşıyoruz. Tarlalarda çalışmaktan başka yapacak işimiz olmadığı için değil, yalnızca hoşumuza giden bu olduğundan dolayı. Eğer isteseydik, gidip güzel yoldaşlar arasında, büyük bir evde yaşayabilirdik."

Memnuniyetsiz ihtiyar: "Tabii, tabii! Sanki ben o kendini beğenmiş insanlar arasında yaşarmışım gibi, hem de hepsi beni küçümserken!"

Ellen ona bakarak kibarca gülümsedi ve sanki hiçbir şey söylememiş gibi konuşmasına devam etti: "Eski zamanlarda, büyük babamın sözünü ettiği büyük evlerin bol olduğu günlerde, isteseydik de istemeseydik de bir köy evinde yaşamak zorunda kalacaktık ve bu köy evinde de istediğimiz her şey olamayacak, evin içi bomboş olacaktı. Yeteri kadar yiyecek bulamayacaktık, giysilerimiz bakılamayacak kadar çirkin, kirli ve hırpani olacaktı. Sen büyükbaba, yıllardır ağır bir işte çalışmadın ve ortalıkta dolaşıp, kitaplarını okuyabildin, endişe etmeni gerektirecek hiçbir şey yaşamadın. Bana gelince canım istediği zaman ağır işlerde çalışıyorum. Yapıyorum çünkü hoşuma gidiyor, bana iyi geldiğini, kaslarımı kuvvetlendirdiğini ve beni daha da güzelleştirdiğini, daha sağlıklı, daha mutlu kıldığını düşünüyorum. Fakat o eski zamanlarda, sen büyükbaba, yaşlandıktan sonra bile çok çalışmak zorunda kalacaktın; sürekli, diğer yaşlılarla birlikte bir çeşit hapishaneye kapatılıp, yarı aç ve eğlenceden yoksun kalmak korkusunu içinde taşıyacaktın. Bana gelince, yirmi yaşındayım ve o zamanlarda yaşıyor olsam şimdi orta yaşlı olmaya başlayacaktım; birkaç yıl içinde de sıska, çökmüş bir bedene kavuşacak, belalar ve sefilliklerle kuşatılmış olacaktım. Böylece hiç kimse bir zamanlar güzel bir kız olduğumu tahmin bile edemeyecekti."

"Aklınızdan geçen bu muydu konuğum?" dedi. Gözlerinde biriken yaşlar geçmiş zamanlarda kendisi gibi insanların çektiklerini düşündüğündendi.

"Evet," dedim, etkilenmiş bir şekilde, "bunlar ve dahası. Kendi ülkemde bahsettiğiniz değişime sık sık tanık oldum; yani körpecik, güzel taşra kızından zavallı sefil taşra kadınına geçişe."

Yaşlı adam bir süre konuşmadı. Fakat hemen ardından kendini toparladı ve her zamanki sözlerinde huzur buldu: "Yani, böylesi hoşunuza gidiyor, öyle mi?"

"Evet," dedi Ellen, "ölümdense yaşamı daha çok seviyorum."

"Ya, öyle ha?" dedi yaşlı adam. "Ben, kendi adıma, eğlenceli, eski, güzel bir kitap okumaktan hoşlanıyorum. Mesela Thackeray'in *Kibir Pazarı*. Neden artık böyle güzel kitaplar yazmıyorsunuz? Bu soruyu şu senin Bloomsbury bilgesine bir sor bakalım."

Bu nükte karşısında Dick'in yanaklarının kızardığını ve havaya sessizliğin hâkim olmaya başladığını görerek, bir şeyler yapmam gerektiğini düşündüm ve: "Dostlarım ben bir konuğum ne derseniz onu yaparım, ama bana nehrinizin en güzel halini göstermek istediğinizin farkındayım. Bu yüzden artık ufak ufak gitmeye başlasak iyi olmaz mı? Bugün kesinlikle çok sıcak geçecek," dedim.

XXIV
Thames'in yukarıları: İkinci gün

Ne demek istediğimi hemen anladılar. Zaten yola çıkmak için en uygun zamandı; saat yediyi geçmişti ve gün çok sıcak geçeceğe benziyordu. Böylece hep beraber kalktık ve kayığa gittik. Ellen düşünceli ve kafası karışmış gözüküyordu, yaşlı adam da huysuzluğunu telafi ettirmek istermişçesine nazik ve kibardı. Clara doğal ve keyifli görünüyordu ama bana biraz durgunmuş gibi geldi, sık sık mahcup ve sıkılgan bir şekilde Ellen'a ve tuhaf, vahşi güzelliğine bakıyordu. Böylece kayığa bindik. Dick, yerine oturduğu sırada, "*Güzel* bir gün," dedi. Yaşlı adam da bunun üzerine bir kez daha, "Nasıl? Bu hoşunuza mı gidiyor yani?" dedi. Hemen ardından Dick etrafını yabani otlar bürümüş olan akıntıya karşı ağır ağır kürek çekmeye başladı. Nehrin ortasına geldiğimizde arkama dönerek bizi misafir eden bu insanlara el salladım. Ellen başını yaşlı adamın omzuna dayamış, onun yanağını okşuyordu. Bu güzel kızı bir daha asla göremeyeceğimi düşündükçe içim sızlıyordu.[48] Biraz sonra kürekleri devralmakta ısrar ettim ve o gün oldukça uzun bir süre kürek çektim; sanırım bu da Dick'in o gün varmayı hedeflediği yere oldukça geç ulaşmamıza neden oldu. Oturduğum yerden gözlemlediğim kadarıyla Clara Dick'e karşı oldukça sevecendi. Dick'e gelince her zamanki gibi kibar ve neşeliydi. Böyle olmasına sevinmiştim çünkü onun mizacındaki bir kimse eğer dün gece kaldığımız evdeki periden etkilenmiş olsaydı Clara'nın sevgi gösterilerine yüzü kızarmadan, neşeyle karşılık veremezdi.

Buradaki nehrin güzel yerleriyle ilgili fazla bir şey söylememe gerek yok. Haliyle, yaşlı adamın da üzülerek belirttiği gibi villaların yerinde olmadığını gördüm ve güzel, meşe ve taş köprülerin, eski düşmanlarım olan dökme demirden 'Gotik' köprülerin yerini almış olduğunu memnuniyetle fark ettim. İçinden geçtiğimiz orman kıyıları da o soylu, yapay düzgünlüğünü terk etmişti ve ağaçların bakımlı olduğu her halinden belli olsa da alabildiğine vahşi, alabildiğine yeşil uzanıyordu. Doğru bilgiye ulaşmak için en iyisinin Eton ve Windsor hakkında hiçbir fikrim yokmuş gibi yaparak cahil rolü oynamak olduğuna karar verdim. Ancak Dick biz daha Datchet havuzundayken bildiklerini kendiliğinden anlatmaya başladı:

"Şu yukarıda bazı güzel, eski binalar var. Eskiden ortaçağ krallarından biri, yanılmıyorsam VI. Edward tarafından (gayet doğal bir şekilde yaptığı bu hata karşısında içten içe gülümsedim) üniversite ya da bir öğrenim merkezi olması amacıyla yaptırılmış.[49] Amacı burada fakir kimselerin oğullarına o zamanın gerekli görülen bilgisiyle öğrenim vermekmiş. Fakat sizin de hakkında çok şey bildiğiniz bu zamanlarda insanlar, yeni bir şey bulan herkesin amacındaki iyi niyeti yok ediyorlarmış; haliyle buranın sonu da farklı olmamış. Büyük büyükbabamın söylediğine göre buralarda yoksul kimselerin oğullarına bir şeyler öğretmek yerine zengin kimselerin oğullarına hiçbir şey öğretmemeyi seçmişler. Onun söylediklerinden anladığım kadarıyla burası aristokratların (bu kelimenin anlamını biliyorsanız tabii, bana anlattılar da), yılın büyük bir bölümü boyunca erkek çocuklarından kurtulmak için kullandıkları bir yermiş. Yaşlı Hammond burada olsaydı size bu konuda çokça bilgi verirdi."

"Şimdi ne işe yarıyor buralar?" dedim.

"Aslında," dedi, "son birkaç kuşak aristokratlar binaları fazlasıyla bozmuştu. Bu insanlar, güzel, eski binalara ve geçmiş çağlardan kalma her şeye karşı oldukça büyük bir nefret besliyordu herhalde. Yine de burası harikulade bir yer. Tabii, bugün burayı kurucusunun amaçladığı şekilde kullanamayız, ne de olsa genç insanlara öğrenim vermekle ilgili fikirlerimiz onun zamanından bu yana oldukça değişti; bu yüzden de burası öğrenmeyle meşgul kimselerin yerleşim yeri olarak kullanılıyor. Çevrede yaşayanlar buraya gelip bilmek istedikleri şeyleri öğreniyorlar. Bir de burada en iyi kitaplardan oluşan çok büyük bir kütüphane var. Bu yüzden de sanırım eski kral tekrar dirilip burada ne yaptığımızı görseydi, bize pek darılmazdı."

"Ama," dedi Clara gülerek, "belki de oğlanları özlerdi."

"Pek sanmıyorum, hayatım," dedi Dick, "çünkü buraya öğrenim görmek ve bir de yüzme ve kürek öğrenmek için gelen çok sayıda oğlan var," dedi gülümseyerek. "Keşke burada durabilseydik. Ama belki dönüşte uğrasak daha iyi olur."

O konuşurken alavere havuzunun kapakları açıldı ve biz de geçerek yolumuza devam ettik. Windsor konusunda ise ta Clever düzlüğünde ben küreklere asılana dek hiçbir şey söylemedi. Burada ben kafamı kaldırıp, "Şuradaki bina da ne?" dedim.

"Ben de sormanızı bekliyordum. Bu Windsor şatosu; kayıktan inene kadar da ne olduğunu söylemeyecektim. Buradan güzel gözüküyor, değil mi? Ama büyük bir bölümü unvanların geri alınması zamanında yeniden yapıldı veya değiştirildi. Bu binaları yıkmak yerine tıpkı Gübre Çarşısı gibi oldukları yerde bıraktık. Siz de biliyorsunuzdur herhalde, burası eski ortaçağ krallarının sarayıymış ve sonrasında da aynı amaçla büyükbabamın deyimiyle parlamentonun ticari düzmece kralları tarafından kullanılmış," dedi.

"Evet," dedim, "bunu biliyordum. Şimdi ne olarak kullanılıyorlar?"

"Birçok insan yaşıyor burada," dedi, "bütün kusurlarına rağmen hoş bir yer; aynı zamanda, içinde pek çok çeşit antikanın bulunduğu bir depo olarak da düzenlenmiş; sizin gayet iyi bildiğiniz zamanlarda bir müze derlerdi herhalde buraya."

Bu son sözcük üzerine küreklerime asılarak, sanki o gayet iyi bildiğim zamanlardan kaçıyormuşçasına çekmeye başladım. Az sonra nehrin Maidenhead tarafında o sonradan görme çirkinliklerinden kurtulan ve daha yukarılardakiler kadar hoş ve keyif verici görünen yerlerden geçiyorduk.

Bir mücevher kadar değerli olan yaz gününde sabah saatleri hızla geçiyordu. Eğer Britanya adalarında daha sık görülecek olsa iklimimizi diğer bütün iklimlerden daha iyi yapacak olan günlerden biriydi. Batıdan hafif bir rüzgâr esti, kahvaltımız sırasında ortaya çıkan bulutçuklar da gökkubbeye doğru hızla yol aldılar. Yakıcı güneşe rağmen yağmur istemiyor; bilakis yağacak diye endişe ediyorduk. Güneş yakıcıydı ama havada bizi sıcak öğleden sonranın kalan kısmını da arzulamaya iten bir tazelik vardı; buna bir de dalların arasından göze çarpan başak tutmaya başlamış olan ekinlerle bezenmiş düzlükler ekleniyordu. Böyle bir sabahta, endişelerin ağırlığını üzerinde taşımayan birisinin mutlu olmamak gibi bir şansı yoktu. Şunu da eklemeliyim ki, görünenin altında bir yerlerde endişe yatıyorduysa bile, biz hiç böyle bir şeye rastlamamıştık.

Biçilen pek çok çayır geçtik. Dick ve özellikle de Clara, nehrin yukarısında yapacağımız bayram söz konusu olduğunda öyle ketum davranıyorlardı ki bu konuda bir şeyler söylememe izin vermiyorlardı. Çayır biçenlerin kadın olsun erkek olsun güçlü ve hoş göründüğüne dikkat etmekle yetiniyordum. Hepsinin giysileri kirli olmaktan alabildiğine uzaktı, yaptıkları iş için özel olarak giyinmiş gibi gözüküyorlardı; tabii ki hafif şeyler giymişlerdi ama giysileri parlak ve süslüydü.

Dün olduğu gibi bu günde de sizin de gözünüzün önüne getirebileceğiniz gibi türlü çeşitli birçok kayığa rastladık. Bunların çoğu bizimki gibi kürek çekerek kullanılıyor ya da nehrin yukarı kesimlerinde yapıldığı türden bir yelkenle hareket ediyordu. Bir de ot veya başka bir köy ürünü yüklü ya da tuğla, kireç, ahşap ve benzeri şeyler taşıyan mavnalara rastlıyorduk sık sık. Bunlar görünürde hiçbir güç kullanmaksızın ilerliyorlardı; yalnız dümende duran bir adam görünüyordu, o da çoğu zaman bir iki arkadaşıyla konuşup gülüşerek yapıyordu işini. Dick, bir defasında bu şeylerden birine dikkatle baktığımı görerek: "Bu bizim güç mavnalarımızdan biri. Taşıt olarak suda da karada da çok kullanışlıdır," dedi.

Bu güç taşıtlarının bizim eski akıntı gücü taşımacılığının yerini aldığını anlıyordum.[50] Ama bunlarla ilgili fazla soru sormamaya özen gösterdim çünkü nasıl çalıştıklarını asla anlamayacağıma emindim ve eğer sormaya kalkışırsam, kesin açıklaması imkânsız bir güçlüğe bulaşacaktım. O yüzden de yalnızca, "Ya, tabii anlıyorum," dedim.

Bisham'da karaya çıktık. Burada eski Abbey ve Elizabeth tarzı evlerin kalıntılarına eklemeler yapılmış ve içinde oturanların dikkati ve kıymet bilirliği sayesinde evler yıllar boyunca az buçuk korunabilmişti. Buranın halkının çoğu, kadın erkek o gün çayırlardaydı. Bu yüzden yalnızca iki yaşlı adama ve edebiyatla uğraşmak için evde kalan daha genç birisiyle karşılaştık ve sanırım onu da işinden alıkoyduk. Yine de bizi karşılayan bu çalışkan adamın bu durumdan hiç öyle rahatsız olmuş gibi bir hali yoktu. Her neyse, biraz daha kalmamız için ısrar edip durdu ve bu yüzden biz de akşam serinliğine dek yola çıkamadık.

Geç kalmak bizler için pek önemli değildi. Çünkü son dördün halindeki ayın ışığı sayesinde geceler fazla karanlık geçmiyordu. Dick içinse kürek çekmek ve kayığın içinde sessiz sakin oturmak arasında pek bir fark yoktu. Bu sayede son sürat yolumuza devam ettik. Akşam güneşi, Medmenham'daki eski binaların kalıntılarının ardından parlıyordu. Bunların hemen yanında büyük bir yapı yükseliyordu. Dick burasının çok güzel bir yer olduğunu söyledi. Karşı taraftaki geniş çayırlıkta, tepenin bitiminde ise birçok ev göze çarpıyordu. Sanki Hurley'nin güzelliği insanları burada evler yapıp, yaşamaya zorlamıştı. Batmakta olan güneş, Henley'i dış görünüşü bakımından hatırladığım halinden biraz daha değişik gösteriyordu. Wargrave ve Shiplike tarafından geçerken gün ışığı bizi terk etti ve ay hemen arkamızda yükseldi. Ticari sistemin darma duman ettiği Reading ve Caversham kıyılarındaki karışıklıktan kurtulma konusunda bu yeni sistemin ne kadar başarılı olabildiğini bir de kendi gözlerimle görmek isterdim. Akşamın bu erken saatlerinde her şeyden, eskiden adına imalathane denen yerlerin pisliğinden gelmesi mümkün olmayan güzel bir koku yayılıyordu. Reading'in nasıl bir yer olduğunu sormam üzerine Dick:

"Orası mı? Kendi halinde güzel bir kasaba; büyük bir çoğunluğu geçtiğimiz yüzyılda yeniden yapılmış. Şuradaki tepelerin eteklerine bakarsanız, gelen ışıklardan burada birçok ev bulunduğunu görebilirsiniz. Aslına bakarsanız, burası Thames'in kıyılarının bu civardaki en kalabalık yerlerden birisidir. Biraz daha dayanın konuğum! Bu akşamki yolculuğumuzun sonuna yaklaşmış bulunuyoruz. Buradaki ve biraz daha yukarıdaki evlerden birinde durmadığım için kusura bakmayın ama Maple-Durham çayırlarında çok hoş bir evde yaşayan bir dostum Thames'in yukarısına yolumuz düşerse uğramamız için özellikle davet etti. Ben de birazcık gece yolculuğundan rahatsız olmazsınız diye düşündüm," dedi.

Bana dayanmamı söylemesine hiç de gerek yoktu çünkü her ne kadar başımı nereye çevirsem gördüğüm mutlu ve sakin hayatın heyecanı ve tuhaflığı, doğruya doğru, biraz yorucu gelse de dayanıklılığımın zirvesindeydim. Yine de kayıtsızca kabullenmeden oldukça farklı bir his olan derin bir memnuniyet, yorgunluğun yerini alıyordu ve kendimi yeni doğmuş biri gibi hissediyordum.

Az sonra nehrin, kuzeye doğru bir dirsek yaptığını hatırladığım ve üzerinde eski Blunt Malikânesinin kurulduğu yerde durduk.[51] Sağ tarafımızda geniş bir çayır uzanıyor ve sol tarafımızda güzel, ulu ağaçlar uzun bir sıra halinde nehrin üzerine eğilerek uzanıyordu. Kayıktan inerken Dick'e:

"O eski eve mi gidiyoruz?" dedim.

"Hayır," dedi, "ama orası yaşına rağmen hâlâ ayakta duruyor ve içinde yaşayanlar da var. Bu arada, Thames'i gayet iyi bildiğiniz de gözümden kaçmıyor. Ama burada durmamızı rica eden dostum Walter Allen, yakın bir zamanda inşa edilmiş çok da büyük olmayan bir evde yaşıyor. Özellikle de yaz mevsiminde insanlar buraya gelmekten o kadar hoşlanıyor ki, bu evler yapılmadan önce açık havada çok fazla çadır kuruluyordu. Bu yüzden de buranın halkı bu işe karşı çıktı ve burayla Caversam arasına, bir Basildon'da, biri biraz daha yukarıda olmak üzere çok büyük üç ev yapıldı. İşte, Walter Allen'ın evinin ışıkları gözüktü!"

Böylece ay ışığı altında çayırlardan geçerek eve vardık. Ev, dörtgen şeklinde yapılmıştı, alçaktı ve bol bol güneş alacak şekilde yayılmıştı. Dick'in dostu Walter Allen kapının kenarına yaslanmış bizi bekliyordu, lafı fazla uzatmadan bizi içeriye aldı. İçerde fazla insan yoktu. Burada kalanların bir kısmı çayır biçimi için komşu köylere gitmişti ve bazıları da Walter Allen'ın bize söylediğine göre çayırlarda dolaşarak, mehtabın tadını çıkarıyorlardı. Dick'in dostu kırk yaşında gösteriyordu; uzun boylu, siyah saçlı, oldukça narin ve düşünceli görünüşlüydü. Yüzünde hüzün bulutları dolaştığını görerek şaşırdım; dinlemek için gösterdiği bütün çabalarına rağmen konuşmamıza karşı biraz ilgisiz kaldığını ve kafasının karışık olduğunu fark ettim.

Dick arada sırada ona bakıyor ve ne olduğunu anlayamıyordu. En sonunda: "Diyorum ki eski dostum, bize yazdığın mektupta sözünü etmediğin bir sorun varsa bir an önce bize de anlatsan daha iyi olmaz mı? Aksi taktirde buraya yanlış bir zamanda geldiğimizi ve pek istenmediğimizi düşünmeye başlayacağız," dedi.

Walter kızardı, gözyaşlarını tutamıyormuş gibi bir hali vardı. Sonunda: "Tabii ki hepimiz seni ve dostlarını gördüğümüze çok sevindik, Dick. Fakat güzel hava ve müthiş ekinlere rağmen keyfimizin çok da yerinde olduğunu söyleyemeyeceğim. Yakın zamanda bir ölüm yaşandı," dedi.

Dick: "Yaa, ama bunun üstesinden gelmek zorundasınız. Böyle şeyler daima yaşanacaktır," dedi.

"Evet," dedi Walter, "fakat bu şiddetin yol açtığı bir ölümdü ve en az bir kişinin daha ölümüyle sonuçlanacakmış gibi gözüküyor. Bu yüzden de hepimiz birbirimizden çekinir hale geldik, doğrusunu isterseniz bu akşam burada çok az insan olmasının bir sebebi de bu."

"Hikâyeyi anlat, Walter," dedi Dick, "belki de paylaşmak üzüntünü üzerinden atmana yardımcı olur."

Walter: "Pekâlâ anlatayım. Kısaca anlatmaya çalışacağım fakat eskiden romanlarda böyle konular geçtiği zaman olduğu gibi uzayabilir. Burada yaşayan, hepimizin çok beğendiği, çekici bulduğu bir kız var. Yalnız bazılarımız beğenmekten de öte hisler besliyor onun için. O ise doğal olarak içimizden birini diğerlerinden daha fazla sevdi. Ama içimizden birisi (ismi lazım değil) aşkından deliye döndü ve ortalıkta dolaşıp –kötü bir kasıtla olmasa da– hoş olmayacak her türlü davranışı sergilemeye başladı. Haliyle, başlangıçta onu oldukça seven ama âşık olmayan kız, zamanla gözle görülür bir şekilde ondan rahatsız olmaya başladı. Tabii, delikanlıyı daha yakından tanıyanlar, ben de dahil olmak üzere, ona uzaklaşmasını tavsiye ettik çünkü her geçen gün kendisi için her şeyi daha da zorlaştırıyordu. Neyse, tavsiyemize kulak asmadı (olacağı da buydu zaten), biz de ona gitmek *zorunda* olduğunu, aksi taktirde kendisiyle ceza olarak hiçbirimizin konuşmayacağımızı söylemek durumunda kaldık. Bireysel sıkıntısı benliğini ele geçirmişti ve eğer o gitmezse *bizim* gitmek zorunda kalacağımızı hissetmeye başlamıştık.

"Söylediklerimizi umduğumuzdan da iyi karşıladı. Fakat tam bu sırada bir şeyler oldu, sanırım kızla bir konuşma yaptı ve bu olayın üzerine gelen kızın sevgilisiyle biraz tartıştı. Bu da dengesini tamamen kaybetmesine neden oldu ve baltayı kaptığı gibi etrafta hiç kimse yokken rakibinin üstüne saldırdı. Bunun üzerine mücadele etmeye başladılar ve bir talihsizlik sonucu saldırıya uğrayan onu bir darbeyle öldürdü. Öldüren şimdi o kadar üzgün ki kendini öldürecek gibi gözüküyor. Eğer öyle bir şey yapacak olursa korkarım kız da kendini öldürecek. Ve bütün bunların karşısında iki yıl önceki depremde olduğumuzdan daha çaresiziz," dedi.

"Bu çok üzücü bir durum," dedi Dick, "ama adam öldüğüne ve yeniden hayata da döndürülemeyeceğine göre ve öldürenin de hiçbir kötü niyeti olmadığına göre neden bunun üstesinden gelemediğini anlamıyorum. Ayrıca, öldürülen yanlış adam da değilmiş. Neden bir insan bir ömür boyu bir kazaya üzülüp dursun ki? Peki ya kız nasıl?"

"Kıza gelince," dedi Walter, "tüm bu olanlar onu üzmekten çok dehşete düşürmüş gibi. Adam hakkında söylediğin doğru, ya da doğru kabul edilebilir. Ama bu trajediyi ortaya çıkaran heyecan ve kıskançlık onun üzerinde kötü bir etki yaratmışa benziyor ve sanırım bu etkiden kurtulamıyor. Yine de bizler ona uzaklaşmasını, hatta deniz aşırı bir yolculuğa çıkmasını tavsiye ettik. Ama birisi onu *götürmediği* sürece onun *gidebileceğini* sanmıyorum. Galiba genç adamı götürmek de benim üzerime düşecek ki bu bana hiç de cazip gelmiyor."

"Bunda da muhakkak ilginç bir yan bulursun," dedi Dick. "Tabii o da bir süre sonra olaya *mutlaka* mantıklı bir yaklaşımla bakacaktır."

"Her neyse," dedi Walter, "sizin rahatınızı kaçırmak pahasına zihnimi biraz rahatlattığıma göre şimdilik konuyu kapatsak iyi olur. Konuğunuzu Oxford'a mı götürüyorsunuz?"

"Oradan da geçeceğiz tabii," dedi Dick gülümseyerek, "ne de

olsa nehrin yukarılarına gidiyoruz. Ama orada durmayız diye düşünmüştüm. Uğrarsak çayır biçmeye gidişimiz aksar. Bu yüzden Oxford ve Oxford üzerine büyük büyükbabamdan edindiğim bilgileri aktaracağım değerli konuşmam iki hafta sonraki dönüşümüzü beklemek zorunda."

Hikâyeyi büyük bir şaşkınlıkla dinlemiştim. İlk etapta, öldüren adamın rakibini yalnızca kendini savunmak için öldürdüğü ispat edilene kadar gözaltına alınıp alınmadığını merak etmekten kendimi alamadım. Fakat; düşündükçe iki rakip arasındaki düşmanlığa tanıklık etmekten öteye geçemeyecek birisinin bu davayı halletme konusunda hiçbir işe yaramayacağı, benim için daha çok açıklık kazandı. Aynı zamanda cinayetin verdiği pişmanlığın, yaşlı Hammond'ın da anlattığı üzere, bu tuhaf insanların adına suç denmesine alıştığım şeyle nasıl başa çıktığını açıkladığını fark ettim. Gerçekten de, pişmanlık biraz abartı derecesindeydi. Bu olayda öldürenin bütün suçu kendi üzerine aldığı da bir gerçekti ve toplumdan da kendisini cezalandırarak suçunu hasıraltı etmesini beklemiyordu. Darağacı ve hapishanelerin yokluğunda dostlarımın dünyasında 'insan hayatının kutsallığının' tehlikede olduğundan endişe etmiyordum artık.

XXV
Thames üzerindeki üçüncü günümüz

Ertesi sabah kayığımıza gittiğimizde Walter hâlâ dün geceki konunun etkisinden kurtulamamıştı. Ancak; şimdi daha umutluydu ve şanssız katilin deniz aşırı yolculuğa çıkarılamasa bile her halükârda gidip o civarlarda bir yerde kendi başına yaşayabileceğini düşünüyor gibiydi. Zaten kendisi de bunu önermişti. Dick'e ve bana göre bu tuhaf bir çareydi. Dick bunu dile getirerek:

"Dostum Walter, adamı yalnız başına yaşamaya bırakırsanız bu trajedi üzerine daha da çok kafa yoracağını göremiyor musunuz? Bu, yalnızca bir suç işlemiş olduğu yönündeki kanısını kuvvetlendirmeye yarayacaktır. Bu şekilde gerçekten de kendini öldürmesini sağlamış olursunuz," dedi.

Clara da: "Bilemiyorum. Bana sorarsanız, şimdi bütün üzüntüsünü doya doya yaşasa iyi olur. Böylece daha sonra durumun farkına vararak tüm bunlara hiç de gerek olmadığını fark eder ve sonra da mutlu bir hayat sürebilir. Kendisini öldüreceği konusuna gelince de, bundan endişe etmene hiç gerek yok. Anlatmış olduklarından anladığım kadarıyla adam kadına büyük bir aşkla bağlı ve açık konuşmak gerekirse aşkını doyurana dek hayata bütün gücüyle bağlanacaktır ve hayatında gerçekleşen her olayın tadını çıkaracak, hatta hayata dört elle sarılacaktır. Zaten bence olayı büyük bir trajediye dönüştürmesinin asıl sebebi de bu," dedi.

Walter düşünceli bir halde: "Evet, haklı olabilirsin. Belki de bizlerin konunun üzerinde bu kadar durmamamız gerekirdi. Ama siz de görüyorsunuz ya konuğum," (bana dönerek) "bu tip olaylar öyle seyrek gerçekleşiyor ki, gerçekleştiğinde kendimizi kaptırmadan edemiyoruz. Diğer taraftan, dostumuzu bizi bu kadar üzmüş olduğu için affetmemiz gerekir. çünkü böyle yapmasının sebebi insan yaşamına ve mutluluğuna karşı abartılı bir saygı duymasıydı. Neyse, bu konuda daha fazla konuşmayacağım. Yalnızca son bir şey daha; beni de nehrin yukarısında bir yere bırakabilir misiniz? Zavallı dostumuz için tek başına yaşayabileceği bir yer aramak istiyorum; çünkü bu çözümü uygulayacak. Streatley'nin arkasındaki tepelerde tam bizim istediğimiz gibi bir yer olduğunu duydum, siz beni kıyıda bırakabilirseniz ben de tepeye çıkıp bakarım," dedi.

"Söz konusu olan ev boş mu?" dedim.

"Hayır," dedi Walter, "ama içinde yaşayan adam orayı istediğimizi duyunca tabii ki boşaltacaktır. Anlarsınız ya, tepelerin havasının ve oradaki manzaranın boşluğunun dostumuza iyi geleceğini düşünüyoruz."

"Evet," dedi Clara gülümseyerek, "ve böylece aşkından da istedikleri zaman buluşamayacak kadar uzaklaşmış olmayacak. Hiç şüphe yok ki isteyeceklerdir de."

Konuşmanın sonunda kayığın yanına geldik ve hemen sonra güzel, geniş nehirde yola koyulduk. Dick, sabahın erken saatlerinde hep olduğu gibi durgun olan suda kayığı hızla sürmeye başladı, saat henüz sabah altı bile değildi. Fazla geçmeden alavere havuzuna geldik. Üstümüze üstümüze gelen suyun içinde yükseldikçe, nasıl olup da bu eski dostun, bu basit taşra tarzındaki alavere havuzunun hâlâ yerinde durduğunu merak etmekten kendimi alamıyordum.

Bunun üzerine:

"Havuzdan havuza geçerken düşünüyordum da, sizin gibi refah içinde yaşayan ve özellikle de güzel işler yapma kaygısı taşıyan kimseler nasıl olmuş da bu zamana kadar böyle kaba bir aletle hantal hantal yukarı çıkma işinden kurtulmak için yeni bir şey icat etmemiş," dedim.

Dick güldü. "Sevgili dostum," dedi, "nehir aşağı doğru hantal hantal akma alışkanlığını bırakmadığı sürece, maalesef bizler de denize her arkamızı dönüşümüzde yukarı çıkma işine boyun eğmek zorunda kalacağız. Fakat gerçekten de Maple-Durham havuzundan hoşlanmamanız için hiçbir sebep göremiyorum. Bence çok güzel bir yer."

Son sözlerine diyecek bir şeyim yok, diye düşündüm. Bu sırada koca ağaçların nehre eğilen dallarına baktım, yaprakların arasından güneş ışıl ışıl parlıyor, kuşlar durgun suyun sesine karışan şarkılar söylüyorlardı. Bu yüzden de alavere havuzlarını neden istemediğimi açıklamak yerine, zaten böyle bir derdim de yoktu, susmayı tercih ettim. Fakat Walter:

"Demek istediğim şu ki konuğum, çağımız bir icatlar çağı değil. Bizden önceki çağ bütün icatları yapmış ve biz de şimdi işimize yarayanlarını kullanmaktan memnunuz, istemediklerimizi de zaten kullanmıyoruz. Sanırım, bir süre önce (bir tarih söyleyemiyordu) insanlar, suyu yukarıya doğru akıtacak kadar ileri gitmedilerse de alavere havuzları için detaylı bir makine kullanıyorlarmış. Yine de uğraştıran bir işmiş herhalde ki en sonunda, bu eski basit sistemin her amaca uyduğuna ve tamir gerektiği zaman kolayca bulunan bir malzemeden yapıldığına kanaat getirmişler; işte, sizin de gördüğünüz gibi sonuç ortada," dedi.

"Ayrıca," dedi Dick, "bu tarzdaki havuzlar sizin de görebileceğiniz gibi çok hoş. Sizin bir saat gibi işleyen makineli havuzunuzun, çirkin olacağını ve nehrin görüntüsünü bozacağını düşünmeden edemiyorum; bu da böyle havuzlar kullanmamız için kesinlikle yeterli bir sebep." Kancalı sırığın kuvvetli darbesiyle açılan kapıdan kayığımızı çıkarırken, "Hoşça kal eski dostum! Çok yaşaman ve yaşına rağmen kendini hep yenilemen dileğiyle!" dedi havuza.

Yolumuza devam ettik. Nehrin görüntüsü bana, Pangbourne'un Küçük Londra haline gelmesinden önceki günlerini anımsattı. Burası (Pangbourne) şimdi yeniden bir köydü, yani içinde az sayıda ev olan ve olabildiğince güzel bir yer. Basildon'ın yukarısındaki tepeyi hâlâ bir kayın ormanı kaplıyordu fakat, aşağısında kalan düzlük alanlar hatırladığımdan daha kalabalıktı. Görünürde beş tane büyük bina vardı ve hepsi de taşranın havasını bozmayacak şekilde özenle tasarlanmıştı. Tam nehrin Goring ve Streatley tarafına kıvrıldığı yerdeki çimenlik kıyıda beş-altı kız oyun oynuyordu. Yanlarından geçtiğimizi fark edip bizi selamladılar ve biz de bir iki dakika durup onlarla konuştuk. Yüzmeye gelmişlerdi. Üzerlerinde hafif kıyafetler vardı ve yalınayaktılar. Berkshire tarafındaki çayırlara gitmek üzereydiler ve Berkshire'lılar gelip de onları almadan önce hoşça vakit geçiriyorlardı. Birlikte onların gideceği çayırlaragitmemiz ve orada kahvaltı yapmamızda ısrar ettiler. Fakat Dick, çayır biçmeye suyun daha da yukarısında başlama ve başka bir yerde tadına bakarak alacağımız zevki azaltmak istemediğimizi öne sürdü; böylece gönülsüz de olsa gitmemizi kabul ettiler. Karşılığında, adeta intikam alırcasına bana geldiğim ülke ve oradaki hayat tarzı hakkında bir sürü soru sordular. Sordukları sorulara cevap vermesi oldukça zor sorulardı; hiç şüphesiz onlar açısından da verdiğim cevapları anlayabilmek zor olmuştur. Bu hoş kızlarda da karşılaştığımız diğer insanlarda rastladığım şey dikkatimi çekmişti; Maple-Durham'da duyduğumuz türden ciddi hadiseler olmadığı zamanlarda, hepsi hayatın ufak ayrıntılarını konuşmaya can atıyorlardı: havadan, ekinlerden, son yapılan evden, bilmem ne kuşunun bolluğundan ya da azlığından ve benzeri şeylerden söz ediyorlardı. Ve tüm bunlardan alışılmış, aptalca bir tarzda değil de sanki gerçek bir ilgi duyarak bahsediyorlardı. Üstüne üstlük, erkekler kadar kadınların da bu konularda bilgi sahibi olduğunu fark ettim. Bir çiçeğin, bilimsel adım ve özelliklerini biliyorlar veya bilmem ne kuşunun ya da balığının hangi ortamlarda yaşadığını söyleyebiliyorlardı.

Bu işittiklerinle kırsal hayat hakkındaki bütün bildiklerinin ne kadar farklı olduğunu görmek aslında tuhaf bir durumdu. Çünkü eski zamanlarda köylülerin, günlük işleri dışında taşra hakkında çok az şey bildiği ve bu konuda size hiçbir şey anlatamayacağı söylenirdi ve bu doğruydu da. Oysa bu insanlar tarlalarda, ormanlarda ve tepelerde olup bitenlere karşı tuğla ve harcın zulmünden yeni kaçıp kurtulmuş Londralılar kadar ilgiliydiler.

Dikkate değer bir ayrıntıyı da anlatmadan geçemeyeceğim. Burada rastlanan kuşlar yalnızca yırtıcı olmayanlar değildi, aynı zamanda alıcı kuşlar da yaşıyordu buralarda. Bir gün önce Medmenham'den geçerken başımıza bir atmaca musallat olmuştu; çalıların üzerinde de çok sayıda saksağan vardı; bir sürü şahine rastladım ve sanırım bir de doğan gördüm. Şimdi de tam eskiden Basildon tren köprüsünün olduğu yerdeki güzel köprünün altından geçiyorduk ki, birkaç kuzgun tepelere doğru yol alırken kayığımızın tepesinde gaklamaya başladı. Tüm bunlardan yapay günlerin bittiği sonucunu çıkardım, bu konuda Dick'e bir soru sormaya bile gerek duymadım.

XXVI[52]
İnatla reddedenler

Kızların yanından ayrılmamızdan biraz önce iki güçlü kuvvetli adamla bir kadının Berkshire kıyısından sandalla açıldığını gördük. Dick kızlara biraz takılmak için ve neden yanlarında onları nehrin karşı kıyısına geçirecek bir erkek olmadığını sordu. İçlerinden en genç olanı: "Onlar taşları taşımak için büyük bir sandalla gittiler," dedi.

"'Onlar' derken kimleri kastediyorsun küçük kız?" dedi Dick. Daha büyük olan kız gülerek: "Gidip kendiniz görseniz daha iyi edersiniz. Şuraya bakın," dedi ve kuzeybatı yönünü işaret etti, "inşaatı görmüyor musunuz?"

"Evet, görüyorum," dedi Dick, "yılın bu zamanında yapıyor olmalarına şaşırdım doğrusu. Neden sizlerle birlikte hasada katılmıyorlar?"

Bu söze kızların hepsi güldü. Onlar gülmeye devam ederken Berkshire'dan beklenen kayık karaya yanaştı ve kızlar da bindiler. Yeni gelenler bize iyi günler dilerken kızlar hâlâ kıs kıs gülüyorlardı. Yeniden yola koyulmadan önce uzun boylu kız: "Güldüğümüz için kusurumuza bakmayın sevgili komşular. Ama yukarıdaki inşaatçılarla hoş bir münakaşa ettik ve olup bitenleri anlatacak zamanımız olmadığı için gidip kendilerine sorsanız daha iyi edersiniz. Sizi gördüklerine sevineceklerdir, tabii onları işlerinden alıkoymadığınız sürece," dedi.

Hepsi yeniden güldü ve bize tatlı tatlı el salladılar. Bizi kayığımızın yanında kıyıda bıraktılar ve bindikleri kayık onları nehrin diğer kıyısına doğru götürdü.

"Hadi gidip bir bakalım," dedi Clara, "tabii senin Streatley'e gitmek için acelen yoksa Walter."

"Yo, hayır," dedi Walter, "sizlerle biraz daha vakit geçirmekten memnuniyet duyarım."

Böylece kayığımızı oraya bağlı bırakarak tepeye giden ufak yamacı tırmanmaya başladık. Biraz şaşırmıştım ve yolda giderken Dick'e: "Neye gülüyorlardı öyle? Komik olan neydi?" dedim.

"Sanırım ben biliyorum," dedi Dick. "Bazıları ilgilerini çeken bir işle meşguller ve hasada gitmek istemiyorlar. Aslında bu hiç de sorun değil çünkü böyle hem kolay hem zor bir işi yapacak yeteri kadar insan var. Hasat bir bayram sayıldığı için komşular onlarla eğleniyor sadece."

"Anlıyorum," dedim, "tıpkı Dickens'ın zamanında bazı gençlerin kendilerini işlerine fazlaca kaptırıp Noel'i kutlamaması gibi."

"Aynen öyle," dedi Dick, "ama bu insanların ille de genç olması gerekmiyor."

"Fakat o zaman hem kolay hem zor iş derken neyi kastettiniz?" dedim.

"Öyle mi dedim? Demek istediğim kasları zorlayıp güçlendiren ve sizi akşam olunca tatlı bir yorgunlukla yatağa gönderen bir iş; ama kesinlikle başka bir zorluğu yok; yani bezdirecek bir iş değil. Böyle işler aşırıya kaçmadığınız taktirde her zaman hoştur. Yalnız, dikkatinizi çekerim biçme işi biraz yetenek ister. Ben de oldukça iyi bir biçiciyimdir."

Bu konuşmanın sonunda inşası devam eden eve varmıştık. Büyük bir ev değildi; eski, taş bir duvarla çevrelenmiş çok güzel bir meyve bahçesinin dibindeydi. "Tabii ya, şimdi hatırladım," dedi Dick, "burası bir ev için güzel bir yerdi fakat yerinde on dokuzuncu yüzyıldan kalma bir harabe vardı. Yeniden yaptıklarına sevindim. Tamamen taştan yapmışlar, oysa buralarda illa böyle olması gerekmezdi. Tabii bu benim fikrim, gerçekten de temiz bir iş çıkarıyorlar. Ama ben olsaydım taştan yapmazdım."

Walter ve Clara duvarcı gömleği giymiş uzun boylu bir adamla konuşmaya koyulmuştu bile. Adam kırk yaşlarında gösteriyordu ama sanırım daha yaşlıydı; elinde çekicini ve keskisini tutuyordu. Binanın içinde ve iskelede çalışmakta olan yarım düzine adam ve iki kadın vardı. Kadınlar da tıpkı *erkekler* gibi gömlek giymişlerdi. Bu sırada iş yapmayan ve üzerine zarif, mavi keten bir elbise giymiş olan çok hoş bir kadın elinde örgüsüyle yanımıza geldi. Bize hoş geldiniz dedikten sonra gülümseyerek: "Demek nehirden buraya kadar İnatla Reddedenleri görmeye geldiniz. Hasat için nereye gidiyorsunuz komşular?" dedi.

"Oxford'ın biraz yukarısına," dedi Dick, "biraz yeni bir yer. Fakat sizin Reddedenlerle ne gibi bir alakanız var güzel komşum?"

Kadın gülerek: "Ben çalışmak istemeyenlerdenim. Yine de ara sıra da olsa istediği zaman Bayan Philippa'ya modellik yapıyorum. Bayan Philippa bizim baş oymacımızdır; gelin de kendisine bir merhaba deyin," dedi.

Bizi inşaat halindeki evin kapısına götürdü. Burada ufak tefek bir kadın çekiç ve keskiyle duvarda çalışmasını sürdürüyordu. Büyük bir dikkatle işine eğilmiş gibi gözüküyordu ve biz girince başını çevirmedi. Ama yanında çalışmakta olan daha uzun boylu bir kadın, oldukça da genç gözüküyordu, çoktan ara vermişti bile ve durmuş hayran hayran bir Clara'ya bir Dick'e bakıyordu. Diğerleri bize fazla aldırış etmedi.

Mavi giysili kız elini oymacının omzuna atarak: "Tamam Philippa, eğer işine bu kadar asılırsan bir süre sonra yapacak işin kalmayacak; acaba o zaman ne yapacaksın?" dedi.

Oymacı telaşla başını çevirdi. Kırk yaşında gibiydi (ya da öyle gösteriyordu) ve huysuz ama sevecen bir ses tonuyla:

"Saçmalama Kate ve mümkünse işime de engel olma," dedi. Bizi görünce durdu ve hoş geldiniz demişçesine hep rastladığımız türden nazik bir gülümsemeyle konuşmasına devam etti: "Bizi görmeye geldiğiniz için sağ olun komşular. Eminim işime devam etsem kabalık ettiğimi düşünmezsiniz. Özellikle belirtmeliyim ki hastaydım ve bütün Nisan ve Mayıs boyunca hiçbir iş yapamadım. Açık hava, güneş ve iş, hepsi bir araya gelip iyileşmem de bunlara eklenince her anın tadına varmaya başladım. Bu yüzden kusuruma bakmayın ama devam etmek zorundayım."

Böylece işine koyuldu. Çiçek ve insan kabartmaları yapıyordu. Çekiç darbelerinin arasında konuşmaya devam etti: "İşte; bizler bu civarlarda bir ev yapmak için en güzel yerin burası olduğunu düşünüyoruz. Burası da öyle uzun bir zamandır beş para etmez bir bina tarafından işgal ediliyordu ki sonunda biz duvarcılar burasının bir an önce kaderini değiştirmeye ve elimizden gelen en güzel evi yapmaya karar verdik, vesaire vesaire."

Bunları söyledikten sonra oyma işine iyice gömüldü. Fakat uzun boylu ustabaşı yanımıza gelerek şöyle dedi: "Evet, komşular, hikâye böyle. Bina taştan olacak çünkü çevresine bir çelenk şeklinde çiçek ve insan şekilleri oymak istiyoruz. Ama ne yazık ki sürekli bizi işimizden alıkoyan bir şeyler oldu; Philippa'nın hastalığı da bunlardan bir tanesi, gerçi o olmadan da çelengimizi yapabilirdik ya..."

"Yapabilir miydiniz acaba?" diye homurdandı adı geçen, duvar tarafından.

"Neyse, her halükârda Philippa bizim en iyi oymacımızdır ve oyma işine onsuz başlamak hiç de nazik bir davranış olmazdı. İşte böyle," dedi Dick'e ve bana bakarak, "gerçekten de çayır biçmeye gitme imkânımız yoktu, öyle değil mi sizce de komşular? Ama bu güzel havada işimizi o kadar hızlı yapıyoruz ki sanırım buğday hasadına bir hafta, on gün ayırabiliriz. O işi yapmaya başladığımızda gelin de hasat nasıl yapılırmış görün komşular."

"Hoppala, şu böbürlenmeye de bakın," diye bir ses geldi iskelenin yukarısından, "ustabaşımız hasadın iki taşı üst üste koymaktan daha kolay bir iş olduğunu sanıyor!"

Bu espriye uzun boylu ustabaşı da dahil olmak üzere herkes güldü. Bu sırada bir delikanlı evin önünde gölgelik bir yere bir sehpa getirdi ve yere koydu sonra tekrar giderek her zaman karşılaştığımız gibi elinde hasır bir sepetteki bir şişe ve uzun kadehlerle geri döndü. Bu sırada ustabaşı bizi üzerine oturulan taşlara buyur etti ve:

"Pekâlâ, komşular, böbürlendiğim şeyin gerçek olmasına içelim, içmezseniz sözlerime inanmadığınızı düşüneceğim! Şerefe!" dedi. İskeleye seslendi: "Gelip birer bardak içmez misiniz?" Adamlardan üç tanesi 'çevik bacaklara' sahip kimselere özgü bir tarzla merdivenlerden koşarak inerek yanımıza geldi, fakat diğerlerinden ses seda çıkmadı. Yalnızca şakacı olan (eğer böyle tabir edilebilirse) arkasına bile dönmeden: "Aşağıya inemediğim için beni bağışlayın komşular. İşime devam etmeliyim. Ne de olsa benim işim oradaki ihtiyar gibi denetleyicilik değil. Ama dostlarım, bizlere de birer bardak gönderirseniz çayır biçenlerin sağlığına içeriz," dedi. Haliyle Philippa sevgili işinden başını kaldırmadı ama diğer oymacı kadın geldi; meğer o da Philippa'nın kızıymış. Uzun boylu, güçlü, siyah saçlıydı; yüzü bir çingeneninkini andırıyordu ve ağır başlı bir edası vardı. Diğerleri etrafımıza toplanıp kadeh tokuşturdular. İskeledeki adamlar da dönüp sağlığımıza içtiler. Fakat kapının yanındaki işiyle meşgul olan ufak tefek kadın hiçbir tepki göstermedi ve kızı yanına gelip ona dokunduğunda yalnızca omuzlarını silkmekle yetindi.

Böylece İnatla Reddedenlerle el sıkışarak kayığımıza dönmek üzere yamaçtan aşağı inmeye başladık. Yürüdüğümüz sürece arıların vızıltısı ve Basildon düzlüğünün üstündeki tarla kuşlarının şarkısıyla, malaların çıkardığı tıkırtıların melodisinin birbirine karıştığı çalınıyordu kulaklarımıza.[53]

XXVII
Nehrin daha yukarısı

Walter'ı Streatley'nin tüm o güzelliğinin ortasında Berkshire'da bıraktık ve White Horse tepesinin eteklerine doğru yolumuza devam ettik.[54] Vaktiyle buraları tamamen kırsal bölge sayılırdı ve her ne kadar artık yarı taşra ve tamamen taşra arasındaki tezat ortadan kalkmışsa da Berkshire tarafındaki tepelerin hiç değişmemiş, tanıdık görüntüsü karşısında (eskiden olduğu gibi) sevinçten havalara uçtum.

Öğle yemeğimiz için Wallingford'da durduk. Haliyle, bu eski kasabanın sokaklarından bütün sefalet ve yoksulluk izleri silinmişti. Birçok çirkin ev yıkılmış, yerlerine güzelleri yapılmıştı. Yine de, ne tuhaftır ki, kasaba hâlâ tıpkı o çok iyi hatırladığım yere benziyordu; aslında sadece vaktiyle olması gerektiği gibi gözüküyordu.

Yemekte yaşlı ama oldukça zeki ve akıllı bir adamla tanıştık. Yaşlı Hammond'ın taşra versiyonu olduğu söylenebilirdi. Kral Alfred zamanından Parlamento Savaşları günlerine kadar eski taşranın tarihi hakkında son derece detaylı bilgisi vardı, herhalde siz de bilirsiniz, bu savaşların birçoğu Wallingford civarında gerçekleşmişti. Daha da ilginci, her şey bugünkü haline gelene kadar geçen değişim süreciyle ilgili çok şey biliyordu ve bize de birçok şey anlattı, özellikle de şehirden taşraya göç ve hem kentli, hem de köylülerin durumunun kademe kademe iyileşmesi üzerine bilgi verdi. Bize anlattığına göre, tüm bu insanlar yaşamak için sahip oldukları becerileri öylesine kaybetmişlerdi ki bir zamanlar bir köyde ya da küçük bir kasabada marangoz ya da demirci bulunamaz hale gelmişti. Böyle yerlerde yaşayan insanlar ekmek pişirmeyi bile unutmuşlardı ve Wallingford'da örneğin, ekmek gazetelerle birlikte erken saatte Londra'dan bir trenle getiriliyordu. Bu trenin ne şekilde çalıştığını da söyledi ama anlattıklarından hiçbir şey anlamadım. Taşraya gelen kentli insanların, tarım becerilerini ve elle yapılan işin nasıl olması gerektiğini makinelerin nasıl çalıştığını dikkatle izleyerek ve makinelere bakarak öğrendiklerini anlattı. Çünkü o zamanlar tarlalardaki hemen her iş, işçilerin hiç kafa yormadan kullandığı detaylı makineler tarafından görülüyordu. Neyse ki köy işçileri arasında yaşlı olanlar genç olanlara biraz biraz testere ve rendenin kullanılması, bir demircinin ne iş yaptığı gibi zanaatlar öğretmeye başladılar. Böylece bir kez daha bir adam eliyle bir tırmığa sopa takabilir hale geldi ve bu şekilde bir makinenin bin pounda yapabileceği bir işi, bir grup insan yarım gün çalışıp beş şilinlik iş yaparak bitiriyordu. Bunların yanı sıra bize, bu konu üzerinde uzun uzun çalışan bir köy meclisinin raporunu gösterdi. Bu rapor, bir sorunun kaynağına inmedeki dikkat ve ciddiyetlerinin bir göstergesiydi. Raporun üzerinde durduğu sorunlar, köy çamaşırhanesine sabun yapmak için hangi oranda alkali ve yağ gerektiği ya da bir koyun budunu kaynatmak için suyu ne kadar ısıtmak gerektiği gibi şeylerdi –tüm bu sorunlara takım ruhu gibi bir duygunun yokluğunu da eklemeliyiz; oysa çok eskiden zaten bu işler sıradan sayılırdı ve takım ruhu bir köy ahalisinde bile vardı ve her şey oldukça eğlenceli ve aynı zamanda da öğretici bir şekilde yaşanırdı.

Adı Henry Morsom olan bu yaşlı adam, yemek ve dinlenmeden

sonra bizi büyükçe bir salona götürdü. Burada, makine zamanından bugüne kadar yayınlanan, üretim ve sanat üzerine makalelerin bulunduğu büyük bir koleksiyon vardı. Bunları birlikte inceledik ve Henry büyük bir dikkatle bize açıkladı. Hepsi de hayli ilginçti; makinelerle üretilen uyduruk işlerinden (ki bu işler daha önce anlatılan iç savaştan sonra en kötü halindeydi) yeni el işleri zamanının ilk yıllarına kadar yaşanan geçiş sürecini gösteriyordu. Tabii ki farklı zamanlar birçok kez çakışmıştı ve el yapımı ilk el işler oldukça geç ortaya çıkmıştı.

"Unutmamalısınız ki," dedi yaşlı antika meraklısı, "el emeği, maddi ihtiyacın sonucu olarak ortaya çıkmadı. Tersine, o zamanlar makineler o kadar ileri seviyedeydi ki neredeyse gereken bütün işler yapılıyordu. Hatta o zamanlar ve daha da önce birçok insan makine işinin tamamen el emeğinin yerini alacağını düşünüyordu, gerçekten de o günkü görüntü bunu doğruluyordu. Fakat özgürlük günlerinden önce zenginler arasında hüküm süren başka bir görüş vardı ki daha da mantıksızdı ve bu çağ başladığında da bir anda ortadan kalkmadı. Şimdi size acayip gelecek ama öğrendiğim şeylerden sonra bana doğal gelmeye başladı; bu fikir şöyleydi: Dünyadaki sıradan, gündelik işlerin hepsi otomatik makinelerle yapılacak, böylece insanoğlunun daha zeki olan bireyleri, enerjisini ve zekâsını özgürce, bilim ve tarih çalışmaları kadar sanatın yüce biçimlerine de ayırabilecekti. Eşitlik bütünüyle gerçekleştikten sonra bizim bugün insan toplumunun birleştiricisi olarak gördüğümüz arzuyu görmezden gelmeleri sizce de tuhaf, değil mi?"

Ben cevap vermedim, düşünceye daldım. Dick de düşünceli gözüküyordu ve:

"Tuhaf mı dediniz, komşum? Vallahi bilemiyorum. Büyük büyükbabamın birçok kez bizim zamanımızdan önce yaşamış olan bütün insanların tek amacının iş yapmaktan kaçınmak olduğunu söylediğini anımsıyorum. Ya da en azından o insanlar böyle olduğunu sanıyorlarmış; gündelik yaşamın onları yapmaya *zorladığı* iş, yapmak istiyor oldukları işten çok daha fazlaydı herhalde," dedi.

"Gayet doğru," dedi Morsom. "Her neyse, kısa zamanda hatalarını anladılar. Çünkü yalnızca köleler ve köle sahipleri sırf makineleri işleterek yaşamlarını sürdürebilirlerdi."

Burada Clara araya girdi ve biraz yüzü kızararak şöyle söyledi:

"Hataları yine içinde yaşadıkları kölelik düzeninin bir sonucu değil miydi? İnsanoğlu hariç her şeyi küçümseyen bir hayat sürdürüyorlardı. Canlıları ve cansız nesneleri, insanların bir zamanlar dediği gibi 'doğayı' bir yere, insanoğlunu başka bir yere koyuyorlardı. İnsanların bu şekilde düşünmesi, 'doğayı' kendi köleleri haline getirmeye çalışması doğaldı çünkü 'doğayı' kendilerinin dışında bir şey olarak görüyorlardı."

"Kesinlikle," dedi Morsom, "ve makine düzenine karşı olan duyguyu yakalayana kadar da ne yapacaklarını şaşırmış bir haldeydiler. Bu yeni eğilim, böyle şeyleri düşünmeye vakti olan insanlar arasında büyük değişimden hemen önce başlamıştı ve sonrasında da ufak ufak yayıldı. En sonunda da çalışmanın verdiği zevk, makine gücünün; yani güya çalışmak zorunda olmamanın verdiği zevkin yerini almaya başladı. Halbuki başlangıçta makine gücünü yalnızca mümkün olduğu kadar kısmayı düşünmüşler, tamamıyla başlarından atmayı akıllarından bile geçirmemişlerdi; fakat daha sonra bunu umut ettikleri gibi kısıtlayamayacaklarını fark ettiler."

"Bu yeni devrim ne zaman yandaş buldu?" dedim.

"Büyük Değişimi takip eden yarım yüzyılda," dedi Morsom, "kayda değer bir hal almaya başladı. Sanat eserlerine olan talep gün geçtikçe artıyordu ve sanat eserleri yaratamadıkları bahanesiyle makineler bir bir bırakılmaya başlandı. Şuna bakın," dedi, "işte size o zamanlarda yapılan işlerden bazıları. El becerisi yönünden kaba ve özensizce yapılmış ama malzeme olarak sağlam ve yapımından zevk alındığı belli oluyor."

"Çok ilginçler," dedim, antika meraklısının gösterdiği parçalar arasından bir çömleği elime alırken; "vahşilerin ya da barbarların yapıtlarına hiç benzemiyorlar ama yine de üzerlerinde bir zamanlar uygarlığa karşı duyulan nefreti sezdiren bir şey var."[55]

"Evet," dedi Morsom, "bu yapıtlarda zarafet aramayın. O zamanlarda böyle bir işi yalnızca köle sayılabilecek birisi yapabilirdi. Oysa şimdi," dedi beni biraz öne çekerek, "el sanatlarının püf noktasını öğrendik ve imgelemin, hayal gücünün özgürlüğüne bir de işçilikteki inceliğin en yüksek boyutunu ekledik."

Baktım ve sonunda hayatın kendisini bir zevk olarak görmeyi öğrenen bu insanların yapıtlarının muazzam güzelliği ve ustalığı karşısında hayrete düştüm. İnsanoğlunun en temel ihtiyaçlarının giderilmesini ve hazırlıklar yapılmasını en iyilere layık bir iş olarak görüyorlardı. Sessizce düşüncelere daldım. Sonra da:

"Peki bundan sonra ne olacak?" dedim.

Yaşlı adam güldü. "Bilemiyorum," dedi; "günü geldiğinde hep beraber göreceğiz."

"Bu arada," dedi Dick, "bugünkü yolculuğumuza kaldığımız yerden devam etmemiz lazım. O halde, yola koyulma vakti! Siz de bize eşlik eder misiniz, komşum? Hikâyeleriniz dostumuzun iştahını kabartıyor."

"Sizinle Oxford'a kadar gelirim," dedi yaşlı adam, "Bodleian Kütüphanesi'nden almak istediğim bir iki kitap var. Sanırım siz de bu eski kentte konaklayacaksınız."

"Hayır," dedi Dick, "biz daha yukarı gidiyoruz; çayır biçimi bizi bekliyor, anlarsınız ya."

Morsom başıyla onayladı ve hep beraber sokağa çıkarak kasaba köprüsünün biraz yukarısındaki kayığımıza bindik. Fakat tam Dick kürekleri yerine yerleştirirken alçak kemerin altında başka bir kayık belirdi. İlk bakışta bile göze çok hoş görünen bir araçtı, parlak yeşildi ve üzerinde zarifçe çizilmiş çiçek desenleri vardı. Kemeri geçince, kayık kadar parlak renkli ve hoş elbiseler giyinmiş olan ince bir kız kayığın içinde ayağa kalktı. Üzerine giydiği açık mavi ipek elbise köprünün rüzgârında dalgalanıyordu. Bu görüntü bana bir yerden tanıdık geliyordu. Başını bize doğru çevirdiğinde güzel yüzünü gördüm ve onun Runnymede'in bereketli bahçelerindeki kurtarıcı meleğin ta kendisi olduğunu anladım. Gerçekten de Ellen'dı bu.

Onu karşılamak için durduk. Dick ayağa kalktı ve dostça seslendi, iyi günler diledi. Ben de onun kadar dostane gözükmeye çalıştım ama başarılı olamadım. Clara güzel elini salladı ve Morsom da başıyla selam verip ilgiyle Ellen'a bakmaya başladı. Ellen'a gelince, kayığını bizimkinin yanına çekerken yanık tenli yüzü kızardı ve:

"Görüyorsunuz işte komşular, dönüşünüzde Runnymede'den geçeceğinizden, geçseniz bile orada duracağınızdan pek emin değildim. Ayrıca bir iki hafta sonra büyükbabamla ben evde olur muyuz onu da bilemedim; çünkü kuzeyde yaşayan bir kardeşini görmek istiyor ve ben de bensiz gitmesini istemiyorum. Bu yüzden belki de sizi bir daha hiç göremem diye düşündüm ve bu fikir hiç hoşuma gitmedi; ben de peşinizden geldim."

"Ne güzel," dedi Dick, "eminim herkes geldiğine çok memnun olmuştur. Gerçi Clara ve benim seni görmeye tekrar gelmeyi düşündüğümüze emin olabilirsin, hatta bulamasak ikinci bir kez gelmeyi düşünüyorduk. Ama sevgili komşum, kayığında tek başınasın ve sanırım fazlaca kürek çektin. O yüzden biraz dinlenmek istersin herhalde; en iyisi mi iki gruba ayrılalım."

"Evet," dedi Ellen, "ben de öyle düşünmüştüm, bu yüzden kayığım için bir dümen getirdim. Takmama yardım eder misin lütfen?"

Böylece teknenin arka tarafına geçti ve pupayı Dick'in uzanabileceği kadar bizim tarafımıza yanaştırdı. İkisi de eğildi ve her zaman olduğu gibi dümeni kancalarına yerleştirmekle uğraştılar. Sizin de tahmin edebileceğiniz gibi bir kayığın dümeninin takılması gibi önemsiz meselelerde hiçbir yenilik yapılmamıştı. İki genç ve güzel çehre dümenin üzerine eğildiğinde birbirlerine oldukça yakın gözüküyorlardı. Her ne kadar bu sahne yalnızca bir dakika sürmüş olsa da bakarken içime bir sızı işledi. Clara yerinde oturuyor ve etrafına bakmıyordu, biraz sonra sesinde en ufak bir değişme olmadan şöyle dedi:

"Nasıl ayrılalım? Sen Ellen'ın kayığına geçmez misin Dick? Kimse alınmasın ama sen daha iyi kürek çekiyorsun."

Dick ayağa kalktı ve elini Clara'nın omzuna koyarak: "Hayır, olmaz, konuğun kendini denemesine müsaade et biraz. Biraz alıştırma yapmaya başlaması lazım. Ayrıca hiçbir acelemiz yok. Oxford'dan çok da uzağa gitmeyeceğiz. Hem geceye kalsak bile ay sayesinde fazla karanlık olmaz," dedi.

Bunun üzerine çok da komik bir espriymiş gibi hepsi güldü. Bence Ellen'ın gülüşü hepsininkinden farklı olarak şimdiye dek duyduğum en hoş seslerden biriydi.

Sonuç olarak, sevincimi hiç belli etmeden yeni gelen kayığa bindim ve kürekleri alarak biraz da hava atmak için hemen işe koyuldum. Bilmem sebebini söylememe gerek var mı? Sanki ben bu tuhaf kıza bu denli yakın olunca bu mutlu dünyanın mutluluğu artıyordu. Yine de şunu söylemeden geçmeyeyim: Bu yeni dünyada gördüğüm bütün yeni insanların içinde bana en yabancı gelen, düşündüğüm şeye en az uyan oydu. Örneğin Clara, güzel olmasına güzeldi ve *çok* hoş, samimi bir genç bayan olduğuna şüphe yoktu ve diğer kızlar da diğer zamanlarda tanıdığım kadınların çok daha gelişmiş örneklerinden başka bir şey değildiler. Fakat bu kız yalnızca 'genç bir bayana' mahsus bir güzellik taşıyor değildi, aynı zamanda her yönden son derece ilginçti de. Sürekli, acaba bu kez beni şaşırtacak ya da memnun edecek ne yapacak veya söyleyecek diye merak etmekten kendimi alamıyordum. Bu duygumun sebebi, söylediklerinde ya da yaptıklarında sarsıcı herhangi bir şey olması değildi; fakat her hareketi daima yenilik ve hayattan aldığı tarifsiz zevkle ve ilgiyle doluydu. Bu zevk ve ilgiye az çok herkeste rastlamıştım rastlamasına ama onda gördüğüm hiç kimsede olmadığı kadar belirgin ve çekiciydi.

Az sonra yola koyulmuştuk ve Bensington ile Dorchester arasındaki nehrin güzel yerlerinden süratle geçiyorduk. Akşamüstü saatleriydi, hava sıcak değil ılıktı ve rüzgâr yoktu. Bulutlar yükselmişti, inci gibi bembeyaz parlayarak güneş ışınlarını yumuşatıyorlardı; ancak gökyüzünün donuk mavisini de gözlerden saklamıyorlardı. Yine de gökyüzüne sanki bir hacim ve yoğunluk kazandırıyorlardı; kısacası gökyüzü, gerçekten de şairlerin bazen dediği gibi bir kubbeyi andırıyordu, sonsuz bir hava boşluğu gibi değil de hiçbir şekilde insanın ruhunu daraltmayan engin ve ışık dolu bir kubbe gibiydi. Tennyson'ın, Lotus Yiyenler Ülkesi'nin daima akşamüstünü yaşayan bir ülke olduğunu söylerken, aklından geçirdiği akşamüstü tam da bu olmalıydı.[56]

Ellen kayığın ucunda otururken arkasına yaslandı, halinden oldukça memnun gözüküyordu. Her şeye dikkatle baktığını ve gözünden hiçbir şeyin kaçmadığını görebiliyordum. Onu seyrederken, onun birazcık da olsa çevik, usta ve yakışıklı Dick'ten etkilenmiş olduğu ve bizi bu yüzden takip ettiği düşüncesi aklımdan tamamıyla çıktı gitti. Çünkü öyle olsaydı, manzaralar ne kadar güzel olursa olsun böyle heyecanlı bir mutluluk duyamazdı. Bir süre pek konuşmadı, en sonunda Shillingford Köprüsü'nün altından geçerken (köprü yeni yapılmıştı ama eski hatları belli oluyordu) zarif kemerin altından manzaraya iyice bir bakmak için benden kayığı biraz durdurmamı istedi. Sonra bana dönerek:

"Bu yerleri ilk kez görüyor olduğuma sevinmeli miyim üzülmeli miyim bilemiyorum. Tüm bunları ilk kez görüyor olmak gerçekten de büyük bir zevk. Fakat, bir iki yıl önce hafızama yer etmiş olsalardı uyanıkken de düşlerimde de hayatımla nasıl kaynaşırlardı kimbilir! İyi ki Dick yavaş kürek çekiyor da bu sayede sanki burada zamanı durdurabiliyoruz. Bu nehirdeki ilk yolculuğunuz hakkında siz ne düşünüyorsunuz?" dedi.

Bunu beni tuzağa düşürmek için söylediğini sanmıyorum ama ben yine de faka bastım ve: "İlk yolculuğum mu? Bu kesinlikle ilk değil, pek çok kez geçtim buralardan. Buraları çok iyi bilirim, hatta, Hammersmith'den Cricklade'e kadar Thames'in her karışını bildiğimi söyleyebilirim," dedim.

Ortaya çıkabilecek kargaşayı o an farkettim. Meraklı bakışlarını yüzüme dikmişti. Bu bakışları daha önce aralarındaki konumumu anlamalarını zorlaştıran bir şey söylediğimde Runnymede'de de görmüştüm. Kızardım ve hatamın üzerini örtmek için: "Neden daha önce hiç bu kadar yukarıya çıkmadığınızı anlayamıyorum. Ne de olsa Thames üzerinde yaşıyorsunuz ve o kadar iyi kürek çekiyorsunuz ki buralara gelmek sizin için fazla zor olmasa gerek. Diğer taraftan," dedim imalı imalı, "kimden isteseniz seve seve sizin için buraya kadar kürek çekerdi."

Güldü, ama sanki iltifatıma değil de (söylediğim günlük yaşamın bir gerçeği olduğu için ona güleceğini sanmıyorum) kafasını karıştıran başka bir şeye gülüyordu. Hâlâ kibarca bana bakıyordu ama gözlerinde biraz önce belirttiğim meraklı bakış vardı ve:

"Evet, belki de tuhaf bir durum ama evde yapacak çok işim oluyor; büyükbabama bakmam ve son zamanlarda benim için özel bir zevk haline gelen iki üç genç adamla ilgilenmem gerekiyor ve zaten hepsine aynı anda yetişemiyorum. Fakat sevgili komşum, nehrin üst taraflarını daha ben bilmezken biliyor olmanız bana tuhaf geliyor çünkü anladığım kadarıyla siz İngiltere'ye geleli daha birkaç gün olmuş. Ama belki de burası hakkında kitaplar okudunuz ve resimlerini gördünüz. Gerçi bu da fazla bir işe yaramaz ya," dedi.

"Yaramaz tabii," dedim, "Ayrıca Thames ile ilgili hiç kitap okumadım. Hiç kimsenin İngiltere'deki tek nehir sayılabilecek Thames ile ilgili hoş bir kitap yazma gereksinimini duymaması zamanımızın ufak çaptaki aptallıklarından biriydi."

Kelimeler ağzımdan yeni çıkmıştı ki bir hata daha yaptığımı

fark ettim. Kendimden gerçekten rahatsız oldum çünkü o sırada ne uzun bir açıklamaya girişmek ne de Odysseus tarzı yalanlar sıralamak istiyordum. Bir şekilde Ellen'ın bu durumu fark etmiş gibi bir hali vardı ve beni söylediğime pişman etmedi. Delici bakışları bir anda yalın, açık bir kibarlığa dönüştü ve:

"Her neyse, sizinle bu nehirde yolculuk yaptığıma memnunum. Ne de olsa siz buraları iyi biliyorsunuz, bense Pangbourne'u biraz geçtikten sonraki yerler hakkında çok az şey biliyorum ve siz de bana bilmek istediğim her şeyi anlatabilirsiniz," dedi. Biraz durdu ve: "Yine de bildiğim kadarını sizin kadar iyi bildiğime emin olabilirsiniz. Thames kadar güzel ve ilgi çekici bir şeye karşı ilgisiz olduğumu düşünmenizi istemem," dedi.

Bunları büyük bir ciddiyetle söylemişti. Ama aynı zamanda üzerinde bana hitap eden bir sevecenlik havası da vardı ki benim oldukça hoşuma gitti. Benim hakkımdaki şüphelerini bir başka zamana ertelediğini görebiliyordum.

Az sonra Dick ve iki yolcusunun bizi beklediği Day havuzuna geldik. Sanki daha önce hiç görmediğim bir şey göstermek istermişçesine beni karaya çıkarmak istiyordu. Onu memnuniyetle takip ettim, Ellen da yanımdaydı ve hep beraber çok iyi hatırladığım Dykes'a ve arkasındaki büyük kiliseye doğru gittik. Burası, Dorchester halkı tarafından birçok amaç için kullanılıyordu hâlâ. Bu arada köyün misafirhanesi hâlâ misafir ağırlamanın alınıp satılabildiği günlerden kalma *Fleur-de-luce* havasını koruyordu. Ama bu kez burasının bana tanıdık geldiğini belli edecek hiçbir harekette bulunmadım. Yine de Dykes tepesinde oturduğumuzda Sinodun'a ve keskin hatlı vadisiyle kardeşi Whittenham *tümseğine*[57] bakarken bir an için kendimi Ellen'ın ciddi ve dikkatli bakışları altında rahatsız hissettim ve az kalsın ağzımdan, 'Neredeyse hiçbir şey değişmemiş burada,' sözlerini kaçırıverecektim.

Abingdon'da tekrar durduk. Burası da tıpkı Wallingford gibi benim için hem yeni hem de eskiydi çünkü on dokuzuncu yüzyılın düşürdüğü o kötü halinden kurtulmuştu ama bunun dışında da pek az değişmişti.

Biz Oseney tarafından Oxford'ı geçerken güneş batmaya başlamıştı. Henry Morsom'ı karaya bırakmak için eski şatonun yanında bir iki dakika durduk. Şato, haliyle nehrin kenarından görülebiliyordu. Bu kentte sonradan yükselmiş olan kulelerin ve sivri çatıların hiçbirini kaçırmadım. En son gördüğümde, gün geçtikçe daha da kirlenen ve 'on dokuzuncu yüzyılın entelektüel yaşamı'nın etkisi altında kalan etraftaki çayırlar artık entelektüel değildi ve bir kez daha layık olduğu güzelliğe kavuşmuştu. Hinksey tepeciği de, üzerinde yeni gövermiş (bu kelimeyi bilerek kullanıyorum çünkü evler oraya aitmiş gibi gözüküyorlardı) iki üç tane sevimli taş evle birlikte, mutlu mesut nehre ve o anda boz gözüken ama gün batımı olmasaydı biçim zamanı geldiğini gösterecek olan otlara bakıyordu.

Demiryolu ortadan kaybolmuştu ama Thames üzerinde çeşitli boyutlarda köprüler vardı. Az sonra Medley havuzuna geldik ve Port Çayırlarını sulayan derin sulara ulaştık. Üzerinde yaşayan kazların sayısında hiçbir azalma olmamıştı. Buranın adının ve işlevinin nasıl olup da komünal zamanın başlarından bu güne kadar değişmeden geldiğini çok merak ettim. Acaba o mülkiyet zulmü zamanlarından geçip bugün tamamına ermiş bulunan komünizmin huzur ve mutluluğuna hangi karmaşık mücadelelerden geçerek erişmişti.

Godstow'da beni eski manastırın kalıntılarını göstermek için tekrar karaya çıkardılar. Hemen hemen hatırladığım gibi duruyordu. Yüksek bir köprünün görüntüyü kestiği yere kadar, alacakaranlıkta bile gri taş evleriyle köyün ne kadar da güzelleşmiş olduğunu görebiliyordum. Çünkü artık taşlık arazilere gelmiştik ve burada, tüm evlerin duvarlarının da çatısının da gri taştan yapılması gerekiyordu; aksi taktirde manzarayı bozan bir leke oluşturuyorlardı.

Buradan sonra da kürek çekmeye devam ettik. Benim kayıkta kürekleri Ellen devraldı. Biraz yukarıda bir su bendini geçtik. Üç mil daha gittikten sonra ay ışığında ilerlerken küçük bir kasabaya geldik. Burada konakladığımız evde de pek az insan vardı, çünkü halkın büyük bir çoğunluğu tarlalardaki çadırlarda kalıyordu.

XXVIII
Ufak nehir

Ertcsi sabalı saat altıdan önce yola koyulduk; mola yerimize varmamıza hâlâ daha yirmi beş mil vardı ve Dick de akşam karanlığına kalmadan oraya varmak istiyordu. Yolculuğumuz zevkliydi; Thames'in yukarılarını bilmeyenler için anlatılacak fazla bir şey yok. Ellen ve ben bir kez daha onun kayığında birlikteydik. Gerçi Dick, nereden estiyse, iki kadın yeşil oyuncağı beraberce kullansınlar diye beni kayığına davet etmişti, ama Ellen, ilgisini çeken yol arkadaşının ben olduğumu söyleyerek bunu kabul etmedi. "Bunca yolu geldikten sonra," dedi, "aklı sürekli bir başkasında olan biriyle yol arkadaşlığı yaparak keyfimi kaçıramam. Konuğumuz, beni doğru düzgün eğlendirebilen tek kişi. Gerçekten." Sonra bana dönerek, "bunu iltifat olsun diye söylemiyorum," dedi.

Clara kızardı ve bu durumdan mutlu oldu. Sanırım bu zamana kadar Ellen'dan biraz korkmuştu. Bense, bir kez daha kendimi genç hissediyordum; gençliğime dair tuhaf umutlarım, o an almakta olduğum zevkle kaynaşarak, ve hatta zevki yok ederek ıstıraplı bir hal alıyordu.

Daralan nehir boyunca küçük, rüzgârlı yerlerden geçerken Ellen: "Bu ufak nehir bana öyle güzel geliyor ki, büyük nehirlere alışkın olmama rağmen adım başı durmak istiyorum. Sanırım bu akşam eve gittiğimde İngiltere'nin ne kadar da küçük bir ülke olduğunu anlamış olacağım. Baksanıza bir çırpıda en büyük nehrinin sonuna geldik bile," dedi.

"Evet, büyük değil," dedim, "ama güzel."

"Evet," dedi, "düşünebiliyor musunuz, bir zamanlar bu güzel ülkenin halkı, buranın çirkin ve kişiliksiz olduğunu, korunmaya değer bir güzelliğinin olmadığını düşünüyormuş ve yinelenen mevsimlere, değişken havasına, toprağın çeşitli özelliklerine falan hiç aldırış etmiyormuş. Bu insanlar kendilerine karşı nasıl bu kadar zalim olabilmişler?"

"Birbirlerine karşı da," dedim. Sonra bir anda dilimin bağı çözüldü ve: "Sevgili komşum, size neden bu çirkin geçmişi sizlerden daha kolay anlayabildiğimi söyleyebilirim: Ben de bir zamanlar o geçmişin bir parçası olmuştum. Anladığım kadarıyla bunu siz de biraz sezdiniz ve eminim anlattığımda bana inanacaksınız, bu yüzden de sizden hiçbir şey saklamayacağım."

Bir süre konuşmadı ve ardından: "Dostum, hakkımda yanılmadınız, doğrusunu söylemek gerekirse Runnymede'den buraya kadar sizi takip ettim. Size birçok şey sorabileceğimi düşündüm çünkü bizlerden biri olmadığınızı görebiliyordum ve bu da ilgimi çekiyor ve beni memnun ediyordu. Sizi olabildiğince mutlu etmek istedim. Doğrusunu söylemek gerekirse bu da biraz riskliydi," dedi biraz kızararak, "demek istediğim Dick ve Clara açısından. Madem ki bu kadar yakın arkadaş olacağız, size baştan söylemeliyim, etrafta bunca güzel kadının olduğu bizlerin arasında bile ben erkeklerin zihinlerini birçok kez fena halde meşgul ettim. Büyükbabamla Runnymede'de bir kulübede tek başıma yaşamamın sebeplerinden biri de buydu. Fakat bu da işe yaramadı. Çünkü sonuçta orası da bir çöl değil, insanlar gelip gidiyor ve orada öyle tek başıma yaşadığım için beni daha da ilginç buluyor, benimle ilgili hayaller kurmaya başlıyorlar. Bunu sizin de yaptığınızı biliyorum, dostum. Neyse, bunu geçelim. Bu akşam ya da yarın sabah size beni çok sevindirecek bir şey yapmanızı teklif edeceğim, bunun sizi de üzmeyeceğini biliyorum," dedi.

Heyecanla sözünü kestim ve onun için dünyada yapmayacağım şey olmadığını söyledim. Çünkü yaşıma ve yaşımı gösteren izlere rağmen –gerçi hissettiğim tazelenmişlik, gençlik duygusu bence geçici bir his olamazdı ama gene de– yaşıma rağmen, diyorum ya, bu muhteşem kızın yanında kendimi fazlasıyla mutlu hissediyor ve belki de gizemliliğini kafamda büyütüyordum.

Gülüyordu fakat bir yandan da nazikçe bana bakıyordu. "Pekâlâ," dedi, "şimdilik burada bırakalım çünkü içinden geçtiğimiz bu yeni yerlere bakmak istiyorum. Nehrin ne kadar da değiştiğine bir bakın, genişledi şimdi, arazi de genişledi ve su yavaş akıyor. Bakın, bir sal!"

Bunun zincirli bir sal olduğunu söyledim ve yavaşlayarak zinciri başımızdan aşırdım. Sonra sol tarafımızda üstü meşelerle kaplı bir kıyının yanından geçerek yolumuza devam ettik. En sonunda nehir tekrar daraldı ve su derinleşti. Adeta bir duvar oluşturan sazların arasından kürek çektik. Kayıkların yarattığı dalgalar tek bir dalın kıpırdamadığı sabah sıcağında sazları sarsıyor, sazlardaki serçeler ve bülbüller dur durak bilmeden ötüyor, cıvıldıyordu.

Ellen keyifli keyifli gülümsüyordu. Bu yeni manzara karşısında duyduğu uyuşuk mutluluk sanki güzelliğini iki katına çıkarmıştı. Minderlere uzanmıştı, fakat halsizlikten eser yoktu; mahmurluğu, aklı da bedeni de sağlam ve güçlü olan bir insanın dinlenirken yaşadığı türden bir mahmurluktu.

"Bakın!" derken, hiçbir güç harcamadan yerinden fırladı ve hem zarif hem de rahat bir halde, "ilerideki şu güzel eski köprüye bakın!"

"Bakmama gerek yok," dedim, başımı onun güzelliğinden başka bir yere çevirmeden, "neden bahsettiğinizi biliyorum" (gülümsedim) "geçmiş zamanda bizler eski köprü demezdik ona."

Hoş bir bakışla baktı ve: "Bana karşı savunmaya geçmeyi bıraktığınızdan beri bakın ne kadar da iyi anlaşıyoruz!" dedi.

Düşünceli düşünceli bana bakarak ayakta dikiliyordu. Sonunda, Thames üzerindeki bu en eski köprünün bir sıra alçak kemerinin ortada duranının altından geçerken, oturmak zorunda kaldı.

"Ah, ne güzel tarlalar!" dedi, "böyle küçük bir nehrin bu kadar güzel olabileceğini bilmiyordum. Her şeyin böyle küçük ölçekli olması, her yerin ve kıyıların böyle hızla değişmesi, insana bambaşka bir yere gidiyormuş, tuhaf bir yere varacakmış duygusu veriyor. Daha büyük nehirlerde hissetmediğim türden bir macera duygusu bu."

Hayranlıkla ona baktım. Tam da aklımdan geçen şeyi söyleyen sesi ruhumu okşuyordu. Bakışımı fark etti ve yanakları kızardı, gayet doğal bir sesle:

"Baştan söylemeliyim ki dostum, büyükbabam bu yaz Thames kenarından ayrılıyor. Beni, Cumberland'de Roma surlarının yakınında bir yere götürecek. O yüzden de bu yolculuğum güneye veda niteliğinde. Gerçi kendi rızamla gidiyorum ama yine de gittiğim için üzülüyorum. Dün, Dick'e Thames kıyısından gideceğimizi söyleyecek cesareti kendimde bulamadım, ama sanki size söylemem gerekiyormuş gibi geliyor," dedi.

Bir süre düşünceli düşünceli durdu ve sonra gülümseyerek:

"Bir yerden bir yere taşınmak pek hoşuma gitmez. İnsan yaşadığı yerdeki hayatın ufak tefek ayrıntılarına alışıveriyor. Ve bu güzel alışkanlık insanın hayatına öyle bir uyum ve mutlulukla karışıyor ki yeni baştan başlamak fazla bir değişime yol açacak olmasa da acı veriyor. Fakat sanırım siz, geldiğiniz ülkede böyle bir düşüncenin küçük hesaplar peşinde koşmak olduğunu ya da maceradan kaçınmak olduğunu düşünürdünüz ve benim hakkımda iyi yargılara varmazdınız," dedi.

Konuşurken ruhumu okşayarak gülümsedi, vakit geçirmeden yanıtladım: "Hayır, kesinlikle. Hatta hislerime tercüman oluyorsunuz. Fakat sizin böyle konuşmanızı beklemezdim. Duyduklarımdan anladığım kadarıyla bu ülkede sizler arasında adamakıllı sık mesken değiştiriliyor."

"Tabii," dedi, "insanlar istediği yere gitmekte özgür. Fakat özellikle de şimdi olduğu gibi hasat zamanında gerçekleşen hoş eğlenceler dışında fazla yer değiştirdiklerini sanmıyorum. Biraz önce de demeye çalıştığım üzere sürekli evde oturmaktan başka şeylerden de hoşlanırım. Mesela sizinle birlikte hiçbir şey düşünmeden ülkenin bütün batı tarafını gezmek isterdim," dedi ve gülümseyerek sözünü bitirdi.

"Benimse düşünmem gereken çok şey var galiba," dedim.

XXIX
Thames'in yukarısında bir mola yeri

Hemen ardından, nehrin etrafından kıvrıldığı, çayırlarda dinlenmek ve bir şeyler yiyip içmek için mola verdik. Yanaştığımız güzel kıyı, hafif bir yamaçtı. Çayırlar önümüzde alabildiğine uzanıyordu ve otların arasında oraklar işe koyulmuştu bile. Arazinin güzelliğinin ortasında bir değişiklik dikkatimi çekti. Gerçekten de tarlalara yer yer ağaçlar dikilmişti. Çoğu meyve ağacıydı ve hatırladığım günlerdeki gibi güzel bir ağaçtan cimrice yer esirgenmemişti. Her ne kadar söğütlerin tepesi düzeltilmişse de (ya da taşrada dendiği gibi budanmışsa da) bu, ağacın güzelliği göz ardı edilmeden yapılmıştı. Demek istediğim, bir kilometrelik alanda kırların bütün güzelliğini bozacak kadar aralıksız bir düzeltme yapılmamış, kesimler üzerinde düşünülerek, sırayla yapılmıştı ve bu da her yerin bir anda çıplak kalmasını önlemişti. Kısacası tıpkı yaşlı Hammond'ın dediği gibi, arazi geçimi sağlamanın yanı sıra zevk için yapılmış bir bahçeymiş gibi de düzenlenmişti her yerde.

Yamacın bu kıvrımında ya da kıyısında öğle yemeğimizi yedik. Aslında daha vakit erkendi ama bunun çok da bir önemi yoktu, zaten erken yola çıkmıştık. Anlattığım gibi bir bahçeye dönüşmüş olan kırların arasından süzülen Thames'in suları altımızdan akıp gitmişti. İki yüz metre ilerimizde zarif ağaçlarla bezenmiş küçük, güzel bir adacık vardı. Batımızdaki yamaçlarda, çeşit çeşit ağaçlardan oluşan bir orman nehrin güney yakasındaki çayırların üzerine doğru uzanıyordu. Kuzeydeyse nehrin kenarından başlayarak alabildiğine çayırlar uzanıyordu. Uzaklarda, ağaçların arasından çevresinde de birkaç gri ev olan eski bir yapının zarif kubbesi görünüyordu. Daha yakınımızda ise nehirden en fazla yüz metre içerde, oldukça modern, taş bir bina vardı. Tek katlı, geniş bir dikdörtgen şeklindeydi ve oldukça alçaktı. Nehirle arasında bahçe yoktu, yalnızca oldukça genç ve ince olan bir dizi armut ağacı vardı. Bina her ne kadar fazla süslü değilse de, tıpkı ağaçlar gibi doğal bir zarifliği vardı.

Bu tatlı haziran gününde tüm bunları seyrederken, neşeli olmanın da ötesinde mutluyduk; yanımda oturan Ellen, elini dizine dayayarak bana doğru eğildi ve alçak sesle konuşmaya başladı. Clara'yla Dick sessiz sedasız aşklarıyla bu kadar meşgul olmasalardı bizi duyabilirlerdi: "Dostum, sizin ülkenizde tarlada çalışanların evleri de böyle miydi?"

"En azından zenginlerin evleri hiç böyle değildi, taşranın bütün güzelliğini lekeliyordu," dedim.

"Anlamakta güçlük çekiyorum," dedi. "Ezilen işçilerin neden güzel evlerde.yaşayamadıklarını anlayabiliyorum. Çünkü güzel evler yapabilmek için zaman, rahatlık ve kaygısız bir zihin gerekir. Bu fakir insanların bu şekilde yaşamaya, (bizim gibi) böyle gerekli, güzel şeylere sahip olmaya hakkının olmayışını anlıyorum. Fakat zamanı, rahatı ve yapı malzemeleri olan zenginlerin kendilerine neden bunlar gibi güzel evler yapmadıkları anlaşılır gibi değil. Bana ne anlatmaya çalıştığınızı biliyorum," dedi, gözlerimin içine bakıp kızararak, "gerçekten de evleri ve bütün eşyaları genel olarak çirkin ve basitti; (kubbeyi işaret ederek) şuradaki atalarımızdan kalma eser gibi daha da eski olanların dışında hepsi, durun bakayım, ne deniyordu..."

"Bayağı," dedim, "bayağı derdik bizler, zenginlerin evlerinin çirkinliği ve bayağılığı, yoksulları tabi tuttukları sefalet ve yoksunluğun kaçınılmaz bir yansımasıydı."

Düşünceli düşünceli kaşlarını çattı ve sonra bir anda aklına bir fikir gelmiş gibi yüzü aydınlandı: "Evet, dostum, ne demek istediğinizi anlıyorum. Bizler, yani bu konuyla ilgilenenlerimiz, bu mesele üzerinde çok konuştuk. Çünkü doğrusunu söylemek gerekirse, Hayat Eşitliğinden önceki zamanlarda sanat denilen şeyin bizde birçok örneği var. Kimse de tüm bu çirkinliğin sebebinin toplum olmadığını söyleyecek kadar yarım akıllı değil. Bu insanların hoşlarına gittiği için çirkin bir hayat sürdüğünü ve eğer istemiş olsalar da çevrelerinde güzel şeyler de olabileceğini, yani güzelleştirme ve güzelleştirmeme şansları olduğunu söyleyen yok. Durun! Ne söyleyeceğinizi biliyorum," dedi.

"Biliyor musunuz?" dedim her ne kadar kalbim çarpsa da gülümseyerek.

"Evet," dedi, "ağzınızdan kelimeler dökülmese de bana cevap veriyor, bir şekilde öğretiyorsunuz. Eşitsizlik zamanlarında, bu zengin kimselerin, hayatlarını güzelleştirmek için istedikleri şeyleri kendileri yapmayıp sefalet içinde ve yoksul bir hayat sürmeye zorladıkları insanlara yaptırmalarının hayatın olmazsa olmaz bir şartı olduğunu söyleyecektiniz, değil mi? Ve bu sefalet ve yoksullukla harcanmış yaşamların anlamsızlığı içinde zenginlerin hayatlarını güzelleştirmek için çabalıyorlardı ve sanat yok oluyordu, değil mi? Söyleyeceğiniz bu muydu dostum?"

"Evet, evet," dedim heyecanla ona bakarak. Çünkü bu sırada ayağa kalkmıştı ve suyun tam kenarında duruyordu. Hafif rüzgâr zarif giysisini dalgalandırıyordu. Bir eli göğsündeydi ve diğer eli de ciddiyetinin bir yansıması olarak ileriye uzanmış ve sımsıkı kapanmıştı.

"Doğru," dedi. "Doğru! Doğru olduğunu kanıtladık!"

Ona karşı beslediğim ilgiyi –hatta ilginin de ötesine geçen duygularımı ve hayranlığımı nasıl bir sonun beklediğini merak etmeye başlamıştım. İçimde ne olacağına dair bir korku belirmişti; bu yeni çağda insanın çok istediği bir şeyi kaybetmesi durumunda derdine derman olarak neler sunulacağı konusunda bir kaygı baş göstermeye başlamıştı. Bu sırada Dick ayağa kalktı ve o içten tavrıyla seslendi: "Komşum Ellen, konuğumuzla bir tartışmaya mı girdin, yoksa onu bize cehaletimiz yüzünden doğru düzgün açıklayamadığı şeyleri anlatma sıkıntısına mı sokuyorsun?"

"İkisi de değil, sevgili komşum," dedi Ellen. "Hatta tartışmaktan öyle uzağız ki sanırım aramızda çok güzel bir dostluk geliştirdik. Öyle mi, sevgili konuğum?" dedi bana bakıp, anlaşıldığını bilmenin verdiği güvenle gülümseyerek.

"Kesinlikle öyle," dedim.

"Hem ayrıca," dedi Ellen, "konuğumuz kendisini bana gayet iyi ifade edebiliyor. Onu oldukça iyi anlıyorum."

"Pekâlâ ," dedi Dick. "Zaten seni Runnymede'de ilk gördüğümde son derece keskin bir zekâya sahip olduğunu anlamıştım. Bunu iltifat olsun diye söylemiyorum," dedi çabuk çabuk, "gerçekten böyle düşünüyorum; bu yüzden de seni daha yakından tanımak istedim. Fakat şimdi yola koyulmamız lazım, daha yolun yarısına bile gelmedik ve güneş batmadan orada olsak iyi olur."

Böylelikle Clara'yı elinden tuttu ve yamaçtan aşağı inmeye başladılar. Dick'i takip etmek üzere elini tuttuğum Ellen düşünceli düşünceli yere bakıyordu ve bana dönerek:

"Bana çok şey anlatarak bir sürü şeyi açıklığa kavuşturabilirsiniz, isterseniz tabii," dedi.

"Tabii," dedim, "bunu yapabilirim, zaten benim gibi yaşlı bir adam başka ne işe yarar ki."

Konuşurken sesime ister istemez yansıyan burukluğu fark etmedi ve: "Bu benim için o kadar da önemli değil, şahsen eski zamanların yalnızca hayalini kurmakla yetinebilirim. O günleri idealize edecek değilim elbet, ama bu zamanlarda yaşamış olan bazı insanların değerini daha iyi anlayabilirim. Bence insanlar bazen geçmiş konusunda çok umursamaz oluyor, bu bilgileri hep Hammond gibi yaşlı ve bilge kişilere bırakıyorlar. Kim nasıl bilebilir ki? Şimdi mutlu olmasına mutluyuz fakat, her şey değişebilir, bir gün gelip değişme isteğiyle yanıp tutuşabiliriz. Eğer tüm bunların geçmişte yaşananların aşamaları olduğunu bilmezsek, her şey karşı koyulamayacak kadar güzel ve heyecan verici gözükebilir gözümüze ve yıkıcı, aldatıcı ve rezil bir son olur bu," dedi.

Kayığa doğru ağır ağır ilerlerken tekrar konuştu: "Bunu sırf kendim için istemiyorum, sevgili dostum, bir gün çocuklarım olacak, umarım bir sürü çocuğum olur her şey sona ermeden. Gerçi onları özel olarak bir bilgi yağmuruna tutacak değilim dostum, ama tıpkı bana benzeyeceklerini düşünmekten de kendimi alamıyorum. Belki kendi düşünüş tarzımı onlara da aktarabilirim, hatta iç benliğimin bir kısmını, yalnızca çevremde olup biten olayların sonucunda ortaya çıkan ruh hallerinden ibaret olmayan bir bölümünü verebilirim. Ne dersiniz?"

Bildiğim bir şey varsa, o da ne düşündüğümü öğrenmek üzere kendini ciddi olarak açmadığı sıralarda, güzelliğinin, nezaketinin ve hevesinin beni kendisi gibi düşünmeye zorladığıdır. Kayığa binmek için elini bana uzattığı sıradaki zarafetinin harikalığı karşısında kendimden geçmiş bir şekilde dikilirken, ona, şu anda benim için en önemli şeyin onun düşünceleri olduğunu söyledim. Ve Thames üzerinde süzülmeye koyulduk – kim bilir nereye doğru?

XXX
Yolun sonu

Yolumuza devam ettik. Ellen'a karşı duymaya başladığım heyecana ve bu heyecanın beni nereye sürükleyeceği konusunda gittikçe büyüyen korkuma karşın, nehri ve kıyıları büyük bir ilgiyle seyretmekten kendimi alamıyordum. Ellen da sürekli değişen manzaradan sıkılmışa benzemiyordu, çiçekli kıyıların ve çağıldayan girdabın her yerine sevgi dolu bir ilgiyle bakıyordu; tıpkı bir zamanlar benim de âdet edindiğim aynı ilgiyle; ve belki de şimdi, tüm harikalarıyla tuhaf bir şekilde değişime uğramış bu toplum içinde de bu ilgimi bütünüyle yitirmiş sayılmazdım. Ellen benim bu kadar zevk almam karşısında halinden memnun gözüküyordu. Belki de dikkatimi nehir üzerinde yoğunlaştırmış olmamdan hoşnuttu: Güzel arazilerin bakımlılığı, su mühendisliği meselelerinin üstesinden gelmedeki hüner, işe en çok yarayan şeylerin güzel ve doğal görünmesini sağlıyordu. Doğrusunu söylemek gerekirse tüm bunlar beni çok mutlu ediyordu. Ellen da ben mutlu olduğum için mutlu oluyordu ama biraz kafası karışmış gibiydi.

Suyun üzerinde bir köprü oluşturarak yolu tıkamak gibi bir sorun yaratmayan ve kendi tarzı içerisinde Gotik bir katedral kadar güzel olan bir değirmenin* yanından geçtiğimiz sırada[58] "Şaşırmış görünüyorsunuz," dedi, "bunun bu kadar güzel görünmesi sizi şaşırtmış gibi."

"Evet," dedim, "bir bakıma şaşırdım; aslında böyle güzel olmaması için hiçbir sebep de yok tabii."

"Tabii ya!" dedi hayranlıkla bana bakarak. Yine de yüzünde gizli bir tebessüm vardı: "Geçmişte nasıl olduğunu biliyorsunuz. Taşraya bu kadar güzellik katan bu küçük nehir konusunda her zaman böyle özenli değil miydiler? Bu küçük nehri idare etmek her zaman için kolay bir iş olmalı. Ah! Tabii, unutmuşum," dedi bakışlarımı yakalayarak, "bahsi geçen zamanlarda, böyle konularda zevk tamamen göz ardı ediliyordu. Peki o günlerde nehri nasıl kullanıyorlardı, yani sizin..." içinde yaşadığınız demek üzereydi ki düzelterek, "hakkında bilgi sahibi olduğunuz günlerde?"

"*Yanlış* kullanıyorlardı," dedim. On dokuzuncu yüzyılın ilk yarısında burası taşra insanlarının iyi kötü kullandığı bir yoldu. Nehir ve kıyılarına biraz bakım yapılıyordu ve çok fazla ilgi gösterilmese de buraları düzenli ve güzeldi. Herhalde siz de duymuşsunuzdur, sonrasında demiryolları kullanılmaya başlanınca, taşra insanlarının doğal olsun yapay olsun su yollarını kullanmasına izin vermediler. Oysa o dönemde birçok yapay su yolu vardı; herhalde biraz ilerde bu yollardan birine rastlarız. Rastlayacağımız, çok önemli bir yoldur. Fakat bir zamanlar demiryolları bu su yolunu kullanıma kapatmıştı ve insanları mallarını özelleştirilmiş yoldan göndermek zorunda bırakmışlardı. Böylece de herkesi mümkün olan en yüksek vergilere tabi tutabildiler."

Ellen kahkahalarla güldü: "Tabii," dedi, "bu konuya tarih kitap-

---

* Unutmadan söyleyeyim, Thames boyunca çeşitli amaçlarla kullanılan birçok değirmen vardı. Bu değirmenler hiçbir şekilde gözü rahatsız etmiyordu, hatta birçoğu çarpıcı bir güzelliğe sahipti. Çevrelerindeki bahçeler de adeta birer güzellik abidesiydi.

larımızda pek değinilmemiş ama bilmeye değer doğrusu. Fakat kesinlikle o zamanın insanları tembel bir yapıya sahipmiş; bizler huzursuz da değiliz, kavgacı da ama birisi tutup da bize böyle bir saçmalığı uygulatmaya kalksaydı, adı geçen su yollarını her kim ne kadar karşı çıkarsa çıksın kullanırdık ve hiç de tereddüt etmezdik. Bu dönemde yapılan başka saçmalıkları da hatırlıyorum. İki yıl önce Rhine üzerinde bir yolculuğa çıkmıştım da orada bize eski şatoların kalıntılarını göstermişlerdi. Duyduğumuz kadarıyla bunlar da demiryollarıyla aynı amaçla yapılmış olmalı. Neyse ben sizin nehir hikâyenizi bölmeyeyim, lütfen devam edin."

"Kısa ve saçma bir hikâye bu," dedim. "Nehir pratik ya da ticari değerini kaybetti –yani bu da para kazandırmaz oldu anlamına geliyor..."

Ellen başıyla onayladı. "Bu tuhaf deyişin ne anlama geldiğini biliyorum," dedi, "devam edin!"

"Neyse, nehir öyle ihmal edildi ki en sonunda başa bela oldu..."

"Evet," dedi Ellen, "anlıyorum. Tıpkı demiryolları ve soyguncu şövalyeler gibi. Sonra?"

"Sonra da nehirle ilgili geçici birtakım tedbirler almaya karar verip bu işi de Londra'dan birilerine devrettiler. Bu adamlar da sırf bir şeyler yapıldığını göstermek için zaman zaman orada burada bazı tahribata yol açtılar. Ağaçları kestiler, civar kıyıları mahvettiler, nehrin dibini kazıdılar (her zaman gerekli olmayan yerlerde) ve çıkartılan çamuru adeta görüntüyü mahvetmek üzere tarlalara attılar vesaire vesaire. Fakat çoğunlukla 'ustaca bir eylemsizlik' örneği gösterdiler. O zamanlar maaşını alıp hiçbir şey yapmamaya bu isim veriliyordu," dedim.[59]

"Maaşlarını alarak," dedi, "bunun hiçbir şey yapmamak karşılığında diğer insanların payına düşen mallardan fazladan bir miktar almak anlamına geldiğini biliyorum. Bununla kalmış olsaydı ve onları bir şeyler yapmaktan alıkoymanın başka bir yolu olmasaydı, gerçekten de böyle yapmalarına izin verilebilirdi. Ama öyle gözüküyor ki, paralarını almalarına rağmen bir şeyler yapmadan duramıyorlardı ve yaptıkları da her zaman için kötülük oluyordu. Çünkü," dedi bir anda öfkeden gözleri parlayarak, "bütün düzen yalan ve sahtekârlık üzerine kuruluydu. Bir tek bu nehir gardiyanlarından söz etmiyorum, hakkında bir şeyler okuduğum tüm yönetenler böyleydi."

"Evet," dedim, "tepkisizlikten kurtulmuş olduğunuzu görmek mutluluk verici!"

"Neden öyle iç geçiriyorsunuz?" dedi kibarca; ama biraz da endişeli bir hali vardı. "Bu günlerin uzun sürmeyeceğini mi düşünüyorsunuz?"

"Sizler için sürecektir tabii," dedim.

"Sizin için neden sürmesin ki?" dedi. "Bu kesinlikle bütün dünya için geçerli. Sizin ülkeniz biraz geri kalmış olsa da kısa zaman içinde işler yoluna girecektir. Yoksa," dedi çabuk çabuk, "hemen geri dönmeyi mi düşünüyorsunuz? Size bahsetmiş olduğum teklifimi bir an önce yapacağım. Belki bu endişenizi biraz dindirebilir. Size gittiğimiz yerde bizimle birlikte yaşamanızı teklif edecektim. Kendimi sizinle uzun süreden beri arkadaşmışız gibi hissediyorum ve sizi kaybedersem çok üzülürüm." Sonra bana bakarak gülümsedi ve: "Biliyor musunuz, sizin yapay bir acı beslemeye niyetli olduğunuzu düşünmeye başlıyorum; tıpkı eski, tuhaf romanlarda rastladığım gülünç kahramanlar gibi," dedi.

Ben de aynen böyle düşünmeye başlamıştım ama itiraf edemiyordum. Bu yüzden de bir daha iç geçirmedim ve halinden gayet memnun olan yol arkadaşıma nehir ve sınırlarıyla ilgili bildiğim bütün küçük hikâyeleri anlatmaya koyuldum. Zaman oldukça güzel geçti ve sırayla kürek çekerek (Ellen benden daha iyi kürek çekiyor ve yorulmak nedir bilmiyordu) Dick'in gerisinde kalmamayı başardık. Alabildiğine sıcak bir öğle sonrasıydı ve yol büyük bir hızla tükeniyordu. Sonunda eski bir köprünün altından geçtik ve devasa karaağaçlarla çevrelenmiş çayırların arasında yol aldık. Karaağaçların arasında genç ama çok güzel yetiştirilmiş kestane ağaçları da vardı; gene de –suyun hemen kıyısındaki söğütleri saymazsak– nehrin iki yakası göz alabildiğine uzayıp giden çayırlarla öylesine kaplıydı ki, anlaşılan sadece evlerin etrafına dikilmiş olan bu ağaç kümeleri fundalıklar gibi görünüyordu. Dick kendini büyük bir heyecana kaptırmıştı; sık sık kayığın içinde ayağa kalkıp bize bağırarak şu ya da bu çayırın yanından geçmekte olduğumuzu ya da buna benzer şeyler söylüyordu. Onun coşkusunda çayır biçme işine ve araziye karşı duyulan ateşli sevgiyi biz de yakalıyor ve olanca gücümüzle küreklere asılıyorduk.

Sonunda, ardı sıra bir patikanın uzandığı yüksekçe bir kıyıya yaklaştık. Kıyının hemen önünde hışırdayan sazlar sık bir küme oluşturuyordu. Karşı tarafta kıyı daha da yüksekti, söğütler suyun içine doğru uzanmıştı, söğütlerin üzerinde asırlık karaağaçlar yükseliyordu. Kıyı boyunca gelen pırıl pırıl insanlar gördük. Bir şey arıyormuş gibi bir halleri vardı; daha doğrusu bizleri, yani Dick ve arkadaşlarını arıyorlardı sanki. Dick küreklere iyice asıldı ve biz de onu örnek aldık. Neşeli bir sesle kıyıdaki insanlara seslendi ve derin, çağıltılı birçok ses karşılık verdi. Kadın erkek, çoluk çocuk bir düzineden fazla insan vardı. Siyah, dalgalı saçları ve derin kurşuni mavi gözleri olan uzun boylu, güzel bir kadın kıyıya yanaşıp öne çıkarak kibar kibar bize el salladı ve:

"Dostum Dick, beklettin bizi! Bu şaşmaz dakikliğine ne bahane bulacaksın acaba? Neden bizi şaşırtıp dün gelmedin?" dedi.

Dick kafasıyla belli belirsiz bizim kayığımızı işaret ederek: "Çok hızlı bir şekilde gelmek istemedik. Şimdiye kadar buralara gelmemiş olanlar için görülecek çok fazla şey var buralarda."

"Doğru, doğru" dedi ağırbaşlı hanım; ağırbaşlı sözü onu gerçekten iyi tarif ediyordu, "doğudaki su yolunu adam akıllı öğrenmelerini isteriz, ne de olsa bundan böyle sıkça kullanmaları gerekecek. Haydi Dick, hemen kıyıya çıkın ve siz de sevgili komşular. Köşeyi döner dönmez sazların arasında bir boşluk var, karaya çıkmak için iyi bir yerdir. Eşyalarınızı birlikte taşırız, veya daha sonra birkaç delikanlıyı almaları için göndeririz."

"Yok, yok," dedi Dick, "sudan gitmek daha kolay, zaten az bir yol kaldı. Ayrıca buradaki arkadaşımı düzgün bir yere çıkarmak istiyorum. Geçide kadar devam edeceğiz. Biz kayıkla giderken sizler de bizimle kıyıdan konuşabilirsiniz."

Kürek çekmeye başladı ve dik bir köşeyi dönüp biraz kuzeye doğru devam ettik. Az sonra önümüze kıyı boyunca sıralanmış karaağaçlar çıktı. Aralarında bir ev olduğu belli oluyordu ama ben bu sırada beklediğim gri duvarları yerinde bulmak için boşu boşuna bakıyordum. Biz giderken kıyıdakiler gerçekten de konuştu. Sesleri guguk kuşlarının şarkısına, karakuşların tatlı sert ıslığına ve tarla kuşunun biçilen uzun otlar arasında gezerken çıkardığı tekdüze sese karışıyordu. Biçilen çayırdan bize doğru buram buram yonca kokuları geliyordu.

Birkaç dakika içinde girdaplı, derin bir havuzdan geçerek sert akıntılı sığ bir geçide girmiş, sonra da kalker çakıllarından oluşan küçük bir kıyıya aracımızı çıkarmıştık. Kıyıya ayak basıp, nehrin yukarısında yaşayan dostlarımızın kollarına atıldığımızda yolculuğumuzun sonu gelmişti.

Kendimi neşeli kalabalığın izdihamından kurtardım ve suyun birkaç metre üstünde, nehrin yanı sıra devam eden toprak yola çıkarak çevreme bakındım. Nehir, solumdaki geniş çayırın arasından aşağı kıvrılıyordu. Otlar olgunlaşıp tohumlandığı için bozarmıştı. Işıldayan nehir kıyının kıvrıldığı yerde gözden kayboluyordu. Fakat çayırların ötesinde alavere havuzunun bulunması gereken yerdeki binanın güzel pencerelerini görebiliyordum; yanında bir de değirmeni varmış gibi gözüküyordu. Alçak tahta bir çatı, geniş nehri geldiğimiz taraf olan güney ve güneydoğudan kuşatıyordu. Aşağısında ve yamacında ise birkaç alçak ev vardı. Hafifçe sağıma döndüm. Çiçekli alıç dallarının ve yaban güllerinin uzun tomurcuklarının arasından serin akşamüstü güneşinin altında dümdüz uzanan kırları görüyordum. Eteklerini açık mavi bir renk alan meraların çevrelediği tepelere kadar alabildiğine uzanıyordu. Belki de nehir kenarında içinde insanların yaşadığı evler vardı ama önümdeki karaağaçların dalları görmemi engelliyordu. Toprak yolun sağına doğru ise orada burada en basit tarzda yapılmış birkaç gri bina göze çarpıyordu.

Orada dururken hayallere dalmışım gibime geldi ve gerçekten uyanık olup olmadığımı anlamak için gözlerimi ovuşturdum. Birlikte olduğumuz hoş giyimli güzel kadınların ve adamların eğri büğrü bacaklı, iki büklüm adamlara ve bitkin, gözleri çukura kaçmış, çirkin kadına dönüşmelerini bekliyordum adeta. Ne de olsa bir zamanlar bu toprakları umutsuz, ağırlaşmış ayaklarıyla günden güne, mevsimden mevsime, yıldan yıla aşındıranlar bu insanlardı. Fakat hiçbir değişiklik olmadı. Nehirden kırlara, kırlardan tekrar nehre tüm o güzel köyler gözümün önündeydi ve zenginliği bir kenara bırakarak bolluğa kavuşan mutlu, güzel bir halkın bu köyleri doldurduğunu düşündükçe kalbim sevinçten yerinde duramıyordu.

XXXI
Yeni halkın eski binası

Ben orada dururken Ellen, hâlâ dar kıyıda duran neşeli dostlarımızın yanından ayrıldı ve yanıma geldi. Elimi tutarak kulağıma hafifçe şöyle dedi: "Beni bir an önce eve götürün, diğerlerini beklemesek de olur. Ben şahsen beklemek istemiyorum."

Ne yöne gideceğimizi bilmediğimi ve nehir kıyısında yaşayanların bize yol göstermesi gerektiğini söylemeye karar vermiştim ama neredeyse istem dışı bir şekilde ayaklarım bildikleri yolda ilerlemeye başladı. Yukarı doğru uzanan yol bizi bir tarafta nehirden gelen durgun bir suyun çevrelediği küçük bir tarlaya çıkardı. Sağ tarafımızda ise küçük evlerden ve samanlıklardan oluşan bir küme görüyorduk. Kimisi eski, kimisi yeniydi ve tam önümüzde gri taşlardan yapılmış bir samanlık ve üzerinden birkaç bina gözüken yer yer sarmaşık bürümüş bir duvar vardı. Köy yolu az önce bahsettiğim durgun suyun sığlaştığı yerde sona eriyordu. Yolun karşısına geçtik ve yine hemen hemen istem dışı olarak elim havaya kalktı ve bir bahçe kapısını açtı. Az sonra eski eve çıkan taş bir patikada ilerliyorduk. Kader Dick'in kılığına girerek, beni insanların bu yeni dünyasında tuhaf bir şekilde buraya getirmişti. Yol arkadaşım, şaşkınlık ve neşeyle karışık bir memnuniyetle iç geçirdi. Nedeni belliydi; duvarla evin arasında kalan bahçe haziran çiçeklerinin kokusuyla doluydu ve güller küçük ve bakımlı bahçelere özgü mükemmel bir verimle yerine sığmıyor, taşıyordu. Bu görüntü izleyen kişinin bu güzelliğin dışındaki bütün düşüncelerini alıp götürüyordu. Kara kuşlar bütün güçleriyle şarkılarını söylüyor, güvercinler çatılarda ötüşüyor, kargalar da ötelerdeki yüksek karaağaçların taze yaprakları arasında gevezelik ediyordu. Dağ kırlangıçları ise binaların üzerinde daireler çizerek çığlık çığlığa uçuyordu. Evin kendi de bu yaz ortası güzelliğine bekçilik etmek için biçilmiş kaftandı.[60]

Ellen bir kez daha hislerime tercüman oldu: "Evet dostum, ben de tam bunu görmek için gelmiştim. Çok eski zamanların basit taşra halkının şehirlerde ve mahkeme salonlarında süregelen hengameyi umursamaksızın yaptığı bu kocaman eski ev sonraki zamanların yarattığı güzelliklerin içinde hâlâ çok hoş görünüyor. Eminim dostlarımız ona çok iyi bakıyor ve değerini biliyorlardır. Bence bu bina, karışık, fırtınalı geçmişin mutluluk kırıntılarını bir araya getirerek bu güzel günleri bekleyip durmuş."

Beni evin yanına götürdü ve o güzel, güneş yanığı elini ve kolunu yosun tutmuş duvarın üzerine kucaklamak istermiş gibi koyarak bağırdı: "Tanrım! Tanrım! Nasıl da seviyorum dünyayı, mevsimleri, havayı ve bunlarla ilgili, bunlardan türeyen her şeyi; tıpkı bunun gibi!"

Ne bir cevap verebiliyor ne de bir şey söyleyebiliyordum. Sevinci, mutluluğu tutkulu ve zarifti; ve güzelliği öyle narin hem de öyle enerji doluydu ki fazladan her kelime onun dolu dolu ifade edebildiklerine kıyasla kifayetsiz kalırdı. Tek korkum diğerlerinin bir anda içeri girip bu büyüyü bozmalarıydı. Ancak evin büyük duvarının köşesinde bir süre durmamıza rağmen gelen giden olmadı. Az sonra biraz ilerden gelen neşeli sesler duydum. Nehrin kıyısı boyunca ev ve bahçenin diğer tarafında kalan büyük çayırlığa gittiklerini anladım.

Biraz geri çekilerek eve baktık. Hoş kokularla dolu, güneşli havada kapılar ve pencereler ardına kadar açılmıştı. Üst katlardaki pencerelerin pervazlarından bayram onuruna çiçeklerden yapılmış çelenkler sarkıyordu. Sanki herkes bu eski eve karşı beslediğimiz sevgiyi paylaşıyordu.

"İçeri gelin," dedi Ellen. "Umarım içerisi her şeyi berbat etmez; herhalde etmez. Gelin hadi! Az sonra gidip diğerlerine katılmamız gerekecek. Çadırlara gitmiş olmalılar. Çayır biçmeye gelenler için mutlaka çadır kurmuşlardır. Eminim bu ev gelenlerin onda birini bile almaz."

Beni kapının yanına getirdi. Bir taraftan da fısıldar gibi mırıldanıyordu, "Toprak, doğurdukları ve içinden çıkan hayat! Keşke bunu ne kadar sevdiğimi dile getirebilseydim ya da gösterebilseydim!"

İçeri girdik, odadan odaya dolaştık ama odalarda tek bir kişiye bile rastlamadık. Güllerle bezenmiş verandadan tuhaf ama hoş olan tavan arasına kadar her yeri gezdik. Bu çatıdaki büyük tahtaların arasında eskiden malikânedeki çiftçiler ve çobanlar uyuyordu. Fakat şimdi yatakların küçüklüğüne bakılırsa geceleri burada çocuklar kalıyor olmalıydı. Ortalık işe yaramaz, ihmal edilmiş çöplerle doluydu; demet demet yarı ölü çiçekler, kuş tüyleri, sığırcık yumurtalarının kabukları, fincanlara konmuş solucanlar ve benzeri şeyler buranın uzun bir süreden beri çocuklarla dolu olduğuna işaret ediyordu.

Çok az eşya vardı ki bunlar da en gerekli şeylerdi ve en basit tarzda yapılmışlardı. Bu insanlara ait diğer yerlerde süse karşı aşırı bir düşkünlük dikkatimi çekmişti. Ama sanki burada, geçmişten bu güne gelen taşra yaşamı içinde durum yerini, evin ve evle ilgili şeylerin kendisinin yeterli bir süs olduğu duygusuna bırakmıştı ve tüm bunları yeniden süslemek doğal güzelliğini bozacaktı.

Sonunda Ellen'ın kucakladığı duvarın arkasındaki odada oturduk. Duvarda hâlâ eski işlemeler duruyordu. Orijinal haliyle hiçbir sanatsal değeri olmasa da şimdi mekânın sessizliğiyle büyük bir uyum içinde çok hoş gri tonlara bürünmüştü. Daha parlak ve çarpıcı bir dekorasyon kesinlikle iyi durmazdı.

Orada oturduğumuz sırada Ellen'a öylesine birkaç soru sordum sormasına ama verdiği yanıtları bile pek dinlemedim. Sonra sustum. O sırada hiçbir şeyin bilincinde olduğumu sanmıyorum. Tek bildiğim o eski odada olduğum ve güvercinlerin samanlığın çatısında ve karşımdaki pencerenin ardında duran güvercinlikte ötüyor olduğuydu.

Bir iki dakika sonra kendime geldim. Ama sonra Ellen'ı orada otururken gördüm ve bu canlı bir rüyaya benzeyen halim bana daha uzunmuş gibi geldi. Ellen, rengi griye kaçmış, desenleri değersiz olan ve şimdi yalnızca solmuş olduğu için dayanılır gözüken duvar süslerine tezat oluşturarak hayatı, mutluluğu ve tutkuyu yansıtıyordu.

Sevecenlikle bana baktı. Sanki içimden geçenleri bir bir okuyordu ve: "Yine o geçmişle bugün arasında yaptığınız sonu gelmeyen kıyaslamalarınıza başladınız, değil mi?" dedi.

"Evet," dedim. "Tüm kapasitenizi ve zekânızı, mutluluğu sevmenizle ve saçma kısıtlamalar karşısındaki sabırsızlığınızla birleştirerek geçmişte yaşasanız nasıl birisi olacağınızı düşünüyordum. Her şey kazanıldıktan ve üzerinden bu kadar zaman geçtikten sonra bile, hayatın onca yıl nasıl da boşu boşuna harcandığını düşündükçe kalbim sızım sızım sızlıyor!"

"Onca yüzyıl boyunca," dedi, "çağlar boyunca!"

"Doğru," dedim, "çok doğru." Ve ses çıkarmadan oturmaya devam ettim.

Ayağa kalktı ve: "Gelin, öyle hemen yeniden rüyaya dalmanıza izin vermem. Sizi kaybedecek olsak da geri dönmeden önce görebileceğiniz her şeyi görmenizi isterim," dedi.

"Beni kaybetmek mi?" dedim. "Geri dönmek mi? Sizinle birlikte kuzeye gelmeyecek miydim? Ne diyorsunuz?"

Biraz hüzünlü, gülümsedi ve: "Henüz değil. Şimdilik bundan bahsetmeyelim. Yalnız, az önce ne düşünüyordunuz?" dedi.

Tereddüt ederek şöyle dedim: "Kendi kendime diyordum ki; geçmiş ve bugün mü? Bunun yerine bugün ve yarının, yani umutsuzluk ve umudun kıyaslanması demesi gerekmez miydi?"

"Biliyordum," dedi. Sonra elimi tutarak heyecanlı heyecanlı: "Gelin! Hâlâ vakit varken benimle gelin!" dedi ve beni odadan dışarı çıkardı. Biz aşağı inip, ilginç bir hole açılan bir yan kapıdan evden dışarı, bahçeye çıkarken sakin bir sesle, sanki bana az önceki ani gerginliğini unutturmak istermiş gibi konuştu: "Gelin! Diğerleri bizi aramaya çıkmadan bizim onlara katılmamız lazım. Rüyalar âlemine dalmaya meyilli olduğunuzu görüyorum. Şüphesiz henüz enerji sarf ederken dinlenmek, çalışırken zevk almak ve zevk almak için çalışmak tarzındaki yaşamımıza alışamadınız," dedi.

Biraz durdu ve tekrar dışarı güzel bahçeye yönelirken şöyle dedi: "Dostum, geçmiş baskı ve karmaşa günlerinde yaşasam nasıl olacağımı merak ettiğinizi söylüyordunuz. Sanırım, bu sorunun cevabını verebilecek kadar tarih çalışmışlığım var. Muhtemelen yoksullardan biri olacaktım, çünkü babam çalıştığı zamanlarda basit bir çiftçiydi. Tabii, bu yoksulluğa tahammül edemezdim çünkü güzelliğim, zekâm ve ışıltım," (hiç kızarmadan ve sahte bir utançla sırıtmadan konuşuyordu) "zenginlere peşkeş çekilirdi ve hayatım boşa harcanmış olurdu. Çünkü başka bir seçeneğim olmayacağını, kendi hayatım üzerinde söz sahibi olamayacağımı biliyorum. Zengin adamlardan da ne zevk alabilirdim ne de sayelerinde hareket özgürlüğüne sahip olabilirdim. Bununla birlikte hakiki heyecanlardan biraz tadabilirdim. Sefalet içinde de sefahat içinde de, her halükârda biçare ve bitap düşmüş olurdum. Değil mi?"

"Kesinlikle öyle," dedim.

Bir şey daha söyleyecekti ki çitin içinde karaağaçların gölgelediği bir düzlüğe çıkan küçük bir kapı açıldı ve Dick hızlı ve neşeli bir şekilde patikadan yanımıza geldi. Aramıza girerek omuzlarımızdan tuttu ve: "Pekâlâ komşular, ikinizin eski evi kalabalık olmadan, sessizken görmek isteyeceğinizi düşündüm. Kendi türündeki evlerin içinde nadide bir parça, değil mi? Neyse, haydi gelin artık, yemek saati yaklaştı. Konuk, siz yemekten önce biraz yüzmek ister misiniz? Yanılmıyorsam, ziyafet oldukça uzun sürecek," dedi.

"Evet," dedim, "isterim."

"Peki öyleyse, şimdilik hoşça kal, Ellen komşum," dedi Dick. "İşte Clara da seninle ilgilenmek üzere geliyor. Sanırım o buradaki arkadaşların arasında kendini daha rahat hissediyor."

O konuşurken Clara tarladan yanımıza geldi. Ben, Ellen'a bir kez daha baktıktan sonra dönüp Dick'le gittim. Ne yalan söyleyeyim, onu bir daha görüp göremeyeceğimden emin değildim.

XXXII
Ziyafetin başlangıcı-son

Dick, beni hemen o küçük düzlüğe çıkardı. Düzlük, daha önce bahçeden de görmüş olduğum gibi düzgün sıralar halinde dizili olan rengârenk çadırlarla kaplanmıştı. Çadırların etrafında otlara uzanmış, yatmış vaziyette elli atmış adam, kadın ve çocuk vardı. Hepsinin de keyifleri ve neşeleri doruk noktasındaydı. Nasıl denir, tatil havasına girmişlerdi.

"Büyük bir gösteri yapacak kadar da kalabalık olmadığımızı düşünüyorsunuz herhalde," dedi Dick, "ama unutmayın ki yarın gelecek olanlar da var. Çünkü bu ot biçimi işinde köy işleri konusunda fazla yetenekli olmayan çok sayıda insana yer vardır. Hareketsiz bir hayat sürdüren birçok insan var. Tüm bu insanları çayır biçme zevkinden mahrum etmek haksızlık olurdu. Bunların çoğu bilim adamları ve öğrencilerdir. Hasat boyunca biçici ve ustabaşıların dışında kalan yetenekli işçiler kenara çekilerek iyiden iyiye dinlenirler; takdir edersiniz ki hoşlansalar da hoşlanmasalar da bu onlar için iyi bir şey. Ya da onlar da aynı benim gibi başka kırsal bölgelere giderler. Siz de görüyorsunuz ya, bilim adamları, tarihçiler ve çoğunlukla da öğrencilerin otlara biçilip kurusun diye yayılana dek gelmeleri pek istenmez. Bu da tabii yarından sonraya kadar demek oluyor." Böylece beni küçük düzlükten çıkarıp nehir kıyısındaki çayırlığın üzerinden geçen yüksekçe bir geçit gibi bir şeyden geçirdi ve sola dönerek biçilmeye hazır sık ve uzun otların arasındaki bir patikadan yürüdük. Nehrin su bendi ve değirmenin üst tarafında kalan kıyısına gelinceye kadar patikayı takip ettik. Değirmen burada suyun önünü tuttuğu için nehir normalde olduğundan çok daha büyük gözüküyordu ve biz oluşan bu havuzda güzelce yüzdük.

"Şimdi akşam yemeğine hazırız," dedi Dick, üstümüzü giyinip otların arasından yürümeye başladığımız sırada. "Yıl boyunca düzenlenen bütün şenlik sofraları içinde ot biçimi şöleni kesinlikle en neşeli geçenidir. Mısır hasadı ziyafetinden bile güzeldir, çünkü o tam yıl sonuna rastlar ve insan tüm o neşenin arasında karanlık günlerin geleceği hissini ister istemez taşıyor olur. Tarlalar biçilmiş, bahçeler boşalmış oluyor ve bahar neredeyse hayali bile kurulamayacak kadar uzakta oluyor. İnsanın sonbaharda ölüme inanası geliyor."

"Ne kadar tuhaf şeyler söylüyorsunuz," dedim, "halbuki yalnızca mevsimlerin değişiminden, yani sürekli tekrarlanan ve artık kanıksanmış olan bir şeyden söz ediyorsunuz." Doğrusunu söylemek gerekirse bu insanlar böyle şeyler söz konusu olduğunda resmen çocuklaşıyorlardı. Havalar, güzel bir gün, karanlık bir gece yahut parlak bir gece ve benzeri meselelere karşı bana abartılı gelen bir ilgi gösteriyorlardı.

"Tuhaf mı?" dedi. "Yaşanan yılı ve onun getirileriyle götürülerine üzülmenin nesi tuhaf?"

"Her halükârda," dedim, "yılın değişimini güzel, ilginç bir tiyatro oyunu gibi görürseniz, sanırım görüyorsunuz da, kış mevsimi ve meydana getirdiği güçlükler ve acıları da sizi şahane yaz rahatlığıyla aynı derecede memnun edecek ve ilginizi çekecektir."

"Öyle olmadığını da nereden çıkardınız?" dedi Dick hararetli bir şekilde, "yalnızca bunu bir tiyatro salonunda oturup sahnede oynanan ve kendimin bir parçası olmadığım, yalnızca seyrettiğim bir oyun olarak düşünemem o kadar. Zor olur," dedi tatlı tatlı gülümseyerek, "edebiyata yatkın bir adam olmadığım için kendimi size sevgili Ellen gibi düzgün bir şekilde açıklayamıyorum. Ama demek istediğim, ben de tüm bunların bir parçasıyım. Mutluluk kadar acısını da benliğimde hissediyorum. Bunu bir başkası benim için yapmıyor, ben kendim yiyip içip uyuyarak kendi payıma düşeni yapıyorum."

Bu konuda Ellen kendi tarzında, Dick kendi tarzında olsa da birkaç istisna dışında herkes bu dünyayı sevme tutkusunu paylaşıyordu. Oysa benim bildiğim zamanlarda entelektüeller arasında hüküm süren ortak duygu, yıl boyunca değişen sahnelerin dünya üzerindeki yaşama ve onunla ilgili olan her şeye kattığı tattan tiksinmekten ibaretti. Hatta o günlerde hayattan hoşlanma değil de, hayattan sıkılma, şairane ve hayal gücüne seslenen bir şey olarak değerlendiriliyordu.

Böylece Dick'in kahkahasıyla Oxfordshire tarlalarının gerçekliğine dönüp kendime gelene kadar düşüncelere daldım. "Asıl tuhaf olan," dedi Dick, "yazın bereketinin ortasında oturup kışın olmayan şeyleri kendime sorun ediyor olmam. Eğer bu daha önce de başıma gelmiş bir şey olmasaydı konuğum, buna sizin sebep olduğunuzu düşünecektim. Sanki bana kara büyü yapmışsınız gibi. Ama biliyorsunuz ki," dedi çabuk çabuk, "yalnızca şaka yapıyorum. Sakın ciddiye almaya kalkmayın."

"Pekâlâ," dedim, "almıyorum." Yine de bu sözlerin üzerine kendimi biraz rahatsız hissetmiştim.

Bu kez yüksek geçidin karşısından devam ettik ve evin bulunduğu tarafa dönmeyerek ekin vermek üzere olan bir buğday tarlasının arkasında kalan bir patikayı takip ettik. "Demek yemeği evde veya bahçede yemeyeceğiz?" dedim. "Zaten burada yemeyi beklemiyordum. O halde, nerede buluşacağız? Gördüğüm kadarıyla evlerin çoğu oldukça küçük."

"Evet," dedi Dick, "haklısınız, taşradaki evler küçük. Eskiden kalma güzel evlerden öyle çok var ki insanlar çoğunlukla böyle küçük müstakil evlerde konaklıyorlar. Yemeğimizi ise kilisede yiyeceğiz. Sizin adınıza batı tarafında kalan eski Roma tarzındaki köy ya da kuzeydeki orman köyü* kadar büyük ve güzel bir yer olmasını isterdim. Ama burası da hepimizi alır. Küçük bir yer de olsa kendi tarzında güzel bir yapı."

Yemeği bir kilisede yemek benim için yeni bir şeydi. Aklıma ortaçağda kilisenin düzenlediği bira festivalleri geldi[61] ama sesimi çıkarmadım. Az sonra köyün içinden geçen yola gelmiştik. Dick etrafa şöyle bir göz gezdirdi ve önümüzde yalnızca topluluğun gerisinde kalmış iki grup görerek, "Sanırım biraz geç kaldık, herkes gitmiş. Ama herhalde sizi beklerler çünkü siz konukların konuğusunuz ve çok uzaklardan gelmişsiniz," dedi.

Konuşurken adımlarını sıklaştırdı ve ben de ona uyum sağladım. Az sonra iki yanında ıhlamur ağaçları sıralanmış küçük bir caddeye gelmiştik. Bu yol bizi kilisenin tam önüne çıkardı. Açık kapıdan neşeli sesler, kahkahalar ve değişik eğlenceler kulağa çarpıyordu.

"Burası," dedi Dick, "kesinlikle bu sıcak akşamüstünü geçirmek için en serin yer. Haydi gelin, sizi gördüklerine sevinecekler."

Az önce yüzmüş olmama rağmen, hava bana yolculuğumuz süresince olduğundan çok daha sıcak ve bunaltıcı geliyordu.

Kilisenin içine girdik. Küçük ve basit bir binaydı. Ana koridora ek olarak üç yuvarlak kemerle ayrılan küçük bir yan koridor, rahipler ve koro için ayrılan bir bölümden ibaretti ama böyle küçük bir binaya göre daha genişmiş duygusu veren bir ferahlığı vardı. Pencerelerin çoğu on dördüncü yüzyılın zarif Oxfordshire tarzındaydı. Mimarisine hiçbir modern dekorasyon eklenmemişti. Herhalde duvarlardaki ortaçağ azizlerini ve bunların tarihi öykülerini gösteren resimler, badanayla kapatıldığından beri kimse buraya dokunmamıştı. Yine de bu şenlik için duvarlar rengârenk süslenmişti. Kemerden kemere çiçeklerden örülmüş şeritler asılmış, yerde duran kocaman vazolara çiçekler konmuştu. Diğer taraftan, batı tarafındaki pencerenin altında çaprazlama iki tırpan asılıydı. Tırpanların bıçakları iyice cilalanmıştı ve çevrelerini süsleyen çiçeklerin arasından parıl parıl parlıyorlardı. Ama kilisenin en güzel süsü, güzel, mutlu görünüşlü adamlar ve kadınlardan oluşan kalabalıktı. O sırada masaya oturmaktaydılar. Işıl ışıl yüzleri ve yazlık giysilerinin üzerine sarkan gür saçları, tıpkı İranlı şairin dediği gibi, güneşin al-

* Cirencester ya da Burford'dan bahsediyor olmalıydı.

tındaki lale tarhlarını andırıyordu. Kilise küçük olmasına rağmen herkese yetecek kadar yer vardı. Ne de olsa küçük bir kilise büyük bir ev demektir. Bu akşam için odacıklar arasına çapraz masalar koymaya gerek yoktu. Ama tabii ertesi gün Dick'in sözünü etmiş olduğu bilimle meşgul kişiler ot hasadındaki naçizane görevlerinin başına geçmeye geldiklerinde, bu masalara ihtiyaç olacaktı.

Yüzümde keyif alınacağı kesin bir şenliğe katılmak üzere olan bir kimseye özgü bir gülümsemeyle eşikte dikildim. Dick yanımda durmuş, kendini ait hissettiği topluluğa bakıyordu. Tam karşımda Clara ve Ellen oturuyordu, aralarında Dick için bir yer ayırmışlardı. Gülümsüyorlardı, fakat ikisinin de yüzü yanlarında kendileriyle konuşan komşularına dönüktü. Beni fark etmemiş gibiydiler. Dick'e dönerek bana yol göstermesini bekledim. O da yüzünü bana doğru çevirdi ama ne tuhaftır ki her zamanki neşeli ve gülümseyen ifadesine rağmen bakışıma hiçbir karşılık vermedi. Hayır, galiba varlığımın farkında bile değildi. Topluluktan hiç kimsenin de bana bakmadığı dikkatimi çekti. Uzun zamandır beklenen bir hastalığın bir anda tezahür etmesi gibi bir şey kafama dank etti. Dick, bana tek kelime söylemeden biraz ilerledi. Kısa süreliğine de olsa birlikte yol aldığımız ve benim dost olduğumuza inandığım iki kadınla aramda üç metre bile yoktu. Clara'nın bakışları şu anda tam üstümdeydi fakat beni görmüş gibi bir hali yoktu. Oysa ben dikkat çekici bir şekilde bakarak onun bakışlarını yakalamaya çalışıyordum. Ellen'a döndüm. Bir an için *gerçekten* de beni tanır gibi oldu ama sonra neşeli yüzü bir anda asıldı ve üzgün üzgün kafasını iki yana salladı. Hemen sonra da benim varlığımın bilincinde olduğunun izleri yüzünden hepten silindi.

Kendimi yalnız hissediyordum ve yüreğim sızlıyordu. O sırada yaşadıklarımı anlatmaya kelimeler yetmez. Bir dakika daha durduktan sonra arkamı dönüp tekrar kilise avlusuna çıktım. Oradan da iki yanı ıhlamur ağaçlarıyla çevrili caddede yürümeye başladım. Bu sırada kara kuşlar, bu sıcak haziran akşamında çalıların arasından bütün güçleriyle ötüyorlardı.

Bir kez daha herhangi bilinçli çaba ya da istek göstermeden geçit tarafında kalan eski eve yöneldim. Fakat köy kalıntılarının olduğu tarafa giden köşeyi döndüğüm sırada kilisedeki neşeli, güzel insanlarla taban tabana zıt birisiyle karşılaştım. Bu, yaşlı gösteren bir adamdı, ama yarı yarıya unutmuş olduğum alışkanlığımla onun elli yaşın üzerinde olmadığını biliyordum. Yüzü kırış kırıştı ve siyah bir kir tabakasıyla kaplanmıştı, donuk gözleri kanlanmıştı; beli bükülmüştü, baldırları çöp gibi cılızdı. Aksayan ayaklarını sürüyerek yürüyordu. Kıyafeti, fazlasıyla aşina olduğum kir ve paçavra karışımı bir şeydi. Yanından geçerken elini şapkasına götürerek beni selamladı. İyi niyeti ve kibarlığı gerçekti gerçek olmasına ama bayağıydı.

Tarif edilemez bir şaşkınlık içinde adamın yanından hızla geçtim. Acele acele nehre çıkan yoldan yürüdüm ve aşağıda köyün sona erdiği yere geldim. Fakat bir anda tıpkı çocukluğumda gördüğüm kâbuslarda olduğu gibi kara bir bulut üstüme üstüme geldi. Bir an için karanlık dışında hiçbir şeyi fark edemedim. Yürüyor muyum, oturuyor muyum, yoksa yatıyor muyum bilmiyordum.

* * *

Kasvetli Hammersmith'deki evimde tüm bunları düşünerek yatağımda yatıyorum. Tüm bunların bir rüya olduğunu görmenin beni tamamen umutsuzluğa düşürüp düşürmediğini anlamaya çalışırken, söylemesi her ne kadar tuhaf gelse de o kadar umutsuz olmadığımı fark ettim.

Zaten tüm bunlar *gerçekten* de bir rüya mıydı? Eğer öyleyse neden tüm bu zaman boyunca o yeni hayatı dışardan gözlemlediğimin sürekli olarak bilincindeydim ve hâlâ içinde yaşadığımız şüphe ve mücadele zamanına özgü önyargılardan, kaygılardan ve güvensizlikten kurtulamamıştım?

Bu arkadaşlıklar bana son derece gerçek gelse de sürekli olarak onların arasında yerim olmadığı duygusuna kapılmıştım; sanki gün gelecek beni dışlayacaklardı. Tıpkı Ellen'ın son, üzüntülü bakışlarının da anlattığı gibi şöyle diyorlardı bana, "Hayır, işe yaramayacak. Bizden biri olamazsın. Sen tamamen geçmişin mutsuzluğuna aitsin ve bu yüzden bizim mutluluğumuz senin için yorucu olur. Geri dön, işte gördün bizi. Ait olduğun zamanın kati yargılarına karşın ilerde bir gün dünya için bir huzur çağının olduğunu kendi gözlerinle gördün. Tüm bunlar ancak efendilik dostluğa dönüştüğü zaman gerçekleşecek, daha önce değil. Geri dön artık öyleyse. Hayatını sürdürürken, baktığın her yerde aynı şeyi göreceksin; başkalarını kendilerine ait olmayan hayatları yaşamaya zorlayan ama bu arada kendi gerçek hayatlarına hiç mi hiç değer vermeyen, ölümden korktukları halde yaşamdan nefret eden adamlar göreceksin. Geri dön ve bizi görmüş olduğun için, mücadelene birazcık da olsa umut katmış olduğun için daha mutlu yaşa. Git ve hâlâ şansın varken yaşamaya devam et. Ne kadar acı, ne kadar emek gerekirse gereksin, gelecekteki dostluk, huzur ve mutluluk günlerini inşa etmek için mücadele et."

Evet, kesinlikle! Fakat keşke benim gibi diğerleri de bunu görmeyi başarabilirse, o zaman, görmüş olduğum şeye bir rüya değil, bir hülya diyebiliriz.

Ek

Bibliyografik not

Clive Wilmer

Bu seçkide[*] kullanılan metinler May Morris'in güzel baskılı yayını *The Collected Works of William Morris* (yirmi dört cilt, Londra, 1910-15) ile, içinde Bernard Shaw'un yazdığı "Morris as I knew him (Tanıdığım Morris)" isimli anı yazısı bulunan sonradan yapılan bir derlemeden, *William Morris: Artist, Writer, Socialist* (iki cilt, Oxford, 1936)'tendir. May Morris'in baskılarının her cildinin başına yazdığı

* *Gelecekten Anılar*, Clive Wilmer tarafından yayıma hazırlanan *News From Nowhere and Other Writings* (Penguin Books, 1993) adlı kitaptan yapıldı. William Morris tarafından tek bir kitap olarak tasarlanmamış bu kapsamlı kitabın salt *News From Nowhere* adlı bölümünü yayımlamayı uygun gördük. Wilmer'ın yazısı kitabın bütününe ait göndermeleri de içeriyor. Yazının ritmini bozmamak için bu göndermelere dokunmadık. (Ayrıntı Yayınları)

önsözler de daha sonra ayrı bir yapıt olarak basılmıştır: *The Introductions to the Collected Works of William Morris* (iki cilt, New York, 1973). May Morris'in araştırmalarının dışında kalan birçok yazı da bugün bulunabilmektedir. Bunların içinde çok önemli bir tanesi Eugene LeMire tarafından hazırlanan *The Unpublished Lectures of William Morris*'tir (Detroit, 1969). Diğerleri arasında *Icelandic Journals* (Fontwell,1969) ve yarım kalmış bir romanı *The Novel on Blue Paper* (Londra, 1982) sayılabilir.

Morris, muhteşem mektuplar yazardı. Bugün yalnızca Amerika Birleşik Devletleri'nde bulunabilen, mektuplarından derlenmiş bir seçki vardır: *The Letters of William Morris to his Family and Friends* (Philip Henderson tarafından hazırlanmıştır, New York, 1978). Şimdiye kadar üç cildi bulan ve hâlâ tamamlanmamış olan akademik bir baskısı da Norman Kelvin tarafından hazırlanmış, *The Collected Letters of William Morris* adıyla yayınlanmıştır (Princeton, 1984-7).

Bu konudaki yayınların bir bölümü halen basılmaktadır. Bunlar arasından önemlileri A. L. Morton tarafından Marksist yayınevi Lawrence & Wishart için hazırlanan iki kitaptır: *Three Works by William Morris (News from Nowhere, Pilgrims of Hope and a Dream of John Ball* –Londra, 1968) ve *Political Writings of William Morris*, (gözden geçirilmiş baskı Londra 1984). Düzyazı romanslarından ikisi Dover Yayınları tarafından basılmıştır: *The Wood Beyond the World* (New York, 1972) ve *The Story of the Glittering Plain* (New York, 1988). Peter Faulkner tarafından hazırlanan *Selected Poems* (Manchester, 1992), yalnızca kısa şiirlerinden oluşan dikkate değer bir seçkidir.

Morris'in bir ressam ve desinatör olarak yaptıkları son yıllarda, edebi eserlerinden daha çok ilgi çekmiştir. Monografiler sayılamayacak kadar çoktur; eleştirel ve tarihi çalışmalar için de aynı şey geçerlidir. Morris'in eserlerinin bir bütün olarak ve tüm yönleriyle ele alındığı en iyi çalışma Paul Thompson'ın *The Work of William Morris* adlı kitabıdır (Londra, 1967 –cep kitabı olarak 1977–).

Morris'i anlatan iki de seçkin biyografi vardır. *The Life of William Morris* (iki cilt, Londra, 1899), Burne-Jones'un damadı J. W. Mackail tarafından kaleme alınmıştır. Teoride Morris'in resmi biyografisi olan bu çalışma, dindar Viktorya dönemi eserlerinin genel karakterini aşar; ancak yine de Morris'in politik hayatıyla ilgili verilen bilgiler yanıltıcıdır. Sonuncusu, E. P. Thompson'ın *William Morris: Romantic to Revolutionary* adlı eseridir (gözden geçirilmiş baskı, Londra, 1977). Bu eser bütün yönleriyle politik bir biyografidir; yarısından çoğu Morris'in sosyalist olduktan sonraki yıllarını kapsar. Kayda değer ama daha çok alelâde bir çalışmayı andıran, Thompson'ın ya da Mackail'in eserlerinden çok daha kısa bir yapıt; Philip Henderson'ın, *His Life, Work and Friends* adlı çalışmasıdır (Londra, 1967 –cep kitabı olarak 1973–).

ÖNSÖZ

William Morris 1896'da nispeten genç sayılabilecek bir yaş olan altmış ikisinde öldüğünde bir doktor ölüm sebebinden gayet emindi. "Bence buna sebep olan hastalık," diyordu, "başlı başına William Morris olması ve on kişinin yapacağı işi tek başına yapmasıydı." Doktorun pek de abarttığı söylenemez. Morris'in meslek hayatına bakıp ne kadar çok iş yapmış olduğunu görünce insan gerçekten de şaşırmaktan kendini alamaz. Diğer taraftan yaptığı işlerin kapsamı ve çeşitliliği de aynı derecede şaşırtıcıdır.

William Morris bugün en çok bir desinatör ve bir zanaatkâr olarak tanınmaktadır. Belli başlı sanat tarihçilerinin en azından biri tarafından ortaçağın sonundan beri Avrupa'nın gelmiş geçmiş en büyük motif desinatörü olarak görülmektedir. Ayrıca, uzun zamandan beri unutulagelmiş olan zanaat ve becerilere de yeniden hayat kazandırmıştır. Dekoratif sanatın en az on üç alanında büyük başarılara imza atmıştır: Vitray, seramik, boyama ve stensil dekorasyon, işleme, duvar kâğıtları, kreton, kumaş baskısı, dokumalar, goblen işleri, halılar, tezhip, matbaacılık ve kitap tasarımı. Bu alanların hiçbirinde gerçek bir eğitimi yoktu ve çoğunlukla eski el sanatlarını inceleyerek ya da ortaçağ zanaatkârlarının yazdığı kılavuz kitapları okuyarak kendi kendine unutulmuş sanatları öğrendi. İlgi alanı, desen yöntemlerini ve boya, kâğıt, mürekkep gibi kendi malzemelerinin üretimini de kapsıyordu. Tüm bunların sayesinde, ortaçağ Avrupası ve Ortadoğu'nun tekstil desenleri konusunda ve bir o kadar da tezhip ve eski basım kitaplar konusunda yetkin bir isim haline gelmiştir.

Morris'e kendi zamanında öncelikle bir şair gözüyle bakılıyordu. En çok beğenilen eseri de bir kitap uzunluğundaki şiiri, *The Earthly Paradise* idi. Bu eser, günümüz okuyucusuna sözü çok uzatıyormuş, fazla süslü ve tatsız gerçeklerden kaçıyormuş gibi gelebilir. Genel olarak şiirleri fazla dayanmadı; ancak yine de lirik ve epik şiirlerinin en iyisi olan *Sigurd the Volsung* unutulacakmış gibi gözükmüyor. Morris, ayrıca Yunanca, Latince, Danca, İzlandaca, eski İngilizce ve eski Fransızcadan düzyazı ve şiirler de çevirdi. Morris'in çevirdiği İzlanda sagaları, ana dili İngilizce olanlar adına keşfetmiş olduğu edebi bir hazinedir. Kızı May'in anlattığına göre öykü anlatma Morris'in doğasında vardı. Bu yeteneği, köklerini sık sık kuzey folklorundan alan düzyazı romanslarının birçoğunda ortaya çıkar. İki büyük romanı, bu hikâye anlatma alışkanlığı sonucunda ortaya çıkmıştır: *A Dream of John Ball* ve *News from Nowhere* (Gelecekten Anılar). Yaşamının son yirmi yılında, yani aktif politika yaptığı yıllarda, tasarım alanındaki pratik becerilerden bir sosyalist olarak ulaşmayı umut ettiği toplum biçimine kadar birçok konuda bir konferansçı ve gazeteci olarak da adını duyurdu.

Morris'in eserlerinde devrimci politika ve nostaljik romansın bir arada bulunması, bu tarza alışkın olmayan bir okuyucunun kafasını karıştırır. Bu yönünden dolayı zaman zaman hem alay konusu oldu, hem de duygusallıkla itham edildi. Oysa Morris pratik bir adamdı ve kesinlikle bir masabaşı sosyalisti değildi. Hemen hemen tüm zamanını başarılı bir şekilde, Şark Meselesi Birliği, Ulusal Liberal Birlik, Sosyal Demokrat Federasyon ve kuruluşunda ve idaresinde rol oynadığı Sosyalist Birlik için çalışarak geçirdi. 1884 ve 1890 yılları arasında, haftada ortalama üç toplantıya konuşmacı ya da konferansçı olarak katıldığı tahmin ediliyor. Bunlardan dolayı uzun seyahatlere çıkmasının yanı sıra, gösterilere katılması, Birlik'in kendisinin de içinde bulunduğu koluna başkanlık etmesi, idari toplantılara katılması ve Birlik'in saygın gazetesi *Commonweal*'i yürütmesi de gerekiyordu. Politikaya kazandırdığı birçok beceriyi iş dünyasından edinmişti. Bir bakır madeni şirketinde miras yoluyla hisse sahibi olduğu için yıllarca yönetim kurulunda çalışmıştı. Aynı zamanda kendi başarılı tasarım firmasını da yürüttü ve hayatının son zamanlarında bir de Kelmscott Yayınevi'ni idare etti. Çok zengindi: Yirmi bir yaşında ona yılda 900 sterlin kazandıran bir mirasa kondu. 1884 yılında ise yalnızca firmasından yılda 1800 sterlin kazanıyordu ve öldüğünde ardında 62.118 sterlinlik bir mal varlığı bıraktı.*

Politik çalışmaları, parti politikalarıyla sınırlı kalmıyor, tüketici haklarını koruma ve çevreci çalışmalara kadar uzanıyordu. Eski Bina-

* Bugünün değerleriyle bir karşılaştırma yapmak için bu rakamlar 200 gibi bir sayıyla çarpılmalıdır.

ları Koruma Topluluğu'nu kurdu ve bugün Kırsal İngiltere'yi Koruma Kurulu, Ulusal Himaye gibi isimlerle çalışmalarını yürüten çevreci birliklere ilham verdi ve çalışmalarını destekledi. Ölümünden birkaç ay önce Reklamlardaki Kötüye Kullanımı Önleme Topluluğu'nun ilk toplantısına katıldı. Özellikle de politika, sanat ve çevre konularının kesiştiği alanlarda etkisi çok büyüktür. Bahçe Şehir ve Sanat ve Zanaatlar hareketleri, peyzaj mimarı Gertrude Jekyll, modernist mimar Walter Gropius, şehir planlamacısı Lewis Mumford hep ondan ilham aldılar. Düşüncesi bugün, yeşil hareketinde ve alternatif teknolojiler kullanılmasını öneren birçok kampanya üzerinde etkisini hâlâ sürdürmektedir.

WILLIAM MORRIS'İN YAŞAMI

Morris 1834 yılında Walthamstow'da doğdu. Yaşamının ilerleyen yıllarında binalaşmaya başladıysa da, bölge o zamanlar hâlâ kırsallığını korumaktaydı. Küçük bir çocukken sık sık minyatür bir zırh içinde Epping Ormanı'nda midilliye bindiği rivayet edilir. Doymak bilmeyen bir okur olarak, yedi yaşında Sir Walter Scott'ın eserlerini okuyup bitirmiş olduğu anlatılır. Bu söylentilerin her ikisi de küçük yaşlarından beri Ortaçağ Romantizmi'nin içine gömülmüş bir çocuk olduğu izlenimini vermektedir.

Bunlar, aynı zamanda Morris'in tüm hayallerinin temelini oluşturan serveti de aklımıza getirir. Zengin bir kambiyo simsarı olan babası, Morris on üç yaşındayken öldü ve Morris'e ömrü boyunca bütün proje ve deneyimlerine yetecek kadar para bıraktı. Morris, on dört yaşındayken, devlet okulu uygulamasının ilk zamanlarında Marlborough College'a gönderildi. Morris, bir "oğlan çiftliği" olduğunu düşündüğü okuldan hep nefret etti ve okulun tam donanımlı kütüphanesinde ve çevredeki taşrada yaptığı tek kişilik gezintilerde keşfettikleri dışında, burada hiçbir şey öğrenmemiş olduğunu iddia etti. Wiltshire bölgesinin tarih öncesi anıtlar ve kalıntılarla dolu olması onun genelde geçmişe ve özelde kırsal İngiltere'nin yüreğine olan tutkusunu hareketlendirmiştir.

Bu tutkuları, Oxford deneyimiyle fazlasıyla pekişmiştir. Oxford bugün hâlâ İngiliz şehirleri içinde en eskisi ve Morris'in sevmeyi öğrendiği manzaranın bir parçasıdır. 1853 yılında Exeter College'a gittiğinde, Oxford, mimarideki Gotik Canlanma ile yakından ilişkili bir hareket olan, İngiliz Kilisesi'ndeki Anglo-Katolik Törenci Canlanma'nın merkeziydi ve her iki eğilim de tamamen ortaçağ romantizminden türemişti. Morris, neredeyse Oxford'a gider gitmez, yaşamı boyunca en yakın arkadaşı olarak kalacak olan, kendine benzer biriyle tanıştı. Bu kişi ressam Edward Burne-Jones idi. Burne-Jones'un gençlik hayali de, manastır yaşamına benzer bir yaşam sürdüren ve kendilerini "çağa karşı cihat ve kutsal savaşa" adamış insanlardan oluşan bir sanat ve öğrenme cemiyeti kurmaktı. Bu iki genç adam birlikte, kendilerinden daha yaşlı ortaçağsever çağdaşlarının eserlerini keşfettiler: Tennyson, Kingsley, Carlyle ve en önemlisi John Ruskin. Bu yazarın muhteşem kitabı *The Stones of Venice* ve özellikle de 'Gotik'in Doğası' üzerine olan ana bölümü, sonrasında Morris'in hayatının akışına yön verecekti. Kitabın bu bölümü sadece Morris'in en çok değer verdiği tarzın güzelliklerini vurgulamakla kalmaz, aynı zamanda bu güzelliklerin ortaya çıkarılmasını mümkün kılan çalışma koşullarını da özellikle modern fabrikalardaki çalışma koşullarıyla kıyaslayarak açıklar. Ruskin'e göre yaratma özgürlüğü tüm insan mutluluğunun kaynağı; ruhsuz, tekdüze işler ise insanlığa karşı işlenmiş birer suçtur. Dekoratif ressamlarla toplumsal adalet savunucuları arasında on dokuzuncu yüzyılda kurulan ittifak böylece başlamış olur.

1855'te, Ruskin'in düşünceleri zihinlerinde tazeyken genç delikanlılar, kuzey Fransa'daki katedralleri gezdiler. Ortaçağı yansıtan geniş bir çevre içinde ve heykelleri, vitrayları neredeyse bozulmadan korunmuş bu büyük ölçekteki gotik binaları görme deneyimini kazanmak, Morris için yoğunluk bakımından bir hayal gibiydi. Bu anı; her şeyin nasıl olabileceği izlenimi, hayatı boyunca belleğinde kaldı. O ve Burne-Jones daha önceleri kutsal emirleri kendilerine gaye edinmişlerdi. Şimdi ise Rouen Katedrali'nin gölgesinde kendilerini sanat yaşamına adıyorlardı; bu da onlara göre daha az kutsal bir çağrı değildi. Morris için bu çağrı mimari idi ve kısa bir zaman sonra neo-gotik mimar G.E. Street'in yanında çıraklık yapmaya başladı. Street'in bürosunda hayatı boyunca dost kalacağı bir başka kişiyle, Philipp Webb'le tanıştı ve bu arkadaşının yapacağı ilk ev Morris'in evi olacaktı. Bu arada Morris şiir ve düzyazı romanslar yazmaya başlamıştı. Yirmi bir yaşında kavuştuğu servetle kendi eserlerinin yanı sıra, Keats'ten ve ortaçağ tarzından etkilenmiş benzer karakterdeki eserler yayınladığı bir dergi çıkarmaya başladı. Bu dergi, Morris ve çevresinin yeni üne kavuşmuş olan Dante Gabriel Rosetti'nin ilgisini çekmesini sağladı. Şimdi de Rosetti'nin büyüsüne kapılmışlardı. Çok geçmeden Morris resim yapmak için mimarlığı bıraktı ve Rosetti ve meslektaşlarıyla birlikte Oxford Union binasında bir grup fresk üzerinde çalışmaya başladı. Buradaki tipik Raphael öncesi mağrur idealizm atmosferinde ve çocukça itişip kakışmaların arasında Rosetti'nin kendilerine modellik yapsın diye çağırtmış olduğu "nefes kesici güzellikteki bir kadına" âşık oldu. Jane Burden bir seyisin kızıydı ve zamanının en güzel kadınlarından biriydi. 1859'da Morris'in karısı oldu.

Artık, Morris'in hayallerini komünal yaratıcılık deneyimi şekillendirmeye başlamıştı. Bir eve ihtiyacı vardı ve sanatsal ideallerini tatmin edecek bir ev yaptırabilecek kadar da zengindi. Bunun üzerine kendisine ortaçağ tarzında modern bir ev yapması için Webb'e sipariş verdi. Kent'in kuzey bölümündeki Kırmızı Ev üslupça benzerliğin de bir Gotik fantezisi olmanın da ötesindedir. Çağdaş beğeninin yozluğunu düşünerek, Morrisler bu evi döşemenin imkânsız olduğuna kanaat getirdiler ve kendi eşyalarını kendileri yapmaya karar verdiler. Katkıda bulunanlar: Rosetti, Burne-Jones, Webb, Ford Madox Brown ve bizzat genç çiftin kendileriydi. (Jane işleme, dikiş ve oymacılık konularında ustaydı.) Morris'in bu iş sonucundaki memnuniyeti Ruskin'den bütün öğrendiklerinin, yani el sanatının toplu üretime karşı üstünlüğünün, yaratıcı çalışmanın verdiği zevkin ve başka birçok şeyin doğruluğunu da sınayarak kanıtlamış oldu. Bunun sonucunda da 1861'de bu arkadaşlar, Morris'in sonrasında hep "Firma" diye adlandırdığı şeyi kurdular: Morris, Marshall, Faulkner ve ortakları, "Resim, Oyma, Mobilya ve Metaller Üzerine Çalışan Güzel Sanat İşçileri". Ünlerinin yayılması ve önemli siparişler almalarıyla çabucak başarıya kavuştular. Yine de ancak yetmişlerin ortalarında Firma hatırı sayılır ölçüde kâr elde etmeye başladı.

İlk zamanlardaki siparişlerin çoğu kiliselerden geliyordu. Çoğu Burne-Jones'un çizimlerinden oluşturulan Morris'in en güzel vitrayları, zamanının bütün ürünlerinden daha önemlidir. Fakat Morris'in desen konusundaki gerçek büyüklüğü daha sonraki zamanlarda, ev işleri üzerine odaklandığında ortaya çıktı. Jan van Eyck'ten öğrendiği bir sözü ağzından hiç düşürmezdi: *Si je puis* –"eğer yapabilirsem". Bu söz ona cuk oturuyordu. Ne zaman ihtiyaç duyduğu bir zanaatın ortadan kalkmış ya da yozlaşmış olduğu ortaya çıksa, öğrenmek için oturup kendi kendine çalışıyordu. Bu yüzden, örneğin, 1879'da yüksek çözgülü goblen dokumasına başladığında, on sekizinci yüzyıl Fransız öncülerinden birinin kitabını okudu; "*Arts et Metiers* dizisinden bir kitap". Yatak odasına bir dokuma tezgâhı kurdu ve her gün saatlerce sadece goblen dokuyarak –toplam 516 saat– çalıştı. Ayrıca, *hautelisse*, yani dikey dokuma tezgâhını işlerken görmek için Fransa'ya giderek Gobelins fabrikasını ziyaret etti.

1860'lı yıllarda Morris bir şair olarak üne kavuştu. İlk ve (en iyi) kitabı, *The Defence of Guenevere and Other Poems* (1858) bir eleştiri faciası olmuştu. Şiirler, bu türün her zaman karşılaştığı yapmacıklık suçlamalarını üzerine çeken, son derece ayrıntılı yazılmış ortaçağ fantezileriydi. Eleştirmenlerin kaçırdıkları nokta ise, bunu telafi eden ve zaman zaman vahşiliğe kadar varan gerçekçilikti. Morris'in her zaman, daha sonraları "ortaçağın daha avarece bir yönü" diye kınayacağı şeyi dengeleyen, çok güçlü bir yanı oldu. Şiddet bu dönemde yazmış olduğu düzyazı romanslarda daha da belirgindir. Bu romanslar, cinsel maceralarla birleştiğinde Morris için belki de olgunluk çağında çalışmalarına yöneltmeyi başardığı derin bir duygusal karmaşayı ifade eder. Orta yaşlarında yazdığı şiirleri *The Life and Death of Jason* (1867) ve *The Earthly Paradise* (1868-70), genel olarak daha az rahatsız edicidir. Sonuç olarak, okunmaları kolaydır ama son tahlilde derinlik ve sağlamlıktan yoksundurlar. E. P. Thompson bu şiire "Umutsuzluğun Şiiri"* der; çünkü Morris'in orta yaşlarında elde ettiği başarılar içlerinde büyük bir mutsuzluk ve memnuniyetsizliği de saklar. 1860'ların sonlarında, Morris artık iki kız çocuk sahibi bir baba olmasına rağmen evliliği fiilen sona ermişti ve Jane'in Rosetti ile ilişkisi vardı. Ayrıca Morris –Viktorya dönemi ölçütlerine göre çok az acı çekerek– dini inancını da kaybetmişti; ancak ondan sonra hep bir ölüm ve boşluk saplantısı oldu. Çelişkili bir biçimde, desinatör olarak elde ettiği büyük başarı da suçluluk ve yetersizlik duygularını pekiştirdi, çünkü modern hayatın daha baskın olan çirkinliği, başarısını acı bir avuntu konumuna sokmuştu. Diğer taraftan yaptığı işten aldığı zevk de, yığınlar halindeki insanların ister istemez katlanmak zorunda olduğu tekdüze işle acı bir şekilde çelişiyordu.

Geriye dönüp bakılırsa, Morris'in nasıl sosyalist olduğunu anlamak hiç de zor olmaz. Daha 1856'da bir arkadaşına şöyle yazmıştı: "Her şeyin çamura batmış olduğunu görüyorum ve benim bunları bi-

* *William Morris: Romantic to Revolutionary*, gözden geçirilmiş baskı, Londra (Merlin Yayınevi) 1977, s.110-150.

raz olsun düzeltmek için ne gücüm ne de yeteneğim var. Benim işim o veya bu şekilde rüyaları biçimlendirmek." *Earthly Paradise*'ın yazarı için tıpkı şiir gibi düşler de birer kaçış yoluydu:

Unut duman kusan altı yurdu,
Unut buharların horultusunu ve pistonların vuruşunu,
Unut o iğrenç kentin yayılışını;
Düşün en iyisi aşağılardaki yabani atları,
Ve düşle Londra'yı, küçük, beyaz ve temiz,
Berrak Thames'e komşu bahçesiyle yemyeşil.

Fakat bu unutuşta bile kapitalist toplumun pisliğine ve sefaletine karşı bir isyan var. 1890'da *News from Nowhere*'i (Gelecekten Anılar) yazan Morris için böyle bir Londra'yı düşlemenin devrimci anlamları vardı.

Tuhaftır; Morris'i sosyalizme götüren yol kendi trajedisiyle başlar. 1870'te en büyük meselesi evliliğindeki başarısızlıkla nasıl başa çıkacağıydı. Satır aralarını okuyarak, Morris'in bir yandan çocukları için düzenli bir ev hayatı sağlayıp bir yandan da Jane ve Rosetti arasındaki ilişkiyi kabullenme, ve belki de iki sevgiliyle arkadaş kalma kararına vardığı düşünülebilir. Bunu izleyen yalnız zamanlarında ona yardımcı olan iki şey vardı: İzlanda edebiyatı ve Kelmscott Malikânesi.

Morris uzun zamandır Kuzey Avrupa'nın folklor ve mitolojisine ilgi duyuyordu ve kendisinde Latin ve İtalyan'dan çok kuzeye ve Germenlere karşı doğuştan bir tercih olduğunu düşünmeye başladı. 1868'de Londra'da yaşayan Eiríkr Magnússon adındaki bir İzlandalıyla birlikte sagaları çevirmeye başladı ve hayatı boyunca da bu çalışmayı sürdürdü. Kısa zaman sonra işten ve Londra'nın korkunçluklarından kaçıp bir yere sığınmak isteyerek rastlantı sonucu dünyevi cennette yeni bir hayat keşfetti.

Kelmscott Malikânesi, fazla abartılı olmayan ve mütevazı boyutlarda, güzel bir on altıncı yüzyıl çiftlik evidir. Ev, Thames'in yukarı taraflarında küçük bir Oxfordshire köyünün kenarındadır. Köyün çoğu gibi bu ev de yerel, güzel gri taşlardan yapılmıştır. Bugün bile, bu kırsal ama iddiasız taşra, anayollardan kopuk gibi gözükür. On dokuzuncu yüzyılın sonlarında buralarda tarım yöntemleri yüzyıllardan beri pek değişmemiş gibiydi. Morris'in de gömülü olduğu küçük Norman kilisesi Viktorya dönemi "restorasyoncusu"nun elinden kurtulmuştur ama bu başarı da bir bakıma Morris'e aittir. Bu yeri bulduğunda, herhalde bir anda, düşünü somut gerçekliğe dönüştürme şansına kavuştuğunu düşünmüştü.

1871'de Rosetti ve Morris evi ortak kiraladılar ve bu şekilde ölümlerinden çok sonrasına kadar hiç anlaşılmayan bir üçlü yaşam düzeni oluşturmuş oldular. O yaz Morris, Jane ve Rosetti'yi Kelmscott'ta baş başa bırakarak İzlanda'yı ilk kez ziyaret etmek için yelken açtı. İki yıl sonra tekrar İzlanda'ya gitti ve bunun dışında da Rosetti'den olabildiğince uzak durmuş gibi gözüküyor. Sonra, 1874'te Rosetti bir sinir krizi geçirdi ve intihara kalkıştı. Bunun sonucunda da Kelmscott'tan bir daha dönmemek üzere ayrıldı ve Morris'lerle hemen hemen bütün bağlarını kopardı.

Rosetti'nin Jane Morris ile ilişkisi üzerine hiçbir kesin bilgi bulunamıyor. Bütün taraflar bu konuda ağızlarını sıkı tutmuşlar; bunun sebebi de şüphesiz Jane'i Viktorya döneminde hatalı eşlerin başına gelen yüzkarasından korumak olmalı. Morris'in doğal cesareti ve stoacılığı İzlanda deneyimi ile arttı. İzlanda'nın değerlerini ve doğrularını İngiliz orta sınıfının lüksüyle ve isteklerini frenlememesiyle kıyasladı. Orada tanıklık ettiği toplumsal düzenlemelerle ilgili doğal eşitlikçiliğe, uzak geçmişle kurulan devamlılık duygusuna, doğayla çaba harcamadan kurulan yakınlığa ve hepsinden de önemlisi "Kuzey insanının dini olan... Cesaret'e tapınmaya" hayran kaldı.

Morris'in Rosetti'ye duyduğu, şartlar düşünülünce hiç de şaşırtıcı olmayan antipati, Germenlerin yaşlıların kendilerine acımasını hor görme anlayışıyla daha da derinleşti. Morris, artık kararlı bir şekilde eski ortaklarının "avare" estetik anlayışını da reddediyordu. Kesinlikle önemli olan bir şey de Rosetti ile aralarının açılmasından hemen sonra (Rosetti'nin de ortaklarından biri olduğu) Firma'nın, tek sahibi Morris olmak üzere Morris & Ortakları olarak yeniden yapılandırılmasıdır. Morris, eski umutsuzluğundan kurtularak Germen tarzıyla *Sigurd the Volsung* adında epik bir şiir yazdı ve aktivizme yaklaşan yeni bir yaratım safhasına geçti. İzlanda da onu politikleştirmiş; doğanın kaçınılmaz yasalarıyla insanların kurduğu ve dolayısıyla gene insanlar tarafından ortadan kaldırılabilecek olan adaletsiz toplum düzeni arasında bir ayrım yapmasına olanak sağlamıştı.

Morris'in politik aktivist olarak ortaya çıkışı çok hızlı oldu. 1876'da *Daily News*'a bir mektup gönderdi ve muhafazakâr hükümetin Balkanlar'daki politikasını kınadı. Türkler, Osmanlı yönetimine karşı yapılan bir ayaklanmada 12.000 Bulgar'ı katletmişti. Uzun zamandan beri Akdeniz'e inme yolları arayan Ruslar da, Slav ve Hıristiyan soydaşları adına müdahale etme tehdidinde bulunuyorlardı. İngiliz hükümetini rahatsız eden de bu ihtimaldi; çünkü Osmanlı İmparatorluğu'nu Rus yayılmacılığına karşı bir siper olarak görüyorlardı. Yakın Doğu'daki çıkarlarını korumak için de Türklere askeri yardım yapmayı teklif ettiler.

İngiliz kamuoyunun, çoğu liberal fikirlere sahip olan önemli bir kısmı, bu kinik *realpolitik* gösterisi karşısında küplere bindi. Morris'in duygularını dile getirmelerine imkân veren mektubu, onu birdenbire kamuoyunun önüne çıkardı. Birkaç hafta içinde savaşın gidişatına karşı kampanya yürütmek için kurulmuş olan Şark Meselesi Derneği'nde mali sorumlu seçildi. 1879'da çalışmalarını genişleterek, çoğu işçi sınıfından oluşan Ulusal Liberal Birlik'e de mali sorumlu seçildi. Morris'in bu erken dönemde işçilerle kurduğu bu ilişki önemlidir. Morris, içgüdüsel olarak hep liberallere oy vermişti ama o noktada partinin kaçınılmaz olarak hatalı olan konumunun farkına vardı. Parti, 1832'de Reform Kanunu ile oy hakkı kazanan insanları temsil etmek için oluşturulmuştu; teşebbüsü, ulusun varlığından ve gücünden sorumlu olan orta sınıfı temsil ediyordu. 1867'de oy hakkı genişletilip işçi sınıfının büyük kesimlerini de kapsayınca parti, gelişim ve reformun partisi olarak oy kullanacak olan yeni insanların da ilgisini çekmeyi başardı. Başka bir deyişle parti; tavşana kaç, tazıya tut, diyordu. Şark Meselesi kampanyası Morris'i bu konuda çok geçmeden aydınlattı; çünkü Gladstone ve Liberaller iktidara gelince Morris'e Tori'lerden hiç de farklı gözükmediler. (Morris'e göre) Anti-emperyalist ve tüm mali çıkarlardan bağımsız olan gerçekten radikal bir politika, yalnızca işçi sınıfının isteği ve desteğiyle gerçekleştirilebilirdi. Böylelikle 1883'te azimle ileri atıldı, sosyalist olduğunu ilan etti ve Demokratik Federasyon'a (daha sonra Sosyal Demokrat Federasyon adını almıştır) katıldı.

Bu arada aktivistlik bir alışkanlık haline gelmişti. 1877'de bugün adına çevreci baskı grubu diyeceğimiz bir şey de kurdu. Eski Binaları Koruma Topluluğu ya da yandaşlarının koyduğu isimle "Kazıma Karşıtları", "restorasyon" modasına karşı çıkmak için oluşturuldu. Bu modaya daha çok İngiliz Kilisesi'ndeki yeni Törenciler destek veriyordu. Bu, genellikle, başarılı bir mimarın tamire ihtiyacı olan ortaçağdan kalma taş binaları gözden çıkararak yerine kendisinin ve mahalle papazının, tarihin daha önceki ve kilise tarafından daha çok tercih edilen bir evresinde nasıl göründüğüne ilişkin hayallerini yansıtan bir bina projesini koymak istemesiyle oluyordu. Morris'in adı geçen restorasyondan kurtardığı Kelmscott'taki ve yakınındaki Inglesham'daki kiliselere bakılırsa Topluluk'un başarısı açıkça görülür. Bunlar gerçekten de eski çağlardan kalma binalardır; ama cam fanus içinde saklanmamışlar, devamlılığını koruyan bir hayatın parçası olarak, kullanılarak ayakta tutulmuşlardır ve kusurları da çekiciliklerinin ayrılmaz bir parçasıdır. Morris, Topluluk'u kurduğunda şöyle yazmıştı: "Tarihi binalarımız sadece kilisenin oyuncakları değildir. Onlar, bir ulusun gelişimini ve umudunu gösteren kutsal eserlerdir." Kullandığı dilin gücü ve kesinliği Morris'in o dönemde yazdıklarının tipik bir özelliğidir: *Gelişim*, çünkü insanlık da tıpkı doğa gibi gelişir; Morris için anahtar bir kelime olan *umut*, çünkü sanat, geçmişteki derin kökleri sayesinde geleceğe doğru büyür. O günkü sanat anlayışına, hatta hayran olduğu yapıtlara bile karşı çıkışının sebebi, bu anlayışın bir "kökünün olmamasıydı". Kendi bütünlüğü içinde bir halkın duyumlarından kaynaklanmayan sanat, tamamen kişisel olmuş ve toplumdan kopmuştu.

Bu düşünceler, 1877'de ilk etapta yalnızca Kazıma Karşıtları'na para yardımı sağlamak için vermeye başladığı bir dizi konferansın da bir parçasıdır. O zamanın konferans ustası, bunu bir nevi dünyevi vaaz olarak gören John Ruskin'di. Ruskin, daha 1849'dan beri dikkatleri yanlış restorasyon sonucu oluşan kayıplara çekiyor ve o zamandan beri de eserlerinde bir ulusun sanatının o ulusun sağlığıyla ya da diğer bir yönden o ulusun ekonomik ve toplumsal düzeniyle olan bağları üzerinde duruyordu. Üst üste gelen konferanslar sırasınca Morris, Ruskin'in kendisi üzerindeki etkisini kabul eder. Morris'in ilk altı konferansını (bu konferanslar 1882'de *Hopes and Fears for Art* adıyla yayımlandı) okumak Morris'in modern dünyadaki sanat hakkındaki umutsuzluğundan, yeni bir toplum kurma umuduna doğru zihinsel gelişimini takip etmeye yardımcı olur. Konferansların genel olarak sosyalist içerikli olan daha genişletilmiş bir baskısı 1888'de *Signs of Change* adıyla yayımlandı. Morris'in eserlerinin merkezinde olan bu iki kitap, yapıtlarının en iyileri arasında sayılmalıdır.

SDF 1881'de kurulduğunda, ülkedeki tek sosyalist hareketti. On dokuzuncu yüzyılın daha öncelerinde, Robert Owen ve daha sonra Chartistler zamanında İngiltere, politik yenilenmenin ön planında yer almıştı. Fakat devrimler yılı 1848'den sonra tüm bunlar değişti. Bu biraz da bazı gerçek değişimlerin sonucuydu: 1867'de oy hakkının genişletilmesi, sendikaların öne çıkması, refahın artması ve liberal reformlar. Avrupa kıtası ise, tersine, büyük bir politik çürüme ile karşı karşıyaydı. Bu çürüme teorik karşılığını Karl Marx'ın yazılarında bulur. İronik bir biçimde 1870'lerde İngiltere'nin liberal sükûneti, Marx ve Engels'e toplumsal değişim üzerine "bilimsel" teorilerini geliştirmeleri için güvenli bir sığınak sağlamıştı. Marx ve Engels'in gözlemleri onlara, politik özgürlüklerle şehir yoksulluğunun en uç noktalarının bir arada bulunduğu ve kapitalist ülkelerin en gelişmişi olan İngiltere'nin, ufukta gözüken devrim için en olası ülke olduğunu gösteriyordu.

Kendilerine Marksist diyen SDF'nin kurucuları için de durum böyle gözüküyordu. Hatta Morris, 1883'te SDF'ye katıldığında kaçınılmaz devrimin yalnızca birkaç yıl sonra gerçekleşeceği ve yine de barış yoluyla gelebileceği varsayımından hareket ediyordu. Yalnızca yedi yıl sonra *Gelecekten Anılar*'ı yayımladığı sırada ise bu görüşü neredeyse tamamen değişmişti.

SDF'nin kurucusu ve başkanı H.M. Hyndman, bu iş için pek de doğru bir kişi değildi. Borsacılıkla uğraşan bir Tori olan Hyndman, Karl Marx'tan daha bir kitap okur okumaz dönmüştü. Otokrasi eğilimli, hırslı bir politikacıydı ve dış politika konusunda emperyalistlerden herhangi bir farkının olduğu çok kuşkuluydu. Morris en başından beri ona güvenmiyordu ama başka bir alternatifi olmadığı için başkanlığını kabul etti. Ancak, on sekiz ay içinde Morris ve çevresi; kâhinin kızı Elenor Marx da dahil olmak üzere, SDF'den ayrılarak Sosyalist Birlik'i kurdular. İki parti de 1890'a kadar üç aşağı beş yukarı paralel politikalar izlediler. 1890'da Birlik de bölündü ve Morris yönetimden ayrıldı. Bugün bütün yorumcular, SDF'deki bölünmenin İngiltere'de sosyalizmi en az on yıl geriye atan bir felâket, bir yargı hatası olduğu kanısında birleşiyorlar. Radikal hareketlerin bölünerek çoğalması tabii ki, günümüz politik hayatının bildik bir yönüdür. Bu işin komik taraflarını da görebiliyor olması, her ne kadar durumdan şikâyetçi de olsa Morris'in başarısıdır. Bu, *Gelecekten Anılar*'daki Birlik toplantısından da anlaşılabilir: "...Başta tartışmanın dışında kalanlar ise partideki altı hizbi temsil eden altı kişiydi; bunlardan dördünün iddialı olmakla beraber birbirlerinden tamamiyle farklı anarşizan fikirleri vardı."

Her ne kadar bazı ortodoks Marksistler yeniden SDF'ye kaymaya başlamış idiyse de, aslında Birlik'i bölenler anarşistlerdi. Bu ortodoks Marksistler SDF'nin benimsediği, Morris'in deyimiyle, devlet sosyalizmi konusunda SDF ile üç aşağı beş yukarı aynı görüşleri paylaşıyorlardı. Bu da demek oluyor ki, hem yerel hem de ulusal seçimlere katılacak bir sosyalist parti istiyorlardı ve sosyalizme ulusallaşma gibi yollarla ulaşılacağını düşünüyorlardı. Morris'in katıldığı üçüncü grup da Marksistti ama onlara göre birliğin amacı ajitasyon yapmak, eğitmek ve düzenlemekti; yani işçileri ufukta gözüken devrime hazırlamaktı. Onlara göre, parlamenter sürece katılım kaçınılmaz olarak liderlerinin taviz vermesini gerektirecekti ve onları geçici çözümlere iterek gerçek değişimi sonsuza dek erteleyecekti. Morris'in grubu onun deyimiyle (bir dizi makalesinin başlığı buydu) "Aşağıdan Yukarıya Sosyalizm"e; anlık bir halk devriminin getireceği kökten bir değişime inanıyordu. Bu tartışmayı Morris kaybetti: Sonraki dönemlerde ortaya çıkan sosyalizmler o veya bu şekilde devlet sosyalizmini bir çözüm olarak kabul ettiler. Yine de sovyet komünizminin çöküşünden ve sosyal demokrasinin düşüşe geçmesinden beri Morris'in görüşü yeniden bir geçerlilik kazandı. Yukarıdan dayatılan bir eşitlik, emekçilerin kendi kendilerini yönetme isteğini tatmin edebilir miydi? Bunun bir dayatmadan başka bir şey olması mümkün müydü?

Diğer taraftan, Morris ve grubu, "sosyalizm mücadelesini ivedi talepler için verilen mücadeleyle nasıl bağdaştıracaklarını"* görmekten oldukça uzaktı. Bu da onları sendikalarla çatışmaya kadar vardırdı ve ülkedeki radikal hareketlerin bir araya gelmesi Birlik dağılana kadar da mümkün olmadı. Morris ölmeden önce yeniden SDF'ye katıldı ve Londra İlçe Konseyi'nin başarılarını kabul ederek parlamenter hareketle birlikte hareket etmeye hazırlandı. İnsan, ister istemez, Morris'in hiçbir zaman tamamen ikna olmadığından, ama asıl önemli olanın hareketi bir arada tutmak olduğunu gördüğü için böyle yaptığından şüphe ediyor. 1893'te bir zamanların Birlik'inin West Yorkshire kolu Bağımsız İşçi Partisi'nin oluşturulduğunu açıkladı ve 1900'de Morris'in ölümünden sonraki dört yıl içinde de bugün bildiğimiz İşçi Partisi kuruldu.

Sekterce çekişmelerin gündeme oturması karşısında Morris'in duyduğu hayal kırıklığının boyutlarını tahmin edebiliriz. Beraberinde birçok zorluk da getiren Birlik'teki işine tam günlük bir iş gibi sarılıyordu. Eğer umut olsaydı böyle şeylere tahammül edilebilirdi; fakat hareket geliştikçe harekete karşı direnç de gelişiyordu ve erken değişim olasılığı geriliyordu. 1880'lerin sonları İfade Özgürlüğü kampanyasıyla geçti ve bu kampanyada iki partinin de sosyalistleri halka açık yer-

* A.L. Morton, *The Political Writings of William Morris,* gözden geçirilmiş basım, Londra (Lawrence & Wishart) 1984, s. 220.

lerde gösteri ve propaganda yapma hakkı için mücadele ettiler. Bu kampanya boyunca Morris iki kez tutuklandı ve para cezasına çarptırıldı. 1887'de Trafalgar Meydanı'nda yapılan ve Kanlı Pazar olarak da bilinen gösteride barışçıl bir çözüm bulma umutları hepten suya düştü. Hiçbir kışkırtma olmaksızın bu gösteride polis kalabalığa saldırdı. Bundan sonra da sosyalistler için saflar birer birer kapandı: Aydın orta sınıf, radikaller, basın, hatta zaman zaman sendikalar. Kanlı Pazar, Morris'e öncelikle değişimin asla barışçıl yollarla gelemeyeceğini ve ikincil olarak da mücadelenin öngördüğünden çok daha uzun ve zor olacağını gösterdi.

Bu bağlamda, Sosyalist Birlik parçalanma noktasına yaklaşırken Morris, *Gelecekten Anılar*'ı yazdı. Bu kitap, sosyalist bir geleceğe hâlâ bir güven duymakla birlikte yorgun düşen bir hayal gücünün bitmiş pillerinin yeniden doldurulması gerektiğini de teslim ediyordu. Uzun yıllar boyunca, sokaklarda şiddet uygulanmaya başlanmasının ve Birlik'in dağılmasının Morris'in devrim konusunda tereddüte düşmesine neden olduğu öne sürüldü. Bugün E. P. Thompson sayesinde Kanlı Pazar ve 1889'daki başarılı liman grevi gibi olayların Morris'in devrimin gerekli ve kaçınılmaz olduğu yönündeki kanısını daha da güçlendirdiğini biliyoruz. Artık eskisi kadar öne çıkmasa da her yönüyle sosyalist hareket için tüm kalbiyle çalışmayı sürdürdü. Değişen tek şey, artık hayatının büyük bir bölümünü adadığı değişimi görecek kadar yaşayamayacağını bilmesiydi.

Bu nispi serbestliğin bir etkisi de yenilenmiş bir buluşçulukla yaratıcı işlerine geri dönmesi oldu. Gerçi bu işlerini daha önce de bırakmış değildi: En güzel desenlerinden birçoğunu, özellikle de halılarını 1880'den sonra yapmıştır. Ama 1891'de Kelmscott Yayınevi'ni kurması yepyeni bir girişimdir. Morris kitap üretiminde karşılaşılan sorunlara her zaman ilgi duymuştu. Ortaçağın adamıydı; hep o yaldızlı elyazmalarının olduğu günlere dönme özlemi duymuştu. Yine de, dehasının sırrı belki de hayallerine *uygulanabilir* bir çıkış yolu bulabilmesiydi. Koleksiyonunu yaptığı eski basım kitapların bir tutkunu olarak matbaacılık tarihini, on sekizinci ve on dokuzuncu yüzyıllarda hızlanan uzun bir gerileme süreci olarak görüyordu. 1889'da bir yayıncı ve sosyalist olan Emery Walker'ın etkisiyle ince baskı sanatını öğrenmeye ve 1891'de de kitap basmaya başladı. Hayatının kalan beş yılında, Morris, elli iki cilt kitap tasarlayıp bastı. Bu kitaplar, broşür boyutlarındaki küçük kitaplardan (Ruskin'in *The Nature of Gothic*'inin yeni baskısı gibi) Kelmscott *Chaucer*'ın W. B. Yeats tarafından "basılı tüm kitapların en güzeli" diye nitelendirilen emsalsiz 564 büyük boy sayfasına kadar büyük bir yelpazeyi kapsıyordu.

Yine de bu son yaratıcı girişim Morris'in kariyerinin ana çelişkisinin altını çizer. Bir desinatör olarak her zaman en iyiyi hedefledi ve onun için en iyi de her zaman el işiydi. Amacı toplumun beğenisini yükseltmek ve daha da önemlisi, yaratıcı işin verdiği doygunluk sayesinde daha mutlu bir topluma ulaşmaktı. *The Nature of Gothic* için yazdığı önsözde söylediği gibi: "Burada Ruskin'in bize öğrettiği şey sanatın insanın iş yapmaktan aldığı zevkin bir ifadesi olduğudur." Böylece, daha farklı çalışma koşulları yalnızca daha iyi bir sanata ulaşılmasını sağlamakla kalmayacak, aynı zamanda bundan zevk almasını bilen daha mutlu bireyler de yaratacaktı. İlkesel olarak makinelere bir karşıtlığı yoktu. Genel olarak inanılanın aksine, zorluk ve sıkıcılığın söz konusu olduğu durumlarda iş kolaylaştırıcı aletlerin tarafını tutuyordu. Yine de kapitalist düzende makinelerin öncelikle üretimi arttırmak için kullanıldığını, bunun sonucu olarak da makine üretimi zihin kullanmayı gerektirmeyen ve sürekli tekrar eden bir şey olduğu için işçinin işini iyice yavanlaştırdığını söylüyordu. Ancak, burada bir çelişki var: Modern, rekabetçi bir toplumda el yapımı işler kaçınılmaz olarak makine üretimi işlerden daha pahalıdır. Böylece de yalnızca zenginlerin ve ayrıcalıklı kimselerin kullanımına açıktır ve işçi bunların tümünden mahrum kalır. Bu çelişki özellikle de yayıncılıkta çarpıcı boyutlardadır ve bir sosyalistin yoksulların da okuma şansına sahip olacağı kitapları yayınlamayı amaçlaması gerektiği söylenebilir.

Morris bu çelişkilerden bihaber değildi ve bu eleştirilere bir ölçüde cevap verebiliyordu. Kapitalist düzende yaşadığımız sürece piyasa kanunlarından kaçamayacağımızı söylüyordu. Hal buyken, güzel mobilyaların tasarlanması gibi şeyler de toplumsal eğitim sürecinin bir parçasıdır ve iyi üretim yöntemleri konusunda bir örnek oluşturarak daha yüksek tasarım ölçütlerine dönülmesine öncülük eder. Tuhaftır, Kelmscott Yayınevi'nin, Morris'in ya hep ya hiç politikasıyla bazı ortak noktaları vardır: Geçici önlemleri reddeder. Ticari yayınlarla uzlaşmaktansa, dünyaya başka bir alternatifin de olduğunu göstermeyi tercih etti.

Bu dönemdeki edebi etkinlikleri daha da çelişkilidir. 1885 ve 1890 yılları arasında *Commonweal*'de tefrika halinde yayımlanması için üç politik hikâye yazdı: *Pilgrims of Hope*, Paris komünü üzerine nazım bir masaldı ve onu takip eden iki düzyazı romans; *A Dream of John*

Ball ve *Gelecekten Anılar* da edebi yapıtlarının en iyileri sayılabilir. Fakat, aynı zamanda, 1888 ve 1896 yılları arasında yeniden gerçeklerden tamamen kaçan bir tarzla romanslar yazmaya yöneldi ve hayali, kahraman toplumlarda geçen altı düzyazı romans yazdı. Daha basit bir zamanda yaşayan ve daha basit insanlar olan kahramanları, İzlanda sagalarına ve Grimm masallarına bir şeyler borçludur. Bunlarda, *A Dream of John Ball*'da *ve Sigurd the Volsung*'da olduğu gibi sadece çeşni olarak kullanılmış bir arkaizm yoktur, masalları gerçeklik dokusundan uzaklaştıran yapay bir dil hâkimdir. Gerçeklerden kaçışlarıyla Morris'in uzun zamandır bir kenara atmış olduğu "umutsuzluk şiiri"ne yakınlaşırlar. Diğer taraftan politik romansları tamamlayıcı bir yönleri olduğu da düşünülebilir. Bunlar da, Morris'in eserlerinden birçoğu gibi; vitraylar, halılar, isimlerin işlenmiş baş harfleri gibi, ideal bir dünyanın düşsel birer izahıdır. İmkânsızı hayal etmek ve gerçekliği gözardı etmek varolan koşulların kaçınılmazlığını sorgulamaktır.

Morris'in son yıllarındaki kısmi geri çekilişinin basit bir açıklaması vardır. 1890'da fazlasıyla yorulmuştu. Bir anda ihtiyarladı ve sağlığı da kötüye gitmeye başladı. Kalan günlerine bile çoğu insanın bütün hayatına sığdırabileceği kadar iş sığdırdı. Ancak, işi artık bir rahatlama aracı olarak görmesine belki de şaşırmamak gerekir. İnanılmaz derecede arkadaş canlısı olmasına ve güçlü, sevecen bir baba izlenimi bırakmasına karşın çok yalnız bir adamdı. Morris'i terk etmemesine rağmen karısı onu hiç sevmemişti; örneğin, en azından bir otuz senedir aralarında hiçbir cinsel ilişki olmadığı düşünülebilir. Kabahat, şüphesiz kendisindeydi. Onu herkesten daha iyi tanıyan Burne-Jones bile onun öz yeterliliği karşısında sık sık çileden çıkıyordu. Güçlü iradesi, enerjisi ve yeteneklerinin çeşitliliğiyle Morris hiç kimseye ihtiyacı yokmuş gibi gözüküyordu ancak yine de hayatında insanların eksikliğini hissediyordu. Onun anısını canlı tutma sorumluluğunu üstlenen kızı May, 1896 Haziran'ında son büyük başarısı olan Kelmscott *Chaucer*'ın bir kopyasını kendisine nasıl takdim ettiğini anlatır: "...bakışlarında (belki de farkında olmadığı) derin bir melankoliyle sevgiyle gülümseyerek bana döndü ve bu bakış çok uzak bir diyara yönelmiş gibiydi... bu, hafızalar elverdiğince unutulmayacak olan büyük bir yalnızlığı yaşayan bir adamın bakışıydı."* Yalnızca üç ay sonra, 3 Ekim 1896'da William Morris öldü. Cenazesi tam isteyeceği gibiydi. Söğüt dalları ve sazlar-

* *The Introductions to the Collected Works of William Morris*, ikinci cilt, New York (Oriole Baskısı) 1973, s. 710

dan yapılma bir çelengin süslediği tabutu bir köy arabası ile dünyevi cennetinin ruhani merkezine; Kelmscott Kilisesi mezarlığına getirildi." "Kendi ölümünüzle böyle bir adamı kaybedebilirsiniz," diye yazıyordu Bernard Shaw, "ama onun ölümüyle kaybedemezsiniz."

DÜNYEVİ CENNETLER

Morris, *Gelecekten Anılar* adlı eserini "Ütopik Bir Romans" olarak adlandırdı. Sir Thomas More'un büyük taşlaması *Ütopya*, adını Yunanca'da "hiçbir yer" anlamına gelen bir sözcükten alır. More da Morris de şüphesiz bir ironi yaratmak istemişlerdir. Ütopya/Hiçbir yer, var olmayan ve var olamayacak olan bir ülkedir; en iyi ihtimalle bir rüya, en kötü ihtimalle bir yersizliktir. Diğer taraftan, gerçek ya da olası bir mekânda kurgulanan bir rüya, güncel gerçekliğin kusurlarına dikkati çekebilir. Böylece bu durum, memnuniyetsizliği artırarak, değişim umudunu çoğaltabilir. Morris'in "hiçbir yer"i kuşkusuz İngiltere'dir. Aynı şekilde burası şüphesiz bizim ve Morris'in çağdaşlarının bildiğinden çok daha mutlu bir yerdir.

Yine de Morris, böyle bir yerin daha önce var olmadığından hiçbir zaman emin olmadı. Yaşamının daha sonraki dönemlerinde olası geleceklere ilişkin kafa yorması, gençlik dönemindeki geçmişe dair duygularından kaynaklanır. Bu, bozulmamış bir taşra olan Essex'de büyüdüğü için kendi kişisel geçmişi ve bugüne kadar varlığını sürdürmüş kalıntılarla dokunaklı bir biçimde andığımız ortaçağın tarihsel geçmişidir. Iki durumda da geçmiş pastoraldir: İnsanlığın, o günden sonraki düşüşüne kıyasla cennetimsi bir dünyadır.

Morris'in kişisel geçmişi *Gelecekten Anılar*'ın XXIII'üncü bölümünde çocukluk ortamının lirik bir tasviriyle canlanır. Endüstriyel kapitalizm tarafından mahvedilmiş kırsal İngiltere'nin maddesel gerçekliği duygusu Morris'in tüm yapıtlarının merkezinde yer alır. Öyle ki, baş kahramanın yolculuğunun amacına ulaştığı "Thames kıyısındaki eski ev"in Kelmscott Malikânesi olduğunu fark ettiğimiz kitabın sonunda bu duygu daha da büyük bir duygusal güçle yinelenir. "Bana öyle geliyor ki," der Ellen, "karışık, fırtınalı geçmişin mutluluk kırıntılarını bir araya getirerek bu güzel günleri bekleyip durmuş." Ve şöyle devam eder: "Tanrım! Tanrım! Nasıl da seviyorum dünyayı, mevsimleri, havayı ve bunlarla ilgili, bunlardan türeyen her şeyi; tıpkı bunun gibi!"

Burası, o bölgedeki taşlardan yerel tarzda inşa edilmiş, Morris'e doğayla uyum içerisinde yapılandırdığı ve çalıştığı bir yaşam biçimini sağlamış olan evin ta kendisidir. Çünkü Morris ev için, bir zamanlar böyle idiyse şimdi de pekâlâ olabilir, diye düşünmüştü.

Dolayısıyla Morris'in kırsal cennet anlayışı, "Thames kıyısındaki eski ev"de onun ideal bir geçmiş hayaliyle birleşir. Morris'in köklerindeki romantik ortaçağcılık, yazarın on sekizinci yüzyılın usçu ahlâkçılığından kaçınmak için başvurduğu bir yoldu. Estetik olarak, bu, Morris'in günümüz insanının anlamakta güçlük çekeceği kadar tiksindiği neo-klasizme bir alternatif oluşturmak anlamına geliyordu. Gotik binalar gizemli ve alışılmadık bir güzelliğe sahipti; canlı biçimlerinden dolayı doğadan fışkırıyormuş gibiydiler. Yüce emelleri ve karanlık köşelerinde insan doğasının karmaşıklığı yankılanıyordu. Ayrıca, gotik, bir Kuzey Avrupa tarzıdır; işlevsel olarak kuzeyin iklimi, malzemeleri ve yaşam koşullarıyla ilişkilidir. Bu yüzden de Neo-klasizme oranla doğayla daha içli dışlı gözükür. Neo-klasizm Morris'e soğuk, mantıksız ve züppece gözüktü. Roma İmparatorluğu'nun gücüne öykünmesi, kültürel hiyerarşiyi kabul etmesi, ahlâka uygunluk kaygısı; tüm bunlar Morris için belli bir toplumsal mesaj taşıyorlardı. Ona göre hiç kimse, böyle binaları hoşuna gittiği için yapmıyordu, sadece kendilerini yüceltme arayışı içindeydiler.

Bugün bizler, "feodal" ve "ortaçağdan kalma" gibi kelimelerin kötü şeyler anlamında kullanılmasına alışığız. "Gotik" kelimesinin de bir zamanlar tam böyle bir kullanımı vardı. Şunu söylemek gerekir ki bir sosyalistken bile Morris, feodalizmin kapitalizmden daha iyi olduğunu düşünüyordu. Bu düşüncesinin temellerini de esas olarak Ruskin'de, ikincil olarak da Ruskin'in ustası Thomas Carlyle'da buluyordu. Ruskin'in Gotik'te bulduğu ifade özgürlüğü ve doğal güzellik duygusu, güzel sanatlar ile zanaatların, sanat ile çalışmanın aynı şey demek olduğu bir kültürü gözler önüne seriyordu. İşçinin maddesel dünyadan aldığı zevk kendi işçiliğine yansıyordu ve işçiliği de aldığı zevki insan dünyasına yeniden kazandırıyordu. Feodalizm, hiyerarşik bir yapıya sahip olsa da, en azından içinde zalim ve açgözlülerden başka kimsenin barınamadığı bireyci bir cangıl değil, rol ve sorumlulukları belli olan bir toplum yaratıyordu. Ne de olsa açgözlülük, Ruskin'in takdir ettiği doyumun en büyük düşmanıydı. Ona göre, ortaçağ kültürü on beşinci yüzyılın sonunda merkantilizmin ortaya çıkmasıyla; maddi kazanç peşinde koşmanın Tanrı'ya ve yapıtlarının güzelliğine duyulan sevgiden baskın çıkmasıyla yok olmuştu.

Bu idealleştirilmiş ve tarihsel olarak eksik anlatılmış ortaçağ görüşüyle alay etmek kolaydır. Aslında, Morris de geliştikçe bu dönemi ve Ruskin'in mitini daha çok eleştirmeye başladı. Sosyalist olduğunda ortaçağ hayatı hakkındaki bilgisi engin ve derindi. Sosyalizmin ona öğrettiği şey ise, basitçe anlatmak gerekirse, bireysel çıkarlar üzerine kurulu bir toplumun olabilecek tek toplum biçimi olmadığıydı. Morris'in de gitgide farkına vardığı gibi, ortaçağ İngiltere'si zalim ve adaletsizdi; ancak endüstriyel dünyayı deforme eden başlıca kötülükler olan toplumsal ve ekonomik kötülüklerin suçu genellikle ortaçağda değildi. Sosyolog T. H. Marshall'a* göre Carlyle, Ruskin ve Morris, hiçbir geçişe izin vermeyen sınıfsal katmanlarıyla feodal toplumun, en alt katmanında olanlara bile kayıtsız şartsız onurlu bir rol verdiğine inanmakta tamamen haklıydılar. Marshall, Sir Frederick Eden'ın 1797'de yazdığı *The State of the Poor* (Yoksulların Durumu) adındaki raporundan bir alıntı yapar: "Uygarlığın büyümesi ve *ticaretin gelişmesi*, Meclis'in adına Yoksullar dediği yeni bir sınıfın doğmasına bağlanabilir." (İtalikler bana ait.) "Yoksullarla bağımlı oldukları kişiler arasındaki ilişki," diyor Marshall, "dayanıklı bir ilişkiydi ve gelenek ve 'adil iş', 'adil ücret' ilkesiyle yönetiliyordu." Günümüzdeki, "daima büyük bir yoksullukla yüz yüze gelme tehlikesiyle yaşayan" belirli bir toplumsal sınıf anlayışı 1601'deki yoksulluk kanunuyla ortaya çıkmıştı. Yine de bu kanun, içerdiği "Yoksulluk Ödemesi" ile, hiç değilse ekonomik felakete sürüklenenlere karşı toplumun sorumluluğunu kabul etmeyi sürdürdü. Fakat, 1834'deki yeni yoksulluk yasası bu sorumluluğu ortadan kaldırarak, toplumdan dışlananların oluşturduğu yeni bir alt sınıf yarattı. Kötü ünü dört bir yanda duyulan işhaneleri de, aslında, sanki hayatta kalma mücadelesinde başarısız olmak bir suçmuş gibi yoksulluğun cezasının çekilmesi için yapılmış hapishanelerdi.

Morris, Marksist olduğunda, yetişkinlik hayatını biçimlendiren ortaçağ ile bu dönemde kabullendiği "ilerlemeci" politika arasında bir uzlaşım kurma ihtiyacı duymuş olmalı. Bunun hiç de kolay olmadığını varsayabiliriz. Marx hayatı boyunca "feodal sosyalistler" diye sınıflandırdığı Carlyle gibi düşünürleri küçümsemişti. Böyle diyerek, onların gelecekle yüzleşemeyecek kadar ürkek olduklarını ima ediyordu. Marx, kapitalizmin birçok yönüne; yaratıcılığına, enerjisine, teşvik et-

* T. H. Marshall, *The Right to Welfare and Other Essays*, Londra (Heinemann) 1981, s. 29-32.

tiği düşünce özgürlüğüne hayrandı ve bunu toplumsal evrim sürecinde gerekli bir basamak olarak görüyordu. Morris bu analizi kabullendi ama belki de yalnızca görev duygusuyla davrandı ve ortaçağın hayalini kurmaya devam etti.

Yine de artık bir fark vardı. "The Hopes of Civilization (Uygarlığın Umutları)" (1885) adlı konferansında, geçmişe Marksist bir bakış açısıyla yaklaşır. Ortaçağ dünyası artık geçmişten kaçmak için bir sığınak değildir; daha çok bugünü anlamasına ve alternatif bir gelecek hayal etmesine yardımcı olur. Morris, Keats ve Scott'ın romantizminden rüyaların ne kadar güçlü ve değerli olduğunu öğrenmişti. Raphael öncesinin sanatı sanki idealindeki kırsal İngiltere düşlerini alıp ortaçağ ile birleştirerek resimde ve duyulara hitap eden dizelerde somut kılmıştı. Örneğin, "The Story of the Unknown Church (Bilinmeyen Kilisenin Hikâyesi)"ni yazan Morris, bu tarz bir hayalcidir; içedönük, geri çekilmiş ve tamamen güçsüzdür. Bu tarzı, *The Earthly Paradise*'da yaratır:

Uygun bir anımdan doğan hayalciler hayalcisi,
Eğriyi düzeltmek için neden paralayayım kendimi?

Ama farklı hayal türleri de vardır. Daha önceki dönemlerinde yazdıklarının da gösterdiği gibi gerçeklerden kaçan hayaller bazen kâbuslarla sona erer. Güzel hayaller kaçındıkları, altında yatan korkuları uyandırabilir. Yine de bazı hayaller olası bir gelecek umudu taşırlar. Morris'in lügatında umutlar ve korkular anahtar kelimelerdir:

Dünya nasıl da bir cennete dönüşürdü
Toprağın altındaki korku su yüzüne çıksaydı,
Umut kırılmasaydı ve sevgi yok olmasaydı.

Her ne kadar gözyaşları ve ölümle lekelenmişse de dünya bir cennettir. Orta yaşlarında Rosetti'nin sanat sarayı Morris için düş kırıklıklarıyla dolu, klostrofobik bir mekândı. Herhalde estetizm ona hiçbir zaman doyurucu gelmemişti. Onun istediği, prelapsaryan ışıltısına yeniden kavuşan gerçek dünyaydı. 1870'lerin ortasında bunun elde edilebilir bir şey olduğunu hissetmeye başladı.

İlk olarak bir dekoratif ressam olarak yaptığı işlerde gerçek ve cennetsel olanı birleştirdi. Desenleri onun ortaçağcılığını en verimli haliyle gösterir. Sanat tarihçileri ona "gelenekçi" derler, ama yaptığı işler daima taklitçiliğin ötesine geçmeyi başarmıştır. "Gotik Mimari" (1889) adlı konferansında da dediği gibi, bazı tarihi türler geçmişe açılırken, bazıları bu yolu kapatır; ilerleyebilmek için önce geriye dönmek gerekir. *Gelecekten Anılar*'ın düşsel geleceğindeki mimari ve tasarımlar çoğu zaman ortaçağ eserleriyle kıyaslanır, ancak yine de yeni bir değişim olarak düşünülür. Aynı şey Morris'in taklit aşamasını geçtikten sonraki tasarımları için de geçerlidir. Bu noktada feodal dünya, Morris'in yaratımlarında olası bir gelecek modeli olarak devreye girer. Bunun teorik bir boyutu yoktu. Ortaçağ tasarımlarından bir şeyler öğrenmeyi arzularken bu şeylerin üretildiği zamanın şartlarını anlamış ve bunların modern dünyadaki herhangi bir üretimden ne kadar uzak olduğunu görmüştür. Açık bir örnek vermek gerekirse: Bugün hiç kimse asla bitip de kullanıldığını göremeyeceği bir bina yapımına hayatını adamaz. Oysa büyük katedrallerin yapımında çalışan duvar ustalarının yaptığı tam da buydu. Bu insanlar, toplumun hayrı için yapılan yaratıcı işten ve kişi başına düşen süreyi aşan bir yaşam tarzından zevk alıyor olmalıydı. "Bu yüzden, inşa ettiğimizde," diye yazıyordu Ruskin, "sonsuza dek inşa edeceğimizi düşünelim."*

Nikolaus Pevsner şu sözleriyle hedefi on ikiden vuruyor: "Morris'i bir tasarım reformcusu olarak [en başarılı çağdaşlarının] seviyesinin üzerine çıkaran yalnızca, onda gerçek bir tasarımcının dehasının olması ve bunun diğerlerinde olmaması değildi. En önemli şey onun, diğerlerinin fark edemediği şeyi, bir çağın ve bu çağın toplumsal düzeninin ayrılmaz bütünlüğünü fark etmiş olmasıydı."** Morris'in tasarımı iyileştirme arzusu, toplumu iyileştirme arzusuyla ayrılmaz bir bütündür. Şiirlerinin güzelliği toplum gerçeklerinden bir uzaklaşmayı gösterirken, tasarımları bu gerçeklikle bir birliktelik oluşturur. Erken dönemlerinde yaptığı duvar kâğıdı "Papatya"nın (1861) canlı sadeliğini ya da aksine, zarif ve inceden inceye işlenmiş "Çilek Hırsızı"nı (1883) ele alalım. Bunlar gerçekleşecekleri umudunu yakınlaştıran cennet görüntüleridir. Fakat cennet dünyevidir. Eleştirmenler Morris'in tasarımlarının sırrının onun doğal gelişim örüntülerini anlamasında ve bunlara boyun eğmesinde yattığını gözlemlediler. Bunun gibi doğal örüntüler, ev hayatının içine sokulduğunda bu hayata bir nimet bahşeder. Mor-

* *The Seven Lamps of Architecture*, Bölüm VI, § X.
** *Pioneers of Modern Design*, gözden geçirilmiş basım, Harmondsworth (Penguin) 1960, s.48.

ris'in deyimiyle *umut* ve *huzur* getirir. Huzur, işin ödülüdür. İş ise, adil bir toplumda, bireye zevk vermeli ve onu doyurmalıdır.

Morris'in de çok iyi farkında olduğu gibi bunlar birçok insanın hayalini bile kuramayacağı ideallerdi. Firma, başarılı bir örnekti ama kesinlikle yeterli değildi çünkü bu, hayatını "zenginlerin aşağılık lükslerine hizmet ederek" kazanması anlamına geliyordu ki o da vicdanını rahatsız ediyordu. 1870'lerin ortasından itibaren sorun, uzun zamandır hayalini kurduğu, "sanatın insanın iş yapmaktan aldığı zevkin bir ifadesi olduğu" dünyayı gerçeğe nasıl taşıyacağıydı.

1876 Morris için bir dönüm noktasıydı. Şark Meselesi'ne yazdığı mektubunda, Morris bildik bir benzetmeyi bilinmedik bir anlamda kullanır. Bulgar katliamından sonra uykuya daldığını ve üç hafta sonra uyanarak İngiltere'yi savaşa girmiş bulduğunu hayal eder. Bu ihtimale sevineceğini söyler; tüm bu süreyi uyuyarak geçirdiği için ülkesinin adalet uğruna dövüştüğünü düşünecektir. "... Eyvahlar olsun; ben uyumadım, *ama uyandım* ve bir de baktım ki kazın ayağı hiç de öyle değilmiş." (italikler bana ait.) Rüya imgesi son derece önemlidir. Çünkü artık bir kaçış vesilesi değildir; farklı bir sistemin tasavvur edilebilmesini sağlayan bir araç haline gelmiştir ve uyanma sürecinde gerçekleşebilir bir şeye dönüşür. Üstüne üstlük uyanma da yalnızca politik hayatın gerçekleriyle değil, aynı zamanda uzun zamandır bastırdığı kendi farkındalığıyla ilgilidir. Bu şekilde de, *A Dream of John Ball* ve *Gelecekten Anılar*'ın yapısını oluşturan çok önemli rüyalara ve uyanışlara da önayak olur.

ÜTOPYA

Morris Avrupa edebiyatının klasik şiir ve gerçekçi roman gibi belli başlı gelenekleriyle fazla ilgilenmiyordu. En çok önem verdiği şey Mazinni'nin "İnciller" diye adlandırdığı türden kitaplardı. Morris'in sözleriyle, "Bu kitaplar her zaman öyle edebi bir kıstasa vurulamaz ama bence her türlü edebi eserden daha önemlidir. Bunlar kesinlikle bireylerin yazmış olduğu eserler değildir; bilakis *halkın* kalbinden doğmuşlardır." Bu tarz kitaplar olarak adlandırdığı eserlerin arasında Yunan, Hint, İran ve Anglo-Sakson epikleri, Eski Ahit, Hesiodos, eski İskandinav *Edda*'ları ve Grimm masalları vardır. Başka bir deyişle, Morris, birebir karakter ve durum analizleri ile ilgilenmiyordu; karakterlerin cılızlığı *Gelecekten Anılar*'ın göze en çok batan zayıflığıdır. Toplumsal konumların olduğu gibi yansıtılmasından da yana değildi. Edebiyatta aradığı şey bizlerin mitlerde, halk edebiyatında ve rüyalarda bulduğumuz insan deneyimlerinin zamansız ve sembolik parçalarıdır.

Bu tarz yazılar genellikle cenneti; dünyanın bugün insanların yozlaştırmasıyla ortadan kalkmış olan daha önceki bir halini anlatır. Cennet Bahçesi ve klasik Altın Çağ bir Batılı için akla ilk gelen şeylerdir. Bu ideal hayali ülkeler zaman dışıdır, tarihin devreye girmesinden daha öncedir. Özellikle ortaçağ boyunca yaygın olan diğer eserler, tarihin, insanların ideal bir toplumsal düzen içinde yaşadıkları varsayılan bir evresini anlatır. Bu evrelerde günah, ölüm, savaş ve doğal afetlerin harap edici etkileri yok değildir, fakat toplumsal düzen doğruluk ve adalet içinde sürdürülmektedir. Bunun açık bir örneği olarak Malory'nin *Le Morte d'Arthur* (1485) adlı eseri gösterilebilir. Bu hikâye yalnızca Raphael öncesinin Arthur mitine olan saplantısından dolayı değil, aynı zamanda onun savunduğu tarihsel yapıyı yansıttığı için tam da Morris'e göredir. Tarihin bu kesiti geçmişte kalmış bir adalet ve güzellik dönemidir. Şimdilik ölmüştür ama zamanın sonu gelmeden kesinlikle dirilecektir. Bu 'suyun üstündeki kral' efsanesi birçok kültürde bulunsa da daha çok bir İngiliz saplantısı olduğu söylenebilir. Bu yaklaşım, en sofistike düzeyde, üstü kapalı bir biçimde Hamlet'te mevcuttur. Ölü kralın şövalyece onuru, Claudius'un önderliğindeki bütün bir yönetici sınıfı saran yozlaşmanın karşısına dikilmiştir. Ancak, Shakespeare'de hiçbir geri dönüş umudu yoktur. Bu aynı zamanda, Morris'in de birkaç kez değindiği Robin Hood efsanesinin özüdür. Hatta, Robin fazlasıyla Morrisvari bir karakterdir: Kendi doğal ve eşitlikçi uzaklaşmasıyla, geçmiş bir düzenin çiğnenmiş değerlerini adalet adına ayakta tutan bir ortaçağ asisidir.*

Morris bilinçli bir şekilde ütopya olarak yazılmış eserlerden de etkilenmişti. İlkçağ tarihçileri Plutarkhos ve Tacitus daha basit kültürel değerlerin erdemli ve onurlu bir hayat tarzı getirdiği toplumları anlatmıştı. *Lycurgus'un Hayatı*'nda Plutarkhos Sparta'nın kökenlerine iner. Bu zaman tarihin şafağından öncedir ama yalnızca geleneklerde kayıtlı kalmıştır. Tacitus'un *Germania*'sı ise tersine Roma İmparatorluğu'nun sınırları ötesindeki çağdaş yaşam tarzlarını anlatır. Kendi top-

* Benzer bir görüş, *The Pre-Raphaelites*'ta Timothy Hilton tarafından dile getirilmiştir; Londra (Thames & Hudson) 1970, s. 126. Modern çağdaki biçimiyle Robin Hood fikri, *Ivanhoe* (1819) adlı romanında Sir Walter Scott tarafından yaratılmıştır. William Morris bu kitaba küçüklüğünden beri hayrandı.

lumunun çürümüşlüklerinden etkilenmemiş olan bu Germen toplumlarına duyduğu hayranlığı dile getirir. İki yazar da konularını, kendi yurttaşlarını paylamak için birer kamçı olarak kullanır. Morris'e, kendisinin de benzer bir şey yapabileceği şeklinde bir ipucu vermiş oldukları da yadsınamaz. Örneğin, ikisi de tıpkı Morris'in İzlanda'sı gibi bireysel cesarete yüksek prim veren, zanaatçılığı önemseyen, toplumsal ayrımlardan etkilenmemiş ve maddi servet ya da lükstense iyi bir sağlık ve doğaya yakınlığı tercih eden toplumları anlatmıştır. Plutarkhos'a göre Lycurgus parayı ortadan kaldırmıştı. Böylece de kanun koyma ihtiyacını ve toplumsal üstünlüğün ana göstergesini yok etmişti. Tacitus'un anlattığı kadarıyla Germenlerin arasında sömürü ve tefecilik bilinmemektedir. İki durumda da, *Gelecekten Anılar*'da olduğu gibi insanlar, doğal olarak, ihtiyaç duydukları ya da kendilerini gerçekten mutlu eden şeyleri istiyorlar. Sahte arzuları harekete geçirmeye yönelik hiçbir pazar ve hiçbir toplumsal merdiven yok. Yine de, eklemek lazım, Stalinizme ve Hitler gençliğine aşina olan günümüz okuru için bu iki kitabın, Morris'in çoğu zaman kaçındığı, ufak da olsa uğursuzca bir tınısı vardır.

Morris'in ziyaret ettiği İzlanda muhtemelen modern çağa kadar hayatta kalan son Germen toplumuydu. Burası ona herhalde Tacitus'un üstü kapalı bir şekilde Roma İmparatorluğu'nu eleştirdiği *Germania*'sını hatırlatmıştır. Bunun İngiliz İmparatorluğu'na benzerliği gayet açıktı. Romalı tarihçinin kendisininkiyle çağdaş ve neredeyse ideal bir topluma ilişkin düşünceleri Rönesans döneminde ortaya çıkan birçok ütopyaya da kaynak oluşturdu. Ütopya motiflerini içeren (*Tempest* gibi) birçok eserin dışında More'un *Ütopya*'sı (1516), Campanella'nın *Güneş Ülkesi* (1602), Bacon'ın *New Atlantis*'i (1629) ve Harington'ın *Oceana*'sı (1656) vardı. Tüm bu yazarlar yeni dünyanın keşfinden ve orada karşılaşılan daha basit toplumlardan etkilenmişlerdi. Bu toplumların bazıları daha geniş uygarlıkların yozlaştırıcı etkilerinden uzakta, adalarda yaşıyordu. Gezgin masalının gerçek olmadığı yönündeki kötü ünü, bu ahlâkçılardan birçoğuna kendi toplumlarını yansıtmak için ideal ya da fantastik toplumları konu edinme fırsatı verdi. *Güliver'in Yolculukları* (1726) gibi daha sonraki bazı eserlerde yazarlar bazen okuyucuya kendi toplumunun kötülüklerini ve saçmalıklarını gösteren çarpıtıcı bir ayna tuttular. Büyük olasılıkla bu More'un *Ütopya*'sı için de geçerlidir.

Morris *Ütopya*'ya o kadar hayrandı ki, Kelmscott Yayınevi'nden bu kitabın güzel bir baskısını yayımladı ve bu baskı için etkileyici bir dille kaleme aldığı bir önsöz yazdı. Morris'in *Ütopya*'ya bakışı son derece basitti: Tudor İngilteresi'nin ilk zamanlarını üstü kapalı olarak eleştiren, ideal bir komünist toplum portresi. Kitabın bu yorumu, evrensel olarak kabul edilmiş değildir; ancak bize *Gelecekten Anılar* hakkında işe yarar bir perspektif sağlayan olası yorumlardan biridir. More'un hikâyesinin gezgin anlatıcısı Raphael Hythloday (ismin anlamı "boş konuşan"dır), uyruğu bilinmeyen bir adamdır ve yolculukları sonucunda Amerika'ya ve kitaba adını veren bilinmeyen adaya gittiği gibi İngiltere'ye de gelmiştir. Bir yabancı olarak Tudor İngilteresi'nde eleştirecek çok şey bulur: Tefecilik, ticari zihniyet, arazi çevirme, vesaire. Tanıdık yanları törpülenmiş olan bu tasvir özel bir önem taşır, çünkü bir tür komünizmin egemen olduğu *Ütopya* benzer bir bakış açısıyla yüceltilmiştir. Doğru veya yanlış, Morris bunu, More'un ortaçağa ait bazı değerleri yeni ticari düzenin pençelerinden koruma çabası olarak görür. Yine de, söylemeden geçmeyelim, More'un ideal toplumunda Morris'in hoşuna gitmeyen birçok şey vardır fakat bunların çoğunu ortaçağ yaşam tarzının kaçınılmaz parçaları olarak görür. Bu yüzden More'un kitabı Morris'e ortaçağın yetersizliklerini gösterir ve bir yandan da herhangi bir ütopyanın bir gelecek planı olarak görülmesinin yaratabileceği tehlikelere işaret eder. Bu kitabın Morris için değeri, More'un çevresinde gelişen bir sosyal düzendense ölmekte olan bir düzeni tercih etmesinde saklıdır. Bu düzenin yok oluşu onu Morris'in anladığı gibi "koşulların eşit olduğu bir toplum" *özlemine* sürükler.

Hesiodos, Malory, Plutarch, Tacitus, Chaucer, More, Plato: Bunların hepsinin *Gelecekten Anılar* üzerinde etkisi vardı. Ama en dolaysız ilhamlarını muhtemelen iki çağdaş eserden almıştı: Morris'in kendi eseri olan *A Dream of John Ball* (1886-7) ve Edward Bellamy'nin *Looking Backward*'ı (1887).

Bu eserlerin ilki bir ortaçağ rüyası olarak başlar. Morris (ya da hikâyeyi anlatan) uykuya dalar ve rüyasında on dördüncü yüzyıldaki Kent'te uyandığını görür. Manzara, bugünkü kasvetli görüntüsünün tersine, keskin, temiz, canlı ve rengârenktir. İnsanın aklına Ruskin'in ve Gotik Yeniden Doğuş mimarı A.W.N. Pugin'in yazılarında mimarinin toplumsal bir eleştiri olarak idealleştirilmiş kullanımı gelmektedir. Yine de neredeyse çok açık olan bir fark vardır: Yıllardan Köylü Ayaklanması'nın olduğu 1381'dir ve muhalif görüşlü rahip John Ball Kent halkını derebeylerine karşı ayaklanmaları için kışkırtmaktadır. Asilerin galip geldiği kısa bir çatışmadan sonra Ball, gelecek hakkında kötü hislere kapılır. Hikâyeyi anlatanın zamanda yolculuk yapan biri olduğunu anlayınca, güven tazeleme isteğiyle gelecek çağlar hakkında ona sorular sormaya başlar ve gelecekteki Sanayi Devrimi ve kapitalizmin zaferi hakkında bilgi sahibi olur. Örnek davranışının eninde sonunda her türlü ekonomik baskıyı alt etmeye katkıda bulunacağına ikna olarak bu umutsuzluk girdabından kıl payı kurtulur.

Doğrusunu söylemek gerekirse, *John Ball*'un nihai etkisi kasten olmasa da belirsizdir. Araya giren zaman bu kadar cesaret kırıcı sonuçlara yol açmışken, hikâyeyi anlatan kişinin bilemeyeceği bir gelecek için garanti vermesini kabul etmek zordur. Ayrıca, anlatıcının romantize edilmiş bir ortaçağcılığın kalıntılarını üzerinde taşıyan tarihsel görüşü, neredeyse John Ball gibi bir kahraman yaratabilen bir toplumu yüceltmenin eşiğine gelir. Hikâyenin gerçek değeri belki de, kendilerini sınıf mücadelesine adayan insanların hayatlarıyla ilgili söylediği sözlerde yatar. Hikâyeyi anlatan bu durumu hafızalardan silinmeyecek olan şu kelimelerle ifade eder: "Düşündüm taşındım... insanlar nasıl da dövüşüyor ve savaşlar kaybediyorlar; ve yenilgilerine rağmen uğrunda dövüştükleri şey gerçekleşiyor. Gerçekleştiğindeyse yapmak istedikleri şeyin bu olmadığını fark ediyorlar ve başka insanlar yapmak istedikleri şey için başka bir isim altında savaşmak zorunda kalıyorlar." Doğu Avrupa'da kendine Sosyalist diyen bir tiranlığın çöküşünü gören bir kuşak için bu sözler açık bir etkiye sahip.

Morris'in sosyalist düşünceye en önemli katkısının Karl Marx ve John Ruskin'i buluşturması olduğu söylenmiştir. Hayatına bir bakacak olursak 1894'te şöyle yazmıştı: "Yirmi yıl önce Ruskin olmasaydı dünyayı nasıl ölümcül bir donukluk kaplardı! Onun sayesinde memnuniyetsizliğimi şekillendirmeyi öğrendim. Şunu da söylemeliyim ki o zamanlar memnuniyetsizliğim oldukça açık seçikti. Güzel şeyler üretmek için duyduğum arzu bir yana, hayatımdaki en önemli tutkum modern uygarlığa duyduğum nefret olmuştur." Bu tuhaf beraberlik en çok *John Ball*'da kendini gösterir. Bu eserde Ruskin'in ortaçağa özgü iş anlayışı, Marksist tarihsel diyalektikle karışır. Hatta Ruskin'in *The Nature of Gothic* adlı eseri birebir Marx'ın işe yabancılaşma doktrinini öngörür. Yine de Morris'in güçlüğe düştüğü nokta Marx'ın gelişimci iyimserliğini Ruskin'in bütün yazılarına hâkim olan derinliğine lapsaryan tarih felsefesiyle bağdaştırmaktır. *John Ball*'un (bizim geçmişimiz olan) geleceğe bakışı ağırlıklı olarak Morris'in 1883'te okumuş olduğu *Kapital*'in tarihi bölümlerine yaslanıyor. Devrimle doruğuna ulaşan bu diyalektik anlayışı, daha iyi bir toplumsal düzen ve komünist milenyum Morris'e *Gelecekten Anılar* için basitliğiyle neredeyse mitsele yaklaşan bir yapı kazandırır. Ama yine de bu kitabın öncelikle geçmişe doğru Ruskin tarzı bir yolculuk yapılmadan oluşamayacağını görmek önemlidir.

Morris'in 1889'da üzerine bir eleştiri yazısı yazdığı Bellamy'nin *Looking Backward*'ı (Geçmişe Bakış) bir gelecek yolculuğudur. Didaktik olmasına rağmen hem İngiltere'de hem de Bellamy'nin anayurdu Amerika'da (kısa süreli de olsa) büyük bir başarıya ulaştı. Kitap, bir hipnozdan uyanarak kendini 2000 yılında bulan –Julian West adlı genç bir adamın hikâyesini anlatır. Genç adam, Morris'in nefretle "makine" deyip geçtiği şeyin ortaya çıkardığı yeni ve mükemmel bir düzenle karşılaşır. Bu "makine", hem tüm üretimin makinelerle yapılmasını, hem de tüm toplumun bürokratik bir kontrol altında tutularak veriminin arttırılmasını anlatır. Bu dönüşüm, monopol kapitalizminin herkesin yararı için çalışan ortak bir devlete evrilmesinden etkilenmiştir. Çalışma hayatında o kadar çok düzenleme getirilmiştir ki çalışmak artık acı verici olmaktan çıkmıştır. Ya da bize söylendiğine göre hayatın en büyük amacı boş vakit gibi gözükmektedir ki bu da herkese kırk beş yaşında emekli olduğunda nasip olmaktadır.

Bu kesinlikle Morris'in uğrunda savaştığı şey *değildi*. O, kapitalist sistemde bazı iyileştirmelere gidilebileceğini kabul eder. Bunlar, daha az vahşi ve daha etkili olsa da "had safhada düzenlenmiş" ve tamamen ruhsuz olacaktır. Hatta Bellamy'nin dünyasında toplumdaki rekabet devam eder; yapılan işler için ödüller vardır ve hemen hemen her yer kentleşmiştir. Hepsinden kötüsü de çalışmak bir mutluluk kaynağı olmaktan tamamen uzaktır, bütünüyle denetim altına alınmıştır ve hâlâ tahammül edilecek bir şey olarak görülmektedir. Morris her ne kadar açıkça bunu söylemekten kaçınsa da, kişiliksiz bir diktanın ve arz talep kanunlarının yönetimindeki böyle bir toplum, hiçbir gerçek topluluk ruhu olmayan, hiçbir sanatı, doğası, geçmiş duygusu ve işten uzak durmaktan başka hiçbir umudu olmayan, kapitalist bir toplumdan bile daha anlamsız bir toplum olurdu.

Günümüz okuyucusu için Bellamy'nin dünyası korkunç derecede tanıdıktır. Morris bu noktaya kâhince bir öngörüyle parmak basar: Şöyle denebilir ki, der, "bu en yüksek merkeziyetçilikle işleyen devlet komünizmidir." Bu, akla sadece Sovyet Komünizmini değil, hayal olsun, gerçek olsun günümüz çağını kaplayan tüm devletçi bürokrasileri getiriyor. Bu noktada insan yirminci yüzyılın karakteristiği haline gelen anti-ütopya fablları; *distopya*ları düşünmeden edemiyor: E. M. Forster'ın *The Machine Stops*'ı, Aldous Huxley'nin *Cesur Yeni Dünya*'sı, George Orwell'in *1984*'ü.

Morris'in ideal toplum anlayışı *Looking Backward*'ın etkisiyle önemli ölçüde derinleşmişti. Bu, en azından, sosyalist geleneğin önemli bir yönüne karşı duyduğu hoşnutsuzluğu dile getirmesine yaradı. Aynı zamanda büyük ölçüde Ruskince bir fikir olan çalışmaktan zevk almanın kendi sosyalizm görüşü için ne kadar da önemli olduğunu anlamasına da yaradı. Başka türlü Hıristiyanlık sonrası bir dünyada insan hayatı nasıl bir amaç ve önem kazanacaktı ki? Ve Bellamy'nin meselinin başarısızlığı Morris'i kendi ideal dünyasını yaratmaya itti. "Bir ütopya okumanın tek güvenli yolu," diye yazar kitabın eleştirisine, "kitabı yazarın mizacının bir yansıması olarak değerlendirmektir." Böylece bizleri de *Gelecekten Anılar*'ı kopya edilmesi gereken bir şey ya da bir öngörü olarak okumamamız için uyarmış olur. *Gelecekten Anılar* öncelikle bir memnuniyetsizliğin ifadesidir. İkinci olarak da, dünyanın ne kadar farklı bir yer olabileceğini düşünen tek bir insanın tutkularından ve tasalarından doğan kişisel bir hülyadır. Hikâye, daha iyi bir dünyanın mümkün olduğunu vurgular. Bizlerden beklenen Morris'in hayalini yalayıp yutmamız değildir. Tersine; kendi hayalimizi kurmamız için bu hikâye bize gereken cesareti verir.

GELECEKTEN ANILAR

Morris, *Gelecekten Anılar*'ı yazığında yaptığı işin önemini fark edememiştir çünkü kurgulamak için çok az zamanı olmuştu. Eser Sosyalist Birlik'in gazetesi *Commonweal*'de 1890'ın ocak ve ekim ayları arasında tefrika halinde yayımlandı. Son derece meşgul olan ve gazetenin büyük bir çoğunluğunu bizzat kendisi yazan Morris, hikâyenin bölümlerini haftadan haftaya yazıyordu. Bu yüzden de eserin birçok tutarsız ve imkânsız yönleri vardır. Ama bunların hiçbirinin önemi yok. Hikâye açık bir şekilde birlik üyeleri için yazılmış. Birliğin idari toplantılarından biriyle başlıyor ve ancak birlik üyelerinin anlayabileceği birkaç espri içeriyor. Ayrıca okuyucunun, ana karakteri ironik bir otoportre olarak görmesi ve Morris'in iki evini; 1878'de aldığı Hammersmith'deki Kelmscott Evi'ni ve bizzat Kelmscott Malikânesini tanıması amaçlanmış.

Bir sonraki yıl, eser kitap formatında basıldığında Morris bazı düzeltmeler yaptı. Bir bölüm ve birkaç paragraf ekledi ama köklü bir değişiklik yapmadı. Kayda değer tek değişiklik tasarladığı tarihlerde göze çarpıyor. Örneğin, tefrika halinde yayımlanan halinde, devrim 1910'da gerçekleşirken; üzerinden bir yıl bile geçmeden kitap formatında yayınlanması için değiştirilmiş halinde devrimin tarihi 1952'ye atılıyor. Bu da hiç şüphesiz Morris'in gittikçe artan umutsuzluğunun bir göstergesidir.

Kitabın güçsüz yanları da yok değil. Öncelikle karakterler çok zayıf ve zaman zaman olay örgüsü didaktik amaçların ağırlığı altında eziliyor. Yine de insanın ilgisini canlı tutuyor. Tıpkı hikâye boyunca hüküm süren nehir gibi güç ve malzeme toplayarak ilerliyor. İlerlerken de Morris'in düşüncelerinde ve yazılarında bulunan birçok öğeyi karıştırıp birleştiriyor. Ortaçağdaki anlamıyla eser bir romans; ahlâk dersleriyle yüklü bir ülkede yapılan iki yolculuk, yarı yarıya bahşedilen ve yarı yarıya esirgenen bir hülyada sonlanıyor. Kahraman da, tıpkı Malory'nin Lancelot'u gibi Kutsal Kâse'nin ışığını görebiliyor fakat kendisini göremiyor. Romansların çoğu gibi bu hikâye de bir rüya. Fakat Morris'in daha önceki dönemlerinde yazdığı rüyaların aksine hiçbir dehşet duygusu uyandırmıyor. Gerçeklerden kaçan yazının tüm zevklerini bünyesinde barındırıyor ama tüm amacı günü eleştirmek olduğu için acı gerçeklere de sırt çevirmiyor. Ortaçağ dünyasına odaklanmasına rağmen, modern zamanın kötülüklerine gelecekte cevap arıyor. Böylelikle de tamamen farklı olan iki anlatım yöntemini bir araya getiriyor: Zamansız ve şematik mitler ile karakterleri ve tarihsel olaylarıyla on dokuzuncu yüzyılın gerçekçi romanları. Politik bir mesel olarak, örneğin H.G. Wells'in fabllarıyla benzerlik gösteriyor. Fakat; *Three Men in a Boat* (1889) ya da *The Wind in the Willows* (1908) ile daha yakından ilişkili. Diğer taraftan, olayların geçtiği ideal dünya Hesiodos veya Malory'dekilere benzerken, olayların merkezinde yer alan entelektüel tartışma da köklerini Platon'un *Devlet*'inde bulur. İlk bakışta, oldukça tuhaf bir karışım.

Yine de, hikâyenin yapısı oldukça basit. Uzun, daldan dala konan bir konuşmayı çevreleyen iki yolculuktan oluşuyor. Ana karakter William Guest, o aksi ve vaktinden önce ihtiyarlamış haliyle, ironik bir otoportrenin bir parçasıdır. (Chaucer'in *Canterbury Hikâyeleri*'nde benzer bir biçimde kendisiyle dalga geçen kişilik ile bir karşılaştırma yapılabilir.) Guest, bir sabah Hammersmith'deki evinde uyanır ve kendini 2102 yılında bulur. Yavaş yavaş anlar ki İngiltere'de bir devrim olmuş ve ülke tamamen değişmiştir. Dick adındaki genç bir kayıkçı ona bu yeni toplumda yol göstermek için gönüllü olur ve birlikte Londra'nın merkezine doğru bir yolculuğa çıkarlar. Londra, birbirine bahçelerle, korularla ve taşraya özgü yeşilliklerle bağlanan bir dizi şehir gibi köye dönüşmüştür. British Museum'da Dick'in 105 yaşındaki akrabası yaşlı Hammond ile buluşurlar. Yaşlı Hammond ise on dokuzuncu yüzyıla ve 1952'de gerçekleşen devrime karşı özel bir ilgisi olan bir tarihçidir. Yine bazı yönleriyle yazarı anımsatan Hammond da, Guest'i başka bir gezegenden gelmiş bir ziyaretçi olarak kabul etmeye ve ona bu yeni toplumun işleyişini anlatmaya razı olur. Uzun açıklamasını "Değişim Nasıl Gerçekleşti" isimli devrimin hikâyesiyle sona erdirir. Bu olaylar da Morris'in Kanlı Pazar günü tanıklık ettiği olaylara fazlasıyla benzerlik göstermektedir. Hammond'ın bölümünde mitler yerini kurgusal tarihe bırakır. Bizler de, Morris'in zamanındaki mücadelelerin önayak olduğu devrimin, tıpkı Altın Çağ gibi zamansız gözüken yeni bir toplumun oluşmasına yaradığını görürüz. Sonra, son bölümde ise Dick ve karısı Clara Guest'i Thames'in yukarılarına bir kayık yolculuğuna çıkarırlar. Morris'in 1881'de bir grup arkadaşıyla beraber yaptığı gibi Kelmscott Evi'nden Kelmscott Malikanesine doğru kürek çekerler. Amaçları Oxfordshire'daki yıllık ot hasadına yetişmektir. Hasat bu topraklarda yaşayanlar için yıllık bir ihtiyaç haline gelmiş ve yeni İngiltere'nin bir bayramı olmuştur. Yol üzerinde Ellen adında sıradışı ve güzel bir genç kadınla karşılaşırlar ve Guest bu kadına âşık olur. Hikâye, artık günü geçmişiyle uyum içinde olan bu yenilenmiş toplumu yansıtan eski eve varmalarıyla sona erer.

Bu yolculukların, kahramanın bilgiye ulaşmasını ve anlamasını sağlayan ilki, tarihsel sürece Marksist bir bakıştır. İkincisi ise kahramanı geçmişe; İngiltere'nin kalbine ve insan mutluluğunun kaynağına götüren içgüdüsel bir hayatı içerir. E. P. Thompson'ın da belirttiği gibi kitabın diline özlem ve arzu hâkimdir. Hikâyenin son safhasında Guest, Ellen'a karşı tutkulu bir arzuya yakalanır. Böylece son bölümdeki cinsel isteğin doyurulabilme ihtimali kâr uğruna yapılan gündelik sıkıcı işlerin yavanlaştırdığı tüm insani doyumlara da bir metafor oluşturur. Sıcak yaz ortamında –bu arada İngiltere'nin hava koşullarında çarpıcı bir iyileşme vardır– Hammond'ın tarihsel içerikli sözlerini anımsıyoruz: "Hayattan alınan haz haline gelecek olan yeni günlerin ruhu; insanoğlunun üzerinde yaşadığı dünyanın yüzeyindeki, hatta tenindeki hassas ve mağrur aşk zamanın yeni ruhu haline gelmekteydi. Bu tıpkı bir âşığın, sevdiği kadının güzel tenine karşı duyduğu hazza benziyordu..."

Bunun gibi bir arzu insanın doğasında vardır. Bunu inkâr etmek ya da bastırmak insanlığımızın önüne geçmek olur. Morris, endüstriyel kapitalizmin bizi gerçek arzularımızdan, onları "sahte isteklere" dönüştürerek ayırdığı görüşünden yola çıkmıştı. Geleceğin yurttaşları, tersine; zenginliğe yol verip bolluğa kavuşmuş; esenliği para ilişkilerinin ağına tercih etmişlerdi.* Morris zengin doğma talihinin kendisine ayrıcalıklı bir bakış açısı kazandırdığının farkındaydı. Paranın sağladığı özgürlük ona iyi bir işin verebileceği ve güzel bir çevrenin sağlayabileceği nimetleri tanıma olanağı vermişti. *Gelecekten Anılar*'da, kendisininki gibi bir talihin herkes için geçerli olduğu bir toplumu anlatır. Burada, insanlara her şeyden önce doğanın armağanı olan şeyleri vermiştir.

Morris, ideal toplumunu oluştururken birçok soruya değinir. Bazen bizi şaşırtarak, mürekkep yalamış, eski görüşlü biri olmasına rağmen okulları lağvetmeye meyilli gibi gözükür ve yalnızca birkaç karakterinin okumak ya da geçmişi öğrenmek için vakti vardır. Bazen de bizi hayal kırıklığına uğratır ve Hammersmith Konukevi'ndeki kadınları "bizim için koşuşturan kadınlar" olarak anlatır. Sanki erkeklerin hizmetine koşmak kadınların derinlerde yatan arzularını tatmin etmek için yeterlidir. Yine de yirmi altıncı bölümdeki kadın duvar ustası ve Ellen'ın bronz erotizmi bu kısmi zayıflığı biraz olsun giderebilmektedir. Gün gibi ortada olan bazı körlükler de vardır: Morris'in makinelere karşı ilgisizliği teknolojik gelişimleri hayal etmesini olanaksız kılmıştır. 1952'deki bastırıcı güçleri resmedişine komik bile denebilir: Devrimi bastırmakta kullanılan silahlar arasında, Gatling tabancasından daha gelişkin bir şey yoktur. Ayrıca Freud sonrası (hatta Hıristiyan) görüşüne göre, cinsel açmazlar ya da şiddet sorunları karşısında geliştirdiği çözümler, son derece ince sezgilere dayanmasına karşılık, en hafif deyimle eksiktir.

Yine de Morris kitabın sonunda kendi gördüğü rüyanın bir hülya olarak tahayyül edilmesini rica ediyor. Bu ricasını kırmak çok güç.

* Bu bildik ifade Thomas Carlyle'nin *Chartism*'indendir (1839): "Nakit para insanın insanla yegâne bağlantısı haline gelmiştir."

Hatta 1990'larda yaşayan birçokları için bu hülya her zamankinden daha anlamlı gözükmüştür. Bunun nedeni ne olabilir?

Bu sorunun birçok cevabı var; birincisine değindik bile. Geleceği kişisel olmanın dışında hiçbir iddiası olmayan bir hülya şeklinde kurgulamak için mitin gücünü kullanırken, Morris, daha iyi, daha adil ve daha güzel bir dünyaya dair uyuşuk arzuları harekete geçiriyor ve bu arzuları onunla paylaşıyoruz. Paylaşıyoruz; çünkü hayal etmek insana özgüdür. Stephan Coleman'ın yakın bir zamanda altını çizdiği gibi: "Gelecek güzel günleri hayal eden bir kişinin düşmanı o günün ideolojicisidir. Düşman, varolan sefaleti savunmak üzere, mevcut baskıcı ilişkilerin değişmez olduğu iddiasıyla silahlanmıştır." Yine de, şöyle devam eder: "Tarih havaya uçabilir. Ve bu patlama gerçekleştiğinde ilk kıvılcımı çıkaracak olanlar, hayal etme, yenilmez uçlar gibi görünenleri alt etme ve imkânsızı isteme cesaretini gösterebilmiş olanlar olacaktır."*

Çünkü kimi zaman imkânsız olan gerçekleşir. Coleman'ın da belirttiği gibi 1989'da gerçekleşti bile; Doğu Avrupa'nın Sosyalist tiranlıkları bir deste iskambil kartı gibi devrilip gitti. Bu bize, Morris'in savının zamanın sınavından geçebilmiş olan parçalarını hatırlatmalı. Hatırlanacağı gibi Morris, Devlet Sosyalizmi konusundaki tartışmayı kaybetmişti. *Gelecekten Anılar*'da ise, devletin yok olup gittiği ve her topluluğun kendi işlerini özgürce yürüttüğü bir ülke tasvir eder. Bu, Marksist teoriye göre "proletarya diktatörlüğü" görevini tamamlar tamamlamaz gelecek olan nihai mutluluk dönemidir. Fakat Morris sosyalizmi, ilk dönemlerindeyken bile, merkeziyetçi olmayan halkçı bir demokrasi olarak tasavvur eder. Bu da kesinlikle bugün kararlı bir biçimde terk edilmiş olan sosyalist devletlerde yaşananın tam tersidir. Bu yüzden, Engels Morris'e "değişmeyecek duygusal bir sosyalist"** dediğinde aslında uzun vadede Morris'ten de çok yanılmış olduğunu görmek önemlidir.

Morris'in daha da büyük bir hayranlık yaratacak olan tarafı çevreciliğidir. Doğu Avrupa'nın komünist hükümetleri düştüğünde, bütün dünya doğal çevre üzerinde yaptıkları tahribatın gerçek boyutlarını gördü. Daha da ironik olan, bencil ve abartılı Batı'nın yarattığı kirlilik, kardeşçe sevgi havarilerinin yarattığı kirliliğin yanında devede kulak

* *William Morris and News from Nowhere: A Vision for Our Time*'ın önsözünden. Yayıma hazırlayanlar Stephen Coleman ve Paddy O'Sullivan, Bideford (Green Books) 1990, s. 11.

** *Frederick Engels, Paul and Laura Lafargue: Correspondence,* birinci cilt, Londra (Lawrence & Wishart) 1959, s. 370.

kalıyordu. Yine burada 1880'lere dönecek olursak, toplumun zenginliğini artırmak için sanayinin genişletilmesi şeklindeki 'ilerlemeci" görüşe karşı çıkan da bizzat Morris'in kendisiydi. Daha 1878'de "The Lesser Arts (İkinci Dereceden Sanatlar)"da, zenginlik yaratan toplumlardaki "ilgisiz" bilimin rolüne değinerek; "ne yapacak?" diye sorar.

Korkarım bilim, muhasebe bölümünün ve talim çavuşunun hizmetiyle o kadar meşgul ki, bugün için hiçbir şey yapmayacak. Yine de onun için kolay olacağını düşündüğüm bazı hususlar var: Mesela, Manchester'a kendi dumanını nasıl tüketebileceğini, ya da Leeds'e nehre dökmek zorunda kalmadan o lüzumsuz fazlalıktaki siyah boyadan nasıl kurtulabileceğini öğretebilir. Bu da en az en ağır siyah ipeklerin ya da işe yaramaz silahların en büyüklerinin üretimi kadar ilgisine değer olacaktır. Tüm bunlar bir tarafa, nasıl yapılırsa yapılsın, eğer insanlar dünyayı çirkinleştirmeden işlerini yürütmek kaygısını taşımazsa, nasıl bir sanat kaygısı taşıyabilirler ki?

Tasvir edilen dünya bizim için maalesef o kadar tanıdık ki, bu sözün başlı başına bir "kehanet" olduğunu söyleyebiliriz. Bunu Marx'ın en iyimser haliyle karşılaştıralım:

Doğa güçlerinin insana ve makineye bağımlılığı; kimyanın sanayi ve tarıma, nehir taşımacılığına, demiryollarına, elektrikli telgraflara uygulanması; tüm kıtalarda tarım yapabilmek için araziler açılması; nehir yataklarının düzenlenmesi; yerden mantar gibi halkların türemesi; daha önceki çağların bile bir önsezi olarak bünyesinde taşıdığı her şey, toplumsal emeğin kucağında uykuya yatırılmış olan üretici güçlerdir

Tam da bu gelişmelerin ortaya çıkardığı bir fenomen olan küresel ısınma tehdidi altında yaşayan bir kuşak *Gelecekten Anılar*'daki pastoral nostaljiyi *Komünist Manifesto*'ya göre daha az duygusal bulabilir. Kitabın kökenindeki mit pastoraldir ve bu açıdan nostaljiktir de; yine de daha yakından bakılırsa toplumun doğa ile işlevsel ve devamlı bir ilişkisi gözlemlenebilir. Örneğin, Morris'in Amazon yağmur ormanlarının kesilmesine razı gelmesi düşünülemez bile.

Fakat son tahlilde, romanslar birer manifesto değildir. *Looking Backwards*'la ilgili olarak Morris, romansın tek amacının didaktik hapı tatlandırmak olduğunu vurguluyor. Birçok örnekte olduğu gibi kuru kuruya ütopya ya şekerin azlığından ya da fazlalığından dolayı yavan oluyor. Morris, yavanlığı, romantik bir büyülenme duygusu ve kendi görüşünü içe dönük eleştirel bir mercekte kırarak yansıtmasıyla savuşturuyor. Bocalayıp duran kahramanı mizah öğesine de ortam sağlıyor. Ellen'ın yaşlı, aksi büyükbabası aracılığıyla da yarattığı cennete bazı itirazları dile getiriyor. Bu başarılı ütopya uzun uzadıya vaazlar vererek değil de, bildiğimiz dünyaya muhalif, meydan okuyan bir hayal dünyası yaratarak etkisini gösteriyor. Bu biçimiyle, bu tür, öfkeli kuzeni satirik fabl *Güliver'in Seyahatleri* ile ya da *1984*'le bazı ortak noktalar barındırıyor. Morris'in bu yeni Kudüs'ü imkânsız, inanılmaz ve hatta bazı yönleriyle arzulanmaz olabilir (tıpkı More'un ütopyasının Morris için olduğu gibi). Yine de duygusal gücü bizlere modern yaşamın büyük kısmını kaplayan mutsuzluğu hatırlatmakta, inatla yaşamakta olduğumuz hayatın kaçınılmaz olmadığını anlatmaktadır. Morris'in ortaçağ üzerine olan çalışmalarından öğrendiği gibi endüstriyel kapitalizm doğanın bir yasası değildir ve bu yüzden de William Guest'in geleceğe doğru yolculuğu aynı zamanda geçmişe doğru, İngiltere'nin derinliklerine, hayatın içinden yeniden doğabileceği fiziksel kökenlere doğru da bir yolculuktur.

Bu seçkiyi yaparken iki şey üzerine odaklandım: Bir yandan Morris'in göz önünde bulundurduğu bazı şeyleri resmederken bir yandan da *Gelecekten Anılar*'ın bazı temalarını genişletmeye çalıştım. Bu açıdan, seçilen on sekiz eserden yalnızca birinin; "The Story of the Unknown Churc"ün, Morris'in yaşamının erken dönemlerinde yazdıklarından olması okuyucuya şaşırtıcı gelebilir. Bunun başlıca sebebi Morris'in 1870'lerden önce çok az düzyazı yazmış olmasıdır. Yine de bence bu biraz da onun politik çalışmalarının yazdıklarının kalitesine dramatik olarak etki ettiğini de gösteriyor. Öncelikle Morris'in şiirlerini bu çalışmanın dışında tutmaya karar verdim. Bu şiirlerin en güzelleri de (önemli birkaç tanesi hariç tutulursa) yazarın erken dönemlerine aitti ve bunları yayımlamak için başlı başına bir kitap basmak gerekirdi. Sonraki dönemlerinde yazdığı kahramanlık romanslarından da hiçbirini bu çalışmaya dahil etmedim çünkü hem bence bunların fazla bir değeri yok, hem de aralarından bir seçim yapmak oldukça zor. Benim görüşüme göre Morris'in keşifçi yazıları, "hayali" yazılarına göre daha üstün. Bu her ne kadar genel bir kaide olsa da, *Gelecekten Anılar*'ı harikulade bir istisna olarak ayrı bir yere koymamız gerekir.

Cambridge, 1991

Kronoloji

1834- 24 Mart, Morris, Walthamstow, Elm Evi'nde dünyaya gelir. Şehirde kambiyo simsarlığı yapan William Morris'in ve karısı Emma'nın (Shelton'lu) üçüncü ve en küçük çocukları.

1840- Aile Epping Ormanı yakınlarındaki Woodford Hall'a taşınır.

1847- Baba, miras bırakarak ölür.

1848- Aile, Walthamstow'daki Water Evi'ne taşınır (bugünkü William Morris Galerisi). Morris, Malborough Koleji'ne gönderilir.

1851- Okulda "isyana" karışır. Evde öğrenim görmek üzere okulu bırakır.

1853- Exeter Koleji, Oxford. Burne-Jones ile tanışır. "Kardeşlik"in başlangıcı. *The Stones of Venice*'i okur.

1854- Belçika'ya ve kuzey Fransa'ya gider. Amiens, Beuvais ve Rouen'i görür.

1855- Şiir yazmaya başlar. Reşit olmasıyla yılda 900 sterlinlik bir gelir elde eder. Burne-Jones ile birlikte Fransız katedrallerini ikinci kez gezer ve bunun sonucunda mimar olmaya karar verir.

1856- *Oxford ve Cambridge Dergisi*ni kurar. Oxford'da mimar G.E. Street'in yanında çıraklık yapmaya başlar. Street'in bürosunda Philip Webb ile tanışır. Üniversite derecesini kazanır. Rossetti ile tanışır. Londra'ya taşınır. Red Lion Meydanında Burne-Jones ile birlikte oda tutarlar. Rossetti'nin etkisiyle resim yapmaya başlar ve mimarlığı bırakır.

1857- Red Lion Meydanı için banklar tasarlar. Ruskin ile tanışır. Rossetti ve diğerleriyle birlikte Oxford Union'da fresk yapmaya başlar. Jane Burden ile tanışır ve onu 'La Belle Iseui' olarak resmeder.

1858- *The Defence of Guenevere anda Other Poems* basılır.

1859- Jane Burden ile evlenir. Upton'da Webb'in tasarladığı Red House'da çalışmalar başlar ve buradan hareketle "Firma" planlanır.

1860 Morrisler Red House'a taşınır. Burne-Jones Georgiana Macdonald ile evlenir.

1861- Jane Alice (Jenny) Morris dünyaya gelir. Morris, Marshall, Faulkner& Ortakları kurulur.

1862- Mary (May) Morris dünyaya gelir. İlk duvar kâğıtları. Firma İkinci Büyük Sergi'ye katılır.

1864- Ateşli romatizma geçirir. Parasal zorluklar baş gösterir.

1865- Kırmızı Ev'den, Firma'nın Bloomsbury Queen Meydanı'ndaki konutuna taşınır.

1866- Firma, St.James Sarayı'nda bir odayı dekore eder.

1867- *The Life and Death of James* basılır. Firma, Güney Kensington (bugünkü adıyla Viktorya ve Albert) Müzesi'ndeki Yeşil Yemek Odası'nı dekore eder.

1868-70 *The Earthly Paradise* basılır.

1868- Eiríkr Magnússon ile birlikte İzlandaca çalışır.

1869- (Morris'in Magnússon ile birlikte çevirdiği) *The Eyrbyggia Saga* ve *The Story of Grettir the Strong* basılır.

1870- *The Story of the Volsungs and Niblungs* çevirisi basılır. Tezhip sanatına başlar.

1871- Oxfordshire'daki Kelmscott Malikânesi için Rosetti ile birlikte kontrat imzalar. İlk İzlanda yolculuğuna çıkar.

1872- Queen Meydanı'ndan Turnham Green'deki Horrington Evi'ne taşınır. *Love is Enough* basılır.

1873- Toscana'ya (Burne-Jones ile birlikte) ve İzlanda'ya gider.

1874- Rossetti bir sinir krizi geçirir ve Kelmscott'taki kiracılığını bırakır. Morris ailesiyle birlikte Belçika'ya gider.

1875- Firma, Morris & Ortakları adını alarak yalnızca Morris'in üzerine yeniden düzenlenir. Morris, boyama ve halı dokuma işlerine başlar. *Three Northern Love Stories* ve *The Aeneids of Virgil* basılır.

1876- Güney Kensington Resim Okulu'na gözetmen olarak atanır. Kızı Jenny'ye epilepsi teşhisi konur. *Sigurd the Volsung* basılır. 12.000 Hıristiyan Bulgar, Türkler tarafından katledilince Morris *Daily News*'a yazı göndererek Türkleri desteklediği için hükümete saldırır. Bu, politik bir konu üzerine basına yolladığı ilk mektubudur. Şark Meselesi Birliği'ne mali sorumlu olur.

1877- *The Working Men of England*'a manifesto yazar. Eski Binaları Koruma Topluluğunu (Kazıma Karşıtları) kurar. Dekoratif Resim üzerine ilk konferansını verir ve bu konferans sonra *The Lesser Arts* adıyla el kitabı formatında basılır. Oxford'dan önerilen şiir bölümü profesörlüğünü reddeder. Firma, Oxford Caddesinde sergi salonu açar

1878- Şark Meselesi Birliği'nden dolayı politik hayal kırıkları başlar. İlk politik şiirini yazar, ailesiyle birlikte Veneta'ya gider. Hammersmith'deki Kelmscott Evi'ni satın alır.

1879- Yüksek çözgülü goblen dokumaya başlar. Ulusal Liberal Birlik'in mali sorumlusu olur. Venedik'teki St.Mark Kilisesi'nin batı cephesini "restorasyon"dan kurtarmak için kampanya başlatır.

1880- Politika konusunda gözü açılmaya devam eder. Firma, St. James Sarayındaki taht odasını dekore eder. Hammersmith'den Kelmscott'a ilk kayık yolculuğunu yapar.

1881- Morris & Ortakları'nın işleri Merton Abbey'ye taşınır.

1882- İzlanda'ya Kıtlık Yardımı Komitesi'nde çalışır. *Hopes and Fears for Art* basılır. Teknik eğitim üzerine Kraliyet Heyeti'ne rapor sunar. Rossetti ölür.

1883- Oxford Exeter College'a onur üyesi olur. Demokratik Federasyon'a (sonra Sosyal Demokrat adını alır) katılır. İdari komiteye seçilir. Karl Marx ölür. *Das Kapital*'in Fransızca çevirisini okur. Oxford Üniversite Salonu'nda "Plütokrasi yönetiminde sanat" üzerine konferans verir. Ruskin de katılımcıdır. Sosyalizmi desteklediğini açıklar. SDF'yi destekleyen konferanslar vermek üzere ülke çapında seyahat etmeye başlar.

1884- SDF'nin gazetesi *Justice*'i finanse etmeye ve gazeteye yazılar yazmaya başlar. SDF'nin Hammersmith kolunu oluşturur. SDF'deki bir bölünme Morris ve arkadaşlarının ayrılmasıyla sonuçlanır. Ayrılanlar sonra Sosyalist Birlik'i kurarlar. Sanat İşçileri Loncası kurulur.

1885- Sosyalist Birlik'in gazetesi *Commonweal*'i yayınlamaya, finanse etmeye ve gazeteye yazılar yazmaya başlar. *Pilgrims of Hope* bu gazetede tefrika halinde basılır (1885-6). Limehouse'daki İfade Özgürlüğü Mitingi'nden sonra birçok sosyalist tutuklanır. Mahkemede çıkan olaylar üzerine Morris tutuklanır ancak sonra beraat eder. Aşırı yorgunluk ve guttan dolayı rahatsızlanır.

1886- İfade Özgürlüğü Mitingi sonrasındaki tutuklamalara yenileri eklenir. Morris, para cezasına çarptırılır. Trafalgar Meydanı'nda izinsiz gösteri yapılır.

1886-7- *A Dream of John Ball*, *Commonweal*'de tefrika halinde yayınlanır.

1887- *Odysseia*'nın çevirisi yayınlanır. Kuzeydeki maden işçileri grevini desteklemek için sosyalistler kampanya başlatır. "Kanlı Pazar" (13 Kasım): Trafalgar Meydanı'nda düzenlenen mitinge polis, ciddi anlamda şiddet kullanarak müdahale eder. Mitingin ertesi günü Morris, polisin öldürdüğü Alfred Linnel'in cenazesinde tabut taşır ve konuşma yapar. Olayla ilgili olarak bir "Ölüm Şarkısı" yazar. Sanatlar ve Zanaatlar Sergisi Topluluğu kurulur.

1888- *A Dream of John Ball* ve *A King's Lesson* kitap formatında yayınlanır. Ayrıca, *Signs of Change* adıyla konferans ve konuşmalar, *The House of the Wolfings* adıyla da bir dizi düzyazı romansının ilki basılır. Sanatlar ve Zanaatlar Sergisi'nin ilkinde gergef dokuması üzerine konferans verir. Paris'teki Sosyalizm Kongresi'ne delege olarak katılır.

1889- Londra Liman İşçileri Grevi. Emery Walker ile birlikte baskı çalışmaya başlar. *The Roots of the Mountains* basılır. Sanat ve Zanaatlar Sergileri Topluluğu'na boyama ve Gotik Mimari üzerine konferans verir. Edward Bellamy'nin *Looking Backward*'ını yeniden gözden geçirir. Paris'teki İkinci Sosyalist Enternasyonal'e katılır.

1890- *Commonweal*'in editörlüğünden atılır ama *Gelecekten Anılar*'ı bu gazetede tefrika halinde yayınlamaya devam eder. Sosyalist Birlik'ten ayrılır. Birlik'in Hammersmith kolu, Hammersmith Sosyalist Topluluğu adını alır. Kelmscott Yayınevi kurulur.

1891- Kelmscott Yayınevi'nden çıkan ilk kitap olan Morris'in *The Story of the Glittering Plain* yayınlanır. Ciddi rahatsızlıkları baş gösterir. Jenny ile birlikte Fransa'ya tatile gider. *Gelecekten Anılar*, *Poems by the Way* ve Saga Kütüphanesi'nin ilk kitabı, kitap formatında basılır.

1892- Ruskin'in *The Nature of Gothic* adlı eserinin Kelmscott baskısına önsöz yazar. Sanat İşçileri Loncası'na başkan seçilir. Kendisine teklif edilen Şair Onur Unvanı'nı kabul etmeyeceğini bildirir. Saga Kütüphanesi'nin ikinci kitabı yayınlanır.

1893- Saga Kütüphanesi'nin üçüncü kitabı yayımlanır. E. Belfort Bax ile birlikte *Socialism, its Growth and Outcome* adıyla bir dizi makaleden oluşan kitabı basar. Bernard Shaw ve Sidney Webb ile birlikte *İngiliz Sosyalistleri Manifestosu*'nun taslağını kaleme alır.

1894- Annesi Emme Morris ölür. *The Wood Beyond the World* basılır. SDF ile yeniden bir araya gelinir.

1895- Magnússon ile birlikte *Heimskringla*'nın çevirisini tamamlar. *The Water of the Wondrous Isles* ve *Beowulf*'un çevirisi basılır. Engels ölür.

1896- *The Well at the World's End* basılır. Reklamlardaki Kötüye Kullanımı Önleme Topluluğu'nda son konuşmasını yapar. Kelmscott *Chaucer*'ı basılır. Sağlık durumundan dolayı deniz yolculuğuna çıkması tavsiye edilir. Norveç'e gider. 3 Ekim'de ölür. Kelmscott Kilisesi Mezarlığı'na gömülür.

1897- *The Sundering Flood* basılır.

1898- Burne-Jones ölür.

1900- Ruskin ölür.

1902- Makale ve konferansları *Architecture, Industry and Wealt* adıyla basılır.

1910-15- *The Collected Works of William Morris* May Morris'in editörlüğünde yirmi dört ciltte toplanarak basılır.

1913- Jane Morris Kelmscott Malikânesi'ni satın alır.

1914- Jane Morris ölür.

Notlar

Burada kullanılan metin, Reeves&Turner'ın (Londra, 1891) İngiltere basımından ve ardından basılan May Morris'in *The Collected Works*'ünden alınmıştır. Bu baskı için Morris; *Commonweal*'de ve Robert Bros.'un (Boston, 1890) ilk Amerika baskısında kullanılan metni gözden geçirip genişletti. Morris kendisi de 1892'de Kelmscott Yayınevi'nde daha geniş bir baskısını yayınladı. Bu notların çoğu için, daha önce yayımlanmış ilk açıklamalı basım olan, James Redmond tarafından yayıma hazırlanan baskıdan (Londra, Routledge & Kegan Paul, 1970) yararlandım. Bu baskıdan "Redmond" diye söz edeceğim. Tutarlılık ve okunabilirlik açısından ve heceleme, baş harfler, noktalama konularında bazı düzeltmeler yaptım. Daha önce çok sayıda baskısı yapıldığı için *Gelecekten Anılar*'da bu durum özellikle geçerlidir, ama onun dışındaki metinlerde de ufak tefek düzeltmeler yaptığım oldu.

1. "Arkadaşımız" Şehir'deki Farrington Caddesi'nde Sosyalist Birlik'in idari bir toplantısına katılmıştır. *Gelecekten Anılar*, Birlik'in haftalık gazetesi *Commonweal*'de tefrika halinde yayınlandığı için burası Morris'in açıkça "Birlikçi" yoldaşlarına hitap etmektedir. Zaten son bölümün sonunda bu iyice anlaşılır.
2. Bkz. önsöz, sf. 240.
3. Londra Metrosu 1863'te açıldı. (Morris'in yaşadığı) Hammersmith'e giden Metropol Hattı ve Mahalli Hatlar 1890'da çoktan kullanıma açılmıştı. O zaman kullanılan buharlı lokomotifler ciddi havalandırma problemlerine yol açıyordu ve aşırı kalabalık normal karşılanıyordu.
4. Morris, Hammersmith'deki Kelmscott Evi'ni 1878'de aldı. Georgia tarzında inşa edilen bu bina, adını Morris'in Oxfordshire'da kiraladığı bir on altıncı yüzyıl evi olan Kelmscott Malikânesi'nden alır ve bu malikâne de sonuç bölümünün geçtiği mekândır. Hammersmith Köprüsü 1887'de inşa edilmişti.
5. *Commonweal*'de yayımlanan halinde bu tarih 1971 idi.
6. Londra'nın kuzeyinde ruh hastaları için açılan akıl hastanesinin ismi. Bugünkü adı, Friern Hastanesi'dir.
7. On beşinci yüzyılda Bishopsgate'de Sir John Cosby isminde bir yün tüccarı adına yapılan bir evin salonu. Sonrasında ise Sir Thomas More burada yaşamıştır. 1908'de yıkılıp, Thames yakınındaki Chelsea'da yeniden inşa edilmiştir ve bugün hâlâ burada bulunmaktadır. Sir Nikolaus Pevsner'a göre "Crosby Hall, C15 tüccarlarının Londra'da ne kadar görkemli evler inşa ettiğini göstermesi açısından paha biçilmez değerdedir". (*The Buildings of England* adlı eserinden)
8. 1834'de Morris burada dünyaya geldiğinde Walthamstow, Essex taşrasında bir köydü. 1890'larda ise bu bölge Londra'ya dahil olmaya başladı.
9. Kraliçe Elizabeth'in Kır Evi Chingford'daki bir av eviydi. Bugün burası bir doğa ta-

rihi müzesi olarak hizmet vermektedir. High Beech, ormanda, güzelliği ve kilise kulesinin yüksekliğiyle ünlü olan bir köydü.

10. Morris, Sir Walter Scott'un romanlarının tutkun bir okuyucusuydu. Bu romanların serisi hâlâ Morris'in Kelmscott Malikânesi'nin kitaplığındaki raflarında bulunabilir.

11. Latince deyiş: "Fazla bir şey yok."

12. Charles Dickens'ın *Our Mutual Friend* adlı romanından. Boffin'in takma adı "Altın Çöpçü"ydü; çünkü kendisine zengin bir atık tüccarı olan işvereninden beklenmedik bir miras kalmıştı. Morris, Dickens'ın büyük bir hayranıydı ve özellikle de sıcakkanlı ve eğlendirici bir karakter olan Boffin karakterini sever ve bu karakterin romandaki sözlerini söylemekten hoşlanırdı.

13. Bugün A315'in bir parçası olan bir ana cadde. Bu yol Hammersmith Broadway'e açılır. Hammersmith Broadway, banliyönün göbeğinde, metro istasyonunun da bulunduğu işlek bir yol kavşağıdır.

14. Morris, Gotik'in Yeniden Doğuş mimarisinden pek hoşlanmıyordu. *Gelecekten Anılar*'da kökleri geçmiş geleneklere dayanan, ama belirli tarz ya da dönemlere körü körüne bağlı kalmayan desenleri över. Morris Ortaçağ İslam mimarisi için "Arap-İslam tarzı" der.

15. Sosyalist Birlik'in parlamento karşıtı görüşleri için önsöze bakınız.

16. Morris, devrim sonrası zamanlarda da Eski Binaları Koruma Topluluğu'nun varlığını sürdüreceğini öngörür. Bir düğün pastasına benzeyen Gotik tarzda yapılmış parlamento binalarından nefret ediyordu ama bazen sevmediği tarihi binaların korunması için de Topluluk aracılığıyla kampanyalar düzenliyordu (örneğin, Wren şehir kiliseleri, Dick'in verip veriştirdiği binalardan biri olan St.Paul Katedrali) .

17. Depresyon ya da hipokondriyanın halk arasındaki isimleri.

18. Yaşlı adam, 13 Kasım 1887'deki, konuğun o anda aklına gelen, ifade özgürlüğü için gösteri yapanların polis zoruyla dağıtılmasından bahsediyor. On yedinci bölümde anlatılan 1952'deki büyük savaş da Morris'in bu çatışmadan edindiği izlenimlerden yola çıkılarak yazılmıştır.

19. Burası, 1891'de eklenmiştir.

20. Homeros'un *Odysseia*'sından. On dokuzuncu yüzyıldaki çevirisini aslında William Morris yapmıştı. Hammond gerçekten de kabaca alıntı yapıyor; yani yanlış bir alıntı yapıyor!

21. Yunan mitolojisinde Procrustes adında bir soyguncu kurbanlarını iki yataktan birine girmeleri için zorlardı. Kurbanlarını büyük yatağa sığdırabilmek için bedenlerini gerdirir, küçük yatağa sığdırabilmek için de fazlalıklarını keserdi. Morris'e göre, modern toplumun merkeziyetçiliği toplumsal kontrol bağlamında, benzer bir şekilde insanlığımızı deforme eder.

22. Morris'in George Webb Dasent'ın 1858 tarihli *Popular Tales from the Norse* kitabında bulduğu bir Norveç halk masalı.

23. Morris, iyi bir aşçı olduğu için kendisiyle gurur duyardı.

24. Redmond şöyle açıklar: "*Gelecekten Anılar*'ın birçok yerinde olduğu gibi burada da Morris, *Sosyalist Birlik Manifestosu*'nun ana noktalarından birini detaylandırır. Bu görüşünü... 5 Temmuz 1885'te başarılı bir biçimde kabule sunmuştur. Redmond, bu cümleyi alıntılar:

> Bizim bugünkü mülkiyet üzerine kurulu burjuva evlilik düzenimiz, yani genel olarak rüşvetçi fuhuş temeline dayanan bu düzen, yerini cinsler arası iyicil ve insani ilişkilere bırakacaktır.

Redmond, *Manifesto*'nun ikinci baskısından aşağıdaki cümleyi de alıntılar:

Sosyalist bir düzende bireyler arası ilişkiler gönüllülük esasına dayanır ve toplumun baskısına uğramaz. Bu, diğer konularda böyle olduğu gibi evlilik aktinde de böyle olacak ve basit bir eğilim halini alacaktır. Kadınlar da herkes gibi geçimleri için tasalanmaktan kurtulacaklardır; çocuklar doğdukları günden itibaren toplumun fertleri olarak görülecek ve toplumun tüm getirilerini paylaşabileceklerdir. Böylece insan ilişkilerinde tıpkı yasal zorunluluklar gibi ekonomik zorunluluklar da etkili olamayacaktır. Ayrıca, tamamen dini görüşlerle şekillenmiş bir iffet kaygısından kurtulmuş, gerçek anlamda aydınlanmış bir toplumsal duruş, bu kaygının yol açabileceği acılar ve sıkıntılar karşısında ısrarla onun tutsaklaştırıcı doğasına sarılmaktan vazgeçecektir.

Bu görüşte, şüphesiz, Morris'in kendi mutsuz evlilik deneyiminin etkisi görülmektedir.
25. Fransız sosyalist düşünür François Charles Fourier (1772-1837), kapitalizmin bireysel çıkar anlayışının, insanın içgüdülerini ve arzularını çarpıttığını söylüyor ve bunun sonucunda ortaya çıkan biçimsizliğin; evlilik, aile ve barınma gibi modern hayattaki toplumsal düzenlemelerde vücut bulduğunu ifade ediyordu. Bu yüzden de sosyalist toplumun her biri yaklaşık 1600 kişilik "falans" adlı gruplara bölünmesini ve her bir grubun "falanster" diye anılan komünel binalarda bir arada yaşamasını öneriyordu. Her ne kadar Fourier'ye karşı bir saygı beslese de (bkz. Bölüm XV), Morris, Bellamy'nin *Looking Backward*'ında ve "bilimsel" sosyalizmin birçok yönünde bulunan bu kurallar dizisinden hoşlanmıyordu. Hammond'ın da belirttiği gibi bu tip komünler, "yoksulluktan korunmak için birer sığınak" olmaları açısından işe yarayabilirlerdi; fakat sosyalizm, (Morris de böyle düşünüyordu) bütünüyle daha insancıl, daha doğaya uygun toplumsal düzenleme biçimlerini hedeflemeliydi.
26. Londra'nın liman kesimi, East End, yakın bir zamana kadar şehrin en yoksul bölgesiydi. Takip eden birkaç sayfa boyunca adı geçen yerlerin birçoğu bu kesimde yer alır.
27.1843'ün meşhur bir baladı. O zamanların tekstil sanayinde kol gezen ve kötü ünü dört bir yana yayılan adaletsiz çalışma koşullarına isyan eder. Şair Thomas Hood (1799-1845), esas olarak hafif ve mizahi şiirleriyle bilinir; fakat aynı zamanda toplumu bir ölçüde etkileyebilen birçok "isyan şiiri" de yazmıştır.
28. ["Serseri" argosu.] Özellikle hırsızların, dilencilerin ya da adı çıkmış kimselerin barındığı ya da buluştuğu bir ev." (*Oxford English Dictionary*)
29. Walton (1593-1683) bir Londralı idi ve balıkçılık üzerine *The Compleat Angler* adında bir kitap yazmıştı (1653). Stratford, şehrin dört mil doğusunda Thames'e karışan Lea nehri üzerinde, Londra'nın bir banliyösüdür. Balık tutmak Morris'in en sevdiği rahatlama yollarından biriydi.
30. *Gelecekten Anılar* da dahil olmak üzere Morris'in bütün yapıtları Amerika Birleşik Devletleri ve İngiltere'deki Bahçe Şehir hareketini etkilemiştir. Aynı zamanda, özellikle Gertrude Jekyll'in yapıtları aracılığıyla olmak üzere bahçe düzenlemesindeki modern yaklaşımlarda da iz bırakmıştır.
31. On sekizinci yüzyıl sonu ve on dokuzuncu yüzyıl "Pitoresk" ressamları, vahşi, düzensiz ve yoksul görünümlü manzaraları resmetme eğilimindeydiler. Özellikle de çürümekte olan basit yerleşimleri resmetmekten hoşlanıyorlardı.
32. Niels Horrebow'un (1752) *The Natural History of Iceland* adlı yapıtının LXXII. bölümünün adı "Yılanlar Üzerine"dir ve tek bir cümleden oluşur: "Adanın hiçbir yerinde tek bir yılana bile rastlanamaz."
33. Burası 1891'de eklenmiştir.
34. Konuk, herhalde antikçağ Atina'sının dolaysız demokrasisine atıfta bulunmaktadır.
35. Yani, anarşizm. Morris, anarşizmin çoğu amacına katılıyordu ama bu amaçlara ancak sosyalist evrimle ulaşılabileceğini düşünüyordu.
36. Fourier için 25 no'lu dipnota bakınız. Fourier, Morris'in "The Hopes of Civilization"da "sosyalizmin mutlak gerek şartı" olarak tanımladığı (s. 322) "işi çekici kılmanın

gerekliliği ve olabilirliği"ni savunan tek büyük sosyalist düşünürdü. Morris'in zevkli iş teorisi, düşüncesinin en orijinal kısmıdır. Bu düşünce, büyük ölçüde Ruskin'den kaynaklanmış ve Fourier'yle ve Marx'ın yabancılaşma teorisiyle şekillenmiştir. Morris, *The Nature of Gothic*'e yazdığı önsözde (s. 368-9) Fourier'nin aleyhine Ruskin ile Fourier'yi karşılaştırmıştır. Bu konularla ilgili daha geniş bilgi için Paul Meier'in *William Morris: The Marxist Dreamer* adlı yapıtına bakınız; Hassocks (Harvester Press) 1978.
37. Gazeteci kâşif Henry Morton Stanley (1841-1904), Afrika'nın kolonileştirilmesine ilham vermiş ve bu girişimi teşvik etmiştir. Afrika'ya yapılan başarılı bir yolculuğun ardından 1890'da, Stanley Londra'da göklere çıkarılıyordu. Ulusal basının kahramanı olmasına rağmen *Commonweal*'de, tam da *Gelecekten Anılar*'ın tefrika edildiği sayılarda, her hafta aleyhinde yazılar çıkıyordu. Morris, onun, İngiliz kapitalizmini desteklemek amacıyla Afrika'yı yağmalayan bir haydut ve katil olduğunu düşünüyordu.
38. Bkz. Önsöz, s. 240-241.
39. Sekiz saatlik iş günü için yapılan, SDF'nin desteklediği başarılı sendika kampanyasına bir atıf. Sosyalist Birlik bunun Hammond'ın devamındaki açıklamalarından da anlaşılabileceği gibi geçici bir çözüm olduğunu düşünüyordu.
40. Burası 1891'de eklenmiştir.
41. *Commonweal*'de bu süre yirmi yıl olarak geçer. Yani, 1890'da Morris değişimin 1910 yılı civarında gerçekleşeceğini düşünmüştü. Bir yıl sonra ise bu tarihi 1952 olarak değiştirdi.
42. Redmond, Morris'in burada hem Marksist tarihsel determinizm –devrimin kaçınılmazlığı– fikrinden hem de Norveç miti Ragnarök'ten; tanrıların alacakaranlığından etkilendiğini vurgular. İzlanda ve eski Norveç edebiyatında dünyanın yok oluşu yenilenmeye götüren bir arınma süreci olarak düşünülmüştür.
43. Bu, Morris'in Liberal Parti ve orta sınıf radikalizmi karşısında gözünün açıldığını gösterir. Morris, özellikle de tüm temel özgürlükler söylemine karşın Kanlı Pazar'da uygulanan şiddet karşısında sessiz kalan liberal basına öfke duyuyordu.
44. Oldukça Ruskinvari bir bölüm. Ruskin sonraki eserlerinde "iş" ve "sanat" kelimelerini eş anlamlı kelimeler olarak kullanır.
45. Diğer bir Ruskinvari bölüm. Yine de *Komünist Manifesto*'nun meşhur cümlesine yapılan göndermeye dikkat edilmelidir: "taşra yaşamının ahmaklığı". Marx'ın düşüncesinin bu yönü Morris'i zorlamış olmalı.
46. "Doğu Londra Tarzı" (Ing. *Cockney;* çevirmenin notu.): Sözcük bugünkü anlamında değil, sonradan görmelerin bayağı zevksizliğini tanımlamak için kullanılmış. Morris, bu sözcükten çok hoşlanıyordu.
47. Burası 1891'de eklenmiştir.
48. Burası 1891'de eklenmiştir.
49. Eton Koleji, VI. Henry tarafından 1440-1'de kurulmuştur.
50. Morris'in yeni toplumu için modern teknolojinin değerini düşündüğü nadir anlardan biri. Bu bölümün de gösterdiği gibi işi kolaylaştıran makinelere karşı değildi ama taraftarı olduğu da söylenemezdi.
51. 1585'te Sir Richard Blount tarafından yaptırılan Mapledurham Evi. Blountlar on dördüncü yüzyıldan on yedinci yüzyıla kadar varlığını sürdüren seçkin bir aileydi.
52. Bölüm XXVI: Bölümün tamamı 1891'de eklenmiştir.
53. Yine, bu bölümün tümü, Morris'in hayatı boyunca Ruskin'in *The Nature of Gothic* adlı eserine duyduğu hayranlığı gösterir. Morris, *Gelecekten Anılar*'da kadınlara verdiği "ikincil" rollerden ötürü eleştirilmiştir. Yine de erkek işi olarak düşünülebilecek bir şey olan baş yaratıcı rolü bir kadına vermesi kayda değerdir. İlginçtir, ilk hikâyesi "The Story of the Unknown Church"de de (s. 7-8) bir kadın taş oymacı vardır.

54. Bkz. "Under an Elm Tree", s. 361-4 ve 1 no'lu dipnot, s. 423. Marlborough Koleji'ndeki okul zamanlarından itibaren, Morris, içinde birçok tarih öncesi kalıntılar bulunan ve her şeyiyle hayran olduğu İngiliz kralı Büyük Alfred (871-901 yılları arasında tahtta kalmıştır) ile olan ilişkisinden ötürü İngiltere'nin bu bölgesine derin bir bağlılık duymuştur. Ridgeway adıyla bilinen antik yol Malborough yakınlarından başlar. Avebury'deki taş çemberi, Wayland's Smithy adıyla bilinen megalitik mezarı, Uffington yakınlarındaki, tebeşir taşı yamaçlara oyulmuş Beyaz At'ı ve Ashdown'da Alfred'in zafer kazandığı bölgeyi geçer. Yol, Wantage'ın arkasında Thames yakınlarında sona erer. Burası Walter'ın kıyıya indiği yerden pek uzak değildir.
55. Morris, konferanslarında devamlı olarak sanatın yeniden doğabilmesi için önce ölmesi gerektiğini vurguluyordu. (örneğin "The Lesser Arts"a bakınız, s.253.)
56. Tennyson'ın şiiri "The Lotos-Eaters"a (1833) atıf. Şiir, *Odysseia*'daki bir olay üzerine kuruludur. Odysseus, sürekli uyuşuk bir trans içinde olan insanların yaşadığı bir adaya gelir. Bu insanlar, transları sayesinde acımasız dünyanın gerçeklerinden kaçarlar. Yine de, *Gelecekten Anılar*'da rüya bir kaçış değil, olası bir gerçeğe açılan bir kapıdır.
57. "Yuvarlak bir tepe ya da tümsek" (*Oxford English Dictionary*). Herhalde, tarih öncesine ait topraktan yapılma bir iş.
58. Morris, Great Coxwell'deki on üçüncü yüzyıl yapımı ambarı över: "insanı ürkütecek kadar vakur, bir katedral kadar güzel, yine de inşa edenin sanatında hiçbir özenti yok. " (alıntılayan J.W. Mackail, *The Life of William Morris.)*
59. Thames'i Koruma Kurulu'na atıf.
60. Bugün dahi Morris'in tarif ettiği halini koruyan Kelmscott Malikânesi. (Bir sonraki bölümde adı geçen kilise, Morris'in, karısı ve kızlarıyla birlikte mezarlığında gömülü olduğu Kelmscott Kilisesi'dir.)
61. Burası 1891'de eklenmiştir. Burada sözü edilen, o zamanlar en yaygın içeçek bira olduğu için "kilise birası" diye anılan bir köy bayramıdır. Ortaçağ zamanlarında köy kiliselerinde kutlanırdı.

Ernest Callenbach
Ekotopya

Bilim-Kurgu/Roman/Çev.: Osman Akınhay/215 sayfa/ISBN 975-539-056-1

Hayal kurmak küçümseniyor!
Oysa kendi geleceğimizi kazanabilmek için önce hayal kurmalı, bize dayatılan hayatları sevmiyorsak kendimizi ifade edecek hayatları hayal etmeyi becermeliyiz. Zira, hayat hakkında çok kafa yoran ünlü sakallının dediği gibi "İnsan önüne sorun olarak koyduğu şeyleri çözer."
Bu kez bir "ekolojik ütopya" sunuyoruz sizlere...
Yayımlandığında çok tartışılan, sık sık basılan ve hemen türünün klasikleri arasına giren *Ekotopya*'da ABD'den ayrılarak yeni bir hayat kuranlar anlatılır.
Ekotopya'da insanlar varlıklarının anlamını yeryüzündeki bütün canlıları yok olmanın eşiğine getiren "üretim ve tüketim"de bulmazlar. Tersine, diğer canlılarla doğal dengeyi bozmadan yan yana yaşamayı hedeflerler. Mütevazıdırlar. Kusursuz olmak, büyümek, üstün olmak gibi bir amaçları yoktur.
Suyu ya da havayı kirletenlerin cezalandırıldığı; gazetelerin, kâğıdın yeniden kullanılması, başka ormanların yok edilmemesi için iki hafta sonra uçan mürekkeple basıldığı; atıkların % 99'unun yeniden değerlendirildiği ademi merkezileşmiş bir toplum kurmuşlardır.
Dokunmanın, şakacılığın, duygusallığın çok geliştiği; iş ve oyunun birbirine karıştığı; tembelliğin garipsenmediği, marihuana kullanmanın normal bir keyife dönüştüğü; cinselliğin dolaysız yaşanması için özel bir çabanın gösterildiği bir hayat yaşarlar.
Hayalin gerçeğe dönüşmesinin hiç de imkânsız olmadığını gösteren az bulunan kitaplardan biri *Ekotopya*...
Sunulan hayatlara "hayır" diyenler için...

"Callenbach ekolojik olarak ayakta duran bir dünyaya ilişkin canlı, kapsamlı ve pozitif bir resim sunuyor. Yeryüzünün geleceğini dert edinen herkes için birincil önemde bir kitap."
Fritjof Capra

"Neredeyse her cümlede somut ve makul bir öneri getiriliyor... İstikrarlı ve insani bir toplumu nasıl kurarız sorusuna getirilen bir ilk cevap olarak, gördüğüm en iyi kitap."
Yeryüzü Dostları

Yevgeni Zamyatin
Biz

Bilim - Kurgu/Roman/Çev.: Füsun Tülek/180 sayfa/ISBN 975-539-124-X

G. Orwell ve A. Huxley gibi yazarların öncüsü ve esin kaynağı olan Zamyatin, onlardan çok daha önce yazdığı *Biz* ile totalitarizm tehlikesine işaret ederek, anti-ütopyayı radikal bir eleştiri silahına dönüştürmüştür. Bütünlüklü, bitmiş bir topluma karşı olan Zamyatin *Biz*'de, böylesi bir toplumun olumsuzluklarını anlatır. 26. yüzyılda geçen romanda insan doğadan ve kendi "*ben*"liğinden koparılmış, "*Biz*"leşerek teknolojiye ve bürokratik devlete teslim olmuştur. Kişisellik yoktur... İnsanların adları değil, numaraları vardır. Saydam, cam duvarların arkasında yaşayan insanların her dakikası devletçe belirlenmekte, denetlenmektedir. Erkek ve dişi numaralar yalnızca, izin belgeleriyle önceden belirlenmiş sevişme saatlerinde birbirlerini ziyaret ettikleri zaman perdeleri indirme hakkına sahiptirler. Zamyatin "*gerçek edebiyatın güvenilir ve gayretkeş görevliler tarafından değil, ancak aykırı ve asi ruhlular, çılgınlar ve hayalciler tarafından gerçekleştirilebileceğini*" savunarak resmi görüşlere karşı çıkmış, kuşağının en radikal isimlerinden biri olmuştur.

"Farklı okumaların kapısını aralayan bir yapıt *Biz*. Örneğin 1917 Ekim Devrimi'nin hemen ardından ortalarda baskıcı Stalin rejimi bile yokken, eski bir Bolşeviğin devrimden duyduğu kaygılarla yazdığı bir roman olarak okunabilir.Teknolojinin, giderek iletişimin tehdidini sezen bir mühendisin, toplumsal hayatın matematik ilkelerindeki gibi kesin çizgilerle 'inşa *edilebileceğini*' düşünerek yazdığı bir roman olarak da okunabilir."
Erdir Zat / *Nokta*

"Zamyatin'in getirdiği tartışma ise düşünen ve hayal eden insan için özgürlük ve mutluluğun özdeş kavramlar olduğudur. Özgürlük mutsuzluğa gebe olmak zorunda değildir Zamyatin'de. Başkaldırmak, alışılagelmiş olanla mücadele etmek acı verir gerçi, ama "dünü bugün, bugünü de dün olarak yaşamak daha zordur." Zamyatin'in ütopyası kesintisiz bir mücadeledir, bugüne daima yarının gözüyle bakarak, kendi kurduğunu, kurumlaşmaya başladığı andan itibaren yeniden yıkarak sürdürülen bir mücadele. Ütopya, Zamyatin için bir ufuktur, ona sürekli olarak yaklaşılır, ancak varılamaz. 'Vardık', teslim olmaktır, gerçek sorular ise 'Neden' ve 'Peki sonra ne olacak'tır?"
Bülent Somay / *Önsöz*